JN192450

CBT

アレックス・クラーク
アンドリュー・R・トンプソン
エリザベス・ジェンキンソン 著
ニコラ・ラムゼイ
ロブ・ニューウェル

原田輝一、真覚　健 訳

アピアランス〈外見〉問題介入への認知行動療法

段階的ケアの枠組みを用いた心理社会的介入マニュアル

CBT for Appearance Anxiety

Psychosocial Interventions for Anxiety due to Visible Difference

福村出版

はじめに

　本書は多くの人たちの努力といくつかの財的支援のおかげで出版された。そしてその内容は、ある人物のビジョンを要約したものになっている。

　この後世に残る仕事の主な著者らは Appearance Research Collaboration（ARC）のメンバーであり、非常に高いレベルで医学的研究を実施してくれた。ARC はヒーリング財団が財的支援した企画に集った、イギリス圏の学者および臨床家のネットワークであり、専門家が陥りやすいエゴを控えつつ、常に患者の側に焦点を当てながら作業を完遂してくれた。

　しかしながら、いくら熟練したメンバーが揃う研究チームであったとしても、ヒーリング財団の無私の財的支援がなければ、多くを達成することはできなかったであろう。これにより、この出版を決定づける中心的研究が可能になったのである。特にウェルトン財団理事会と錫鍍金工名誉組合の格別な支援に感謝する。本研究の質の高さと重要性を、彼らと共に確信できたのは嬉しいことである。

　本書の出版に関連して、その生涯と貢献という点でもっとも讃えられるべき人物は、マイケル・ブラウ Michael Brough である。先駆的な形成外科医であり、インスピレーション豊かで、物静かで、謙虚な彼は、ヒーリング財団の設立に関わった。1987 年のキングス・クロス駅地下鉄火災以後、広範囲熱傷の生存者やその他の変形をきたす状態（疾患）を持つ人々に関して、外科的にも心理社会的にも、エビデンスにもとづいた治療や支援が不足していると認識していた。そのことが時を経て、今回の仕事に結びついたのである。筆頭著者であるアレックス・クラーク Alex Clarke はロイヤル・フリー病院 Royal Free Hospital の初代臨床心理士であり、そこはマイケル・ブラウが熱心に啓発活動を続けた

場所でもある。同時期に働いていたわけではないが、彼の意志を実現するに相応しい存在といえよう。

　本書はマイケル・ブラウのビジョンを源泉とした、最初の大きな業績である。彼の残した慈善活動としてのヒーリング財団はこれからも成長を続け、そして患者に利益をもたらし続けることだろう。

ブレンダン・イリー（ヒーリング財団首席）

［訳注：2016 年にヒーリング財団 Healing Foundation は、スカー・フリー財団 Scar Free Foundation に改名した。主として瘢痕を軽減させる研究に財的支援を行っているが、瘢痕とともに生活する人々の QOL を向上させる研究にも支援を行っている。］

序　文

　本書は、成人を対象にしている臨床家および研究者によって書かれた。主な読者対象としては、段階的介入アプローチ（本文参照）におけるレベル3と4のセラピスト（認知行動療法をよく知る熟練した心理士や専門看護師など）を想定している。レベル1と2の介入方法についても触れた理由は、オンライン情報源での治療選択肢も含めて、臨床に関与しているより多くの方々にとって有用な包括的ケアのガイドとするためである。

　本研究は、ヒーリング財団の資金援助のもとに行われた大規模な研究プログラムであり、本書はその成果の普及のために出版された。変形をきたす状態（症状、疾患）への適応に関与している要因や過程（プロセス）について研究し、こうしたデータをもとに介入療法の体系を発展させてきた。本研究はAppearance Research Collaboration（ARC）研究プログラムと称するが、その全要約は「付録」として収載されている。

　本書の目的は、このような研究知見を集積して、変形や可視的差異[1]に対する心理学的対処に共通した道筋をつけることである。そして出発点となっている理論的モデルに照合しつつ、その有効性評価が可能になるようにすることである。ヒーリング財団研究の主な知見によって、外見に関連した認知が、心理学的適応において重要な役割を果たしていることが明らかにされた。それをもとに、対処法としての認知行動的アプローチが明確化されてきた。この分野お

1　文化的標準から外れた外見について表現するために、多くの用語が使用されてきた。いくつか挙げれば、「disfigurement」「disfiguration」「deformity」などである。可視的差異 visible difference という用語は多くの研究者や当事者グループにより、近年、使用されることが多くなってきた。特に必要がある場合を除いて、社会的に中立な「可視的差異」という言葉を使用する。

よび密接に関連する分野（社会的不安）の両方における認知行動療法（cognitive behavioural therapy: CBT）の有用性が、ますます明らかになってきている。この方法は、患者らの訴えにおけるその人の差異の複雑さや多様性に対処する一方で、体系的かつ標準化された介入療法の作成を可能にする。この介入療法へのガイドは、実は異なる源流に由来している。1つは Clark & Wells（1995）の社会恐怖症 social phobia のモデルであり、もう1つは不安治療マニュアルとしての Wells（1997）の認知療法である。本書では CBT への基本的理解を示し、そして外見への不安に対する応用を提示した。基本的技術について述べる場合、実施内容について網羅的に述べるのではなく、外見問題という背景の中でその妥当性を示すことにした。

　本書で扱う治療対象は成人であり、成人への治療という設定のもとに、外見への不安と変形をきたす状態（症状、疾患）への対処に焦点を絞っている。（小児期から成人期への）移行期の問題や、青年や高齢者を例にした題材も扱っているものの、小児やその親へ向けた外見の不安への対処については扱っていないので、小児を対象とした同様の教材を開発していく必要性を感じている。同様に、外傷ではしばしば醜形を残すが、外傷と PTSD への特殊な対処については優れた情報群を有する専門家の領域であるゆえに、重複を避けてここでは扱わないこととした。

　本書では臨床症例を提示するが、個人が識別されうる点には修正や変更を施し、多くの異なる患者からの要素を組み合わせるようにした。ゆえに、「本書の内容に完全に合致する」患者は存在しない。いかなる類似性があったとしても、多くの患者の問題を表現するうえで生じる類似に過ぎない。

　このマニュアルの校正段階では、Poly Implant Prosthèse 社の乳房インプラントのスキャンダルで、美容外科産業への関心が高まっていた。イギリス保健省によって行われたキオウ Keogh 調査結果は、心理学的スクリーニングを含めて、診療行為全体を管理することが推奨されるといった内容だった。こうした理由により、たとえば鼻への手術のような美容治療を求める患者についても、スクリーニング実施症例を含めることにした。そうした理由は、臨床家が共通して参照できそうな情報源がほとんど存在しないと気づいたからである。

　臨床に携わるすべての人にとって、他の治療法を行う場合であっても、何かしら参考になるものがあることを望んでいる。この領域のすべての臨床家に、特に新規に資格を与えられた人や、「可視的差異」への対処に初めて遭遇する

人に、役立つものであることを望んでいる。つまるところ、治療の標準化の機会が提供され、外見の不安への心理学的対処に対する体系的評価が可能になることを望んでいる。

アレックス・クラーク教授
（ARC を代表して）

第8章
小児サービスから成人サービスへの円滑な移行 263

＊

資　料

第1章

背景、臨床的問題、共通した訴え、治療における諸注意

先天性であれ後天性であれ、可視的変形は深刻な心理学的影響をもたらす（Rumsey & Harcourt, 2004, 2005; Thompson & Kent, 2001）。それらがもたらす困難とは、身体イメージへの有害作用（Newell, 2000）、QOL への有害作用、そして自尊感情と羞恥心への有害作用などである（Kent & Thompson, 2002; Turner et al., 1997）。可視的変形は当事者の思考・感情・行動に加えて、他者が示す反応にも影響することから、Macgregor（1990）や他の研究者たちは、「社会的障害 social disability」になると主張した。社会的な出会いにおいて生じてくる多くの課題とは、初対面の人たちと会うこと、新しい友人を作ること、凝視・耳障りなコメント・からかい・余計な質問といった、うんざりするような注目を受けること、などである（Robinson, 1997）。今日まで研究の焦点として優先されてきたのは、変形がもたらす困難や苦悩についてである。Rumsey ら（2002）は、変形をきたす多様な状態を治療するために継続通院している 650 名を母集団として、その 3 分の 1 から半数に至る人たちが、不安・抑うつ・社会的不安・社会的回避・QOL のレベルにおいて、好ましくない結果を示していることを報告した。しかし、すべての人たちが等しく悪影響を受けているわけではない。自らに課された難題に積極的に適応していき、可視的差異を人生における比較的些細な問題として格下げしたり（Rumsey, 2002）、むしろ大きな利点として利用したり（Partridge, 1990）できる人々も少なからず存在している。

この分野における研究者や臨床家がコンセンサスとしていたのは、個人の適応過程は、身体的・文化的・心理社会的な要因の複雑な相互作用による影響を受けるということである（Clarke, 1999; Endriga & Kapp-Simon, 1999; Falvey, 2012; Moss, 1997a; Rumsey & Harcourt, 2004, 2005）。変形を負った人々が他者からの様々な反応と闘わねばならないことは、非常に明らかである。しかしながら、他者が見せる反応の多くは微妙なものであり、他者自身も気づかぬうちに自動的に発せられるのだろう（Grandfield et al., 2005）。このことは核心的に重要である。なぜならば、自動的に発せられる他者の反応が引き起こす脅威は、可視的変形を持つ人々の情報処理過程の状態に影響しやすいからである。そして、通常の身体的な脅威メカニズムが活性化されてしまうことがある。無意識のうちに悪影響をもたらしている諸反応を正常化させるには、このことに気づく必要がある。そうは言っても、個人差が非常に大きいのも事実である。明らかにいくつかの要因は苦悩の原因となるし、一方で、可視的差異とともに生活するうえでのストレスや緊張に対して、緩衝的に作用する要因もある。そうした諸過程をモデ

ル化した研究者らもいる（Kent & Thompson, 2002; Newell, 2000; White, 2000）。しか
しこうした研究の多くは、状態（症状）に特化したものであり、小集団で用い
られたエビデンスにもとづいており、そして問題（困難）が絞り込まれている。
諸モデルは多くの考えをまとめるのには助けになるものの、それらが臨床の場
でもっとも価値を発揮するのは、心理社会的支援や介入療法を通じて変化させ
ていくことが可能な諸要因を特定し、明らかにしていく場合である。その場合
は支援介入の補助として、あるいは必要な場合には、医学的・外科的治療の代
替療法として価値を発揮する。Appearance Research Collaboration（ARC：ヒーリ
ング財団からの財的支援を受けたイギリスの研究者チーム）は先行研究にもとづいて、
適応に関する認知モデルを生み出した（第 3 章の図 3.5 を参照）。そして、コミュ
ニティ・ベースと臨床現場の両方からのサンプル・データを利用しながら、そ
の枠組みをさらに発展させていった（Thompson, 2012）。

　今回の一連の研究プログラムでは、外見に特化した認知過程に注目してい
る。それ以外にも、身体的要因、治療に関連している要因、社会文化的要因、
その他の心理学的要因の多くが、適応に関係していることが先行研究で示され
ている。読者には次の文献を薦めたい。Moss（1997a），Clarke（1999），Newell
（2000），Kent & Thompson（2002），Rumsey & Harcourt（2004），Moss（2005），
Ong et al.（2007），Thompson（2012）。ただし先行研究において、適応に影響を
与える「容疑者」として特定されていた諸要因については、後に要約を示すこ
とにする。ARC 研究プログラムでの諸知見には、第 3 章で詳しく触れる。

身体的要因および治療に関連した要因

　身体的要因および治療関連要因に含まれるのは、変形をきたしている状態の
原因、範囲、タイプ、重症度、そして個々の治療歴などである。いくつかの研
究においては、状態の可視性（人目に付きやすさ）が苦悩を悪化させることが示
されてきたし、一般の人々や多くの医療専門職らもそう予想している。しかし
それに反して、多くの研究、臨床経験、当事者らの手記が明らかにしてきた
ことは、適応における予測因子として、変形の程度やタイプや重症度は首尾
一貫してはいないことである（Moss, 2005; Ong et al., 2007; Rumsey & Harcourt, 2004;
Thompson & Kent, 2001）。

社会文化的要因

　社会文化的要因は特に重要である。他者との関わりを持ちたいというのは、人間にとって根源的な意欲であり、こうした関わり合いの「行動の仕方」における微妙な差異に、社会的かつ文化的慣習が影響しているからである。変形をきたす状態（症状）が持つ意味と重大性について人々が共有している核心的信念に、文化的要因は影響を与える。それゆえに、適応が行われる場面では、その背景に社会文化的要因が様々な文脈を与えるのである。そして、より広義の文化的環境・宗教・親や同胞集団の影響と同じように、年齢・発達段階・性別・人種・社会階層といった人口構成上の要因からも、社会文化的要因は影響を受けることが多い。同様にこれまでの研究によって、メディアやその他の社会文化的要因が与える影響力には個人差が大きいものの、外見に苦悩している人たちへの圧力を生み出したり悪化させたりする役割を、メディアが果たしていることが示されている（Halliwell & Diedrichs, 2012; Prichard & Tiggermann, 2012：概説として参照）。変形によってもたらされる脅威に感受性が高まることにおいては、愛着や受容を早期に経験することが特に重要となるだろう（Kent &Thompson, 2002）。治療や介入療法の過程において、こうした事項は既往歴や定式化の一部として、十分に探索されるべきである。

心理学的要因と過程

　この範疇に含まれる諸要因として、個人の自尊感情と自己イメージの構造（例：他者の意見や、より広範な社会的基準に対する重み付け）、人格や気質、特徴的な帰属スタイル attributional style、コーピングの方法の豊富さ、社会的支援に対する認知、心理学的健常感 well-being のレベル（例：不安、抑うつ）や社会的不安、羞恥の感情、そして（当事者が認知している）他者に対する可視的差異の目立ちやすさが挙げられる（Moss & Rosser, 2012a, 2012b：概説として参照）。また一方こうした諸要因は、社会文化的要因と密接に関連しながら形づくられていくのだと考えることが重要である。心理学的諸要因は、感情的、認知的、行動的というふうに、広範に分類される。概して言えば、身体的要因・治療に関連

した要因・社会文化的要因に比べると、心理学的諸要因は介入によって変化させることが容易である。

身体イメージ障害

変形をきたしている状態が他者に見えてしまう人々に加えて、別の種類の問題を抱える人たちがいる。彼らの不安は、自己認知や、あるいは外見に対して認知してしまう問題や欠陥に関係している。身体醜形障害 body dysmorphic disorder（BDD）は、『精神障害の診断と統計マニュアル 第 4 版』 *Diagnostic and Statistical Manual of Mental Disorders, Fourth Edition*（DSM-IV-TR, 2000）で身体表現性障害 somatoform disorders として記載されており、外見における想像上あるいは些細な欠陥にとらわれていると定義されている［訳注：同マニュアル第 5 版 DSM-5（2013）では、強迫症スペクトラムの一部として再分類された］。一般的には、摂食障害 eating disorder（神経性食思不振症 anorexia nervosa）や変形をきたす状態の観点からは、うまく説明ができない障害である。

多くの有識者たちが診断区分に懸念を表明していたのは、それが個人の経験ではなく、むしろ観察者の観察と判断にもとづいているからである。経験豊富な形成外科医であれば、主として仲間集団の規範に影響を受けていた者の規範ではなくて、別の規範的スケールを用いようとするだろう。また定義には、非常に目立った変形をきたす状態を有する者は、この診断から外されるべきだと示されている。しかし変形を有するグループの一部の人たちは、BDD に非常に特徴的な、高いレベルのとらわれや不安感を呈している。

すべてを勘案したうえでの私たちの意見は、DSM-IV-TR の分類定義とは異なっている。BDD は、ある連続体の中で一方の極にある。そしてその対極には、外見や身なりや、外見への不満足に対する「正常範囲内の」とらわれがある。臨床における身体イメージ障害は、原因や重症度とは無関係に、変形に伴って現れることが多く、また客観的に見て、より「些細な」変形を持つグループにおいて際立っている。現実と理想（どう見えるべきか、どう見えなければならないのか、かつてはどう見えていたのか）の間で認知される不一致により、他者からの否定的な反応が見られない場合ですら、顕著なとらわれやチェック行動や不安感が生じるのである（Price（1990）による、身体イメージに全体感を取り戻

すための対処における不一致の考察を参照）。実際、他者から「ちゃんとして見える
よ」という言葉を求める再確認は、不安感を持続させるように作用する。おそ
らく、認知されている脅威への集中が持続されるからだろう（Veale et al., 2009）。

　ARC の研究結果は、以下のような臨床観察所見を支持している。人々は外
見に関する別の不安の文脈の中で、多面的な不安を提示したり、特定の「強調
された」問題を提示したりする。たとえば、体重減少に伴う余剰皮膚は、し
ばしば「加齢現象」として述べられることが多い。一般的な母集団において明
らかな外見への「正常範囲内の」不安 'normative' concern は、外見への認知の
根底に潜んでいる諸問題は多面的であることが多いということを意味している、
と認識することが重要である。さらに ARC の研究が証明したことは、変形を
持つ人々は、影響を受けていない他の身体部位についても、不安を持っている
かもしれないことである（お腹やお尻の大きさなど）。だとすると、純粋に変形
がある解剖学的部位だけが不安感の源泉だと思い込むのは正しくないだろう。

臨床における諸問題と症例提示

　すべての症例は、総合病院（形成外科を含む）内の心理療法部門のスタッフへ
紹介されてきた、現実にあった臨床症例である。名前や個人が識別されうる詳
細事項については変更してある。以下の症例提示では、外見への不安の範囲と
複雑性が示されている。この分野で新たに働くスタッフのために概説を提供し
つつ、不安における類似性（例：他者が示す反応への不安と、通常ではない外見が自
尊感情に与える影響力）と、個人差（例：変形を有していることへのその人それぞれ
の意味付け）の重要性についても、簡潔に示すつもりである。第 7 章では治療
上の重要点とともに、さらに掘り下げた症例を提示して治療法を示す。

症例 1

　ジェラルディーンは顔に発生した癌の治療のため、鼻に小さな皮膚移植
を受けた。アーティストである彼女は、それは比較的小さな範囲であるこ
とを認めているものの、外見に生じた変化について、ひどく自分を損ねる
ものと感じている。それに対する自分自身の反応に当惑しており、対称性
を取り戻すために、修正手術治療を求め続けている。

<h3 align="center">症例 2</h3>

　ジャックには先天性の状態（疾患）があり、片側の耳介がない。耳介再建手術を受けて、結果も良かった。しかし、今も耳の外見に不安を覚え、髪を切ったり、水泳に行ったりするのを避けている。帽子を深々とかぶることもやめられないでいる。

<h3 align="center">症例 3</h3>

　イブは顔の癌を除去する手術を受けた。その結果、鼻を失い、人目に付く変形が残った。そのことに打ちのめされ、以来、外出することなど考えられなくなり、ベッドルームにこもったままである。夫は医師に助けを求めた。そこで言われたことは、特にできることは何もない、「彼女は、新しい顔で生きていくことを学ぶしかありません」というものだった。

<h3 align="center">症例 4</h3>

　ジェームズは仕事中に怪我をして、利き手の親指を失った。その手の外見を嫌悪しており、他人に見られることを恐れている。顕著な解離症状を示し、怪我をしたときのフラッシュバックがあり、気分は沈んでいる。主治医は、足を使って字を書いたり、食器を使ったりできるようになった人々の話をしてくれる。そして過度に悩みすぎないで、早く仕事へ戻るべきであると言う。

　外見への不安感に加えて、ジェームズは PTSD に特徴的な諸症状を示していることに注意してほしい。この時点においては、心のトラウマの影響に対処することが優先される。また、手の外傷は痛みの原因にもなりうる。痛みは治療内容へ取り組む気分や能力に影響しうる。不安の治療と同様に、痛みへの治療も優先することを勧めたい。

<h3 align="center">症例 5</h3>

　ポーリンのバストは小さい。このことが原因で仲間から目立っていると感じ、自分のことを普通ではないと表現している。自信を取り戻し、美容師としての研修を受けられるようになるには、豊胸術が必要だと考えていた。

　ポーリンのバストは客観的に見て正常範囲内であったが、自分では異常であると感じていた。彼女が外見について経験していることは、変形をき

たす状態に困惑している人たちのそれに酷似している。こうした認知が、外見への不安感を生み出すのである。残念ながら彼女の言い分は根拠なしとされてしまうだろうし、そうした不安は「純粋に美容の問題」として片付けられてしまうだろう。美容の分野で職に就きたいと、彼女は外見のことに目一杯の投資をしている。

症例6

マークは仕事中の事故により、スタンリー・ナイフで指を失った建設従業員である。手の外見のことで非常に悩んでおり、いつもポケットに手を突っ込んでいる。自分の手は人に不快感や嫌悪感を催させるので、ガールフレンドができることも決してないだろうと不安に思っている。自分自身と雇い主の両方に対して、非常に腹が立っている。

症例7

ジョンは顔面神経麻痺の修正手術を受けた。結果は良かったが、笑顔を作ると、相手に分かるような麻痺がまだ残っている。気分は非常に落ち込み、大学でうまくやっていけないと思っている。仲間からは別扱いを受け、それに馴染むのは無理だと感じている。

症例8

ピーターは子供の時に片方の眼を失った。摘出の結果、眼帯は貼付できなかった。今は大学生だが、明らかな顔面の変形によって、人と付き合うこと、特に女性と出会うことは難しいと感じている。自分のことを、「いつも独りぼっちで家に帰るやつ」と述べている。自己評価は低く自信もあまりなく、外見のために、自分は社会的にも雇用でも、将来の機会が制限されていると考えている。ますます社会から回避的になってきている。

症例9

ルーシーのバストは左右非対称である。手術を望んでいるといい、面談の時にはとても動揺していた。ブラジャー試着の時、「医師に診てもらう必要があります。あなたの胸は（病的に）変形しています」と店員に言われ、ルーシーは自分のことを奇形だと感じていた。

症例 10

ジェニーは体表の 80％に瘢痕を負っている。過去、このような重傷の人たちはほとんど救命できなかった。しかし熱傷治療の進歩により、現在ではこのような広範囲熱傷であっても生存できるようになってきている。彼女の生活スタイルは混沌としている。気分は落ち込み、大量の飲酒と喫煙に溺れ、もともとの外傷に起因する身体的問題に対処できないでいる。（熱傷と皮膚移植により）汗腺がないために生じる体温調節障害は、大きな問題となっている。外出するときには、他人から凝視され、ささやかれることを高い頻度で経験する。傷跡の原因について聞かれることも多い。

症例 11

ベロニカは 10 代の頃の自傷行為により、両方の手首に瘢痕を負っている。この傷跡は、その当時の不幸で困難な出来事を思い出させるため、取り除きたいと望んでいる。他人からそのことを聞かれても、説明することが難しいと感じている。

症例 12

ブライオニーは自転車の事故で下肢に重い瘢痕を負い、輪郭も変化してしまった。その瘢痕を見ることができず、着替えの際などに下肢の様子を見てしまうと、吐き気を催し、冷や汗が出てしまう。

症例 13

ショーンにはニキビがあり、クローン病の手術治療のために人工肛門が造られている。抑うつ状態であり、ウェイト・トレーニング以外では家を出ることはめったにない。彼は（クローン病治療用の）ステロイドを乱用している。自分のことを「うんざりだ、むかむかする」と感じており、人工肛門とニキビを治せばどれだけ人生が変わるのかについても、想像することができない。

症例 14

ジリアンはおとなしく見える内気な 20 歳で、歳よりもずっと若く見える。彼女は乾癬 psoriasis を患っている。水泳に行くことを避け、発病し

ている部分は隠すようにしている。これまで誰とも性的関係を持ったことがなく、仕事においても自信が持てないと述べている。何人かの親友はいるが、自分の皮膚の状態について話をしたことはなく、見せたこともない。友人の見る目が変わり、自分から離れてしまうかもしれないと恐れているのである。

症例 15

フランクは仕事中の事故で下肢を粉砕骨折し、切断手術を受けた。リハビリテーションチームの報告によると、彼は「やる気を失って」おり、敵意に満ちている。社会に適応しようとすることをやめてしまい、事故以前の交友関係も断ってしまった。事故は予防することができたと信じ、雇い主に対して憤慨していた。「フラッシュバック」に襲われるといい、外見がどのように「悪く変わったのか」や、雇い主らによってどのように「自分が終わらせられてしまった」かについて、考え続けてしまうという。

フランクが「フラッシュバック」と述べている一方、アセスメントでは、事故を追体験するという解離的症状があるというよりは、むしろ事故の顛末に関して緊張しながら考え続けてしまうと述べていることに、注目してほしい。したがって、第一の問題は切断後の適応にある。

症例 16

ジェフは交通事故で腕に重傷を負い、関節が動かなくなり、筋肉が衰えてしまった。仕事に復帰し、運転も行い、できる限りのことをして社会に適応しようとした。そして、家族と子供たちとともに時間を過ごすことを続けている。しかし彼は、どうしても「自分のことを責めてしまう」と言う。今のように「老けて醜くなった」自分に、妻が寄り添ってくれるのが信じられないと。

症例 17

マークには子供の頃から脱毛 alopecia がある。その頃、ずっといじめられていた。今は 40 代で、もはやいじめやからかいを恐れることはない。しかし、「違和感」を覚えるため、帽子やスウェットのフードを被ることなしに家を出ることができない。帽子なしでは、玄関に出ることもない。

いつも帽子を被っていることについて、人から指摘されることがあるものの、「帽子なしではどうすることもできない」と信じている。帽子やフードに依存することは、職業上の出来事に有害な影響を与えてきた。そして前職では、定められた服飾の規定を守らないことへの注意を受けた。このこと以来、自信を失い、仕事ができる気がしなくなったと述べている。

症例18

ミシェルは口腔癌になり、広範囲にわたる再建手術を受けた。確かに顔には瘢痕と麻痺が残っている。今は、夫にとって魅力的ではなくなってしまったと感じており、「いつも外見のことについてお喋りをしていた」友人たちと、今後も関わっていくのは無理だと感じている。激しい怒りと悲しみの間で、気分は動揺し続けているという。

症例19

ピーターはメビウス症候群 Moebius syndrome であり、顔面神経がない。つまり、微笑むことができず、顔で感情を表すことができない。他人が彼を見て、学習障害者であるかのように扱う行動に、とてもイライラする。

紹介症例に見られる共通した特徴

■ 状態（症状）の可視性（見えやすさ）

第一に、上記の症例から明らかなことは、すべての人が彼らの感じている困難の源泉を、外見あるいは外見の変化に置いていることである。そしてすべての人が解決方法として、医学的治療を真剣に考えたり、探し求めたりしている。発端となった治療を、時にそれは生命を脅かすような状態（症状）に対してであったが、すでに終えている人々もいた。しかし、彼らは変わってしまった外見によって頭の中が占領され、適応的な行動がとれないままであった。客観的に見て、観察者によって評価される可視的差異の程度には、無視できないほど大きな個人差がある。ある人にとって外見の特徴は、習慣として衣服で隠さねばならないものかもしれない。また別の人では指摘されなければ分からない程度のものかもしれない。ある人にとっては、外見上の差異とは生涯を通して付

き合うものであり、別の人では小児期や成人期になってから負ったものである。すべての人々にとってとらわれの程度は強く、「その問題」は重く苦悩を与えるものであり、行動を妨げるものであると受け止められている。このことは共通した核心的問題であり、こうした人たちが外見への不安の治療を目的として、（専門家に）紹介される必要がある理由となっている。重症度と苦悩の程度はあまり相関せず（Moss, 2005; Ong et al., 2007）、より些細な変形しか持たない人たちでも、逆により大きな人目に付く変形を持っている人たちと比べて、同等かそれ以上の苦悩を持ちうるのである。そうした人たちの苦悩は、その人の実際の外見と比べて、「訴えが大げさだ」と言われることがほとんどだったと思われる。ある人たちは変形をきたす状態を複数持っているが、他者に対してもっとも目立つものが、最大の苦悩を生み出す原因であるとは限らない。重要なことであるが、他者への目に付きやすさと苦悩の程度との間に明確な相関がないことは、ARC 研究においても確認されている。

　そのような理由から、心理学的治療アプローチは、状態（症状）そのものを変えることよりも、その状態がもたらす影響力（不安、とらわれ、憂慮、変容行動や回避行動）をコントロールすることに焦点を当てている。広い範囲の慢性的な状態（症状）に対する心理学的介入としての治療において、以上のことは共通目標として共有されている。

■ 羞恥

　遡ること 1963 年に Goffman が、スティグマの経験において羞恥は中心的であると述べた。しかし、身体羞恥 body shame は身体イメージ body image ほどには注目されてこなかった。身体羞恥は変形とともに生活している人たちにおいて共通して発生する問題であり、回避行動 avoidance behaviour や安全行動 safety behaviour をとらせる原因になることを、広く臨床家は認めている（Gilbert & Miles, 2002）。これまで羞恥には内的羞恥 internal shame と外的羞恥 external shame が区別されてきた。内的羞恥とは、自分自身が恥ずかしい存在であると（自分が）認知していることを述べている。その一方で外的羞恥とは、自分自身のことを「不快にさせる」存在だとか、他者に対して魅力的でないと認知する経験であると述べている（Gilbert & Miles, 2002; Kent & Thompson, 2002）。内的羞恥とは、際立った副交感神経系の反応を伴う（後述）。内的羞恥と外的羞恥は連動して起きやすい一方で、単独でも起きうる。つまり次のよう

に述べる人たちがいるだろう。他人が自分の外見について「気づいていない」か、「反応しない」かが分かっているにもかかわらず、自分のことについて強い嫌悪や不快感を感じてしまう（内的羞恥）という人たちである。一方、外見に問題を持っている人がいて、その人は外見について恥じていないにもかかわらず、他者が示すかもしれないネガティブな反応が危惧されるだけで、当惑してしまうという人たちもいる。内的羞恥と外的羞恥の概念は、感じられ確定されたスティグマという考えと密接に関係している。そしてこうした概念に関与している諸過程（プロセス）は、客観的な外見とは無関係に作用しうるのである（論評として次を参照：Gilbert & Miles, 2002; Thompson, 2011, 2012）。

■ 可視的差異の意味付け

　羞恥と関連して、人々が通常ではない外見に対して行う意味付けは、外見の持つ影響力を理解するうえで重要である。たとえば、変形を持つ人々は共通して、その変形によって「変形のある、奇妙な、醜い、魅力でない」などと見なされる、と信じている。形成外科医にしてみれば、客観的に外見を「悪化させる」治療を行うことには気が進まないはずである。しかし、瘢痕が持つ意味と、結果として危惧される他者からのスティグマ化を変えていける方法である場合には、たとえば瘢痕が客観的に目立ちやすくなったとしても、そうした治療により不安感が軽減しうることもあるだろう（症例11を参照）。治療を探し求める動機について注意深くアセスメントを行うこと、そして認知された変形に対する人々の思考の成り立ちを十分に知ることといった点に注意する必要がある。同様に、瘢痕への意味付けを変更していくことに、介入療法が焦点を当てることもある。たとえば、弱さや、癌などの病気を負っていたしるしとしてではなく、むしろ治療に耐えた強さや、リジリエンスや、生き残ったことの証拠として意味づけを変えるのである。

■ 喪失の経験

　可視的差異の影響力について、多くの人が、（自分の）喪失や（自分への）死別といった言葉で表現する。外見の喪失や昔の自分を失ったことを嘆き悲しむ過程は、別種の喪失における悲嘆の過程と似ている。このことは、後天的に変形を負った人にも、先天的ないしは長期にわたる状態の人にも、等しく当てはまる。理想化された自己の喪失や、決して経験することのない自己の喪失［訳

注：自分には手に入れられないという事実が認知されること］も、以前の自分を失ったことと同様に、個人に対して強い影響力をもたらす。喪失はまた、人生における機会を喪失したという認知のレベルにも影響を与える。それは外見の喪失だけに留まらず、未来の機会に対する問いに対しても影響する。「以前と同じ人生の機会があるだろうか。同じ仕事をすることができるだろうか。対人関係はどうなるだろうか。他人は私のことを魅力的だと認めてくれるだろうか。交際相手を見つけることはできるだろうか。一般の人たちとはもう違うのだから、何事にも妥協する必要があるだろうか」。他の場面での喪失と同様に、激しい感情が起こり、怒り、悲しむ時期があるだろう（Bradbury, 1996）。計画的介入療法のタイミングには、この感情的反応を考慮する必要がある。外傷後の苦悩への対処に関するエビデンスによると、外傷への治療に加えて、受傷後の 4 週間以内に通常の標準化されたアプローチ法を用いて、情報提供するモデルが支持されている（National Institute for Heath and Clinical Excellence（NICE）のガイダンスを参照）。外見の問題への対処モデルについて、明確なエビデンスをもとにした同様の推奨は作られていないものの、社会的スキル訓練前の第一段階として、喪失について素直に認めたり不安を正当なものとして受け止めたりする期間を設けることや、可視的差異への対処に焦点を特化させることは、臨床経験からその重要性が示唆されている（Clarke, 1999）。

■ 生理学的反応

　不安やとらわれのレベルは常に高いが、生理学的反応は非常に個人差が大きい。ある人たちは自分の可視的差異を嫌うものの、自己ケア行動をとるように働きかければ、その差異を直視して触れることもできる（Gaind et al., 2011）。しかし、徐脈または頻脈、発汗、嘔気といった顕著な生理学的興奮を示す人たちもいる。おそらく、自分の体の見え方や感覚に対して不快感や嫌悪感を抱き、不安感に苛まれ、顕著な嫌悪反応や生理的反応（頻脈など）を示すのだろう。同様に後天的な可視的差異も、痛ましい出来事を侵襲的に思い起こさせるトリガー（引き金）となって、過度の興奮や回避行動をとらせることがある。

■ 文化

　外見は、文化によって評価のされ方が異なる。女性の方が、外見に特別な価値が置かれていることがある。加えて病気に関する信念は、心理社会的適応に

結びついていることが知られており、外見に影響を与える状態（症状）に関する信念は、文化や民族によって大きく異なっている。外見が変わったことへの意味付けについて、また、その所属する文化の中での説明や信念について理解することは、諸問題を定式化して、治療計画を立てるうえで欠かせない（この概念についての優れた総説として次を参照：Falvey, 2012, Habib & Saul, 2012）。

皮膚の脱色素をきたす状態である白斑症 vitiligo を持つアジア系イギリス人女性について、ARC は一連の研究プログラムの中で調査した（Thompson et al., 2010：本書の巻末付録にまとめがある）。他の民族的背景を持つ白斑症の参加者と同様、回答者は感じていることを違ったふうに述べ、スティグマ化の報告内容に共通性はなかった。しかしスティグマ化の経験は、状況によって外見が担う役割に関係して微妙に異なる文化的価値と関連しており、また、神話や迷信の数々が、その状態（症状、疾患）の原因と結びついてもいた。状態は、結婚の見通しの良否に影響を与えると見なされていた。どのようにスティグマ化が作用するのかに関する文化的意味合いは、変形に対するコミュニティの見方を調査した、ARC の別の研究においても報告されている（Hughes et al., 2009）。それゆえに、研究開始前の ARC モデルにも社会的かつ文化的な諸要因への考察が含まれていたものの、ARC 研究の全結果を省みれば、さらに強調する必要が出てきた。結果的に、社会的かつ文化的な影響力の役割に焦点を当てた第 4 の要素が ARC モデルに最近加わり、本書で述べられている介入療法を導く際の考察が加えられた（Thompson, 2012 参照）。

■ 性別

外見に関連した問題は、女性に対してより大きな影響力を持っている、という思い込みが一般化している。しかし、この一連の研究プログラムから分かってきたことは、男性の参加者の中にも大きな苦悩を示す者がいて、高いレベルの敵対心を持ち、攻撃的行動を見せるに至る。同様に、5 年以上にわたってロイヤル・フリー病院に紹介されてきた、顔に変形を負った 300 名の患者に関する報告書では（Cordeiro et al., 2010）、男性患者は顔について、客観的変化によっても、また認知された変化によっても深刻な苦悩が生じており、女性の方がより大きな適応不良群を構成しているというエビデンスは認められなかった。男性についてはこれまで筋肉質の理想形に関連して捉えられてきたものの、以上のエビデンスによると、顔にまつわる諸問題が男性に強く関与することは明ら

かである。それゆえに、男性患者は治療対象ではないとか、「大騒ぎすべきではない」といった、医療スタッフや家族が抱きがちな思い込みを改めることが重要だろう。

■ 年齢

　同様に、高齢者は外見にあまり悩まないという思い込みがある。ARC 研究でも、高齢者群における苦悩のレベルは低い、というエビデンスが支持されていた。しかし、高齢者には無視できないほどの多様性が存在する。つまり、自らの外見について、非常に高いレベルの不安を持っている人たちもいる。それゆえに、年齢を心理学的サービスへの面談や紹介を決めるための基準とするべきではない。子供たちの場合、学校におけるいじめやからかいが原因で、問題が生じる可能性がある。こうしたことが、若年での手術治療が必要とされる理由として、引き合いに出されることが多い。不幸なことは、手術による方法では、実際に将来生じないかもしれない問題までも、子供が危惧してしまうようになることである。重大な手術への同意を判断できるほどに子供が成長する前に、親たちが予想してしまう諸問題にもとづいて、手術治療に踏み切ることが果たして適切なのか否か、そうした疑問は興味深い倫理的論争を生んでいる。

■ 治療への期待

　外見に不安を持つ人のほとんどは、医師に対して、身体的治療（通常は手術を、また最近の傾向としてレーザー治療や皮膚科的治療）を希望していると述べるだろう。また、外見に医原性変化（大腸癌手術による人工肛門や乳癌手術による乳房欠損など）をきたすような原疾患への治療と並行して、外見への継続的治療を求める人もいるだろう。手術操作に対する理解の程度は、素人レベルでは非常に低いことが多く、商業市場による内容操作の影響を受けていると言える。患者は、手術に非現実的な期待感を持つ傾向がある。瘢痕を改善したり、治療後の瘢痕を目立ちにくくしたりすることを期待し、手術は必ず相応の瘢痕を残すという事実を忘れがちである。実際、多くの人々が、「瘢痕除去」のために紹介されてくる。情報は、テレビのリアリティ・ショー［訳注：印象操作を目的としたビフォー・アンド・アフター番組など］や雑誌から得られることが多い。イギリスの総合医も、学部教育の中で形成外科を学ぶことはないので、患者と同程度に誤解していることが多い（Charlton et al., 2003）。そのせいで、初期治療医

は形成再建外科手技について検討するよう勧告が出されているにもかかわらず（Department of Health, 2007a）、誤った情報の発信源になってしまうこともある。こうした理由により、自分の問題への解決方法が、実は提供不可能だという事実が明らかになると、治療を真剣に考えていた人たちの多くは怒り、失望するだろう。同じ理由により、手術後になってから、結果が期待外れだったと述べる者もいるし、外見に予想外の変化が生じてしまったと述べる者もいる。健康心理学の領域でも同様のエビデンスが見られ、QOL を改善することを主要目的とする手技は、術後に不満足を生じさせるリスクがより高くなる（Elkadry et al., 2003）。この研究が意味していることは、医師は症状を軽減したり、機能を改善したりすることを昔から目標としてきた一方、患者は術後に訪れる新しいライフスタイルを改善させることを目標としてきたことである。だがそうした患者の目標は、治療方法が直接的に関わることができる類いの話ではない。たとえば形の修正について、執刀医は非対称性を修正することだと認識するだろう。しかし患者はそれを、人間関係を恵まれたものにするチャンスを増やすこととととらえているかもしれない。その後の人間関係に改善が実感されなければ、患者の不満はいずれ、治療手技か、執刀医か、あるいはその両方へ向かうことになる。

■ 身体的変化と心理学的アウトカムとの関係

　外見に関連した問題を抱える人の多くは、自らの外見に、幸福や自信や自尊感情を関連付けている。治療の結果に対する期待感には、こうした言葉が使用されているのが一般的である。しかし、美容治療の結果に関する研究では、患者の満足度の高さは、術後に自覚される心理学的変化への期待よりも、むしろ（術前に感じていた）身体が変化することへの期待感に相関していた（Sarwer & Crerand, 2004; Sarwer et al., 2005）［訳注：高かったのは、期待感を持っていた手術等を受けられたことへの満足感であり、術後の短期的心理的評価である。行動変化など、術後長期的な心理的評価は反映されていなかった。つまり、長期的には患者の満足度は低下しやすい、という可能性を示唆する結果といえる］。こうした理由により、身体的に何が変わるのか、どのように変わるのかを、術前の早期の段階で正確に明らかにすることが、身体的治療を受けようと考えている患者にとって重要である。同様に、測定が可能でよりエビデンスがある、もっと具体的な方法で、心理学的目標を見定めることが有用である。つまり、「自信の向上」とは、その後の

行動の変化によって確認できるのである（たとえば、友人と外出できるようになる、隠すための服装をやめられる、新しい職に就くなど）。

　外見に非常に目に付く差異がある場合には、公共の場で凝視されたり、陰でひそひそ話をされたり、状態について聞かれたりして、高いレベルの社会的侵襲を述べることが多い（Partridge, 1990）。もしも外見の差異が最小化されれば、対人関係を伴う状況で不安が喚起されることはなくなるだろう、という思い込みがある。それゆえに手術治療は、他者が示す行動に対処するための解決法と見なされることが多い。しかし多くの研究文献が示しているように、外見が社会的基準により近いからといって、必ずしも世間を渡っていくことが簡単であるとは限らない。実際、それほど目立った外見をしていない人たちであっても、社会的状況を困難なものとして経験している人は少なくない。外見を変化させることが（認知的変容や行動的変化に頼るよりも）、性的関係の問題も含めて、社会的な人間関係を改善していく方法になるという考え方に対して、それは有効な解決法にならないことを、最初のアセスメントの段階ではっきりさせておく必要がある。

■ 修繕による解決

　医学的治療にまつわる神話には、次のような共通した思い込みが存在している。手術や投薬は問題を「解決」する、また最善でない結果が出たときは、それは経験不足や、手技上の「何らかの間違い」や、力量不足などのせいだ、などである。患者中心の目標設定と結果への期待は、治療に対する満足感への予測因子となる。それゆえに、あらゆる介入療法の準備において、患者の期待感を導き出すことを含め、必要な場合には、患者自身が準備内容を修正できるように支援すべきである。治療環境への期待を導き出すことも役に立つ。多くの人は、治療の継続性が優先されずに担当医師が交代していくことを知らず、また多くの病院での治療担当期間は短いものになることを知らない。矛盾した話に聞こえるが、治療で大きな変化をもたらすよりも、非常に小さな外見上の変化を実現することの方が、ずっと難しいことが多い。一般の人々にとっては、心臓移植が可能であるのに、瘢痕の除去が可能でないことを理解するのは難しいだろう。

治療における諸注意

　臨床心理士は、保健関係の諸問題に、心理学用語や専門用語を用いて表現することに慣れている（例：疼痛管理、慢性的症状の管理、機能障害）。外見に関連した問題を心理学用語で定式化し、そしてその内容を患者にも理解できるようにしておいても、理想的だと考えられる治療が無効または失敗したときに、患者はさらなる治療法を求めることが多い。心理学的解決法は、次善の策だと見なされやすい。

　アセスメントの重要な目的は、セラピストがその患者の問題を聞き取って理解したという証拠を残すことである。このことはアセスメントの章でもっと詳しく述べる。過去を振り返り、疑問を投げかけ、まとめ上げる標準的な技術は、心理学的定式化を行ううえで助けとなる。患者の外見について、客観的にコメントすることで再確認しようとする試みは大抵役に立たない。多くの人々は医師やセラピストに対して、「そういう目立ちやすさとは違うんだ」と述べる。患者には、自分に固有の問題がセラピストには理解されなかったという証拠として認識される。あるいは、「彼らは理解し損ねただけ」と捉えられる。身体イメージに問題を抱える人々は、セラピストに対して、自分たちの姿がどれほど目立ちやすいかを尋ねることが多い。単に意見を述べるよりも、こうした質問が有用なのかを患者に確かめるよう勧める方が、可視的差異に対処できるようになるためには良い方法である。それにより、どの治療が必要とされるかを早期に「吟味する」こともできる。その差異は客観的に非常に目立つという答えか、あるいはセラピストが「自分のことを傷つけないようにしている」と感じられる答えか——いずれにしても安心できる答えはないことを、多くの人が認めている。外見は重要ではないと言い切ることは、特に若者にとって別の落とし穴となる可能性がある。「本の中身を表紙で判断することはできない」とか、「美は内面から生じるもの」とか、「外見よりも人格の方がより重要だ」といった言い回しは、人々が属している社会的文脈とは矛盾している。患者が情報として入手したり自身で経験したりしてきたすべてのエビデンスが、それとは正反対を示しているのである。人々がお互いのことをどのように褒め合うかを決めるにあたって、外見は実際のところ非常に重要である。そして、外見は重要ではないと示してしまうと、外見に非常に高い価値を置いている人々と

付き合うことが困難になる。繰り返すが、外見の問題に焦点を当てないステレ
オタイプ化された元気づけの言葉をかけることは、セラピストは自分たちの問
題の本質を理解できていない、ということを患者に示すことになる。

　治療の後半の段階で、人々の生活の中で外見が果たしている役割を検討して
みることは、自尊感情を構成している要因を検討してみるという文脈において、
うまい具合に治療の一部となる。ポジティブな印象を与えようとする行動の役
割も、通常ではない外見に対処するための一連のスキルの一部であることが理
解されるだろう。しかし、外見の価値に関する議論に早期に入ったとしても、
アセスメントの段階では役に立たない。

　Derriford Appearance Scale（DAS24, Carr et al., 2005）のようなスケールで心理
測定的評価を行うことは、苦悩のレベルとそれに関連する回避行動を定量評価
するだけでなく、セラピストは自分の外見の問題を理解しようとしてくれてい
るのだ、という考えを強化できる点でも有用である。実際的な治療ゴールを明
らかにするうえでも、非常に役に立つ。簡易的に、特異な問題に対応できる心
理測定ツールには、目立ちやすさと不安に関する VAS（Visual Analogue Scale）や
順序尺度が含まれる。これらは変化の過程に関する情報を得るために日常生活
の中でも記録できるもので、実用的ツールとして優れている（第4章「核心的な
臨床データセット」の項を参照）。両方の尺度で高い値が示されれば、心理的苦悩
のあることが予測される。また、困惑やとらわれを減少させるという観点から、
治療ゴールを分かりやすく規定する助けにもなる。なぜならば、状態（症状）
による困惑やとらわれが軽減することは、自分にとって望ましいことだと多く
の人が認めるからである。

　心理学的介入を効果あるものとするためには、変化への目標が重要であると
認識できて、かつ達成可能であると、患者自身が明らかに理解できていなけれ
ばならない。患者が変化に向けて、準備ができていると感じられることが必
要である。そして目標は、容易に理解できて対処しやすいと思えるように組み
立てられていなければならない。介入療法は、クライアントのモチベーショ
ン、変化への準備状態、治療における人間関係において自己効力感が持てるこ
と、といった局面に手を着けることから始めるべきである。心理学的対処とい
う観点から、外見に関連した諸問題を定式化することは、心理学領域以外の人
にとっては直感的に理解しにくい。その他の医療専門職の人でさえ、こうした
介入は通常、非指示的カウンセリング介入療法（来談者中心療法）であると認識

する。心理学では、問題の認知の仕方をどのように変化させるか、そしてできないことが減るように行動をどう修正していくか、という考え方をする。そこでは、持続的かつ反復的な練習が必要とされる。こうした理由により、各セッションの冒頭で、定式化された内容と治療目標をまとめておくことが有用となる。それぞれの患者が（計画された認知と行動の）モデルに慣れ親しんできた頃に、これらを患者が自ら確認できるようにする（第7章の治療計画を参照）。体系的な CBT の枠組みの中での作業であれ、単に社会的スキル・トレーニングを提供しているのであれ、その両方に患者自身による認識と反芻が等しく重要である。患者支援ネットワークについても、提供されている治療モデルについて精通しているかを確認することが有用である。このようにして、善意から出たものの役に立たないアドバイスがなされる可能性を、減らすことができるだろう。そして魔法のような新しい医学的治療や心理学的治療に関する、患者の気を散らせる「救世主のような」記事は、新聞などからなくなっていくだろう。

　最後に、セラピストについて考えることが重要である。セラピストの外見が、治療の過程にどの程度影響するのか。セラピストのことをほとんど知らない治療環境とは異なり、外見問題が中心的焦点でもあるこの治療では、セラピストの外見は直接的に明白である。人種、民族性、メイキャップ、髪のカラーリング、服装の選択、目に見えるピアスや体毛、可視的差異を持っていること、体型とサイズ、これらのすべてのことが、身体イメージへの不安に作用するという文脈の中で、異なる意味を持っている。このことが特に重要である理由は、患者は習慣的に社会的比較を行うが、それが転じて自己批判を誘発するかもしれないからである。たとえば、ある種の特別な形態の外見に悩んでいる人は、他人の同じ問題と比較してしまう傾向があるだろう。自分よりも「悪い」形をしていると認知できる人との下向きの比較よりも、上向きの比較をするとき（例：「理想的」ないしは「比較的良い」形として見える人たちを観察する場合）に、困難を経験してしまう人には偏見 bias が存在している（Halliwell & Diedrichs, 2012 を参照）。その形は標準以下である、あるいは許容できない、といった考えにとらわれ続ける傾向がある。患者はこうした問題を自ら述べ始めることがあるかもしれないが、その時にこそ、それらと関連している認知プロセスを探索すると有用である。あるいは、患者がセラピストと作業することをどのように感じているかをチェックすることで、密かに述べられるかもしれない。時に、外見の違いへの認知にもとづく羨望に由来した、あからさまな抵抗にセラピスト

は出会うだろう。

　同様に、この領域で働き始めた人々は、自分自身の身体イメージや外見に関連した不安が、患者との相互作用にどのように影響するかについて、深く考えてみるべきである。また、高いレベルの嫌悪感の感受性（曝露プログラムによってスクリーニングされ、扱われることがある）によって、重大な傷を負っている人たちと緊張することなく作業することが困難になる場合もある。また、セラピスト自身が外見に多大な投資をしているようであれば、患者らに影響を与える様態について注意する必要があるだろう。心理学的困難を経験している人々が必要とする事項に対処することは、その患者自身に影響を与えると同時に、治療過程の総合的な管理にも影響を与えている、広範囲にわたる諸要因について考察することにつながる。こうした考察は、後続のいくつかの章で詳細に検討される。

第2章

心理社会的介入への
段階的ケア・アプローチ

前章では、可視的差異と外見への不安という問題を紹介した。臨床例を提示することによって、人々が遭遇する問題の多様さについて説明した。しかしながら心理学的支援のほとんどは、心理社会的支援の専門家によってではなく、たとえば看護師、担当執刀医、医師といった医療の専門家チームによって提供されている。治療の一部として、もっとも密接に相互関係を持っている専門家たちの仕事を、単純作業化させないことが重要である。特定の心理学的介入は、専門家でなくともうまく行うことができる。そして複雑な問題に対しても、比較的簡易な介入によって大きな影響を与えられるときもある。Kleve ら（2002）は、3 名の治療参加者の平均と、コホート研究において数多くの複合型介入療法により得られたポジティブな結果を報告した。対象者においては、単一の問題に絞って実践的な内容を持つセッションを行うことが、適切であることが証明されている。したがって、変形をきたす状態や外見を持つ患者が示す問題が顕著に複雑性だからといって、ケアを行う多くの医療専門職のスキルの意義を失う脅威にならないことは重要である。Clarke & Cooper（2001）が明確に示したことは、専門看護師たちは、変形をきたす状態を持つ人たちを支援する能力に自信を欠いていたものの、関連情報を知り基礎的トレーニングを受けた後には、心理社会的介入を非常に効果的に提供できたことである。この介入は、社会的場面に対し順序立てられた曝露過程を通して、社会的スキルやコーピングスキルを身につけさせるものであった（第 5 章参照）。したがって、レベル 3 やレベル 4 の介入療法を普段提供している読者なら、医療分野における専門家たちと一緒に最良の治療法に近づく方法として、この枠組み framework を実行してみたいと思うだろう。同様に、より一般的な読者は、効果的な介入療法において、専門家による介入療法が常に必要ではないことに注目すべきである。段階的ケアのモデルでは、具体的な介入の枠組みに加えて、さらに専門機関への紹介が必要な場合の意思決定を支援する枠組みも提供している。

　段階的ケア・モデルは、多くの領域において今や通常業務の一部となっている。それには癌患者のケアやメンタルヘルスの初期ケアも含まれている。そして、ケアチームの全員に役割を与えることによって、患者への心理社会的ケアが容易となるアプローチ法が示されている。介入のレベル 1 では、共感的で思いやりのある環境を提供する。そこでは、人々は尊厳と畏敬を持って扱われ、関連する情報が提供され、臆することなく質問できるよう配慮される。すべてのチーム構成員がこのレベル 1 だとしても、追加訓練を受けた専門

職により、より複雑な介入（レベル4）も提供可能だろう。同様のアプローチ法は、PLISSIT（許諾 Permission、基本的情報 Limited Information、個別アドバイスや介入 Specific Suggestions、集中的治療 Intensive Treatment）モデルによって示されている。もともとは性生活のケアで提唱されたモデルであるが、頭字語が記憶を助けるという利点があるため、本書でも利用することにする。

PLISSIT モデル

表 2.1 は段階的ケアの枠組みを示している（Annon, 1974）。

■ レベル 1：許諾

最初のレベル〈許諾〉は、特に重要な概念である。なぜならば、時に観察者は、外見に関連した問題について述べることが適切なのか否か、判断できずに困惑するからである。このモデルで使用する枠組みでは、直接的アプローチが推奨される。また許諾とは相互関係にある両者に適用され、患者とヘルスケア・スタッフの両方が、心理社会的問題について質問することを認められる。外見について聞き取りを行うことで、変形とともに生活する中で生じる苦悩を正常化することができ、また臨床家が関心を示すことで、今後の介入プロセスにおける相互関係を強化させうる受容の姿勢も示せる。

私たちは、すべての患者が外見に対する質問に回答できるようになることを推奨してきた。最小限の情報を相手に与えることによって、相手の好奇心に対処するのである（Coughlan & Clarke, 2002; Rumsey et al., 2002）。実際にこのことが意味しているのは、すべての臨床家は外見に関係する質問例を挙げてみせる立場にあり、そうする責任があることである。

例 1

あなたは外見上のこうした変化に、どのように対処していますか。

人は他人のことに、とても興味を持ちやすい。あなたは他人から多くの質問を受けたことがありますか。

顔や手などに関する質問について、あなたはうまい答えを用意していますか。

表 2.1　外見問題への心理社会的適応を促進する介入 —— 段階的ケアの枠組み

介入レベル	内容	介入の例	該当する専門職の種類
レベル 1	許諾	心理社会的不安に関する繊細な調査	すべての医療専門職（総合医、看護師、精神保健福祉士、専門の保健電話相談サービスなどを含む）
レベル 2	基本的情報	文書化された情報、推奨されるウェブサイトや支援グループへのアクセス情報。可視的差異に関する基本的な質問への回答	可視的差異の種類に特化した領域で働くすべての専門職（医師、看護師等）
レベル 3	個別アドバイスや介入	社会的スキル・トレーニング（凝視、批判、質問への対処のため）。社会的状況に積極的に取り組むこと	可視的差異に関連する問題のトレーニングを受けた専門職。必要時に各専門家に相談できる者（例：専門分野の臨床看護師、作業療法士、顎顔面領域の技術者、支援グループ）
レベル 4	集中的治療	認知行動療法（適応不良の外見に関するスキーマを明らかにし、修正を試みる）	臨床心理士、認知行動療法を行う心理士

> 　誰かにその傷跡を見られたことがありますか。あなたの夫またはパートナーは、その傷跡のことをどう思っていますか。
> 　自分の傷跡のことについて、特にそれが隠れた場所にある場合には、いつ他人にその話をするか決めるのが難しいときがあります。そうしたことを考えた経験がありますか。話をするか否かについて、あなたはどのように思いますか。

　この種の質問は、患者が社会的に回避傾向になっているかを特定する際に、非常に役に立つことが多い。「良好な」回答からは、その人は状況について考えたことがあり対策もあること、あるいは他人からのやっかいな干渉といった類いのことに困惑していないことが示される。その患者が、誰も気づかないでいてくれることを願っているとか、「この問題が完全に解決するまで」家に居続けようとしているとか、「再び完全に正常に見えるまで、表に出るのは控えるつもりだ」といった反応を示すなら、それらを追加情報を得るためのきっかけにすべきである。
　レベル 1 のトレーニングは、医療系の専門家が利用できるような、1 日学習

コースや教材による自己学習の一部として提供可能である。しかし、患者がこうした問題を述べるほど重大な問題を抱えていることが明らかな場合、さらに専門的な治療へ紹介できるようにしておくことも重要である。

■ レベル 2：基本的情報

もしも医療専門職が外見のことについて問うのであれば、得られるだろう相談内容への対処の仕方についても考えておかねばならない。可視的差異を持つ人に感情反応を尋ねる際の最大の障壁は、その反応に対処できるような訓練を受けていないことや、誰か頼れる人に助けを求める術がないことであろう。

支援組織やウェブサイトのアドレスの詳細といった資料は、「基本的情報」を提供してくれ、このような不安感を経験しているのは自分一人ではないと感じられる有用な情報源となる。チェンジング・フェイス[1]の小冊子や、たとえば白斑症協会などの慈善組織が特定領域を説明するために作成した資料も、患者ライブラリーや書籍供給システムを通じて入手できる。基本的かつ最小限のこととして、通常ではない顔の外見を持つ人は誰でも、次の質問に答えられるよう支援されるべきである。

その顔、どうしたの？

第5章では、この質問にどのように対処するかについて、実例で詳細を示す。しかし目標は、「回答を蓄えておく」ことにあるのではない。むしろその当事者から、自分自身に合った反応を、そして自身の通常の対人関係スタイルに合った反応を、導き出そうとすることである（そのプロセスも重要である）。

すべての医療系の専門職が、最小限の訓練により、この段階的アプローチ法の最初の2つのレベルを提供できるようになることは合理的であろう。

■ レベル 3：個別アドバイス

介入のこの段階では、医療系専門職は特定の問題に向けた、より踏み込んだ支援を提供している。これは、「目標とするストレッサー」へのアプローチ法として構成されてきた。つまり、共通して述べられることが多い諸問題への対

---

1 チェンジング・フェイス Changing Faces は、可視的差異を持つ人々のための、大規模な参加者運営組織である（イギリス政府の支援を受けている）。情報提供を含めて、可視的差異の啓発も積極的に推進している。

処方略を身につけていくことである。この方法は、チェンジング・フェイスが保有する情報資料を用いれば、とても簡単に実行することができる。状態（症状）に特化した資料は、別の慈善組織からも入手可能である。たとえば乾癬協会は、ウェブサイトに豊富な情報を公開している（本書巻末「支援組織に関する情報」を参照）。

レベル3での最低限のこととして、初期評価と変化の目標を明らかにすること（第4章「目標設定」を参照）や、その目標へ到達するための方略を計画すること、そして効果に対する理想的なモニタリングと結果（アウトカム）を評価するためのさらなる評価方法を必要とするだろう。社会的スキルの章では、こうした方法での実際例を示す（第5章）。

PLISSITモデルのレベル3の介入は、狭義の医療スタッフを含めて、より広い意味でのチーム医療に役立つものである。専門看護師、作業療法士、顎顔面技工士、精神保健福祉士は、この心理社会的介入技術を提供する理想的な立場にいる。チェンジング・フェイスで行われる医療専門職向けのトレーニングでは、このレベル3は、頭頸部癌領域に勤務している医療専門職らに向けたものとなっている。本書の著者らも、別領域のトレーニングの機会を提供している。レベル3のトレーニングでは、受講者は、臨床心理学者や臨床を扱う健康心理学者などのスタッフから、指導が受けられるようになっているとよい。

Bessellら（2012）が開発したFace ITなど、コンピュータを利用した介入療法は、心理学的治療に近年加わったものである。この方法への評価では、将来有望であることが示されている。Face ITは、非専門家によって提供される介入療法の一部に該当するだろう。とはいえ、単独で用いるのではなく、スーパーバイズのもとでの介入パッケージの一部として評価されてきた。心理学者によって提供される集中的治療に対しても、非常に有用な新兵器あるいは第一歩になるだろう。心理学者が直接的に関わらなくても介入療法が完結しうるということは、非常に大きな利点となる。

■ レベル4：集中的治療

介入療法における最終レベルは、心理学的治療の専門トレーニングを必要とする。第6章で概説する認知行動療法 cognitive behavioural therapy（CBT）モデルは、心理学やCBTの公認トレーニングにおいて該当する資格が授与された者によって提供されるべきである［訳注：本書で紹介されている段階的ケア・ア

プローチは、現在は Face Value Project の医療者向け講習会で紹介されている。そこでは、スーパーバイズ体制のもとでなら、医療者もレベル4を行うことが可能とされている]。

　この段階的ケア・モデルによれば、心理学者以外の者は、可視的差異の問題に対処するための行動療法を含めて、介入の最初の3つのレベルを提供できることが示唆されている。しかしこれらは、追加訓練を受けた者によって提供されなければならない。スーパーバイズのもとでの実施が保証されるように、資料（資源）と適切な臨床管理手配が念入りに準備されるべきである。これら3つの介入療法は、以下のような状況で有効に機能しうる。

- 可視性に対する客観的評価と主観的評価の良好な一致
- 他者からの侵襲を、具体的な例で明瞭に示すエビデンス
- 不適切な社会的スキル、特に不十分なアイコンタクト
- 可視的な安全行動 —— ぶかぶかの服、帽子とカモフラージュ、だらしのない身なり
- 外見に対する凝視や質問に、気楽に対処することができない
- 外見へのとらわれ（恒常的ではなく、むしろ状況選択的）

　以下のような場合、認知行動療法の訓練を受けた心理学者や心理士によって提供される集中的介入療法が、より適切なものとなる。

- 臨床的に重大なレベルの不安と抑うつを抱えている
- 外見への不安に関して、可視性への主観的評価と客観的評価に大きな乖離がある
- 外見に関連した複数の不安
- 身体イメージへの不安に関する既往歴あるいは現病歴
- 羞恥心を感じやすい。あるいは、スティグマ化の具体的証拠がない状況において、ネガティブな評価に対する恐怖心が非常に高いレベルにある（「誰も何も言わないが、皆の考えていることは分かる」とか、「皆がどう感じていようと関係ない、私は醜いことは分かっている」）
- 頻回の身体チェックを、特に他者から引き出される安心状態や他者への依存という状態において行う（チェックの評価を他者に求める）
- 複雑な安全行動、注意の偏りを産み出す内的機能を用いるなど（たとえば、

社会的比較に熱心であること）

- 外見へのとらわれが持続的である（たとえば、反復行動あるいは自己監視や外見のチェックの持続）
- 高いレベルの予期不安や事後分析への執着

　この段階的ケア・アプローチを提供する技術は、認知行動的方法の原理と提供に関するより体系的な記述とともに、後続章にて詳述される。

第3章

モデルと枠組み

外見に関連した苦悩に対処するための
概念的アプローチを拡大する

介入治療を導くための枠組みを使用することを提唱する一方で、複雑な症状を訴えるケースに取り組む場合では特に、個別化した CBT 症例の概念化ないしは定式化を使用することを強調したい。Kuyken ら（2009）は、症例の概念化について以下のように述べている。「セラピストとクライアントが共同作業を行い、治療の中でクライアントが述べる諸問題についてまずは記述して、そして説明していくという過程である」「その重要な機能は、クライアントの苦悩を和らげ、リジリエンスを発揮させる方向へと治療を導くことである」(p. 3)。症例の概念化は、エビデンスにもとづいた理論から行われるべきである。それにより個別化された治療アプローチの計画を充実させ、あるモデルを適用する際に生じうる問題を避けることができる（Thompson, 2012）。

治療的アプローチ選択の説明

　　治療的介入には多くの選択肢が存在する。第 1 章で概説された諸問題を扱っている心理社会的分野の専門家はそれらを利用するだろうが、非常に多様な方法があるため、そのすべてを本書で解説することはできない。私たちは認知行動的枠組みに注目している。なぜならば、この種の介入療法が、ARC による研究知見の統合を可能にするからである。また、外見への不安は社会恐怖と多くの共通点を持つが、社会恐怖に対するエビデンスを持った治療方法が、この種の介入療法にこれまで情報を与えてきたからである（後述）。両者とも、認知行動的モデルによって発展してきた。現時点においては、変形をきたす状態を持つ人々への治療作業を発展させてきたモデルや枠組みについて振り返り、それらが、問題理解の進歩や、「介入対象に定めたストレッサー」への基本的な行動療法的アプローチからどのように発展してきたのかを見ることは有用である。身体イメージについて膨大な文献が存在することは事実であり（Cash, 2008; Cash & Pruzinsky, 2002; Cash & Smolack, 2011）、それらはおおむね一般人における多面的な概念について検討しているが、しかし私たちは、可視的差異と社会的不安に関する研究に議論を限定しようと思う。また、様々な情報を与えてくれた社会的・文化的変化を認めることも重要である。私たちが共に作業してきた多くの人々は、変形をきたす状態（例：外見に可視的差異をもたらす客観的状態）を持っていることが前提であるが、客観的な外見が正常範囲内である人々

においても、自らを異常な外見を有していると認知することが増えてきていることは周知の通りである。つまり外見への不安とは、変形をきたす状態に関連していることもあろうが、理想の外見と客観的な外見にギャップがあると認知された場合にも生じることがある。外見への不安の増大を促進している認知過程を理解することも、CBTへの注目を高める動機となっている。

行動療法アプローチ —— 恐怖回避と社会的スキル・トレーニング

　1987年のキングス・クロス駅の地下鉄火災事故に応じて、ジェームズ・パートリッジ James Partridge は慈善組織であるチェンジング・フェイスを立ち上げた。彼自身がかつての重症熱傷で変形を負った経験から、他人の考えや行動に影響を与えるうえで、自分自身の行動を変えることがベストな方法であるとの結論に達していた。ここにいたる経緯を要約して、パートリッジはネガティブ・フィードバック・ループと述べているが、観察者からのネガティブな行動に対して攻撃的ないしは不明確な反応をすることは、社会的回避に特徴づけられる好ましくない社会的出会いをもたらす。自らの行動を変化させることで（相手から）ポジティブな反応（や印象）を引き出せるようになり、社会的交流を進めやすくなるだろうと彼は主張している（図3.1）。

　変形をきたす状態への行動的対処には、患者の経験にもとづいて実践の中から生み出されたものもあれば、Rumsey らの学術的成果によってよりよく説明されるものもある。社会心理学の方法論的技法を用いた一連の比較対照アナログ研究では（Bull & Rumsey, 1988 の全文参照）、変形を持つ人が外見を隠そうとして回避方略を使っている場合、社会的出会いにおいては相互に関係途絶が生じてしまうことが示されている。この方略にはアイコンタクトの乏しさや口に手を当てるなどの態度や、他人を和ませるための言語的方略の欠如が含まれる。つまり問題を引き起こす原因としては外見もあるが、むしろ後続する行動や社会的スキルの乏しさの方がより大きく影響しており、様々な分野からの研究結果も同じ結論を出している。

　様々な資源を組み合わせて、Rumsey と Partridge は社会的スキルの教育プログラムを設計した。2日間にわたるグループ形式であり、慈善組織であるチェンジング・フェイスに連絡をしてきた人たちを対象とした。プログラム終了時

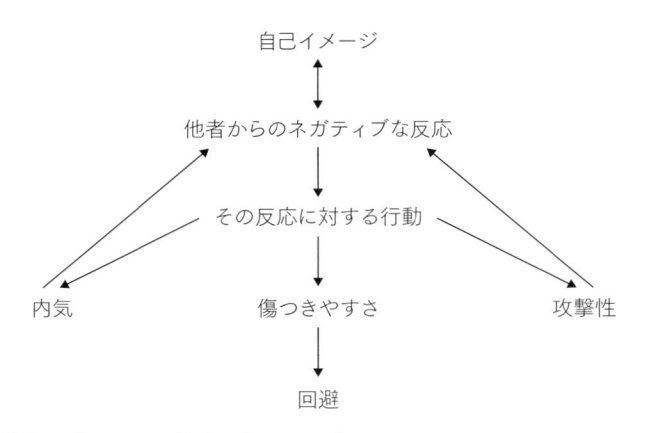

図 3.1　ネガティブ・フィードバック・ループ
（Clarke, 1999. Taylor and Francis の許可で複製。http://www.tandfonline.com/doi/abs/10.1080/135485099106270）

と 6 ヵ月後のフォローアップで、社会的不安と回避の減少という点で、非常に良好な結果が得られたと評価された。6 ヵ月後の時点で、その効果が維持されていただけでなく、社会的状況の中でさらにスキルが上達していた。他の治療との比較がないことや、対象が選択された（応募してきた）人々であることへの批判はあるものの、社会的スキル・トレーニングや積極的コーピング・トレーニングは、有効であることが示唆されている（Robinson et al., 1996）。

　同様の行動療法が、Newell によって示された。そこでは、社会的回避をきたすことになった恐怖症性不安障害の人々への治療と類似の手法が用いられている。変形をきたす状態が引き起こす問題を理解するために、Newell はその説明を可能にする枠組みとして、恐怖－回避モデルを提唱した（図 3.2）。彼のプログラムでは、不安マネジメントの原則を用いることを重視して、まず不安による反応に対処し、次に回避行動を解消し、最終的に社会的交流を発展させる行動がとれるようになるという、段階的な社会的曝露に取り組んだ（Newell 1999）。Newell & Clarke（2000）は、顔の可視的差異を自覚する人々を対象とした比較研究を行い、書面形式で提供されたこのアプローチ法に対して、好ましい反応が得られたと報告した。

　認知行動療法の症例概念化には 3 つのレベルを考えることができる。レベル 1：提示されている問題を認知行動療法の用語で明らかにすること。レベル 2：誘因と維持サイクルの横断的分析。レベル 3：長期にわたる要因や素因の

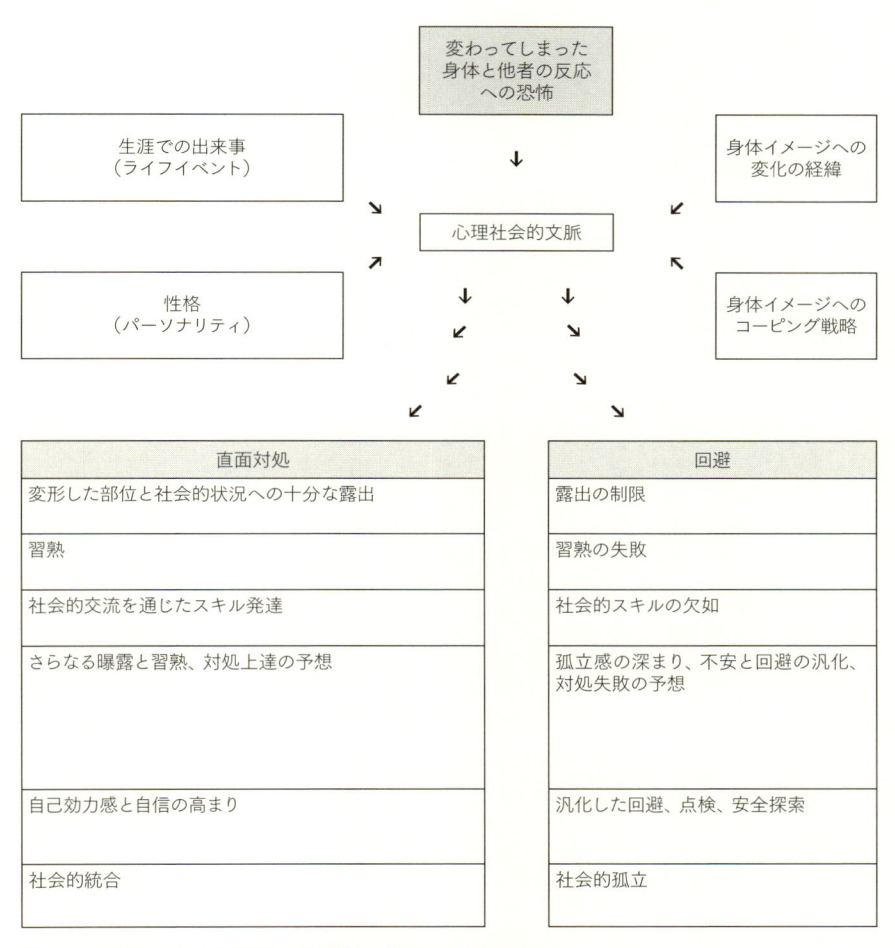

図 3.2　変形による心理社会的困難の恐怖－回避モデル
（Newell, 1999. John Wiley & Sons, Ltd. の許可により複製）

役割を明らかにする。Newell のモデルでは、回避反応が維持されている現在の横断的レベルのより先が見据えられている。そして、経年的な背景要因や生涯における出来事（ライフイベント）の役割を認めている。この意味において、社会的回避が進行し維持されるなかで、個々の症例を定式化する際の複雑性を認めようとした最初の試みと見なすことができる。しかし Newell のモデルでは、長期的な要因の性質について述べられていないし、治療においてこうした

要因がどのように考慮されるべきか示されていない。Newell のモデルで強調されることは、本質的にそれが行動療法的モデルであるということである。恐怖を感じさせる刺激に対して、繰り返し長期間の曝露を行うことによって、不安反応を減少させることに焦点を当てているのである。

　治療としての行動療法の利点は、体系的な構造をとりつつも比較的型通りに行えることであり、看護師、精神保健福祉士、あるいは短期だが特別なトレーニングを受けた医療専門職たちによって提供できることである。Clarke & Cooper（2001）は、頭頸部癌領域の専門看護師のトレーニングの必要性について調査し、患者のリハビリテーションに使用できるような介入療法を考案した。この介入療法には、前章で述べたように、状態（症状）についての質問に答えられるようにすること、他人の戸惑いに対処すること、可視的差異と機能障害に実際的に対処することが含まれる。調査結果からわかったことは、看護師たちは、もっとスキルを身につけ、患者が効果的にスキルを使えるようになる介入療法（例：他人からの質問にうまく答えるように励ますこと）を含めて、自らの実技を改良すべきだと認識していることであった（Clarke, 2001）。

　行動療法的アプローチの技法は認知療法的アプローチでも活用されうるが、異なる理論的解釈が必要である。行動療法において、たとえば曝露（第 4 章参照）は介入療法の核心的構成要素として使用され、恐怖反応を和らげ、それに続く不安感に慣れることを目標にしている。認知療法プログラムでも同様に、問題状況を構造的に整理していく方法がとられるだろうが、感情状態 affective state の変容と行動実験 behavioural experiment を重視する。この行動実験で信念の帰属が見直され、スキーマの変容が進められる。

エビデンス・ベースの構築

　こうしたモデルの臨床現場での有用性に関する研究について、近年、少数ではあるが実証研究が報告されてきている。それらは可視的差異を持つ成人を対象に、外見に関連した不安への評価と治療において、最良の方法を伝えている。介入療法の有効性について評価している定性的研究については、Bessell & Moss（2007）による体系的レビューによって、1 つずつ批判的に評価された。試験対象の基準を満たしていた 12 の研究のうち、5 つが CBT による方

法で患者グループを評価していた（Fortune et al., 2002, 2004; Kleve et al., 2002; Newell & Clarke, 2000; Papadopoulos et al., 1999）。これらの研究が総じて示していたことは、「不安感、抑うつ感、社会的不安、QOL、自尊感情、外見に関連した不安と回避」における好ましい変化という観点で測定される患者の健常性に対して、CBT を用いた介入療法は有効であったことである。これらの研究には良好な生態学的妥当性 ecological validity があった。患者は民間クリニックからも NHS（National Health Service）［訳注：イギリスの国営医療サービス事業］クリニックからも参加し、介入療法はこの領域の臨床家によって提供されていた。しかし、これらの研究はその応用的な性質のせいもあって、方法論的厳密性を欠いていた。Bessell & Moss が結論づけたように、こうした患者グループへの有効な介入療法として CBT が推奨される決定的なエビデンスが、研究により得られたと結論づけるのは時期尚早である。

　それでもなお、不安障害や社会的回避や身体イメージ障害を抱えた人々への CBT 実施のためのエビデンスが蓄積されてきたし、臨床家たちはこれまでに構築されてきたエビデンスによって、CBT が様々な患者への適切かつ有効な治療法になると注目するに至っている。実際に本書の著者らを含めて、可視的差異を持つ人々を対象とする医療系の専門職らによって、CBT は広く使用され効果を上げてきた。しかし、患者のニーズに応えられるかどうかという点での有効性については、それを検証する良質の研究がまだまだ不足している。この分野に興味を持っている臨床家には、記録のための有効で適切な測定方法を用いて考察することや、どの研究成果をいかなる人に対して、いかなる文脈のもとに提供すべきかの理解を助けるために、研究者と臨床家のグループで諸知見を共有することが求められている。臨床の中のこの分野で働く者なら誰でも、事例を用いた心理学的アプローチの有効性について、エビデンスを示すことができる（とはいえ、単一症例のデータにおいて、さらに綿密に分析する余地は大きい）。無作為化比較試験 RCT（randomised controlled trials）が持つこの分野での問題を考えてみると、体系的な症例研究計画は、心理学的研究で汎用される諸方法を使用しているエビデンス・ベースを、さらに充実させる現実的な機会になる。そして、変化に対する臨床的意義のみならず、変化のプロセスについても詳細なデータとエビデンスが得られるだろう。たとえば、気分の変化によって行動的変化がもたらされるだろうと、多くの患者たちが予想する。

もしも外見に不安がなければ、もっと社交的になれたのに。

逆方向の思い込みとしてありうるのは、

もっとうまく社交的になれたら、外見についても自信が持てるだろう。

（これは検証可能な仮説のよい例である。信念の修正を助ける方法の1つは、行動療法的実験を行うことであろう。その実験では、特定の社会的活動に定期的に参加し、その後、外見へのとらわれの程度を自ら評価する。予期不安は高いことが多く、社会的回避につながりやすい。それゆえに、現実は予想していたよりもずっと対処しやすいのだということが分かって、人々は大抵驚く。この追加情報は、前述した定式化を修正するために使用されることがある。）

後者の見方は、メンタルヘルスにおける行動活性化の価値に関するエビデンスと一致している。その時の気分や屋外で過ごした時間などの日々の記録にもとづいた一連の症例研究は、RCT では不可能なやり方で、諸要因に関する時系列のエビデンスを提供するだろう。

認知療法アプローチ —— 外見への不安と社会恐怖との比較

広義の身体イメージ不安（身体醜形障害 body dysmorphic disorder にも関連する）への治療的アプローチや、社会的不安と社会恐怖の治療へのアプローチについて概観すると、表現（訴え）には共通した特徴がみられ、関連する領域の成果を利用できることが分かる。社会的不安のモデルの重要性は、Thompson & Kent（2001）の総説の中で述べられている。本書（治療マニュアル）で後述される介入療法は、Clark & Wells（1995）の社会恐怖のモデルや、Wells（1997）の『不安治療マニュアルとしての認知療法 Cognitive Therapy for Anxiety Treatment Manual』によって確立されたアプローチ法を利用している。

外見に関連した不安は、現在の診断分類システム（例：DSM-IV-TR）からは除外されている［訳注：2013 年に DSM-5 に更新されているが、やはり診断項目としては採用されていない。とはいうものの、早期介入ターゲットとして重要である］。し

かし、第1章で概説した問題を抱える患者は、「不安障害」が持つ多くの特徴を共有している。加えて、社会恐怖に関する主要な認知モデルにも、多くの重複がみられる（例：Clark & Wells, 1995 のモデル）。特に客観的に観察される変形が些細であるにもかかわらず、過剰なとらわれと社会的回避をきたすような患者に対しては、不安障害との類似性を理解することが、問題の定式化にも治療計画にも役に立つ。しかしそれでもなお、個々の述べられる諸問題について、個別の定式化を図ろうと努力することが常に重要である。

Clark & Wells（1995）は、社会恐怖の認知モデルを提唱した（図3.3）。恐怖を感じる状況の中で起こると仮定される過程（思考プロセス）を、このモデルは描いている。

Clark & Wells が提唱したことは、社会恐怖は、他者によるポジティブな評価への高い欲求と、それが得られないという強い信念を特徴とするということである。このモデルが描くメカニズムによると、失敗するという思い込みは、ある社会的出来事が起こったときに、外的に実際に起こっていることよりも、それにより自己を社会的対象として処理することに注意を集中させることによって引き起こされる。また、恐怖症の維持についても説明されており、社会的状況との接触は、反応を消し去るよりも、むしろ増強する回路を活性化すると推測されている。この説明に従えば、認知的要因について考慮していない単純な曝露療法は、有効ではないと考えられる。

恐怖反応がほとんどみられない亜型の恐怖症（例：失神や意識障害をきたすようなパニック発作）とは異なり、社会的不安は、その人が恐怖を感じていることが他者の目に見えるような行動（反応）を誘発する（例：手の震え、発汗、言葉のつまり）。こうした反応は他人の目に付きやすいため、それ自体が不安や脅威の原因となり、羞恥心や当惑やネガティブな自己評価に結びつきうる。また、それに続いてとる行動もぎこちないものとして認知されるだろうし、好ましくない反応を他者から引き出し、自らの恐怖を強化してしまう。公共の場での飲食（手の震え）のような日常行動や会話（口の中の乾きや言葉のつまり）といった行動はすべて、人々が他人に対して判断を下すことができるものであり、それゆえに失敗を犯しうるものである。

通常とは異なる外見を持つ人が社会的状況の中で経験することを説明する場合、このモデルは非常に有用である。社会恐怖（社会不安障害）と同様に、観察者たちは外見をじろじろと詮索して、それについて批評するだろうという思

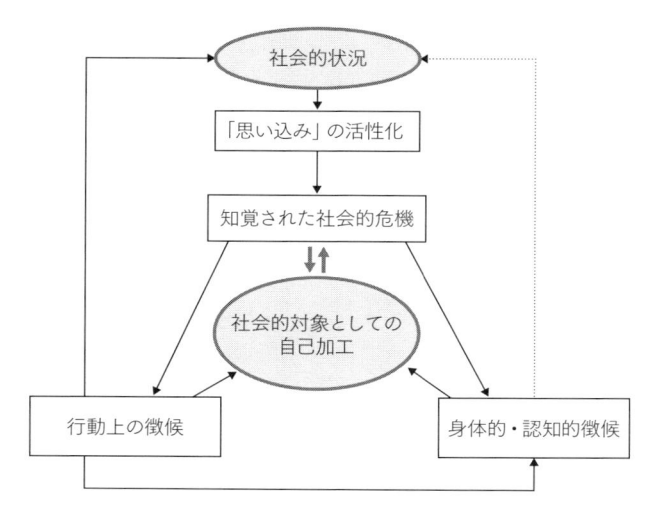

図 3.3　社会恐怖の認知モデル
(Clarke & Wells, 1995. Guilford の許可により複製)

い込みが、社会的状況の中で活性化されるだろう。社会恐怖の分類の中に外見の問題は含まれないが、自己提示は「演技 performance」と見なされることがある。つまり、人々は身体的魅力、体重、メイキャップ、髪の毛、服装で判断される。失敗やネガティブな評価は、単に部屋に歩いて入ってきただけで起こりうるのである。可視的差異を持つ人たちには、他者からの凝視、批評、質問といった恐怖を与える（他者の）反応は頻回に起こる。そのため、社会恐怖のように、恐れている結果が現実味を持つようになり、出会う人皆から質問されるという予想や緊張を持ち続けるようになる。

　社会恐怖との別の類似点は、注意の焦点が社会的環境から、自分自身の行動への詳細なモニタリングと観察へと、顕著に移動することである。こうした行動は、社会的交流を妨げる（例：頭をある角度で傾け続ける、髪の毛で顔を覆う）。自分自身に関する印象を形成するために自分に注意の焦点を当てることと同様に（他者が注意を向けているせいだととらえるかもしれないが）、特徴が他人の目に付きやすい程度を過大評価してしまうと、特徴が他者に与える影響力に過剰にとらわれるようになったり、（相手の）普通の社会的行動を読み間違うようにもなったりする。たとえば、アイコンタクトが凝視されているように感じられるのである。いずれの場合にせよ、不安につながるスキーマに確認情報がしっか

りと流されてしまい、適応的でない行動が維持されてしまう。

　この過程におけるバイアスは不適応的なものであるため、なぜそれが維持されてしまうのかを理解することが重要である。Clark & Wells (1995) の主張によると、その理由の1つとして、社会的状況では、私たちが他者にどのように認知されているかについて、非常に少ない不明瞭な情報しか持てないことが挙げられる。また、多くの人々にとって、ポジティブに評価されているという認知は、主として、自分はポジティブな価値を有しているという認知に支えられていることが挙げられる。社会恐怖タイプの症状を抱えながら生活している人々や、そして本研究プログラムの結果にもとづいて議論することになるだろうが、外見への不安を持つ人々にとって、ネガティブな評価への恐怖は、ネガティブな出来事への選択的注目や、アイコンタクトのような中立的な出来事へのネガティブな解釈を通して、自己達成されていくのである。このようにして、Clark & Wells のモデルにおけるすべての構成過程は、変形の経験を考察するうえで、そして変わってしまった外見から派生する社会的不安の増大と維持を定式化するうえで、潜在的関連性をもっている。

■ 安全行動の使用
　社会恐怖と同様に、外見への不安では防衛行動の使用が特徴的である。Clark & Wells (1995) はそれを「安全行動 safety behaviours」と名付けたが、ネガティブな評価を回避するための方法として発達するという。社会恐怖のある人が、手が震えるためにグラスを持つことを避ける、あるいは少ししか注がないのと同じように、外見の可視的差異を見られるのを最小化させる、あるいはごまかすために、帽子、メイキャップ、ヘアスタイル、口ひげを使用すること、あるいは一定の距離を取りたがることも、試みられることが多い。横顔や想定される欠陥が見えにくいように、照明が明るすぎない場所を選んだり、他人がいつも特定の側に来るよう自分の座る位置を選んだりする人もいる。極端な社会的回避では、夜だけに外出したり、対人的交流が少ないと思われる職場環境の仕事を選んだりする（例：安全警備員、長距離トラック運転手）。普通は服装で隠せる特徴であっても、親密な性的関係においては問題となり、どのようにして体の一部を隠し続けるかについて悩む。自分自身の体を見るのを避けることが極端になると、ワンピース型の水着を着てシャワーを浴びるようになり、自身を見たり触れたりすることも拒むようになる。バストのサイズを維持するた

めにブラジャーに詰め物をし、極端な場合には、妊娠を繰り返すことで、乳房の張りを維持しようとする。

外見への不安を持つ多くの人々に存在する核心的信念は、自分の外見は異常だということである。ゆえに存在そのものが異常であり、標準以下であり、「風変わり」であり、気色の悪いものである。彼らは内的羞恥心を経験しており、「もしも私がどのように見えるかが知られてしまったら」、その人たちの失望や嫌悪感や最終的拒絶が表出されることによって、外的羞恥心までもが活性化されるだろうと思い込んでいる。それゆえに、安全を求める行動は防衛的だと見なされる。なぜならば、その行動が他者からのネガティブな反応を防ごうとするからである。危惧している他者の反応とは、ちらっと見る、単刀直入な質問、嫌悪や恐怖の表情、立ち去る、他人に外見に関する秘密を喋られる、羞恥心で隠していた原因を「暴き立てられる」といった行為などである。こうしたスキーマがいったん活性化されてしまうと、根底にある核心的信念が確認され、価値のない者という感覚に関連して作り上げられたネガティブなスキーマが強化されてしまう。

不幸にも、安全探求行動はそれ自体に問題があることが多い。なぜならば、隠すことのではなく、むしろ外見に周囲の注意を引きつけてしまうからである。しかし、もっと重要なことは、他者からの明瞭なフィードバックの機会を失うからである。これにより、根底にあるネガティブな評価への恐怖が維持されてしまう。こうした人たちにとって状況における成功とは、誰も外見について気づかず、あるいは話題にしないことで、それは他者からのポジティブな敬意によるよりも、むしろ安全行動により導かれるとするのである。しかし安全探求行動も、それ自体、羞恥心をかき立てるものとなろう。嫌悪されるとか、受け入れがたい人物であるといった核心的信念に対してフィードバックを続けてしまうからである。たとえば、メイキャップで特徴を隠している男性が、それを見つけられるのを恐れるとか、あるいは乳房の張りを維持するために妊娠と中絶を繰り返し行う女性が、そのことを人に知られるのを恐れるといったことがある。

外見への不安でみられる不適応的な安全探求行動は、大きな問題であると同時に、介入療法における重要な焦点でもある。

症例 1

サラは交通事故で砕けた窓ガラスによって顔が傷つき、瘢痕が残っている。客観的に見れば比較的小さな傷跡だといえるが、彼女は人々が凝視してきたり、彼女に対してネガティブな評価をしたり、避けたりすると確信するようになった。彼女は自分が認知する他者の「穏やかではない」一瞥と、店やバスでの回避行動について、非常に明確に述べている。こうした経験は、彼女が「台無しになった」あるいは「醜い」存在であり、自分に向けられるいかなる注目もネガティブなものであるという、核心的な信念を支えている。さらに探索すると、彼女が多くの安全行動を取り入れていたことが明らかとなった。額が隠れるように野球帽を目深にかぶり、アイコンタクトを避けていた。帽子に合うようにスカートをはくのをやめ、ジーンズとブーツをはくようになった。アイコンタクトや会話を避けることと彼女の身長の高さが相まって、威圧的だと認知されやすくなった。

表れている問題とこれらの過程を維持している要因の定式化を始めるにあたって、上記の情報が使用された（図3.4）。治療を受けるにつれ、この図式は修正され、洗練されていった。

服装やカモフラージュは、安全行動では非常によく用いられるが、それらは不規則に強化が生じるという性質のために、特別な問題を呈する。たとえば、腕の瘢痕やバストの非対称性やお腹の締まりのなさなどを大きくてぶかぶかのジャケットで隠そうとする場合、皆がコートを着ている冬なら「成功する」が、皆がTシャツを着ているような夏では一人目立ってしまう。この理由により、可能であれば治療計画には夏季も含めて、効果維持を目指したフォローアップ・セッションを行うとよい。

■ 予期過程と事後過程

社会恐怖と同様に、外見に関連した不安では予期不安が強い。新しい衣服の選択や購入という方法もあるが、社会的イベントに備えてあらかじめ練習しておくことで、大きな進歩が得られる。仲間と同じものを身につけることができない（例：肩紐をあしらった上衣や襟ぐりの深い服）、人気のチェーン店でぴったりのサイズの服を買えない、あるいは自分に合うブラジャーを見つけられない。

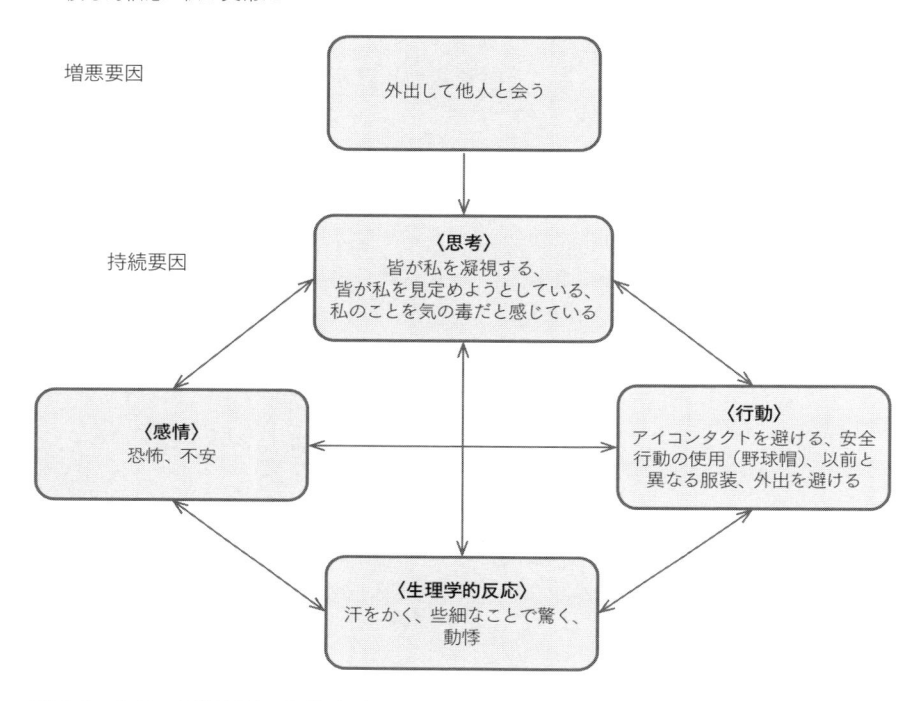

核心的信念：私は異常だ

増悪要因

外出して他人と会う

持続要因

〈思考〉
皆が私を凝視する、
皆が私を見定めようとしている、
私のことを気の毒だと感じている

〈感情〉
恐怖、不安

〈行動〉
アイコンタクトを避ける、安全
行動の使用（野球帽）、以前と
異なる服装、外出を避ける

〈生理学的反応〉
汗をかく、些細なことで驚く、
動悸

図 3.4　サラの回避行動の初期定式化

　これらのことが、「私は変わっている、私は正常ではない」といった、歪で自己批判的な潜在するスキーマを強化していく（強い核心的信念は変えることが困難である）。こうしたことにより、仲間と関係を築く行動から除外されているように感じるに至り、「私は皆より劣っている、皆と同じことができない、手術を受けて皆と同じように見えるようにする必要がある」という思い込みや姿勢に落ち込んでいく。先行研究と同様に（Gamba et al., 1992; Ramsey & O'Reagan, 1988）、ARC 研究プログラムでは、今後予測される親密な関係（性的関係）や、通常は隠している特徴の開示が、外見への不安に関する追加検討課題として確認された。こうしたことは、他者から拒絶されるという一連の思い込みの引き金となり、これらは試すことなく避けられるがゆえに、維持されるのである。臨床における文脈では、逆階層的な形で親しい相手から徐々に身を引いていくのが見られるのが普通である。最初に性的関係が回避され、それからパー

トナー候補らとの1対1の状況が回避されるようになり、やがて新しいパートナー候補がいるかもしれない社会的状況が回避される。それは社会的状況のすべてが回避されるまで続く。もしも目標が性的関係で、それが達成不可能だと思われれば、そこへ至るステップ（タッチやキスなど）もまた、徐々に消去されていくのである。これにより、極端な孤立感と低調な気分がもたらされることもある（第7章の症例5、CBTレベル4での作業における親密な（性的）関係に伴う恐怖への対処の例を参照）。

　気づかれる、あるいは凝視されるという、外見の特徴についての予期不安は共通している。「過剰な警戒」、あるいはネガティブな反応の証拠を見つけようとして周りの人々を注意深く見回してしまう、といったことが報告されている。通常のコミュニケーションでは、比較的長い時間のアイコンタクトを利用して、他者へ親密な注意を向けることがある。そのため、誤った解釈（相手が自分の状態を凝視しているという解釈）をしてしまうことが起こりうる。特に状態（症状）が、観察者にとって特段目立ったものではない場合に、誰かが気づいたのでこちらを凝視している、と解釈しがちである。この解釈は、さらなる「読心」やさらに誤った思い込みや感情を助長することで、簡単に肯定されてしまう。たとえば、多くの人は単に眺めて興味を持っただけなのに、見た人が嫌悪感を持ったとか、ショックを受けているといった解釈になりやすい。この思考パターンは、維持要因の循環（繰り返し）の一部として定式化に導入されているように、問題と関係があるものとして、非常に頻回に認められている（症例1を参照）。しかし、代替的な説明に対する思考の柔軟性という点では、非常に個人差が大きい。裏づけとなる根拠の選択の仕方によって、他人の行動についての仮説的解釈が自動的にもたらされることを容易に理解できる人がいる一方で、他人が何を考えているのか「私には分かっている」という考えを、どうしても手放せないと感じる人たちもいる。Strenta & Kleck（1985）によって行われたような初期の社会心理学的実験を参考にすることは、この問題を考える際の助けになろう。

　　この研究では、赤いアザや顔の瘢痕を再現したメイキャップが俳優たちに施された。彼らは他者の行動に関して、通常ではないことがあれば何でも報告するように求められた。そこで報告されたことは、自意識が高まったことと、凝視や行動として分かる回避などの他者の侵襲的行動を感じた

ということだった。第2群の俳優には、同様にメイクが施されたが、固着性ではなく易溶性の素材が用いられ、俳優に気づかれないようにしながら、実験の途中で変形が取り除かれた。彼らは、変形がないにもかかわらず、最初の群と同様に、他者からの侵襲的行動を報告した。この知見は、帰属の誤り（はっきりしない行動に対して、ネガティブな反応を予期するような偏った解釈をしてしまうこと）という観点から、あるいは、たとえばアイコンタクトを避ける、姿勢を変化させるといった俳優の微妙な行動変化が、逆に他者からの注意を引きつけてしまうという観点から説明が可能である。以上のことは、社会的出会いの中での不快感の原因としては、外見よりも、むしろ行動の変化の方が該当するとしている別の研究結果と一致している。

　治療の早期の段階で、予期不安を認識して対処することは重要である。不安に対する生理的症状の様態について説明することは、簡単だが重要な初期介入である。恐れている状況に出くわして特に動悸や震えや吐き気といった生理的変化が生じた際の対処には、リラクゼーションが有効であることが多い。注意力に関するトレーニング・エクササイズも有用である。たとえば、別のことを無視しながら1つの情報に集中して、それからもう1つの対象に注意を切り替える練習がある（簡単な例としては、ラジオをつけながら読書をすることがあろう）。感覚刺激（色彩、匂い、感触）へ注意を向けるなど、マインドフルネス技法は社会的状況に適応しようとする前に、日常の状況の中で（バスの中や、公園の中を歩く際などに）実行できる。対人関係において他人に集中できるようになることも、自己に対する注意集中を中断させるための簡易技法になりうる。外見に関する質問に様々な方法で応えられるようになると、自信や自己効力感や状況をコントロールしている感覚が生まれてくる。早い時期からコーピング技術を発達させることなしに、恐怖を感じる状況にさらされると、社会で出会う人たちは自分に当惑し、ぎこちなくなるという信念を、単に確認することになるだろう。そして、不安は解消されるどころか、むしろ増大することだろう。対処技法の応用には練習が必要であり、新しいスキルの獲得に伴って自信が大きくなっていくはずだという励ましは常に与えられねばならない。
　もちろん、非常に目立つ状態を持つ人たちにとっては、他人が気づき、凝視し、質問をしてくるという可能性が高い。この現実は決して無視することはできず、実際にスティグマ化した出来事については評価されるべきである。恐れ

ている状況が目の前に訪れると、それは、相手に返す反応と行動の変化を練習するための土台となりうるので、このことは治療における利点になる。あまり目立たない状態を持つ人々に対しては、外見に向けられる観察者の反応は様々なので、治療は長期にわたるだろう（オペラント学習理論でも、断続的な強化スケジュールだと、望ましくない行動（回避）が消失するまで長期間かかるといわれている）。しかし、他者の質問は様々な様態でなされるので、当事者の不意を突くことも多い。最初の社会的接触がうまくいくまで観察者は外見について質問をしないことも多いが、当事者はこの状態を、「まだ気づかれていない」と解釈することがある。すると質問が来たとき、「不意打ちを受けたように」感じられ、十分に回答できないことが多い。これが事後の過剰なとらわれや状況の振り返りにつながるのである。

症例2

　アンは聴神経腫瘍の結果で顔面神経麻痺となり、顔の片側の動きを失ってしまった。クリスマス・パーティーである女性との会話中、娘のピアノ・レッスンの進捗状況について話に実が入っているときのことだった。その女性が突然身を乗り出して言った、「あなたは勇気があると思うわ。そんなふうに見えても、堂々としていられるのだから」。アンは不意を打たれた。こうした注目に対して警戒すらしていなかったし、たとえその発言を誉め言葉だと受け止めたとしても、アンは動揺し、適切な答えを思いつくことができなかった。この出来事は何度も彼女の頭を横切り、彼女はどうにもコントロールできなくなり、同様の社会的状況を回避することが増えてしまった。

　状況の悪化は、他者によるネガティブな評価の確認と失敗したという感覚の両者についての困惑によって特徴付けられることが多い。生じた出来事が予期恐怖を裏づけるので、記憶された多くの詳細（他人が言ったそのままの言葉や表現など）とともに、その出来事を明瞭に思い出しがちである。そしてそれを反復するうちに、同じように救いのない結果をもたらした同様の出来事を思い出すことになる。物事がうまくいくだろうという予想が欠如することで、ポジティブな結果への期待は減り、思い出すこともなくなってしまう。このようにして「災厄の諸場面」が出そろってくるが、それらは、自分は社会的に不適切

な存在であるという強い確信と、同様の出来事が起きると思われる頻度への過剰な見積もりとで構成されがちである。帰属スタイルも重要であり、ポジティブなフィードバックについては外的帰属を行う一方、中立的または不明瞭な反応に対しては自己に焦点を当てて内的帰属を行う傾向がある（物事がうまくいったとき、それは周囲の状況や他人と関係がある。うまくいかなかったときは私の責任である）。幸いなことに多くの患者は、ポジティブな結果をもたらす状況はたくさんあることを認めており、ネガティブな結果は選択的に思い出されやすいという考えを受け入れている。別様態の行動がなかったかを患者に思い出してもらって一緒に検討したり、ホームワークとして自分や他人の行動をモニタリングしたりすることで、このことは証明されうる。繰り返すが、予期不安と「事後分析」へのとらわれの共存は、社会恐怖の特徴である。

■外見への不安における思い込みとスキーマの役割

　外見への不安を持つ人々では、標準的でない外見を有している場合が多い。しかし、予期不安を維持して、役に立たない安全行動や代償的コーピング方略を身につけてしまう根底には、自分に対する認知的解釈と他者との潜在的人間関係に問題のあることが多い。社会恐怖に関連して機能障害が生じる仮説として、Clark & Wells（1995）は次の3つを明らかにした。

1. 社会的成果に対する過大な基準。つまり、成果に対する過大な基準と他者からの承認欲求は、以下のような信念と似ている。誰もが最高の自分を見せるべきである、こんな皮膚の状態（症状）は受け入れてもらえないだろう、人は外見にもとづいて判断されるものだ、「私のような外見の者に、話しかけてくる人はいないだろう」「完全な外見ではない者と、関係を持とうとする人はいないだろう」。こうした思い込みは、上向きの社会的比較によって支持されている。大抵の人には到達不可能な外見を持つ、手本となるモデル（雑誌やメディアや、以前の「損なわれていなかった」自分）と比較するのである。

2. 社会的評価に関連して条件づけられた信念は、次のような形をとる。たとえば、「私が本当はどのように見えるのかを人々が知ったなら、誰も好きになってくれないだろう」「準備に5時間もかけなかったら、誰も話しかけてくれなかっただろう」「もしそこに別の男性がいたなら、決して私

とは時間を浪費しなかっただろう」。そして同様の信念は、「私のことについて他人が考えているかもしれないことが、そのまま私の真実なのだ」という思い込みによって特徴づけられる。

3. 自己に関する無条件の信念はもっと多様である。Clark & Wells（1995）が社会恐怖の患者で観察したことは、よく知っている人（例：友人や家族）と一緒にいるときと、初対面の人、すなわち自分のことをこれから評価すると考えられる人と一緒にいるときとで、それぞれどのように感じるかの違いを普通は区別できるということである。可視的変形を有する人々も同様に、新しい社会的状況の中で形成される第一印象への予想が、最大の課題であると認めている。社会恐怖の患者が言うように、他人から遠く離れた無人島にいるのなら、何ら問題は生じないと多くの人が認めるだろう。しかしながら、同様の核心的信念を共通して維持しており、自分は「異常である」、あるいは、「理想の自分」と比較して「他人と同じようではない」と考える。それらは外的比較によるか、あるいは以前の（怪我をする前の）外見との内的比較によって、信念を維持させるような情報を受けているのである。彼らにとってそのスキーマは、自分自身が持っている外見へのネガティブな評価であって、他者が認知する内容とは無関係に、過剰なとらわれを維持させてしまうのである。このグループにとっては、ネガティブな自動思考のテーマは、自己価値の喪失や低下と関係している（例：不安におけるネガティブな自動思考を特徴づけている不安感や危険に関連したテーマに焦点を当てるよりも、むしろ抑うつ症状の方が特徴的）。外見に関連した不安を持つ患者の多くは、特に社会的背景の中での際立った不安感を述べる一方、同時に抑うつ状態になっている可能性にも注意することが重要である。

まとめ

まとめると、社会恐怖の認知モデルが示していることは次のようになる。問題を長引かせている原因は、社会的状況の中で実際に起こっている事柄に注意を払っていないこと、また、役に立たない信念の検証を妨げてしまう安全行動を築き上げていること、そして、他人が自分をネガティブに見ている主たる証拠として、自分自身に対する印象を使ってしまっていることである。このこと

を外見に状態を持つ人々に当てはめてみると、客観的に可視的か否かにかかわらず、実際に起こっていることに注目しないこと、他人が思っているかもしれないという仮定に対して過剰にとらわれることに、類似点が存在する。また、自分がネガティブに見られているという証拠を示すのに、他者の諸反応よりも、むしろ理想の自己やあるべき自己との比較が主に使われていることも同様である。堅牢になっていく社会的回避は防衛のために用いられるが、しかし、究極的には社会的環境からそうした人々を遠ざけ、ポジティブな社会性のあるコーピングスキルを学習する機会を奪ってしまう。

　もちろん外見の変形と社会恐怖では、実際にいくつかの違いがある。特に他者の目に付きやすい状態（症状）では、ネガティブな振る舞い方や、可視的差異を持つ人が対処する際に必要なやり方で、反応してしまう人たちがいるのが現実である。カモフラージュ、メイキャップ、髪型、服装の使用は安全行動としてみなされうるが、同時に有用な日常的コーピング・ツールでもある。実際、心理学的介入における重要局面の１つは、こうした方法の不適切な使用（助けにならない認知事項と不安感を維持させてしまう）と、適切な使用（恐怖に向き合い、仮説を検証する気にさせる）とを区別できるように援助することにある。

　それゆえに、外見に関連した不安への対処において、社会恐怖についての研究と臨床的介入という並行した分野から得られた関連性のある知見を、私たちの開発してきたモデルへ統合するよう試みることができる。私たちの治療方法を支えている諸モデルを洗練させ、さらに発展させるために、臨床の場で可視的差異を持つ人々とともに歩んできた広範な経験を使用することもできるし、最終的にはこの ARC 研究プログラムからのデータを使用することもできる。最大限に統合された枠組みについて述べる前に、後続の節で ARC 研究についてまとめる（巻末「付録」の全章を参照）。

認知行動療法モデルの抽出
── 変形をきたす状態への適応に寄与する要因と過程を明らかにする

■ 変形をきたす状態に対する適応 ── ARC での作業枠組み
　変形をきたす状態への適応過程について、ARC 研究では過去の研究を紐解き、そこで指摘されていた要因と過程（プロセス）について調査した。適応過

程の実用モデルを概念化するために、研究者と臨床家のチームが現存するエビデンスを見直して、研究プログラムを導く枠組みを作成した。これはエビデンスにもとづいた作業であったが、バイアスを抱えることは避けがたく、実用主義的な作業でもあった。諸要因の取捨選択については、測定方法の有用性確保の規定条件から、ある程度の制約を受けた。しかしながら、いくつかの要因は理論的に重要であると考えられたため、本研究では新たな測定法が工夫され、標準化された。同様に、長年にわたって患者グループと作業を進めてきた臨床家たちは、過去に信頼できる重要文献がない場合でも（例：怒りや攻撃性について）、治療を求めている人々に共通して認められる要因については、それらを含めることを強く希望した。また同時に、定式化に情報を与えるためにも、そして現在使用されている治療技法に根拠を与えるためにも、治療へ統合していくことが可能な諸概念については、すぐに使える状態にしておく必要があった。そうは言うものの、大規模で経験豊富な研究グループであっても、研究者によっては、異なる概念や測定法を採用していた可能性が高い。つまり、私たちが得た知見は、こうした選択による制約を不可避的に受けていることを、認識しておくことが重要である。外見への不安とは、過程か結果（アウトカム）の評価のいずれかとして考慮されるものであるため、初期結果の測定方法の選択には熟考を必要とする。結果の測定法を決めるならば、適切な独立性を保証しておくために、広範なプロセス測定を確かめておくことが重要である。そうしなければ、回帰分析は不可避的に正の相関を示すことになるだろう。最終選択として測定には Derriford Appearance Scale を選んだ。その理由は、臨床の場において汎用されていること、感情・信念・行動に焦点を持ち、ゆえに CBT モデルとして妥当性があること、そして治療前後の変化を測定する方法として潜在的価値があることである。

　イギリスの多くの地域のコミュニティと外来クリニックから参加した 1265 名の参加者らによって、定量的測定法／アンケート調査が完了した。変形をきたす状態を有する人々において、この研究枠組みの構成要素のうち、健常性 well-being を予測するものと、苦悩 distress を予測するものとの間の関係を調べるためにデータ分析が行われた。

■ 変形をきたす状態に適応するための ARC 枠組み

　この枠組みでは（図3.5）、可視的差異へ適応する過程には、3 つの異なる相

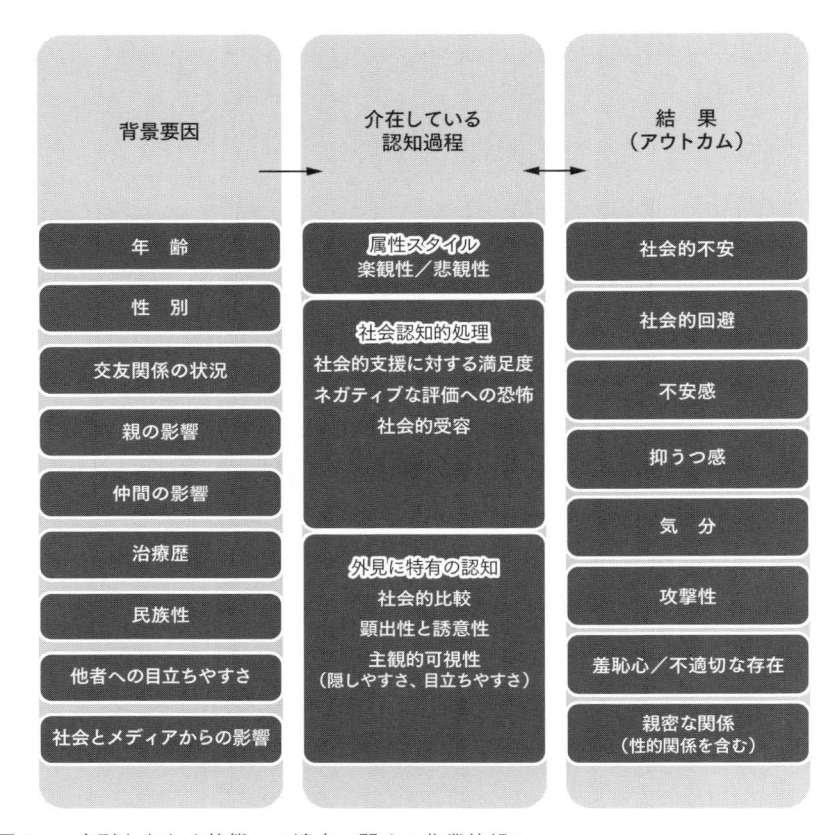

背景要因	介在している 認知過程	結　果 （アウトカム）
年　齢	**属性スタイル** 楽観性／悲観性	社会的不安
性　別	**社会認知的処理** 社会的支援に対する満足度 ネガティブな評価への恐怖 社会的受容	社会的回避
交友関係の状況		不安感
親の影響		抑うつ感
仲間の影響		気　分
治療歴	**外見に特有の認知** 社会的比較 顕出性と誘意性 主観的可視性 （隠しやすさ、目立ちやすさ）	攻撃性
民族性		羞恥心／不適切な存在
他者への目立ちやすさ		親密な関係 （性的関係を含む）
社会とメディアからの影響		

図3.5　変形をきたす状態への適応に関する作業枠組み

があると考えている。最初は「背景要因」であり、人口統計学的特性、社会的
文化的背景、家族環境などである。これらは自己に関して、そして苦悩や、外
見に関連した苦悩へのリジリエンスに関して、核心的信念の発達に関係してい
る。次は「介在している認知過程（プロセス）」であり、外見に関連した情報を
処理して、外見に関する総合的なスキーマを維持する機能を有する。最後は
「結果（アウトカム）」であり、健常に暮らしている人も、苦悩とともに暮らし
ている人も含め、可視的差異／変形を有している人々が呈する問題点や症状で
ある。

■ 背景要因

　この相に含まれるのは、人口統計学的要因、過去の治療歴、そしてより全体的な意味での社会とメディアからの影響である。こうした要因は、一般的に外見に対する態度について、広範囲にわたる影響力を持っている。理論的に重要である一方、これらの要因は見落とされがちである。治療的見地からすれば、CBT の焦点は第 2 相の「介在している認知過程」にある。治療において修正可能な部分であるため、「結果（アウトカム）」の改善を目指した介入療法における焦点となっている。しかし、特定の行動に対して、もっぱら直接的誘因や問題となる行動の維持要因だけに焦点を当てる伝統的行動療法とは違い、CBT では核心的信念の決定要因として、先行する経験が検討される。たとえば、親との愛着困難や放棄に関する幼少時の育成史、性的対象としての自分の身体に、不適切に早期に気づくことにつながる児童虐待（症例として後述される）と、それに伴う差恥心は、長期にわたる要因の例である。「愛されようがない」こと、「嫌悪感を与える」こと、あるいは拒絶に傷つきやすいこと、こうしたことに関する核心的信念の発達において、（前述したような諸要因は）非常に重要だろう。もしも、そうした信念やスキーマが存在するのであれば、特定の認知過程が生じやすくなり、後述予定の追加治療方略が求められるだろう。ゆえにこの相は、適応における予測因子を理解するうえで理論的にも、また治療において、定式化された情報を伝えることによって実際的にも非常に重要である。

■ 介在している認知過程

　この節で扱われる変数には、外見に関連したスキーマの構成に特に関与しているような諸要因と同様に、「属性スタイル」や、すべての信念と行動に関連する諸要因が含まれている。これらの要因は、後で手短にまとめられる。臨床応用については、症例提示において示す予定である（第 7 章参照）。

　スキーマとは、自己と他者に関する認知構造ないしは一般化であり、情報を吸収して理解しやすくするものである。スキーマは新しい情報を取り込み、構造化を行うだろう。様々な体験に直面するとき、それらは今あるスキーマに取り込まれる。それから新しい知識に適応するように、スキーマは修正され新しい形をとる。それゆえに、スキーマには柔軟性があり、新しい経験によって更新される。しかしスキーマは、適応不良にも、硬直したものにもなりうる。不

安障害の重症例においては、核心的に凝り固まった信念を特定するうえで、治療的介入療法の焦点となるのは、究極的にはスキーマの内容である。このような信念は、世界は危険であるとか、他人は拒否的であるとか、個人的な対処能力欠如といった思い込みを引き出してしまう。それゆえに、外見に関するスキーマとは特定の認知的枠組みであり、外見とそれが自己と他者へ与える影響力に関して、核心的信念と条件づけられた思い込みを含んでいる（Altabe & Thompson, 1996）。たとえば、「私は醜い」という核心的信念があると、「もしも私の本当の姿を見れば、誰も私と関わり合いたくないだろう」という思い込みにつながるかもしれない。後述されるような別の認知過程を通して集められた選択的データによって、こうした思い込みは維持されるだろう。治療の目的とは、これまでの解釈とは別の説明を考慮してより柔軟な方法で情報を処理できるように、個人を援助することである。そして、最終的には自己に関するスキーマを修正して、頑なに守られている信念を変えていくことである。客観的な可視的変形を持つ症例の治療では、他者の反応に対処することにも焦点を当てる必要があるだろう。世間には偏見が存在し続け、それへの対処が必要であることを認める一方で、個人のうちで誇張されつつ保持されていることが多い信念に対処し、バランスをとることが求められる。

属性スタイル

楽観性／悲観性 ── 適応における楽観性／悲観性の役割は、慢性状態（症状）への対処において、重要な保護因子として指摘されてきた（Reich et al., 2010）。この枠組みの内部では、変形を有しながらの生活に関連した心理学的苦悩に対して、潜在的な緩衝機能が注目されている。それゆえに、属性としての楽観性や悲観性について、適応過程における役割を検討するために、本研究プログラムで精査した。「属性（的）」という言葉は、変更不可能な特性を意味しているわけではなく、むしろ持続的なスタイルを示唆している。行動研究の解釈では、「何か悪いことが起きるだろう」とか、「私は決して良くなることはない」といった信念を補強しているネガティブな情報に対して、選択的に注目するパターンが提唱されている。ネガティブな自動思考は、CBT における中心的なテーマである。成功や単なる中立的立場に関してよりも失敗に関してすぐに心が反応してしまうことに対処する学習の方が、すべての CBT 介入に共通した特徴となっている。「バラ色のメガネで世界を見る」とは、属性として

の楽観性をうまく表現している。この第2相における他の要因と同様に、頭の中にあるバイアスに注目することで修正可能である。

社会認知的処理

社会的支援——一般的に、長期にわたって様々な状況で、心理学的適応に関する強い予測因子である。このことは変形への適応における初期研究で認められていたし、このARC研究においても再び注目された。「社会的支援」という予測因子は主観的概念であり、それが予測因子となるかどうかは、他者からの支援の量やタイプよりも、むしろそれが（自分にとって）適切と感じられるか否かによっている。良好な社会的支援とは、社会的交流に実際的支援を提供するだけでなく、自尊感情や自己価値観といったレベルでも影響を与える。外見に関連した問題において皮肉なことは、他者との接触を避けてしまうために、外見に関してポジティブな評価をもたらすうえで重要だと分かっている類いの人間関係を持つ機会から、自ら遠ざかってしまうことである。ゆえに、介入療法の目標の大部分は、社会的交流を持つ機会を増やしていき、社会的ネットワークを強化していくことである。

　介入療法の全部または一部において、友人やパートナーに、副セラピストのような役割で関わってもらうことができる。こうした方法は、社会的支援を増やしていく方略になると考えられる。目標設定にはクライアントとの話し合いが欠かせない。さらに、行動実験からのフィードバックを行い、ホームワークを完成させるよう促し、「実地での」出来事に対する解釈や対処の方法について支援することで、治療は有効的に進み、親切から出たとはいえ絶望的なメッセージ（「あなたがどんなふうに見えようとも、私は気にしないよ」）を減らすことができる。こうしたことの有効性は、行動実験の初期の曝露において確認できるだろう。予想される外見への注目や質問に答える場面において、その対処への第一段階では、単独よりも、むしろ誰かと一緒に出かける方が容易であるかもしれない。あらかじめ計画しておくことが、非常に重要である。もしもクライアントのパートナーが、望まない注目に対して非常に怒ったり、あらかじめ同意していなかったやり方で質問に答えたりしたら、望ましい結果にはならないだろう。

症例3

　顔にできた癌の手術のあと、ジェーンは外見を非常に気にするようになり、同時にとても疲れてしまった。日常生活の諸事に参加しなくなり、だんだん回避的になっていった。定式化によってある核心的スキーマが示唆された。その中心にはコントロールの可否があり、それは癌の診断によって強化されたものであった。たとえば、「社交的イベントに参加すること」については、もしも疲労を感じたらその場から去ることができるが、人々の質問をコントロールすることはできないという思い込みを抱えていた。彼女を助けるためにパートナーに参加してもらえば、彼女は質問に答えやすくなる。同時に彼が使うべき答えは、「ジェーンに聞いてみないかい？」である。話し手役を振られれば、彼女は場のコントロールを回復することができ、自分のことについて人々がささやき合うことを防げると感じた。同様に、もしも彼女が疲れたので帰ることをほのめかしたら、彼は残るよう説得せず、それに同意を示すという打ち合わせをしておいた。

　定式化に情報を与えてくれるもう1つの重要な例は、外見についての思い込みを持つことよりも、むしろ他人からの評価を確認することである。

症例4

　ジョアンナは双子を出産したが、産後の自分の姿が嫌いになった。バストは小さく張りがなくなり、お腹は弛緩し妊娠線が多発していると述べている。雑誌の「おめでとう！　新しいお母さん」の写真と比べたり、加えて、自分自身の妊娠前の写真と比べたりすることで、「自分は醜く見える」という思い込みが維持されるのであった。夫は自分の姿に不快感を持つだろうという思いから、夫との関係も避けるようになった。ジョアンナにはホームワークとして、この問題について夫と話し合うことが課された。彼はジョアンナの体に生じた変化を認めるものの、彼女と話ができたことにほっとした。そして、外見によって彼女の魅力が損なわれているとは感じず、実際、子供たちの母親としての彼女には、より一層の親密さを感じていることが確認された。ジョアンナは回避行動をとらせていた思い込みについて考え直すことができ、性的関係も回復させることができた。

ネガティブな評価への恐怖 —— 社会的不安の研究ではよく測定される認知変数である。必ずしも外見に関係していなくとも、様々な社会的環境の中で、社会的不安と社会的回避の予測因子となっている。安全行動は、気づかれずに通り過ぎたい、注意を引きたくない、などといった衝動に関連している。注目には、強力な帰属バイアスがかかるようである。すなわち、評価される構成要素やそれに関連する観察者の信念や行動が原因となって、「ネガティブ」と評価されると考えるのではなく、注目されること自体を、ネガティブに見られることだと自動的に分類するのである。それゆえに介入療法では、注目されることに対する別の解釈が求められる。とはいうものの、外見が目立つ状況における注目との関連性は、ARC 研究プログラムで強調されてきた。他者の目に付きやすい外見に対してはもちろん、そして通常は衣服で隠せる外見に対しても（人々が非常に傷つきやすいと感じる性的関係状況では打ち明ける必要がある）、注目がもたらす心理的効果には大きな臨床的妥当性がある。

症例 5

　ジャックは顔の瘢痕が非常に気になると述べている。20 代ではニキビが目立ったが、30 代となった今では、もはや目に見える新たな瘢痕を残すような活動性の病気ではない。他人は自分のことをネガティブに見ているという思い込みは、他人が凝視してくるという認知によって支えられている。ジャックには、他人の行動に関して、もっとデータを得ることがホームワークとして課された。クリニックでのセッションの後、公園を抜けて職場まで歩いて帰った。彼とすれ違った人の数と、そのうちの何人が凝視してくるように見えたかについて、数えてみることを求められた。

　次の面談で、ホームワークの結果が見直された。100 人のうち、1 名だけが彼を凝視したように見えた。ジャックは微笑み、そして言った。「この人ははじめ微笑んで、それから近寄ってきて、道を聞いてきたんだ」。この経験を、あの日、公園にいたすべての人々の中で、ジャックはもっとも近づきやすいと見られたと考えることで、人々が自分のことをネガティブに見ているという考えを修正することができた。行動実験におけるこの偶然の結果により、問題点に対する再定式化が可能となり、他人の思い込みに関する考えに、もっと柔軟になることができた。

社会的受容——ネガティブな評価は、「私に関する他人の評価が、私の真実である」という思い込みを強く後押しする。もしも他人がネガティブに私のことを判断したら、それは正しいに違いない、そして私は「社会と文化が受容できる基準」の外に置かれることになる。こうした概念が嫌悪感に満ちた高いレベルの恐怖感に関係していることは、驚くべきことではない。社会的出会いの中で、他人に関する情報のうちもっとも直接的なのが外見であり、フェイスブックなどのソーシャルメディアを支えている。このソーシャルメディアの途方もない成功は、人々がネットワークをどれほど重宝しているかを示している。そこでは、あらゆる社会的イベントで撮られた写真を通して、イメージが増殖している。自己価値を決定する因子として「私はどのように見えるか」への関心の集中が、どんどん若い年齢層へと浸透していることが、最近の外見に関する研究で示されている。「より受け入れられやすい」という社会的基準に合わせるため、自らの外見を変える方法として、今や多くの若者が美容手術〔訳注：cosmetic surgery は美容手術または整容外科と訳される。日本では美容整形という造語が用いられる。もちろん整形外科とは無関係である〕に期待を寄せている。社会的受容とは、たとえば脱毛のように、外見を修正するという文化的実践の推進力でもある（Falvey, 2012; Halliwell & Diedrich, 2012 を参照）。

外見に特有の認知

　社会的比較過程——社会的比較とは、読んで字のごとくである。人々が自尊感情や自己価値観を測る方法は、明らかな基準や仲間集団に準拠している。同様に、自分の外見を判断する方法は、自分が関わっている社会の文脈において明らかな、外見に関して支配的な「基準」の影響を受けている。これには仲間集団や、文化的基準や、イメージ群（西ヨーロッパおよび北米の文化圏のものが多い）へのグローバル・アクセスによってどんどん生み出されていく国際的基準が含まれるだろう。中には理想化された形態を見せるために、画像修整あるいは合成されたイメージもあるだろう。しかし、他人と自分を比べることは、**外見における乖離**をきたすほどの文化的基準による「理想化された」外見と自分を比べることとは異なるものである（Thompson et al., 2010）。社会的比較の過程は、「理想の」あるいは「あるべき」自己を作り上げるよう作用するが、このメカニズムを明確に意識していない患者が多い。他人と自分を比較しているという考えを、大抵の人たちは否定するだろう。

他人がどのように見えるかは関係ない —— 私は誰かよりもずっと良く見えているかもしれないが。これは私に関することだ —— どういうふうに自分のことを感じるかということなのだ。

　ここでは、主要な関心が以前の外見（事故前、妊娠前）に、あるいは決して到達できない理想の自分に集中している。以前の外見は、必ずしも魅力的なものであったり並外れたものであったとは限らない。「周囲から目立たないこと」あるいは匿名性によって特徴付けられるような、より普通の平凡な目立たない外見であったことが多い。そして、アイデンティティの喪失や、あるいは知覚される身体イメージと内在化された理想の身体イメージの間の不一致という強い感覚を引き起こすことが特徴的である（「私がこんなふうに見えるなんて」「これは私ではない」）。社会的比較とのつながりは、ここでは直接的ではない。以前の外見や「あるべき」外見は、社会的基準に照らして引き出されたものかもしれないが（「私はいつもイケてた」「映画スターみたいにしてくれと頼んでいるわけじゃない」）、直接的に認知される外見は、以前の、あるいは想像上の自己の外見と比較される。
　臨床におけるさらなる問題は、他人との比較を招く議論は、他の患者たちとの比較として暗示されうることである（専門治療センターの中に、非常に目立つ傷のある人がいるかもしれない）。「あそこにいる人ほど私は悪くないことを知って、そのような会話をしたことに、ひどい気持ちになる」。興味深いことだが、この種の下向きの社会的比較が有効であるとは限らない。自己効力感を下げ、気を紛らわせるだけであることが多い。「他人が上手に対処しているのを見ると、自分は本当に役立たずだと感じる」。そしてこのことは、患者のうち重症なグループに不一致の感覚をもたらしているのは、内在化された自己であるという仮説を支持する。しかし、対処のために他人が使っている方略を学ぶことは、より有用だと考える者もいる。本研究プログラムでの多義的な結果から得た経験では、社会的比較過程の概念を用いて介入における作業を進めることは、常にではなくとも時には役に立つ。
　帰属スタイルとは、出来事に対する説明や解釈を、（自分自身の行動に関連して）内的に求めたり、（自分がコントロールできない出来事、たとえば他者の行動などに関連して）外的に求めたりする傾向を指している。社会恐怖について前述したところで、ポジティブなフィードバックは外的に帰属させるが、中立的な反

応や曖昧な反応に対しては、自己に注意の焦点を当て内的帰属に傾きやすいことを示した。分かりやすくいえば、物事がうまくいっているときは他の要因のおかげであると考え、うまくいかないときは自分のせいにするのである。

　患者との作業の中では、このことは直感的に分かる考え方である。人々は魅力的な信念や行動実験に当てはまるように「納得して」、諸例についての解釈を行うことができる。

　顕出性と誘意性 —— 身体イメージに関する文献では、顕出性 salience と誘意性 valence という用語は、それぞれ身体イメージへの投資（顕出性）と身体イメージへの評価（誘意性）を表している。ARC チームにとって外見の顕出性とは、自己概念に影響を与えているという観点から、人々が自分の外見に置いている重要性を表している。臨床現場においては、外見へのとらわれやどれくらい外見のことを考えているかに等しく、言い換えれば、自分に関する他の局面をどれくらい軽く見ているかに関連しているだろう。顕出性の高さは、内在化されている家族や社会の価値観に関連しているが、それ自体は人生の早い段階で学習されることがある。外見に高い価値を置いている家族から影響を受けたと述べる人たちは少なくない。顕出性は固定的なものではなく、変動するものである。たとえば、薄着をする夏では、「安全行動」として衣服を利用できる機会が減ってしまう。他人の外見もより見えやすくなるため、比較しがちになってしまう。同様に、たとえば美容院で働く人にとっては、鏡が多く、皆の注目が外見に集まる場所なので、顕出性がより重要になることが多い。一般的な場で外見に対する侵襲がある場合にも、顕出性が高まるのは明らかである。凝視、周囲でのヒソヒソ話、不躾な質問。新しい状況で、外見をジロジロと見られること、あるいは外見を過度に点検されること。これらすべてのことが、外見に関して、フィードバックを絶えず返してくる。外見に非常に高い価値が置かれている場合、人生におけるその他の局面は、あたかも「自分がどのように見えるのか」という「フィルター」を通すかのようにして見られうる。それは変形をきたす状態が外見をネガティブに変えているという人たちにとっては非常に強い影響を与える。

　誘意性とは、人々が外見に対して持っているポジティブまたはネガティブな信念を表している。自分の外見に非常に高い評価を置く人もあれば、逆に非常に批判的な人もいるだろう。外見への評価は人それぞれであろう。また同じ人

でも、人生の異なる時期や異なる状況では、外見への評価も変わるだろう。一般人を対象にした研究でのエビデンスでは、「自分がどのように見えるか」は、思春期の女性の自己価値判断において最重要の要素であり、小学生以下の子供たちですら、今日の自分の見え方がいまいちだと感じられたなら、クラスでの行動の仕方を変えるという（質問に答える際に、手を挙げないなど）（Lovegrove, 2002）。

外見への不安という観点からは、おそらく最大の苦悩を持つ人は、外見に非常に高い価値を置いている人（高い顕出性）、外見に高いレベルを要求されるような環境での仕事をしている人（例：ファッション業界の仕事）、自分の外見が、自分の理想にかなっていないと感じている人（軽度〜中等度の誘意性）であろう。適応を促進するための修正は、以下のように可能だろう。

- 不適当なイメージとの上向きの社会的比較を減らすことによって、理想の外見に向かっている個人の認知内容を修正していく。
- 自己概念に対する外見の顕出性を減少させる（例：別の特性や人格面における価値を上げる）。
- 外見に関連した刺激や、外見に高い価値を置く文脈との近接性を減少させる（例：転職）。

主観的可視性（隠しやすさと目立ちやすさ）—— 目立ちやすさを減少させる方法として、通常は、患者は客観的な外見を変えることを重視するだろう。ゆえにその強い欲求は、メイキャップや衣服で特徴を隠すことや、手術やその他の医学的治療でもたらされる恒久的な変化へと向かう。しかし、究極的な目標は、苦悩を減らすことである。つまり、伝統的な介入を提供している人々は、治療の目標を右から左の水平軸での動きとして語るが、究極の目標は、垂直軸での高所から低所への動きである（図3.6）。認知的介入は不安ととらわれの減少、すなわち垂直軸に沿った下降を目指すが、それは状態の客観的目立ちやすさとは無関係である。

仮説的状況で説明を行うと（図3.6）、患者Aは、目立ちやすさと不安について高い評定をしている。患者Bは、目立ちやすさに高い評定をしているものの、不安については低い。こうした人が治療を求めることはないであろう（あるいは、親類が彼らのために治療を探していたりする）。患者Cは高いレベルのとら

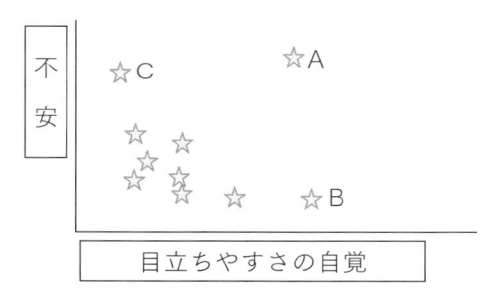

図 3.6　目立ちやすさと不安のグラフ

われを示しているが、客観的な目立ちやすさは低いと認識している。患者 A は状態の目立ちやすさを減少させる治療か、とらわれを減少させる介入療法に好意を持って反応するだろう。患者 C には、心理学的介入療法が適応となる。

　実際、目立ちやすさと不安との関係は、治療期間中、維持されることが多い。このような場合、目立ちやすさを減少させる治療は、不安も減少させる。しかし、不安を減少させる治療は、認知された目立ちやすさも減少させるのである（外見へのとらわれが他者の行動への過剰警戒や考えすぎにつながる、という直感は理にかなっている）。この図は、定式化の際の認知モデルの説明や共有に有用であり、他の医療専門職にとっても有用である。

■ 結果（アウトカム）

社会的不安と社会的回避

　ARC 研究プログラムでは、社会的不安と社会的回避が、主要な結果の測度（Derriford Appearance Scale（24）：DAS24 で計測される）として選択された。不安感が社会的交流からの段階的な後退をもたらすというパターンは、定性的データや定量的データを利用した多くの先行研究において述べられてきた。先行研究と ARC 研究プログラムでは、社会的交流の中で通常ではない外見が持つ影響力が強調されている。一般的に心理学的介入の治療目標は、社会的交流を増加させ、不安感を減少させることを重視している。

　社会的スキルは重要であり、個人が日常生活において通常ではない外見の問題に対処するための一連の方略を発達させる能力を手助けする。こうしたテクニックは回避よりも接近に関連しており、社会的交流における相互的な本質を促進することを目標としている。介入において治療の本質的な部分は、こうし

たスキルの学習や、行動訓練や、体系的な方法での多彩なスキルの構築といった概念を中心に据えて組み立てられる。そして、行動の変化を利用して、外見に関係したスキーマと自己概念に関する他の決定要因を修正するのである。

不安感、抑うつ感、気分

これらは別々のアウトカムの測度として含まれている。研究の母集団では、社会的不安と全般性不安との間に強い相関が認められることが多い一方で、特に外見に関連した問題が他者に見えにくい場合には、相関関係は必ずしも明らかではない。

一般的に、多くの研究で繰り返し述べられてきた興味ある知見だが、可視的差異においては、抑うつ感よりもむしろ不安感の方が、レベルが高いことが多い（Clarke et al., 2012; Cordeiro et al., 2010; Rumsey et al., 2004）。

怒り／敵意／攻撃性

社会的不安と社会的回避がアウトカムの測度に含められることは多いが、先行研究のほとんどで、攻撃性は示されてこなかった。しかし、臨床経験から分かることは、認知された侵襲的反応に対して、敵意と攻撃性で応えようとする人もいることである（Thompson & Broom, 2009）。研究者の印象としては、攻撃性は特に男性に多い問題であり、対人的問題への対処の仕方の性差を反映しているかもしれない。図 3.5 のモデルでは、怒り／攻撃性は、ポジティブなコーピング反応を発達させることができない人において、アウトカムとして提示される。本研究においては、重要なアウトカムの測度として含まれている。

羞恥心[*]

身体に対する羞恥心は、ネガティブな価値判断が本人によってなされる場合にも（内的羞恥）、他者によってなされていると認知する場合にも（外的羞恥）経験される。羞恥心は強力な影響力を持ち、自己批判や自傷行為にすら結びつくことがあり、回避や服従行動をもたらす。

内的羞恥と外的羞恥は共存することが多いが、常にそうであるとは限らない。たとえば、自分の外見に対して自己批判的かつ受容できない人でも、他人がそれに煩わされることはないことを知っていることもある（内的羞恥が高く、外的羞恥が低い場合）。同様に、他者は自分の外見をネガティブに認知するだろうと

信じている人が、自らは外見を受け入れている場合もある（外的羞恥が高く、内的羞恥が低い場合）。しかしながら、内的羞恥が高い場合は、外的羞恥も高くなりがちである。なぜならば、自分のことを「魅力的でない」と認知することは、他人も同じように感じているという思い込みを生みやすいからである。

　羞恥心をターゲットにした介入では、様々な事項が重視されうる。しかし、自己批判に対処し、自己をいたわったり、自分に共感したりする能力を築き上げることが鍵になることが多い（第 6 章の治療例を参照）。

　　＊ヒーリング財団支援の研究では、参加者へ渡す質問表一式の量を抑えるために、羞恥心を直接に測定しなかった。しかし、適応における重要な構成要素として、別の機会で議論されてきた（Kent & Thompson, 2002; Thompson & Kent, 2001）。

親密な（性的な）関係

　ある種の可視的差異を有する人々は、関連する困難についても述べることが多い。ゆえに、この項目は新たな測定項目として導入された。普段は衣服で隠せる瘢痕を有する人々は、変形をきたす状態をいつ打ち明けるのかという不安で、頭が一杯になってしまう。当然のことだが、性的関係とそれへの（相手の）拒絶について、とらわれや不安を持つようになるだろう。

心理学的健常性 Psychological Well-Being

　初期の研究結果と同じように、変形に対してうまく適応して、心理学的健常性にもネガティブな影響がない重要なグループについて、ARC 研究プログラムは明示した。リジリエンスに対する焦点は、通常ではない外見の問題にどのように対処するかを理解するための、重要なもう 1 つの概念的基礎を提供する。そして、病因との関連づけよりも、「問題」や困難に焦点を当てる概念的基礎も提供している。ゆえに、ARC 研究プログラムでは、ポジティブな感情とネガティブな感情の測度が、結果（アウトカム）として含められている。これらは臨床環境においても妥当性がある。

　大規模な横断的研究に加えて、ARC 研究プログラムには次のことが含まれた。長期的変化などの多様なテーマを調べるために、様々な定性的方法と定量的方法を用いた研究。他の民族グループにおける可視的差異が持つ影響力。そして、ポジティブな適応を含めて、外見への適応の別の局面について（Egan et al., 2011）。こうした研究については、巻末の「付録」で十分に示されている。

これらの知見について以下に、簡単にまとめておく。その理由は、後に提示する治療例の中で、こうした知見を利用しているからである。

ARC 研究プログラムによる知見

ARC プログラムは 3 年計画の研究プログラムであり、変形をきたす状態への良好な適応に貢献している心理学的要因や過程を調査して、明らかにすることを目的にしていた。特に、介入療法において変化させることが容易な局面について、重点を置いていた（別の研究については、巻末「付録」で十分に議論されている）。

目的
- 可視的変形を有する人々において、適応における多様性に貢献している心理学的要因や過程を明らかにすること。
- 得られた結果を利用して、支援と介入のための包括的ケアの発展内容を情報発信すること。

■ 諸研究
- 多様な原因からの可視的差異を持つ、1265 名の参加者による大規模研究。
- 360 名には 9 ヵ月に及ぶ追加研究を行った。
- 26 名には 9 ヵ月後に、テーマを深化させた追加面談研究を行った。
- 新たな問題をにらんだより深い研究を、9 つの小規模研究で行った。

■ 知見のまとめ
全般：この研究では多くの参加者が、可視的差異に対処できていると述べていた一方で、心理学的混乱の基準に合致している者も少なくなかった。多くの人々がうまく対処していると認めることは重要である。なぜならば、このことが、治療への段階的ケア・アプローチを発展させるための論理的理由になるからである。すなわち、集中的方法によって救われる人もいる一方で、多くの人たちは、簡単な介入で救われるか、自分自身のやり方で、あるいは友人や家族の援助を得ながら、実にうまく対処できると予想されるからである。

- **コミュニティ対病院**：苦悩と支援の必要性のレベルは、コミュニティ経由でも病院経由でも、どちらの参加者においても高かった。どちらの環境においても、ニーズには対応されていないことが示唆されていた。
- **年齢**：全体的な傾向としては、外見への不安の影響力は、年齢とともに減少することが示唆されていた。しかし、標本における分散の大きさは、外見への不安が、単に若者だけの領分ではないことを示唆している。
- **性別**：社会的不安と社会的回避、不安感とネガティブな感情については女性の方が高かった。しかし、効果サイズは小さかった。男性においても少なからず、いくつかのアウトカムの測度において、臨床的カットオフ値を上回っていた。抑うつ感と攻撃性では有意差はなかった。ポジティブな感情については、女性で高かった。ゆえに、可視的差異は男性には女性ほどの影響力はないという一般的な認識は、妥当であるとはいえない。このことは、最近の研究でのエビデンスと一致している。
- **他者への可視性**：結果は様々であった。65%が、顔や手など、一般的に他者から見えやすい身体部位に関する不安を述べていた。しかし重回帰分析では、他者への可視性の欠如が、高いレベルの苦悩と相関していた。これが示していることは、性的関係と、普段は衣服で隠せる身体部位について打ち明けることが、苦悩の原因として問題になっているということである。こうした知見は、性的関係に注目したコホート内研究 nested study でのエビデンスでも支持されている。そこから明らかに分かることは、性的魅力とは身体が理想的な外見を持っているかどうかにかかっているという認知に関連して、非常に高いレベルの不安を持つ人がいることである。この結果には、高い割合で、体重への不安も反映されていた。そして、ある人たちにとってはこれらのことが、変形に関する諸問題よりも優先していた。
- **適応における多変量的性質**：ARC 研究計画においてアウトカムとして選択された測度は、適応とは多因子的なものであるという見方を支持するように、様々な有意な相関結果を示していた。DAS24 で測定された社会的不安と社会的回避の重回帰分析では、それぞれの要因が分散の 66% を説明していたことが印象的であった。他に高かったものは、ポジティブな感情と攻撃性で 30% であり、ネガティブな感情では 45%、不安感と抑うつ感では 46% であった。

諸要因を統合して考察してみると、結果に与える影響力に関して、以下のような結論が得られた。

- **属性スタイル**（楽観性／悲観性）：抑うつ感、不安感、攻撃性、ネガティブな感情など多くの結果変数に強い影響力を持っていた。そして比較的程度は小さいものの、外見に関連している社会的不安や社会的回避にも関係していた。
- **社会認知的処理**：孤独を述べたり、外見が原因で仲間集団のメンバーに制限を受けていると認知したりしている人に対しては、適応の低さが報告されているが、社会的受容や社会的支援に対する認知は保護的に作用している。
- **不安感と攻撃性**：不安感と攻撃性には、明らかな関連性がある。その理由はおそらく、両方の問題の根底に恐怖感があるからである（特にネガティブな評価に対する恐怖感）。このことは、介入計画に対して大きな影響力を持つ、新たな知見である。
- **外見に関連した認知の役割**：これらの機能は複雑であり、うまく結論は出せない。しかし、外見に関連したスキーマは、介入対象として適する諸要因から構成されているのは明らかであり、ゆえに、CBT 介入の有用性が強く支持される。本研究の結果は、先行研究によるまだ仮説的な諸知見、すなわち、外見への不安は、変形をきたす状態の有無にかかわらず、一連の心理的過程に影響を及ぼすという知見を支持している。これらの過程には、他者が外見にもとづいて印象形成するやり方や、これが自己に対する認知にどれほど影響するのかについての信念が含まれている。人々が外見に関する情報を処理していくやり方は、適応レベルを上げるための参考になる。こうした要因は、心理学の文献では新しいものではないが、今日に至るまで、外見に関連した領域では明確に示されることはなかった。こうした要因によって、外見への不安を持つ人々は、意味が曖昧な刺激に対して、自分の外見に関連したものであるとか、ネガティブなものとして解釈する傾向が生まれる。そして、自らの外見に関してネガティブな解釈を支持する証拠に、優先的に注目するようになる。重回帰分析では、情報処理の過程における外見問題に関する誘意性と顕出性への認知過程、および自己と社会的基準との間で認知される乖離が、重要な役割を演じていること

が示された。このことは、直感的に理にかなっていると思われる。つまり、自己概念において、外見に大きな価値を置いていない人の場合は、通常ではない外見であっても、適応に悪影響を及ぼすことは少ないだろう。同様に、外見に高い価値を置いている場合には、外見に関する情報を読み出して外見のスキーマへと吸収するやり方に影響力を持つ認知的バイアスが、自己強化型の悪循環を生み出すだろう。そこでは、世界をとらえて解釈していく中で、外見に関する情報が繰り返し確認され、処理され、採用されていく。

■ 研究プログラムから得られた重要事項

- 変形への適応は非常に多様である。多くの人々はうまく適応していくが、高いレベルの苦悩を持つ人たちも少なくない。
- 適応、年齢、性別、その他の人口統計学的特徴との関係は明確ではない。
- 適応を導く際の認知的諸プロセスとそれらの相互作用の役割は明瞭である。
- メディア、社会、文化は、外見への不安に対して脆弱な人々に、圧力をかけ続けている。
- 可視的差異への反応は非常に多様であることを考えれば、様々なレベルのニーズに応えるために、一連の強度レベルを取り備えた支援介入を利用可能にすべきである。
- この研究プログラムでの知見によれば、外見に関連する役に立たない思考や社会的行動に対処する介入が必要である。
- 社会の姿勢を修正し、メディアや文化の影響を弱めるために、キャンペーンや出版の努力を続けることが必要である。
- 本研究によって、特にその測定と介入によって築かれた主要な領域については、重要研究を継続していく必要がある。

■ 介入療法計画における諸知見の意味

　諸知見によれば、介入療法のターゲットとして、適応不良をきたす役に立たない認知や信念に焦点を当てる必要性が強調される。行動療法アプローチでは、特に変形が非常に見えやすい場合、適応はコミュニケーションを容易にするツールやスキルへの馴染みのなさに関係していると見なす傾向がある。しかし ARC の知見では、外見に関する認知にしたがって、人々が違ったふうに

世界を理解して情報を解釈するやり方が説明されている。外見に関する不安は、社会恐怖と多くの共通点がある。世界は社会的成果のルールによって脅威に満ちていると感じられ、そのルールの中では、他者との比較をすることで、不適切な存在であるとか、対処能力に欠けているという認知をすぐに持ってしまうのである。それと同様に、内気な人は、社交的なスキルを身につけている誰かと、上向きの社会的比較を行うかもしれない。また、外見への不安を持つ人々は、理想の基準に適合しているように見える人（あるいは自分自身の若い頃や発病前の状態）と、上向きの社会的比較を行う。そして、外見の乖離に陥るのである（理想の外見と実際に認知される外見とのギャップ）。どちらのグループも、自分の「欠陥」が他者による精査に曝されるような状況を回避する傾向があるだろう。その結果、状況を解釈するうえで代替的になりうる競合的な回答例を試したり、コーピングスキルを発達させたり、根底にある適応不良な信念を修正したりといった機会が制限される。社会的支援や、よりポジティブで楽観的な属性スタイルは、保護的に作用するだろう。

　外見のスキーマが発達して維持される様態は、CBT アプローチの有用性を支持している。ポジティブで適応的なスキーマを強化することを目的として、適応不良のスキーマを探索して、安全行動を徐々に減らし、注意の過程を修正していくことに取り組んでいく。図 3.7 に示す枠組みは、社会恐怖における認知モデルと行動的概念と社会的スキルを ARC の知見と統合して、認知行動的定式化のためのテンプレートを提供している（図 3.7）。

　この構造は治療例の叙述の基本として、こうした認知プロセスに関連した定式化の例や治療技法とともに、後続章で使用される。

まとめ

　ARC 研究プログラムの結果は、変形をきたす状態と外見への不安に適応する認知過程とを結びつけたモデルについて、それを支持する良好なエビデンスを提供してきた。それゆえに、介入療法にもっと認知療法的アプローチを組み入れていくために、治療における基本的な社会的スキルと行動療法的技法を拡大させていく理論的根拠は、研究によっても、また関連領域のエビデンスによっても支持されるものである。

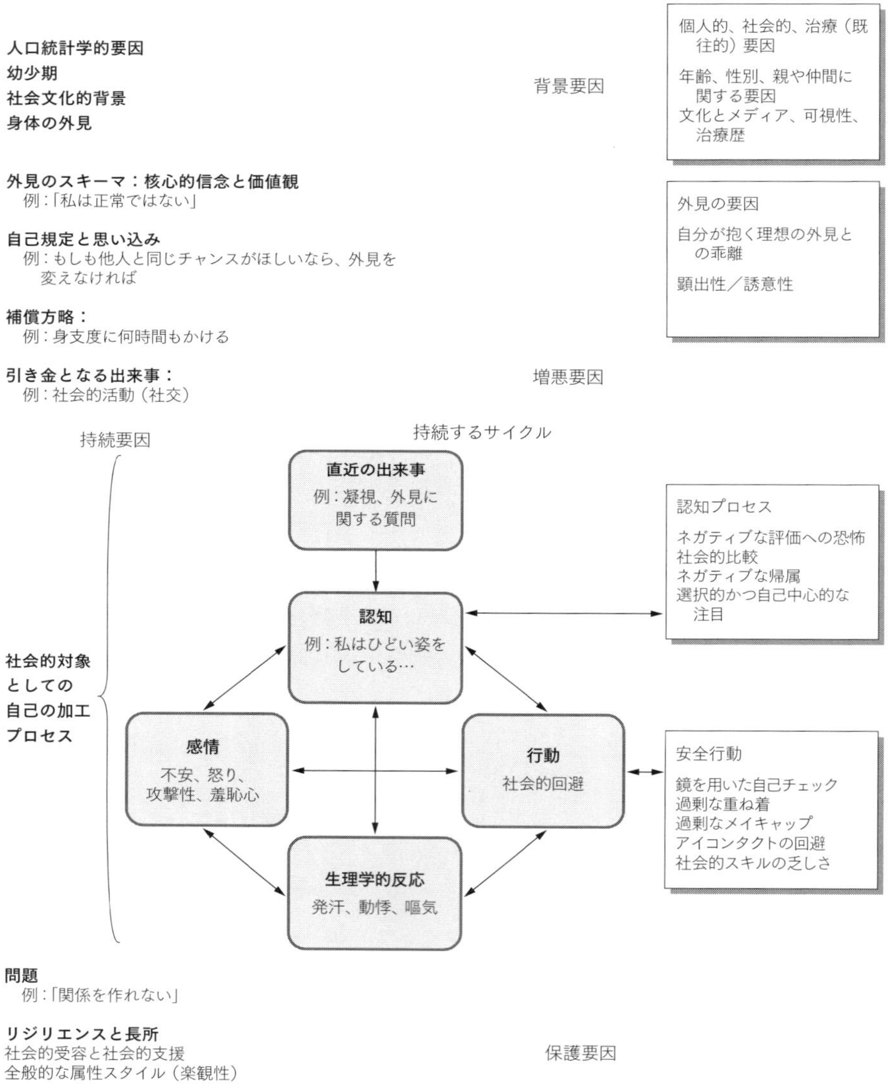

人口統計学的要因
幼少期
社会文化的背景
身体の外見

背景要因

外見のスキーマ：核心的信念と価値観
　　例：「私は正常ではない」

自己規定と思い込み
　　例：もしも他人と同じチャンスがほしいなら、外見を
　　　変えなければ

補償方略：
　　例：身支度に何時間もかける

引き金となる出来事：
　　例：社会的活動（社交）

増悪要因

背景要因ボックス（右上）

個人的、社会的、治療（既往的）要因

年齢、性別、親や仲間に
　関する要因
文化とメディア、可視性、
　治療歴

外見の要因ボックス

外見の要因

自分が抱く理想の外見と
　の乖離

顕出性／誘意性

持続要因　　　　　　　　持続するサイクル

直近の出来事
例：凝視、外見に
　関する質問

認知
例：私はひどい姿を
　している…

社会的対象
としての
自己の加工
プロセス

感情
不安、怒り、
攻撃性、羞恥心

行動
社会的回避

生理学的反応
発汗、動悸、嘔気

認知プロセス

ネガティブな評価への恐怖
社会的比較
ネガティブな帰属
選択的かつ自己中心的な
　注目

安全行動

鏡を用いた自己チェック
過剰な重ね着
過剰なメイキャップ
アイコンタクトの回避
社会的スキルの乏しさ

問題
　　例：「関係を作れない」

リジリエンスと長所
社会的受容と社会的支援
全般的な属性スタイル（楽観性）

保護要因

図 3.7　社会恐怖の認知モデルと ARC 研究知見の統合により作成した CBT テンプレート

第4章

臨床アセスメント

問題を引き出す

　アセスメントといえば、まずは情報収集作業であると考えられがちであるが、実際にはクライアントのやる気を向上させて問題を正常化できるようにするための機会を提供する、介入療法の役割も担っている。加えてクライアントが認知行動療法的説明に馴染むよう、アセスメント・セッションの中に要約説明を組み込むことによって、治療アプローチへの社会化（治療の意義を理解し、治療に参加していくこと）の開始を図ることが有用である。このようにして、クライアントが外見に関する信念を重要視するような発言をする場合に、それについて明確にコメントをすることは有益である。それによって、特定の問題に関して最終的な定式化を得やすくなり、自身の問題をこうした言葉で考えたことがなかった人の驚きを軽減できる。アセスメント・セッションでの以下の例は、こうした事情を説明している。

症例 1

（基本的事項の説明後）

セラピスト：バストに関する不安と、それに対して手術を受けたいと思う
　　ようにさせた出来事について教えていただけますか。

クライアント：片方だけ大きいのです。本当に苦しんでいるんです。

セラピスト：どういうふうに、そう感じるのでしょうか。

クライアント：子供たちにしてやれることがないのです。水泳に行くとか、
　　ビーチに出かけるとか。

セラピスト：そうしたことをしようとしたとき、何が起こるのでしょうか。

クライアント：誰かに見られているように感じ、とても嫌な気持ちになり
　　ます。

セラピスト：誰かに見つめられているという感覚は、どれほどの強さなの
　　でしょうか。

クライアント：とても強く感じます。誰もが私のことを見つめているかの
　　ように感じます。馬鹿げた話だということは分かっています —— そ
　　んなことはありえないと。もっと状態の悪い人たちもいます。私のい

とこには同じ問題があり、もっと目立ちます。しかし誰も彼女のことを気にしないし、彼女もそれに悩んでいる様子はありません。でも私は違うんです。誰もが私を見つめているように感じられます。私だけを……なぜだか分からないけど……

セラピスト：いいえ、馬鹿げたことだとは思いませんよ。ビーチにいたり、水泳に行ったりすることに不安を感じる、ということのようですね。あなたは、人々は凝視などしていないことが分かっている。なぜなら、あなたのいとこのようにもっと状態の悪い人にすら、人々は注意を払っていないということを見て、知っているからです。しかし、すべての人があなたを見つめているかのように「感じてしまう」。

クライアント：そう、その通りです。

セラピスト：つまり、あなたがこうした状況に遭遇した場合に、他人が自分にしていることや、あなたが実際にどのように見えているかについて対処することは、問題ではないようです。あなたがどのように「感じるか」への対処の方が、より問題であるように思われます。

クライアント：その通りです。

セラピスト：有用な話です。よく分かりました。困難を感じる事柄について、もう少し具体例を教えていただけますか。

症例2

セラピスト：誰もが自分のことをじろじろ見てくる。そして初対面の時、二度見をしてくると言いました。それについてどのように感じますか。

クライアント：自分があたかも異形の存在のように感じられ、ひどい気分になります。そんなに不快にならないように、正常になりたいだけです。

セラピスト：このような感じを持った最近の出来事について教えてくれますか。

クライアント：はい。空港で列に並んでいたら、そばにいた奴が振り返って、私のことを見つめていた。順番を失いたくなかったから、逃げ出すこともできなかった。

セラピスト：その時はどうしましたか。

クライアント：いつにも増して気分が悪くなり、そしたらそいつはもう一度振り返り、顔に何があったんだと聞いてきた。

セラピスト：どう感じましたか。

クライアント：恐怖だった。辱（はずかし）められていると感じた。どう言えばいいか分からなかった。結局、ぼそぼそと犬の話をすることになった。

セラピスト：それで、彼はどうしましたか。

クライアント：ちょっと肩をすぼめて、前に向き直った。

セラピスト：あなたはどう感じましたか。

クライアント：さらに気分が悪くなった。犬や何やについて、気の毒とも何とも言わなかったから。

セラピスト：つまり、あなたは肩身が狭くなったと感じ、無視されたと感じた。合ってますか？

クライアント：はい、だからそんなことがないように、手術を受けたいだけなんです。

セラピスト：間違いがないか確認させてください。犬が咬んだから、人々はあなたに気づき、凝視しがちになる。そして何が起こったのか聞きたがる。そういうことですか？

クライアント：はい。

セラピスト：この出来事が屈辱的なのは、あなたを凝視して多くの質問をぶつけてくることを他人は当然のように思っており、そして、それがあなたに怒りを感じさせ、見下されたように感じさせるからですか。

クライアント：はい。

セラピスト：つまり、人々は凝視して尋ねてくるだけじゃない。こうした質問が、こんなに困難になるほどあなたを怒らせ辱めるということですね？

クライアント：はい、その通りです。

セラピスト：よく分かりました。他に、この種の状況の例を教えてくれますか。

　以上の例が示すように、そのつど焦点を絞り直していく叙述は、アセスメントを断続的なものにはするが、定式化（図4.1参照）と治療の本質の説明において統合される。

　たとえば症例1の前半部分で示されているように、患者自身がそれぞれの例をつなげることで、アセスメントが導かれた発見 guided discovery に至る過程

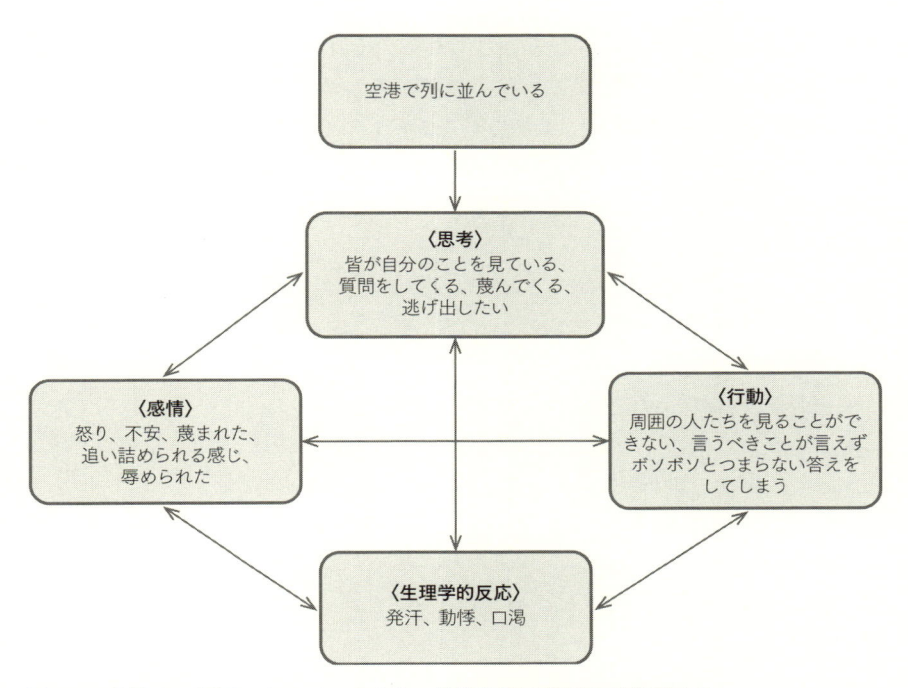

図 4.1　症例 2 の初回アセスメントから、持続要因の枠組みを構成する

になる、そうなるように、いくつかの例をまとめたり、前出の例を引き合いに
出したりすることは有用である。

> クライアント：ああ。何が言いたいのか分かります。私がそれに悩まされな
> 　　ければ、私のいとこのように、大きな問題にはならなかっただろうに。
> セラピスト：その通りです。

まとめ

　アセスメント・セッションでの会話の中で、ところどころに要約の区切りを
つけることは、セラピストが真剣に話を聞いていることを示すのに役立ち、共
感を示すための手段の 1 つになるだろう。重要なことは、特定の個人を治療ア

プローチに社会化（参加）させることであり、それは必須のことでもある。最後に、要約を一緒に確認することは、誤解がそのままにならないようにすることであり、もしも必要であれば、患者がセラピストに修正を促すことにもつながる。このようにして、要約を適宜入れていくことは、CBTでは欠かせない共同作業となっている。次のような場合に、要約は特に有用である。

- 1対1の面談や、セッション冒頭で前回の内容を振り返る場合。
- 特に複数の問題を抱えているような、複雑で長い叙述を整理する方法として。
- 患者が、自分の訴えたいことを述べ終えたとき。
- 聞き取った情報について、十分に理解できなかった場合。
- セッションの終わりに、ホームワークを計画するとき。

動機づけと自己効力感

本節は、慢性的状態（疾患）に対する自己管理のためのユニバーシティ・カレッジ・ロンドン University College London（UCL）トレーニング・パッケージ（Newman et al., 2008）をもとに書かれている。本節はレベル1～3で仕事をしている臨床家に有用だろう。そしてレベル4で仕事をしている人たちにとっても、そのための教育やスーパーバイズに有用であろう。

特に、患者が認知に関する定式化アセスメントへの紹介を受けている場合や、問題に対処するための別の方法を意識している場合、アセスメント過程の一部として、行動変化への動機づけを評価しておくことは重要である。たとえば、すでに手術の待機リストに載っている状況では、変形をきたす状態に対処するためのCBT治療を遂行しようとしても困難であることが多く、おそらく成功しないであろう。特定の問題を「治すことを必要としている」のならば、外見に関する信念を変更することは不必要であると認知されてしまう。この理由により、心理学的介入が始まる前に身体的介入を完了させることや、身体的介入では部分的にしか解決できないことが患者にとって非常に明らかな場合に心理学的プログラムに入ることには、妥当性がある［訳注：身体的介入後に精神症状がかえって悪化する疾患もあるため、どちらが先かは慎重に検討する必要がある］。自

分自身の能力への自信も、参加者らにとっては重要な意味を持っている。

変化させるうえでバリアになりうる状況があるかどうかは、以下の質問によって明らかにできる。

- この行動をとることは、どれくらい容易／困難だと思いますか。
- 過去に同じようなことをしたことがありますか。
- どのくらいうまくいきましたか。
- 今だったら、どうすればもっと容易になると思いますか。
- どういった援助が必要だと思いますか。
- これをする場合、誰か助けてくれる人がいますか。

Bandura (1997) は、人には行動と結果に関する 3 つの構成要素を評価する傾向があると指摘しつつ、健康に寄与する行動へと変化することへの、人々の期待感について考察している。

1. 行動変化がなければ、何が起きるだろうか。
2. 想定された行動により、得られそうな結果は何だろうか。
3. 個人がその行動を実行できると感じる程度はどのくらいか（これは自己効力感や自信という観点で議論されることが多い）。

自己効力感によって、良好な行動変化が予測される。また、低い自己効力感は修正されうる。Bandura は 4 つの方法を示している。

- **熟達の直接経験** —— 実際には、課題が簡単に達成されるように、また、早い時期から成功体験を味わえるように、目標設定をいくつかの単純なステップに分けて計画することを意味している。属性のうち楽観性が持つ保護価値 protective value に関する ARC の知見を適用可能にするために、この方法は重要である。外見が人目に付くことに不安を感じている人々にとっては、セッションに参加するという行動だけでも成功を意味しており、特にそれが公共交通の利用や社会的曝露を含む場合にはなおさらである。つまり、アセスメントに来訪できた人であれば、これまで困難に感じてきた問題を、すでに克服しているだろう。そのような人は成功の最初の段階

を達成しており、この成功体験を強化して定式化へ組み込むことができる。そして、行動変化に対して無力や無能であるという思い込みに取り組んでいけるのである。成功体験は重大な影響力を持っているが、それは驚くべきことではない。自分は無力や無能であるという、長きにわたって持ち続けてきた前提的な考えが間違っていたことを、成功体験は効果的に証明してくれるからである。

症例 3

キーランは、顔に可視的変形をきたす先天性の状態がある。会話スキルは低く、社会的スキルも高くない。しかし、ある夜に車が故障したとき、故障を直しにやってきた整備工にうまく話しかけることができた。それは会話を切り出し持続させるために、（セラピストと一緒に）取り組んでいた方略のおかげだった。キーランは、整備工と共通して知っていると思われる事柄について考えを馳せた。そして自動車について彼に尋ねることを決心した。するとレッカー車が到着するまで待っている間、彼との会話をうまく続けることができた。（キーランが受けている介入療法の過程において）かなり早期の段階での成功により、他人には簡単そうに見えても自分には不可能である、という思い込みを大幅に修正することができた。

- 非直接的あるいは代理的経験 —— Bandura は、他者の熟達を観察することの有用性を指摘している。このことは行動スタイルからでなく、特定の行動という観点で提示される必要がある。サイモン・ウェストン［訳注：フォークランド紛争で顔を含め重症熱傷を負ったイギリス軍人。退役後は慈善活動に打ち込み、イギリス国民から英雄として尊敬されている］など、何人かのよく知られた模範的人物がいる。そうした人たちは自然と話題にされることが多い。しかし通常は、「決してサイモン・ウェストンのようにはなれない。彼は凄い。僕にはとても真似ができない」という観点で語られる。患者とは、自分でも真似ができる一つひとつの行動を選別するのではなく、むしろ「サイモン・ウェストン・パッケージ」のように、彼の全体像を観察しているのである。ゆえに、「決してサイモン・ウェストンのようにはなれない。しかし、彼が使っていたのと同じ方略を自分も使うことで、外見への質問に答えられるようにはなる」という考え方は、ポジティブな模範

役を用いながら、自己効力感を増加させる効果的な方法となる（この場合、比較することで自己効力感は低下しない）。患者にとって、自分のパーソナリティと一致しているような何らかのことを示せるように、様々なアイデアを出していくことは重要である。しかしながら、他の患者が有用性を認めた例も役立つことだろう。

- 言葉による説得——前出の2つの方法を連動させるのは有用である。誰かが高い効力感を示している状況を確認することで、問題と見なされるのは、個人の行動ではなく状況であると、帰属が修正されていく。たとえば、自分のことを「良き母親」であると見なす者は、親の役割において非常に有能かつ自信に満ちている自分でなければならない、という考えを取り入れやすいだろう。初回ではまだ自分の能力に自信がなかった、類似した患者の例を使いながらCBTを構成していくことには、説得力があるだろう。

- 気分状態への対処——「ストレス」や不安感は、自己効力感にネガティブに影響する。それゆえに、リスクとなりうる出来事がないときを選んで、達成可能なゴールを計画することが有用である。たとえば、転居、転職、人間関係の変化の最中では、介入は延期した方がよい。気分対処への援助は、行動変化をより容易にするだろう。凝視や質問への対処戦略を教えるのと同じようなやり方で、リラクゼーション訓練、気分転換、怒りへの対処などのスキルを、治療介入の初期段階で教えておくことが非常に有用なこともある。

変化へのレディネス

　変化へのレディネス（準備性、readiness for change）の概念は、多理論統合モデル Transtheoretical model の中心に位置する（Proschaska & Diclemente, 1984）。このモデルは、行動変化に根拠を与える過程を提示しており、それは行動変化に先行してそれを予測し、連動していく諸段階について考察する際に有用な過程であることを明らかにした。

　Proschaska & Diclemente は、行動変化を計画して達成する過程において、5つの潜在的な段階を提唱している。

- **前熟考期**：行動を変えようとも思っていない。
- **熟考期**：実行はしていないが、行動を変えようとは思っている。
- **準備期**：いくぶんはうまく行動でき始めている。
- **実行期**：規則的に行動を変えてから、まだ6ヵ月未満である。
- **維持期**：規則的に行動を変えて、6ヵ月以上が経過している。

　各段階では、それぞれ異なる信念が支配している。たとえば初期の段階では、やらなければならない行動に費やすコストの方が、利益よりも大きいと認知されるだろう。しかし後半の段階になれば、このバランスは逆転することが予想される。この一連の段階からは、自然と回復へ向かって一方向に動いていくことが示唆されているが、研究エビデンスによれば疑わしい。実際、人々は諸段階の間でどちらの方向へも動くし、すっかり脱落してしまう人もいる。それでもなお変化へのレディネスという概念は有用であり、動機づけ面接 motivational interviewing（MI）から得られた技法を用いながら、健康増進臨床活動の中で運用されてきた。人々は多理論統合モデルに導入されると、特定の行動に関して、自分の立ち位置をとるよう求められる（たとえば、食生活の変化、体重減少、エクササイズ、禁煙）。可視的差異を持つ人々との作業という文脈では、MI技法は変化に対して潜在しているバリアを明らかにするために有用であり、介入のための変化、目標設定、タイミングを援助する潜在的資源を明らかにしていく。

　Rollnickら（2002）は、異なる種類の行動変化介入療法を区別した。まず、**ブリーフ・アドバイス** brief advice は、機会に便乗して行われることが多い。たとえば、関係のない医療相談の中で喫煙に関する情報を引き出し、アドバイスするなど。外見の文脈における例なら、看護師が行うような、他者からの凝視や質問への対処アドバイスを、たとえば日常の包帯交換作業の中に、いかにして取り込んでいくかなどである。**行動変化カウンセリング** behaviour change counseling には多くのMI技法が含まれる。自由回答形式の質問や引き出された情報の振り返りも含まれ、クライアントが熟考したいと望んでいる変化について、客観的な話し合いが行えるようにすることを目標にしている。1例としては、皮膚癌の切除後の包帯交換作業の一部として、日焼けに関する質問を行うなどであろう。そうする目標は、患者にある行動をやめるよう助言することではない。自らの行動について熟考する機会を提供することである。**MI技法**では、クライアントの述べる情報に選択的に反応したり振り返りを行ったりす

ることで会話を一歩先へと進め、信念同士の矛盾を拡大させて、結果的に変化することへの抵抗を減らしていく。たとえば、

　メアリーは背中にあった小さなほくろを取ってもらった。それはメラノーマ（悪性黒色腫）ではないかととても心配だったが、病理検査の結果は良性だった。抜糸の処置の間、看護師はその機会を利用して、彼女のよく日焼けした外見と癌の診断に対する不安について話しかけた。看護師は会話を慎重に振り返りながら、彼女が日焼けのリスクと、繰り返される日焼け習慣と癌への恐怖との矛盾に気づいていることを指摘した。

　この例では、看護師は癌の診断について応えている。しかし、もしも彼女が水泳の時に、瘢痕のある姿について心配していたとしたら？　その状況では、看護師は自分の瘢痕の経験について話し、おそらく、彼女が避けたくなるような不安を生じさせるような状況に直面したときの例を引き合いに出しながら、瘢痕は不可避であることをブリーフ・アドバイスで伝えてもいいだろう。こうした例は、人前で話すことのように、日常茶飯事のことである。

　提示した例は、MI においてよく生じる誤解について示すために選ばれた。MI は、過去も現在も、単独で採用される行動変化技法として意図されていない。しかし、行動変化のための介入タイミングについて考える場合には有用なツールであり、変化を起こそうとする場合のバリアを明らかにして、個人に援助を行うためによく用いられる。定式化において有用となりうる、評価された方向性や信条を探索する方法としても有用である。

測定ツール

　変化を観察して結果を測定するために、ベースライン（日常期）の測定は重要である。しかし使用される測定法は、研究においては基本となる理論モデルに関連するもの、そして臨床現場では、患者が述べる諸問題の定式化に関連するものとすべきである。

測定方法は、3つの広範な研究領域で発展してきた。すなわち、身体イメージ、外見と変形、状態に特化した研究である。加えて、臨床と研究の両方に関連している心理学的構成概念の全般にわたって、それらを測定するスケールが数多く存在する。後述するリストはそうしたスケールについて網羅しているわけではないが、特に、変化に対する応答性が良好で、かつ信頼性が高いと認められてきたスケールを示す。

■ 心理学的構成概念の包括的測定（ARC 研究で使用）

属性スタイル

楽観性 —— 楽観性のレベル評価のために、改訂版楽観性尺度 Life Orientation Test-Revised（LOT-R）（Scheier & Carver, 1987）の 4 項目短縮版を用いた。4 点リッカート尺度により、1 点（強く同意）から 4 点（強く否定）までで反応を評価した。合計点数は 4 点から 16 点までで、高い点数は、より楽観的な見通しをすることが示唆される。このスケールは傾向の連続体を測定するよう設計されており、楽観性または悲観性についてのカットオフ値はない。

　社会的ネットワーク —— 略式ソーシャルサポート質問用紙 Short Form Social Support Questionnaire（Sarason et al., 1983）の 4 項目短縮版を使用した。受けられるサポートの数は質には直結しないので、独立項目としては分析には含めていない。質についての反応は、1 点（非常に不満足）から 6 点（非常に満足）までで評価しており、合計点数は 4 点から 24 点となり、高い点数ほど、社会的支援への満足度がより高いことを表している。

　受容の感覚 —— 社会的に受け入れられているという感覚を評価するために、7 点リッカート・スケールを用いた 2 項目を用いた。1 点（全くない）から 7 点（完全にある）までで、自らが所属する社会的集団や社会一般によって受容されていると回答者がどの程度感じているかを評価した。合計は 2 点から 14 点までで、高いほど受容感覚が高いことを示している。

　ネガティブな評価に対する恐怖感 —— 否定的評価恐怖尺度短縮版 The Brief Fear of Negative Evaluation scale（FNE Scale）（Leary, 1983）は、自分に対する他者の評価への不安が、個人において特徴的であるかどうかを検討する。12 項目

あり、1点（自分には全く当てはまらない）から5点（非常によく当てはまる）まで
で、回答者が点数を付けていく。合計は12点から60点となり、高い方がネ
ガティブな評価への恐怖感が高いことを示している。良好な心理測定特性が報
告されており、内的整合性は高レベルであった（$a = 0.90$）。学生を用いた研究
では、4週後の試験・再試験信頼度の信頼度係数は0.75であり、構成概念妥
当性は許容できるものであった。

　社会的比較——社会的比較の評価にはGibbons & Buunk（1999）による、
Iowa-Netherlands Social Comparison measure（INCOM）の短縮版を用いた。この
スケールでは、社会的比較の頻度を測定する。回答者は自分の外見と反応に
ついて、1点（強く否定）から5点（強く同意）までで回答していき、合計が高
い方が社会的比較に夢中になる頻度が高いことを示している。合計は11点か
ら55点までで、良好な内的整合性（$a = 0.83$）および併存的妥当性（$r = 0.88$）で
あった。4週後と1年後の試験・再試験信頼度では、相関係数0.71および0.60
と良好であった。しかし注意すべきこととして、ARC研究の結果では、外見
に特化した比較にもっと焦点を合わせた測定法の開発の可能性が模索されるべ
きであると指摘された（巻末「付録」参照）。

　ポジティブな感情とネガティブな感情——Positive and Negative Affect Schedule
（PANAS）（Watson et al. 1988）により、ここ最近のポジティブな感情（PA）とネ
ガティブな感情（NA）の強さに関して、どのように感じているかを回答者が
評価する。NAとPAの2つのサブスケールにより、10の質問の点数が合計さ
れる。それぞれのサブスケールの点数は10点から50点となり、高いほどこう
した感情が強いことを示している。情動障害でのいくつかの測度について、収
束的妥当性の報告がある（Beck et al., 1961; Derogatis et al., 1974; Spielberger et al., 1983）。
内的整合性は適正であった（$a = 0.80$ for PA; 0.85 for NA）。

　不安と抑うつ——Hospital Anxiety and Depression Scale（HADS）（Zigmond &
Snaith 1983）は、身体的な健康問題のある患者の不安と抑うつについての、有
用で信頼性のある14の自己スクリーニング質問表である。気分の測定のため
に、0点から21点で、高い方が不安あるいは抑うつ気分のレベルが高くなっ
ている。0〜7点は「正常」範囲と見なされ、8〜10点は中等度の不安また

は抑うつの存在が示唆され、11 点以上は「事例性」となり、臨床的な不安や抑うつを抱えていると診断される可能性が高い。

HADS に関する総説では（例：Bjelland et al., 2002）、英語以外の言語に翻訳されたものも含めて、HADS は様々な研究にわたって適正な内的整合性が示されている。不安と抑うつに関する別の測定法と比較した場合、良好な併存的妥当性も示されている（r = 0.60-0.80）。加えて、顔の醜形を負った患者での先行研究においても、有効性が認められてきた（Martin & Newell, 2004）。

怒り／敵意 —— Refined Aggression Questionnaire（RAQ）（Bryant & Smith, 2001）は、Buss & Perry（1992）による Aggression Questionnaire の短縮版であり、同様の安定的で良質な心理測定特性を持っていることが示されてきた（Bryant & Smith, 2001）。攻撃的行動が回答者に特徴的であるかどうかを評価するために、12 項目について、「強く否定」から「強く同意」まで調べる。4 つの要因（物理的攻撃性、敵意、言葉による攻撃性、怒り）に分けて、それぞれの要因が点数化され、低い方が攻撃性の特定のタイプの低さを示す。合計は 3 〜 15 点となる（該当項目の反転処理後）。

■ 外見に特化した心理学的構成概念の測定法

DAS59 & DAS24：社会的不安と社会的回避

Derriford Appearance Scale Short Form（DAS24）（Carr et al., 2005）は DAS59（Carr et al., 2000）の 24 項目版であり、外見に関連した社会的不安と社会的回避を測定する。近年、醜形に関連した研究において広く使用されてきた。イギリス人を母集団とした基準値も存在している。11 点から 96 点までで、点数が低いほど社会的不安と社会的回避が低いことを示す［訳注：各項目は 1 〜 4 点だが、「該当なし = 0 点」を含むため最低点は 11 点となる］。適正な内的整合性（a = 0.92）、試験・再試験信頼度（r = 0.82）、DAS59 との併存的妥当性（r = 0.88）が認められた。そして、不安、抑うつ、社会的回避、社会的苦悩、ネガティブな評価への恐怖感、ネガティブな感情、羞恥心の測定での収束的妥当性（r = 0.45）も同様である。

CARVAL：外見の誘意性

CARVAL（The Centre for Appearance Research Valence Scale）（Moss & Rosser 2012b）

は 12 項目の誘意性質問用紙であり、参加者が自分の外見について、どれくらいポジティブに、あるいはネガティブに評価しているのかを測定する。1 点（強く否定）から 6 点（強く同意）まで、点数が高い方が自らの外見にポジティブな自己評価をしていることを示している。最近の研究では、良好な内部整合性（$a = 0.89$）が認められ、学生を母集団とする 3 ヵ月の試験・再試験信頼度は非常に良好だった（$r = 0.95$）。

CARSAL：外見の顕出性

CARSAL（The Centre for Appearance Research Salience Scale）（Moss & Rosser, 2012b）は、外見が作動自己概念に占める程度、あるいは外見がその人にとってどれくらい重要であるか（顕出性）を測定する。1 点（強く否定）から 6 点（強く同意）まであり、点数の高い方が、外見が自己概念において大きな部分を占めていることを示す。最近の研究では、良好な内的整合性（$a = 0.86$）、学生を母集団とする 3 ヵ月の試験・再試験信頼度も良好だった（$r = 0.89$）。

PADQ：身体的外見における乖離

PADQ（Physical Appearance Discrepancy Questionnaire）（Altabe & Thompson, 1995）では、次のような 2 つの乖離について識別する。人は自分が他者からどのように見えているかを知覚しているが、「理想との乖離」とは、そうした自分の知覚と、自分や自分にとって重要な他者に対して自分がこう見えてほしいと好んでいる理想的な見え方との乖離である。「義務との乖離」とは、義務、責任、あるいは社会の掟と関連して、こうあるべき、こうでなければならないという姿との乖離である。「理想との乖離」の大きさは、失望、不満足、羞恥、困惑の感情に関連しているが、それらは満たされていない願望と、他者の意見の中で尊重されなくなったという信念にもとづいている。「義務との乖離」の大きさは、恐怖心、脅威を感じること、腹立たしさ、罪悪感と関連しているが、それらは自分あるいは自分にとって重要な他者の道徳的基準を逸脱してしまったという信念によることが多い。「理想との乖離」と「義務との乖離」の 2 つのサブスケールは 4 項目からなり、「全く違っていない」から「非常に違う」までで評価され、合計 4 〜 28 点となり、点数の高い方が食い違いの大きいことを示している。

　以下に述べる測定法も、特定の患者集団との作業に有用である。

■ 身体イメージの測定

身体イメージ QOL インベントリー

Body Image Quality of Life Inventory（BIQLI）（Cash & Fleming, 2002）は、116 名の女子学生について実験的に評価され、開発された。19 項目の評価ツールで、良好な内的整合性を持ち、摂食と体重の管理を含めて、広い範囲の身体イメージ行動を調べることができる。身体イメージへの投資を含めて、他の身体イメージ評価に、有意に収斂していく。

外見スキーマ・インベントリー

Appearance Schemas Inventory-Revised（ASI-R）（Cash et al., 2004）は、身体イメージへの投資（顕出性）、あるいは身体の外見に置いている心理的重要性を評価する。以下の 2 つの構成概念が含まれる。(1) 自己評価による顕出性、あるいは自己価値における外見の重要性。(2) 動機づけとなる顕出性、外見を維持あるいは変化させる動機づけの程度。ASI-R は一般人の集団と摂食障害において使用されてきた。

■ 状態のタイプに特化した心理学的構成概念の測定法

頭頸部癌

Pusic ら（2007）による、QOL スケールの体系的な概説が有用である。頭頸部癌領域での有用性が認証されてきている。

Breast-Q（乳癌）

Breast-Q（Pusic et al., 2009）は 91 項目（ゆえに、回答を完了するのにいくぶん時間がかかる）からなる患者報告による結果測定法であり、乳房の手術（癌切除後の乳房減量術、豊胸術、乳房再建術）による影響を評価できる。6 つの異なる次元、すなわち、総合的結果、乳房に対する満足度、ケアのプロセス、心理社会的幸福感、身体的健常性、性的健常性からなる。Rasch の方法から確立されたものであり、術前と術後の尺度を備え、優れた心理測定特性を持っている。

Dermatology Quality of Life Index（皮膚の状態による QOL）

Dermatology Quality of Life Index（DQLI）（Finlay & Khan, 1994）は日常臨床において使用できる実際的な質問紙調査法である。異なる皮膚疾患を持つ 200 名の

患者を標準化したものであり、良好な心理測定特性を持っている。皮膚疾患の影響力と日常生活での治療を記録していく。

Patient Scar Assessment Questionnaire（瘢痕による QOL）

Patient Scar Assessment Questionnaire（PSAQ）（Durani et al., 2009）は 39 項目からなる患者報告による結果評価法であり、以下の 5 つの次元で構成される。すなわち、瘢痕に対する自覚、瘢痕の症状、瘢痕の外見、瘢痕の外見に対する満足度、瘢痕の症状に対する満足度。良好な心理測定特性を持っている。

Skindex（皮膚の状態による QOL）

Skindex（Chren et al., 2001）は、もともとは 61 項目からなる患者報告による結果測定法であったが、29 項目に厳選されている。良好な心理測定特性を持っている。症状、情動、機能の 3 つのコア次元からなる。

Cosmetic Procedure Screening Questionnaire

Cosmetic Procedure Screening Questionnaire（COPS）（Veale et al., 2012）は身体醜形障害のスクリーニング測定法として設計されており、美容治療領域での使用を想定している。症状の重症度の評価にも使用できる。文章表現において多少異なる言葉使いをしてはいるが、身体イメージの測定法としても有用である。

■ 身体醜形障害（BDD）

BDD の評価を助けるために多くの質問紙が開発されてきた。客観的な醜形が軽度あるいは存在しない場合には、美容手術を受ける利益を評価することが有用かもしれない。しかし、こうした質問紙には限界があるため、医学的治療を求め続けるべきか否かを決定する際に、唯一の要因として単独で使用されるべきではない（Cororve & Gleaves, 2001 参照）。

Body Dysmorphic Disorder Questionnaire

Body Dysmorphic Disorder Questionnaire（身体醜形障害質問紙）（Phillips, 1996）は BDD のスクリーニング測定法として広く使用されており、優れた心理測定特性を持っている。一般人を母集団として標準化されており、美容外科や精神科の領域で使用されてきた。

Cosmetic Procedure Screening Questionnaire
前掲。

■核心的な臨床データセット

　臨床的介入は記録管理と行動モニタリングによって左右される。そして、ベースライン（日常期）の測定という点においては、過小包摂よりは過大包摂の方に、明らかな利点がある。DAS24 のような測定法は、優れたスケールと心理特性測定に加えて、高い表面的妥当性を持っている。こうした測定法は、さらなる議論を刺激し促進することもできる。多くの人は、自分の困難が他者と共有されたことに安心を覚えたと述べている。以前に、身体イメージに関する問題に詳しくないセラピストに遭遇したことがある人は、なおさらであった。項目を読んでいる際に患者が明確に述べる典型的な表現は、「これは私のことだ —— 私のやっていることとそっくり同じだ」である。いかなる臨床的評価においても、自分の問題について尋ねられたときには、人々は圧倒的な感情反応を示すことが多い。おそらく、尋ねられたことに、まさに驚かされるからであろう。これまで、その問題について話をする機会を持つことがなかった場合には、こうしたことが起こりやすい。実際問題として、こうした驚きや感情反応は、自分の問題の経過や影響力について述べることを妨げてしまうこともあるだろう。それゆえに、測定ツールには追加的機能が設けられており、評価が徹底的に行われたかを確認するようになっている。もしも何か重要なことを述べ損ねたなら、あるいはもっとよくあることだが、それを述べたかどうか思い出せないなら、追加的コメントを述べられる余地を与えておくことが有用である。

　外見の不安は、性的関係や行動にも悪影響を与える。そうすると、生活の中のこの領域に関して、外見に関連した情報を自然と話さなくなることが多い。しかし、もしも率直に尋ねられれば、性的関係や様々な関係の情報についても、語ってくれる傾向があるのは確かである。こうした行動に対処するために、愛情行為に対して外見の不安が与えている影響力を測定するスケールが、ARC 研究プログラムの一部として取り込まれることとなった。この測定法を使用することで、このテーマに関する議論が容易に行われるようになるだろう。

　述べられたすべての測定法は繰り返し評価に使用できる。結果的に、進展具合についても測定することができる。実際、目に付きやすさと不安に関する単

図 4.2　目立ちやすさと不安のグラフ。A は目立ちやすいと自己評価し、不安も大きい。B は目立ちやすいと評価しているが、不安は大きくない。C は外見に対して非常に不安を持っているが、他者にとっての客観的目立ちやすさは特に高くはない。

一の尺度は、DAS24 と HADS の両方に高い相関がある。このような個性記述的測定法は、各セッションでの変化を記録することに役立つ。

> あなたの状態は、他人にとってどれくらい目立ちますか。(0 ～ 10 点、0 点は目に付かない、10 点は非常に目に付く)
> あなたはそのことを、どのくらい心配していますか。(0 ～ 10 点)

　不安は、外見の不安と明らかに結びついている。私たちの臨床での経験では、目に付きやすさは、心配と強く相関している。このことは、他者からのネガティブな評価への危惧が不安にフィードバックして、安全行動と回避行動にかき立てる、という点で理解できる。

　不安と目に付きやすさのスケールは、図 4.2 のように相関が見えるように描くことで、変化についての特に有用な視覚的アナログ尺度を提供してくれる。

出来事、思考、感情の頻度に関する定期的な主観的測定

　苦悩の主観的単位群 subjective units of distress (SUDS) の測定は、行動実験を行っている患者にとっては、容易に理解できる。「家の外で過ごす時間数」といった行動測定に関する日常の記録は、非常に簡単な測定であり、変化に応答

したものである。これらは、患者の強化に対して強力な励みになるのと同様に、治療過程を通じて、関連データを集める有用な方法として機能する（治療の最初と最後だけデータを採取しても、変化の過程についての情報は何も得られない —— 緩やかな変化であれ、急な変化であれ、たとえば方略が習得されたときや、方略が重要事項の達成に関連しているときといった、途中の過程での測定も重要である）。

　患者の報告による結果測定 patient-reported outcome measures（PROMS）は、NHS の治療でますます重要になってきている。そして、セッションごとの過程をモニタリングすることに加えて、最終セッションにおいて全データの集積が重要となる。最小限として DAS24 と HADS の評価は必要で、妥当性がある場合には、追加的スケール（例：攻撃性スケール）も推奨される。目標が設定されている状況では、目標達成を明確に報告することも重要である（後述を参照）。

目標設定

　目標は単純で達成可能なものであるべきだが、しかし同時に、自分は進歩したと実感できるくらいには挑戦的なものとすべきである。現実の問題に直結していると感じられ、無理強いされたものでなく、むしろ自らが折り合いを付けて選んだものがよい。治療の進行具合を評価することや、患者とセラピストの両方に妥当で正確なフィードバックを行うためには、患者が決めた目標であることが不可欠である。さらにいえば、目標を設定する過程は、治療モデルへの共同作業と社会化（参加）の機会を提供することになる。特定の目標への期待と意志を引き出すことは、それぞれの特別な目標が適切であるか否かを判断していく方法となる。たとえば、以下のように質問してみる。

- この行動を実行できる可能性はどの程度でしょうか。（0 ～ 10 点）
- うまくいく可能性はどの程度でしょうか。（0 ～ 10 点）

　点数が非常に低い場合、目標を達成するためにはさらなる共同作業が必要だろう。別の有用な目標測定には、望ましさ、困難さ、進歩が含まれる。

- この目標を達成することで、あなたの人生はどれくらい違ったものになり

そうですか。(0 〜 10 点)
- これまでのところ、この目標はどれくらい困難ですか。(0 〜 10 点)
- この目標の達成に向かって、どれくらいの進歩がありましたか。(0 〜 10 点)

いかなる目標測定であっても、それ自体が治療的機会を提供してくれる。なぜならば、セラピストが以下のような問題について取り組むことができるからである。

- 自己効力感と成功の見込みに関する認知。
- 患者の人生における問題の影響力と、目標との関連性。
- 問題に対処するためにすでに行われた試みに対して、フィードバックを返して強化を行う。

SMART

SMART は目標の定式化のための有用なガイドである。目標とは以下のようであるべきである。

- 明確な　**S**pecific
- 測定可能な　**M**easurable
- 達成可能な　**A**chievable
- 関連性のある　**R**elevant
- 期限を区切った　**T**ime limited

短期的目標と長期的目標を区別することが必要不可欠である。行動の変化に失敗する理由として多いのが、長期的目標が未来の遠すぎるところにあるため、どのように達成されるのかも、達成するための段階も明確でないことである。逆に短期的目標は、非常に明確に、望まれる行動の詳細を示していなければならない。その人の最近の状況から判断しつつ、目標が達成可能なものになるよう努力すべきでもある。

可視的醜形が原因で社会的回避行動をとる人の目標例は、以下のようになろう。

- **長期的目標**：多くの人々と、もっと社交的に付き合うこと。
（あやふやで、具体的でなく、現時点で達成可能ではない）

　注意：興味深いことに、他人からのアドバイスはこうした言葉で表現されることが多い。

　たとえば、「もっと外に出て、人生を取り戻して、心配することをやめなければ、など」。こうした長期的目標を達成するためには、その準備となるいくつもの短期的目標を設定する必要があり、それなくして達成は不可能である。

- **短期的目標**：「あなたの顔、何があったの？」という質問に対して、明快な回答を書き出すこと。これを 2 回やってみること。
（明確で、最初の週のうちに達成可能なもの）

　すべてのセッションは、前の週に設けた目標に対するフィードバックから始める。目標設定について再度協議しながら、成功を強化し、困難を検討していくべきである。行動実験という文脈では、いかなる結果が得られたとしても、重要なフィードバックが得られる。この理由から、CBT 介入において「失敗」する場合とは、行動を試みなかったか、機会が訪れなかったかのどちらかである。

　芳しくない結果をもたらす行動を実行することで、重要な情報が得られる。この理由から、「フィードバックさえすれば、失敗したことにはならない」という文句は有用である。短期的目標を長期的目標につなげて、このつながりが患者に明確に理解されていることを確認することが重要である。ここで与えられた例では、患者が外出できて人に会えるようになるために、顔に関するあからさまな質問にどのように答えられるかについて、セラピストは患者自身に説明を求めてもよい。異なる困難に対する一連の短期的目標には、いつでも協議することも有益である。ネガティブな経験に関連したポジティブな結果について、患者は必ずしもセラピストと見解を共有する必要はない。そして、達成できる短期的目標は常に存在すると確認することで、より困難な試みに取り組んでいく意欲が強化される。

外見に関連した諸問題への治療課題

■ 生物心理社会的モデルの導入

臨床健康心理学者は、健康や保健に関する諸問題に対して定式化を与えるという重要な課題に直面することが多い。それらは医学的モデルというよりは、むしろ生物心理社会的モデルにもとづいたものである。慢性的疼痛への対処がよい例である。そこではセラピストは患者と一緒に対処作業に取り組み、その人たちの疼痛を定式化し、それを共有する。それにより患者の活動性を高め、機能障害の程度を軽減させることができる。この場合の治療とは、疼痛を「取り除く」という「修理的 fix-it」解決法を用いているのではない。そのことを人々が理解するにはいくらか時間を必要とするが、それは外見に関連した不安を持つ人々においても同様である。外見を変えるといった「修理的」解決方法に頼ることなく、外見（に関連して発生してくる問題）に対処することができると実感できるには、ある程度時間がかかるだろう。胸の小ささを悩んでいる人から、客観的な変形に対して不安を抱えている人に至るまで、外見に変化をきたす状態を持っている広範囲の人々に、このことは等しく当てはまる（第7章での治療例を参照）。

患者として紹介されるプロセスに任せていると、外見の問題に対処するための心理学的アプローチ法は、「次善の」代替的手段であると感じられるかもしれない。外見の不安への治療を受けている人の多くは、最初に出会った医学的治療を受けているだろう。中には、治療の結果や限界に失望させられてきた人もいるだろう。こうした治療に関する知識を得る場合、多くの人が出会う情報源は、結果に対して過度に楽観的な期待を刺激する（例：瘢痕を残さない治癒 scarless healing）。自らの問題への定式化を心理学的用語で理解できる人ですら、インターネットで新しい「治療法」やさらなる外科的治療法を探し続けているかもしれない。

別の医療専門職からの紹介の場合にも、外科的手段の限界を熟知していないという問題が指摘されている。イギリスの総合医は形成外科の研修を受けていないので、外科的手技やリスクと合併症に関する総合的な知識を持っていないのは当然である。こうした状況も、気づかぬうちに患者の期待を強化してしまうかもしれない。

メンタルヘルスの領域では、問題対処への心理学的アプローチ法が、軽度から中等度の一般的な気分障害に対して、もっとも効果的な介入療法を提供するというエビデンス・ベースが増加している（不安と抑うつに関する NICE ガイドラインを参照、www.NICE.org.uk）。そうした情報を患者と共有することで、患者は自らやる気を高めることができる。「修復されるまで何も変わらないかのように感じていた。しかし現在は保健局が推奨するほどに、長期にわたる状態（症状）に伴う不安と抑うつが、心理学的治療によって軽減されるという十分なエビデンスが存在する。その良さが分かった」。

■ 治療への「積極的な取り組み」

　以下は、心理学的モデルに沿って作業する人々のモチベーションを高めることに役立つ要因である。

・サービスの利用しやすさ

　患者が外科的治療に関して意見を求めて紹介される際に、同時に、多職種チーム・サービスが患者と面談する機会を持つ。この方法は、心理学的アプローチ法の重要性を強化するうえで、非常に有益である。十分なアセスメントができない場合であっても、心理学者はアプローチ法の骨組みを作る機会を得ることができる。患者からのフィードバックによれば、最初から（多職種チームの）誰かに会うことの重要性が強調されることが多い。「単なる面談だけだったら、立ち直ることはなかったかもしれない」。しかし、以上のことが実現できなくとも、以下の方法は有用である。

・文書化された情報

　たとえば包括的情報を載せた小冊子やウェブサイトなど。提供されているサービスに関して記載してあり、心理学的アプローチ法に関する簡潔な説明を提供する。こうした情報群により、人々に家でやってみることを促すメッセージが与えられ、他の医療専門職による間違った情報が改められる。同様に、通常は治療の後半で提供されることが多い、一般的な問題（例：凝視）への対処に関する情報が役立つときがある。そうした情報は、提案されていることを理解しにくい人にとっても、あるいは時間が限られている場合に、患者が経験している問題の種類をセラピストが理解していることを示す際にも役立つ。

・別の治療例

良好な結果を得た同様の症例を提示することは有用である。しかしながら、CBT に関わる多くの患者が最初は半信半疑であったことを、新規の患者に対して強調しておくことも重要である。実際、懐疑的な見方を表明するよう勧めることも、もしアプローチ法が奏功していないと感じたら、それを打ち明けることを積極的に勧めることも有用である。こうしたフィードバックを定期的に求めることが、治療の破綻や脱落を防ぐ機会となる。

・関連する研究例

関連する研究からの実例を示すことで、患者の経験における心理学的要因の役割について、把握することが容易になることが多い（例：Strenta & Kleck, 1985)。この注目すべき研究では、不確かな仮説に対する確認情報を得ることへの期待感の役割が示されている ―― 「皆が私を凝視している。私の外見のせいで」。また、CBT のアプローチ法が簡潔に示されており、そうした仮説をテストする実験が用意されていることも長所である。最後にこの研究は、非常に容易に理解されることも必要である。Rumsey が行った研究のうち、初対面時に他者の判断に影響を与える行動の重要性を扱ったものがある。外見の可視的差異への対処に、なぜ心理学が重要なのかを証明するために、その研究も優れた導入となる（Bull & Rumsey, 1988)。

・初期目標の設定

最初のセッションでは、治療に関する期待感を、最大限に適合させる必要はない。目標は、患者が自分の問題をよく理解できるように、それが可能な心理学的状態に立ち戻らせることであり、詳細な定式化を行い、治療計画の輪郭を作ることである。最初のセッションでの目標は、心理学的アプローチ法は有用かもしれない、という可能性のみを考えるよう示唆するものであればよい。特にクリニックで、患者が行動療法の専門家とアプローチ法について話し合う機会を持てたなら、初期目標を完璧に定めなくても、多くの人が文献を読むために持ち帰り、次の予約をする意欲を持っているはずである。

第5章

社会的スキルとコーピング方略

前章で述べられた「目標とするストレッサー」や行動モデルによれば、社会的スキルとコーピング方略を使うことが支持される。これらの技法は、CBTの専門家によって行われるレベル4の介入療法として有用であるだけでなく、段階的ケアモデルのレベル1〜3で提供されるような、「目標とするストレッサー」に対する簡易な対処方法としても有用である。たとえば、専門的トレーニングを受けた後の専門看護師は、変形を負った人々への心理的支援を行う能力が身に付いていると実感していることが報告されている（Clarke & Cooper 2001）。外見に関する質問に答えられるように方略を身につけることが、このトレーニングでの中心的部分となる。ゆえにこの章では、レベル1〜3で支援提供をしている臨床家を対象に、介入療法を伝えることを第一の意図としている。しかしながら、レベル4で働いている臨床家もまた、こうした方法をCBT心理療法に組み入れていくことの有用性が分かるだろう。

　概念的には、目標とするストレッサーへの対処方法は、古典的な行動理論によって支えられている。嫌悪刺激に反復曝露することで、徐々に不安や回避の反応が消失していくというものである。臨床現場では、行動を変化させる支援を提供すると、認知レベルにおいてある程度の変化を起こさせることも多い。しかし行動理論のモデルは、基本的な認知プロセスの修正を目標にはしていない。

　CBTモデルにおいて行動の変化とは、不適応の原因となる核心的信念や根底にあるスキーマを維持している役に立たない思考スタイルについて、それらの認知と体系立った対処法に関連している。それゆえに、行動変化が維持できるかどうかは、根底にある信念の変化具合に左右される。そしてセラピストは、核心的信念や思い込みについて振り返り、修正していくように個人を持続的に援助していく。

症例1

　ジェラルディーンは、自宅の火災によって重い熱傷瘢痕を負っている。瘢痕は彼女の体のあらゆる部位で可視的である。実際的問題の1つは、夏に体温が上がりすぎないよう維持することである。なぜならば、皮膚の発汗を利用した体温放熱ができないからである。一番簡単な方法は、水泳をすることである。非常に暑い日には、何度も泳いでいる。その時、人々は彼女の瘢痕に気づいていることが分かるし、ときどき質問してくる人も

いる。ゆえに、彼女は質問への適切な回答を用意してきた。それは最小限の情報を与えるだけのものだが、他人が持つ好奇心を満たすには十分である。「自分が普通じゃないことは分かってる。人々が知りたがることも理解しているわ。でも皆に私の人生に関する話をするつもりはないの」。ジェラルディーンは自信に満ち、思い通りに振る舞い、一緒にいることが楽しいと感じさせる人であった。彼女の外見は、満たされた生活を送るのに障害になっていない。

　本例は、私たちが関わるすべての患者の目標である。適切な社会的スキルを発達させ、他者が居心地悪そうにしているときには先手を取って安心させ、何か新しいことに直面するときには、好奇心は不可避であるという事実を受け入れている。こうした対応のすべてが、可視的差異へ適応するためのポジティブな方法となる。多くの人々にとって、こうした方略への参考資料は豊富にある。文書化された教材も利用することは、異なる状況に適した一連のスキルやツールを習得するための基礎を得るのに適しているだろう。Kleve ら（2002）は、外傷や変形のために専門家によるアピアランス・センター外来（Outlook）に紹介されてくる患者に対して、必要とされる３つのセッションという方法を報告している。これは、この施設で受けられる介入療法の数の多さを反映している。後述するように、多くの人たちは長期の介入療法を必要とするだろうが、特に、すでに良好な社会的スキルを持っている場合には、非常に早期に適応できる人もいる。

凝視、質問、コメント、匿名性の喪失

凝視

　他者から凝視されることについては、多くの人が述べている。ヒトの脳は、通常ではない、あるいは自分の経験にない、いかなるものにも注意を払うように進化してきた。赤ちゃんや子供は周囲世界への視界を広げようとして、常に対象物や人々を凝視している。変形を持つ人が述べる事柄に関連する比較的まれな出来事が思い出されやすいように、変形への注意の集中をもたらすバイアスがあることを、Madera & Hebl（2012）は報告している。このことは、通常

ではないイメージ（視覚像）を処理するには時間がかかることを示唆しており、煩わしいと感じるほど侵襲的に人々が凝視を続けるという主観的体験を説明している。通常ではなく見える人を見たとき、多くの人がそれに気づき、「二度見」をするだろう。この「好奇心」はほとんどの場合、価値判断を伴わない自動反応であることに注意することが重要である。しかし凝視が、コメントや質問や同伴者へのささやき話とともになされるとき、問題があるかのように感じられるのである。

質問

質問されることはよくあることである。好奇心は、もっと尋ねたいという衝動を生みやすい。「私が尋ねることに気を悪くしないでほしいのだけど——何があったの？」。可視的差異を持つ人は、他人からのこうした反応を経験することが多い。自制心を保つうえで、そしてその出会いをポジティブに展開させるか否かを決定するうえで、答え方の選択は重要である。

コメント

その人に向けてコメントをしたり、別の人に向けてその人に関することをコメントしたりすることは、たとえそれが親切心からされたものであっても、腹立たしい仕草や発言内容であることが多い。「とても勇気あることだと思う。その姿で世に出るなんて」は、元気づけるための言葉である。しかし、人を見下したような言葉で、助けにならないと感じられる（常にではないとしても）。「君のような人たちは家にいた方がいいよ」は、当然のことながら、ネガティブな評価として経験される。

匿名性の喪失

匿名性の喪失は、変形を持つ人々の経験を要約している特徴の1つである。混雑した道を好きに歩いて誰にも気づかれないだろうと思えることは、実は贅沢なことだと多くの人は気づいていない。自分が目立っているという感覚、そして他者がこちらに気づいている、あるいは特別な注意を向けているという感覚は、快いものではないだろう。よく顔を知られた人々を考えてみよう。彼らは有名人になっている。そしてこの種の干渉について不平をよく言う。注目が、ネガティブなやり方でネガティブな影響力を持つとは限らない。強制的なもの

とか、個人のコントロールが利かないということだけでもそうなる。目立つ変形を持つ多くの人にとって恐怖は常なるものであり、社会的回避に結びつくだろう。ともかく匿名性の喪失は重荷であって、そうした社会的侵襲に取り組むための一連の回答がすぐに用意されていなかったら、その荷はさらに重くなるだろう。

　同時に注意すべきことは、身体イメージの不安を抱える多くの人たちにとって、目立ってしまうこと、普通には見られないこと、あるいは「醜い」とさえ見られることは、予測される恐怖だということである。そのことで頭がいっぱいになり、社会的活動に参加することを回避するようになる。可視的変形を持つ人にとっては、誰かに気づかれるという恐怖が駆り立てられやすい。人々は気づき、好奇心を持ち、質問をしてくる。しかし、患者らを助けるために私たちに必要とされることは、それには対処できる、と分かるように援助することである。可視的差異を持つ人々に対処する場合、侵襲は高い確率で起こるということ、そしてそれらに対処する術を学ぶことがもっとも効果的な対処法である、という基本的事実にもとづいて作業を進める。こうしたスキルを習得することは困難ではない。2日間のグループ講習会で社会的スキルを大きく向上させることで社会的不安を減少させることができ、そしてこの効果は6ヵ月後のフォローアップでも維持されていることが証明された（Robinson et al., 1996）。

外見をうまく装うこと

　変わってしまった外見への反応において、人々が共通して犯す間違いが1つある。可視的差異を持っているがゆえに、外見が持っている別の普通の局面まで、気を配るに値しなくなると考えることである。人は外見にもとづいて思い込みを持つ。もしも自分自身を見限っているという強いメッセージを周囲の人々が感じたならば、彼らは急速にその人への関心を失ってしまう。外見を装うことは、気分やアイデンティティを表現するために、誰もが使うツールなのである。面談に「適切な」服装を選ぶとか、仲間集団にうまく参加することは、社会的包摂を促進する簡単な方法である。適切な身繕いは、良好に適応している有効な存在であるということを、間接的に証明していると感じられることが多い。現代はより競争的になってきているうえに、外見を変える方法がある社

会となっている。そこで成功するためには、「重要なのは内面である」という
メッセージは考えが甘い。

　だから——、人々は定期的に髪を切ったり整えたりする必要があるのである。生活スタイルに合った装い方で着こなす必要があるのである。自分に合った服装を着こなし、小ぎれいに見えるようにし、こぼした食べ物で汚れていないか確認することが重要である。衛生意識は高くしておくべきである。仲間集団に入り込もうと努力すれば、外部者として扱われずにすむだろう。この文脈では、効果を狙った、あるいは特徴を隠すための衣服やメイキャップは、時に逆効果になることに注意が必要である。野球帽やフードは、特定の文脈で使用されると逆効果になることもある。イギリス社会ではそれらから攻撃的行動を連想しがちで、特にアイコンタクトがない場合、人々には威圧的と見えることが多い。同様に、夏にとても丈の長い上着を着ていると、問題を隠すどころか、むしろ人々の注意を引いてしまう。そしてカモフラージュ・クリームを下手に塗ってしまうと、顔の変形を目立たなくするどころか、より目立たせてしまうだろう（より詳細は、第6章「安全行動の操作」の節を参照）。結局のところ、下手な身繕いは、社会的状況からの身体的回避や他の安全を求める行動をとるのと同じように、回避行動と見なされうることに注意すべきである。身繕いを怠ることは、少なくとも2つの回避反応を表している。すなわち、目立たないようにすることでの行動回避、そして外見は重要ではないという言い訳を通じての認知的回避である。適切な身繕いが持つポジティブな局面を強調するのと同じように、セラピストは不適切な身繕いが誘発する認知について調べる必要がある。次の節では、姿勢、微笑み、アイコンタクト、言語行動に関する議論に同じ批評がなされる。

可視的差異に対するポジティブな対処方略を発達させる

■ 姿勢、微笑み、アイコンタクト

姿勢

　自分がどのように見える状態にあるかは、人々にとって重要である。浮かない顔をしていたり、人から視線をそらしたりしているようだと、その人の行動は素直でも魅力的でもなくなる。リラックスしつつも凛として歩み続ける姿を、

セッションにおいて実演練習し、家に帰ってもその練習を続けてもらう。この種の対処方法にパートナーや友人に参加してもらうことで、練習意欲がかき立てられ、支援が提供され、より困難な目標へ取り組んでいくように促される。

微笑み

顔に症状を負うこともある。表情が非対称的だったり（表情筋の動きの左右差が大きいなど）、あるいは顔面神経（表情筋の運動神経）が全く機能しなかったりする場合もある。そうした場合、微笑むことができなかったり、微笑むこと自体を避けようとしたりする。微笑むときには、顔の中の他の特徴も重要であることに多くの人は気づいていない。口元の動きが制限されているのなら、目元を使ってポジティブなメッセージを与えねばならないことにも気づかないことが多い。映像を見たり、ホームワークでテレビに映し出される微笑みを観察したり、あるいは教育セッションで表情筋がどのように機能しているのかを教わることで、人々は微笑みへの抑制を減らしていくことが促される。表情が全く使えない人たちには、別のコミュニケーション方法を用いることもある。すなわち、状況に応じたコメントを発したり、タッチを用いたりするなど、好意を（言葉で直接にではなく）伝えるための補助的方法である。顔の変形によっては、微笑みは社会的状況の中で、他者を安心させるために用いることができる。ゆえに、観察者の視点からは、可視的変形における問題の焦点の多くは、社会的行動の逆制止 reciprocal inhibition にあるのであって、単に微笑むことが、他者とのポジティブな関わりに向けた最初のステップになる。

アイコンタクト

他者とのコミュニケーションにおいて、アイコンタクトは重要な要素である。会話において聞き手の側にいることや、話し手になるのは誰の側なのかを示すシグナルとして、アイコンタクトは会話への関心を伝えることに用いられる。他者の注視を避けていると、常にネガティブな態度と受け取られるだろう。なぜならば、それは他者と何らの接触もする気がない、という明確なシグナルを与えるからである。また誤解も簡単に生じる。ある人が単に周囲の注意を引こうとしているだけの場合でも、その人が自分の顔にある嫌な特徴を凝視していると、そうした注視を侵襲的なものとして間違って解釈しがちである。社会的スキルの習得に関しては、多くの書籍や情報源が存在する。チェンジ

ング・フェイスはこうした情報を出版しており、ウェブサイトも運営している（http://www.changingfaces.org.uk）。追加情報もダウンロード可能である（巻末「支援組織に関する情報」を参照）。

話すスキルを向上させる

■ 会話の切り出し方を学ぶ

　社会的状況の中で頭の中が真っ白になる —— 何を喋っていいのか分からなくなる —— といった恐怖感を述べる人が多い。こうしたことは、話を聞いているときや、他人が話している内容に積極的に関わっているときには生じにくい。むしろ自己に注意が集中した結果や、他者が自分に対してどのように反応してくるかにとらわれて緊張している結果として生じやすい。他人が自分の外見に気づいているか、外見のことにコメントしようとしているか、と危惧するからである。それゆえに、他者に集中することを学べば、多くの利点が得られる。認知上の自意識の偏りを解消でき、同時にポジティブな相互関係への関心を、他者に対して示すことができるのである。

　話すスキルの向上は実践練習にかかっているが、しかしいくつかの簡単なことで容易になる。まず最初に、聴くスキルを向上させることが役に立つ。異なる状況で、人々は何について話をするのか。それを始めるにあたってもっとも身近な場所は、仕事場である。あるいは、人々が仲間と多くのことを共有している状況や、よく知っている人たちの集団と接する状況においてである。他者に対してその人たち自身のことを尋ねてみるのは、会話を切り出す方法として非常に生産的である。近所に住んでいるのか。どんな仕事をしているのか。お子さんは地域の学校へ通っているのか。同様の質問は、会話を始めるためのあらゆるきっかけとなる。同様に、流行の話題については、人はそれぞれの見解を持っているだろう。直近の大きなサッカーの試合の結果、選挙、ガソリンの値段、ニュースの見出し、それらは会話することや周囲に集中することに慣れていくための適切なスタート地点になる。

　もしも会話が中断してしまったら、相手に関して、質問として利用できそうな何かを探してみるのがよい。凝った宝石類や珍しいネクタイを身につけているなら、話題にしてみる価値がある。Ｔシャツなら、何らかのコメントができ

そうなスローガンやロゴなどが描いてあることが多い。日焼けしている人がいるなら、おそらく休日を楽しんでいたのだろう（こうした状況で注目してほしいのは、人々はいつもと違う個人的な事柄に反応しやすいことであり、それゆえに、自分のことを話せる機会に反応しやすいということである）。同じやり方（例：外見のことを話題にすること）をしてもよいと他者を安心させることは —— 社会的交流を持つ機会として外見の話を利用することは —— 相手に対するコメントが必ずしもネガティブなものではないことを、相手に示すために役に立つ。むしろそれは、社会化のための効果的な方略になっている。

■ 外見に関する質問に答える

　他者からの質問はよくあることで、好奇心によるところが多く、必ずしもネガティブな評価を示すものではない。しかし、相手との会話をコントロールする術を学び、より多くの情報を話さなければならなくなったと感じなくなれば、ことはうまく運ぶようになる。「根掘り葉掘りの話」を他人にする必要はない。

　外見に関する質問に答えるための3段階の方法とは、情報量の段階分けを身につけることで、質問を終わらせるのに十分かつ最短の情報を与える答え方から、全診療記録の内容を伝える答え方まで含まれるものである。たとえば、以下の質問への答えを考えてみよう。

　　Q：その顔、どうしたんだい？
　　A：火事に遭ってね。午前2時に出火してね、覚えているのは、目を覚ましたら辺りは熱と騒音だったことさ。母親が部屋に駆け込んできて
　　　　……

　この種の答え方は網羅的で、詳細で、長くなる。初対面の短時間での出会いでは、妥当なやり方とはいえない。しかし興味深いことに、質問に答えることに悩んでいる人々に、こうした答え方しかしたことがない人が多い。その結果、自分は人目に付きやすいと感じるようになり、知りたがっている人々に対して、個人生活が丸出しになっているように感じるのである。当然の流れとして、「こんなことを尋ねて気を悪くしないでほしいんだが……」といった出だしの文句を恐れるようになる。

　第二の答え方は、それとは完全に逆である。非常に少ない情報、あるいは詳

細には一切触れずに、毅然として質問を終わらせる簡潔な反応である。

Q：その顔、どうしたんだい？
A：長い話さ。いつか詳しく話すよ。

あるいは、

A：何年も前のことさ。長々と聞いてもらうような話じゃない。

しっかりとアイコンタクトを取り、微笑みながら答えれば —— どちらの答えも質問を消し去るのに優れて効果がある。特に、会話の焦点を質問者の方に切り替えられれば効果的である。たとえば、

Q：その顔、どうしたんだい？
A：長い話さ。いつか詳しく話すよ。ところで、アメリカから帰ってきたところなんだってね。どれくらい向こうにいたんだい？

第三の答え方は、より一般的な反応を返すことである —— 個人的なことよりも、むしろ状態（症状）に関して答える。たとえば、

Q：その顔、どうしたんだい？
A：火事で怪我をしたんだ。今は警報装置があるから、私のような怪我はめったにないんだけど。

このようなバリエーションは、実際に患者に書き出してもらうのが有用である。そして、状況に合わせて個別化した応答の仕方を磨くために、多くの対処例を使用できるよう一緒に作業を進める。教材用カードは、セッション後の実際の場での練習を奨励するために使える。実践練習は一般的に、難易度別に段階を付けて行うとよい。段階を付けた訓練で、社会的出会いにおいて、より一層のコントロール能力を身につけることができる。さらなる質問を招いてしまう答えもあるが、特に正しいとか誤りとかいった答えは存在しない。たとえば、質問への次の答えを見てほしい。

Q：なぜスカーフで頭を巻いているの？
A：事情があるの！

あるいは、

A：ちょっとした手術を受けてね、縫ったところを覆っているの。

最初の答えでは、スカーフの下に隠されたものに、あらゆる種類の憶測が生じる。次の答えは、非常に簡単な説明である。さらなる質問には、前述したような「質問をそらす」方法で対処可能である。

子供の質問に対する答えは、非常に短く、理解しやすくするとよい。彼らは思いつくままのことを口にするが、しかし同時に、簡単な説明で満足してくれる。

Q：なぜ変な腕になったの？
A：火事で焼かれたからだよ。だからマッチで遊んじゃダメだよ。いいかい？

ユーモアが有効なときもある。しかし、個人の自己認識と慣習的な社会的規範とに一致していなければならない。もしもふだんユーモアを使わない人がユーモアを使ったら、気まずくて不自然なものという印象を与えてしまうだろう。ユーモアは常に求めてよいとはいうものの、話し手と聞き手が状況をよくわきまえていて、一緒に笑っているのであって誰かが笑われているのではないという考えに、人々が満足している場合に限るのである。

トムは20代前半であるが、最近、どのように指を失ったのかと聞かれた。彼の答えは、「鼻の穴のサイズと合わなかったから、切ってやったんだ！」。

たいした答えである！　質問者を笑わせ、感情を出さず、トムも心地よくコントロールできていると感じられた。人は自信がつくほどに、答えをいくつも編み出し、そのうちに、何度も何度も使用する好みの答えができることだろう。そこにまた、新しいアイデアも加わることだろう。目標は、「意識せずとも出せるほどに」熟達することである。ゆえに、練習が必要なのである。何かの話題の会話の中で出てくる質問によって、待ち伏せされて攻撃されたように感じ

るときもあるだろう。しかし、答えをいつでも使えるようになっていれば、そうした状況にもポジティブに対処できる。

凝視への対処

　質問に答えることよりも、凝視はするものの話しかけてこない人がいる状況の方が、対処しにくいことがある。会話に参加してくれれば、好奇心は霧散するだろう。なぜ可視的差異を持つに至ったかを話し合うことなく、親友になることも多い。そして時間が経つうちに、可視的差異は意味のないこととなる。しかし、時に凝視はとても侵襲的になりうる。バスや地下鉄で目を付けられ、その視線が何度も顔に戻ってくるのはうっとうしいものである。そうしたときは、凛と見返すことが、非常に効果的であることが多い。あるいは以下のように質問をする。

　　どこかでお会いしましたか？　私のことを思い出そうとされているように見受けられます。

攻撃的反応を抑えがたくなるときもあるが、それは有用でないことが多い。気をそらせることも、その状況から注意を非常に簡単に外すことができる、もう1つの方法である。新聞や本などを読むことは、特に、凝視を遮るようにそれらを顔まで掲げられる場合には有効である。「靴の点検」のごとく、誰がもっとも高価なジョギング・シューズを履いているのか、エキゾチックなサンダルを履いているかを検分することも、簡単な気のそらしになる。可視化法は、人物をちっぽけな人形の大きさに縮めたところを想像したり、違った文脈（例：パジャマを着ている）に置いてみたりすることである。そうすることで、社会的状況をよりコントロールできていると感じられる方略である。社会的状況の中で実践され、有効である反応の例数を増やしていくほど、社会的不安と社会的回避は減少する。
　重度の社会的不安を持つ人々にとって、簡単な気のそらし方や可視化法はあまり有効ではなさそうである。過去にそうした戦略を使用したかもしれない。そして、実際には不安を増大させるような何らかの回避行動になってしまうの

で、そうした方法は有効でないと考えているかもしれない。こうした患者には、状況の中で平静を維持して、その場の状況をリフレーミング（再構成）できるような、外的状況への集中やコーピング方略を使うことがより効果的である。

　チェンジング・フェイス（巻末「支援組織に関する情報」を参照）は、凝視やコメントや質問に対処するために、より多くのアイデアを、非常に優れた教材として所有している。文章化された情報に加えて、ウェブサイトやビデオ教材を所有しており、オンラインでの相互的プログラムも展開している。実際に社会へ露出する前に、異なる社会的状況への練習を、通信回線により支援するものである。

実践に取り組む

　可視的差異が原因となって生じる社会的侵襲への対処に成功する鍵は、社会的状況に対して先を見越した行動をとることである。さらに、社会的スキルを発達させ、段階的方法で実践してみることである。たとえば、

　　アイリーンは犬に咬まれ、非常に目立つＶ字型の傷跡が頬に残った。彼女は服装も化粧も好きな、とてもおしゃれな30代である。それが外見の変化により、ひどく落ち込んでいる。働くことをやめ、家に引きこもり、ますます抑うつ傾向になっている。彼女がもっとも恐れていたのは、外出したときに、誰かが傷跡に気づき、それについて尋ねてくることだった。

　治療は、質問に対する答えの種類を増やすことから始まった。アイリーンは非常に簡単な答えを選んだ。

　Ｑ：その顔、どうしたの？
　Ａ：近所のシェパードに咬まれたの。

　この方略を決めるかたわら、恐怖を感じる状況の「階層構造」が、図5.1のように構成された。そして、苦悩に対する主観的単位群（subjective units of distress：SUDS）が、0〜1点で記録された。

10	復職する
9	スーパーマーケットに買物に行く
8	週末に家族と一緒に外出する
7	親友を自宅へお茶に招待する
6	近くの店まで行き、食料雑貨を見て回る
5	近くの店まで行き、新聞をくださいと言う
4	近くの店まで行き、新聞を手に取って5ポンド紙幣を渡す
3	近くの店まで行き、釣銭が出ないよう新聞を買う（店員と話す必要がない）
2	近くの店まで行くが、中へは入らずに帰ってくる
1	玄関から牛乳瓶を取り込む

図 5.1　行動曝露に恐怖を感じる状況の階層構造の作成

　アイリーンは、1番には最初から対処できた。それから毎日、店に行っては中に入らずに、ただ帰ってくることを1週間繰り返した。徐々にSUDSの点数は下がり、店に入ったら何か起こるかもしれないという予期不安は軽減した。それから店に入り、新聞を買って家に帰ってきた。それを2度繰り返した後、4番目以降に取り組んだ。

　アイリーンはこの治療を完遂し、仕事へ戻ることができた。しかしアイリーンの話には興味深いおまけが付いている。6番目に取り組み始めた頃、行列に並びながら、予期される質問への答えをリハーサルしていた。が、何も起こらなかった。最後には待つことに疲れてしまったので、彼女は自分から犬の咬み傷に注目させた。

　　　ところでこの傷跡、どう思う？　　近所の犬に咬まれたのよ。

　店員が気づいたが、礼儀正しく質問をはぐらかした。しかし、状況をコントロールできたことでアイリーンの不安は軽くなり、見知らぬ人であっても顔の話題を持ち出すことができると感じるようになった。こうしたことが、治療の開始時に抱いていた自分へのイメージと大きく変わったことだと述べた。

人との出会いの中でイニシアチブを取る

凝視や質問に対して、よくリハーサルされた反応で答えることは非常に効果的であるが、突き詰めればそれは受動的な戦略に過ぎない。社会環境の中では、先手を取って行動することで自己効力感の高まりを感じられ、コントロールできるという信念が高まる。この方法では以下のような例がある。

- 会話を切り出してくれる誰かを待つのではなく、ポジティブに部屋の中へ歩いて行く。
- 他人が話し始めるのを待つよりも、こちらから会話を切り出す。
- もしも会話の雰囲気が許すようならば、普段と同じやり方で、変形の話題を持ち出す。

たとえば、

よく日焼けしたね —— どこか休暇に出かけたの？　皮膚移植を受けた場合の問題の１つは、日光に当たってはいけないことなんだ。

これだと質問を招いてしまうが、コントロールが利く方法ではある。

同じような状況が、採用面接である。外見のことで職に就けないと信じている人もいるが、他者の予想に対しては、以下のように対処できるだろう。

顔に悪影響をもたらす状態があることにお気づきでしょう。これに対処するために、私は社会的スキルを磨きました。私が他の人を安心させることが得意だとお分かりいただけるだろうと思っています。

あるいは、

私の顔には症状があります。しかし、これは長年にわたる問題で、病院の診察のために休みをとることもありません。

ユーモアもまた有効である。

　私に可視的差異があることにお気づきでしょう。これの最大の長所は、話しかけた私のことを、誰も忘れないことです。

怒りへの対処とアサーティブネスの熟達

■ 怒り

　ARC 研究プログラムでは（第 3 章「変形をきたす状態に適応するための ARC 枠組み」の項、図 3.5）、怒りとは結果として表現されるもので、ポジティブなコーピング反応を身につけられないときに起こり、侮辱を経験した際には理解できる反応でもあると考える。

　通常、怒りを誘発する事項とは、凝視されていると感じることや他者からのコメントであろう。時には、不要な注目の対象になっていることが明らかであることもある。また、他者の行動について、誤った解釈に結びつく認知の誤りがあるときには、自己参照の考えが浮かぶのかもしれない。

　ジェフは顔に赤いアザがあり、他人の目に隠しようがない。それについて尋ねられることが多く、他人から凝視されていると感じている。社会的状況において、ますます怒りが増していると述べている。「怒りがやって来て、こみ上げてくるのが分かる。コメントしてくる奴には、すぐに罵り、激昂してその場を立ち去るのだ」

　効果的なコーピング方略を身につけていないことに対して他者が示してくる反応を、ジェフは予測している。このことは無力感を生み出すことがある。うまく調和できていない、属する仲間集団の一員ではない、そして人間関係や就職の機会という点で選択肢が少ないという感覚を、他者の行動は彼に与え続ける。その結果、コントロールできているという感覚の乏しさや、人生における無力感に行き着く。不安や心配が増大してしまうために、普通のアイコンタクトのような社会の中での普通の行動を、ネガティブなものとして捉えてしまいがちになる。実際のものであれ想像であれ、侵襲と感じられることには、怒っ

て反応してしまうだろう。怒りに代わる方法として、アサーティブに反応することは、ポジティブなコーピング反応となる。それは高いレベルの自己効力感とコントロール感を維持してくれる。しかしながら、アサーティブな反応はやりすぎてしまうことが多いし、ネガティブなふうに影響することもある。たとえば、

　ピーターは頭蓋顔面領域の状態に対して修正手術を受け、顔に目立つ特徴がある。しかも脱毛まで負っている。友人と会うためにパブに行ったとき、そこにいた集団が彼の方を見て、仲間内でボソボソと話を始めた。ピーターには、「禿げかけ」という言葉が聞こえた。彼はその集団に歩み寄り、誰のことを見ているんだと聞いた。小競り合いとなり、その後、彼はパブから追い出された。

Thompson & Broom（2009）が、侵襲的反応に明らかにうまく対処できている人を対象にした定性的研究において、一部の男性参加者は、他人の反応が故意に侮辱的であれば暴力は許されると見なしている、と報告している。たとえば、フランクは顔に目立つ傷跡があるが、彼は他人の反応によって悩まされてはいないと思っている。もし無礼な者がいたら、「10分後には便器に頭を突っ込んでやって、俺は……そいつの首の後ろに小便をかけてやる」と述べている。
　社会生物学的研究によるいくつかの指摘では、男らしさは顔の傷跡で増強されるという。特に若者の間では、顔の傷は戦ってきた証拠として通常受け止められる（必ずしも攻撃者ではないにしても、多くの経験を経てきたのだろうと）。このために、顔の傷は自分の強さを誇示する刺激として作用する。この種の特性を予測して、状況がエスカレートする前に積極的に感情を収める必要がある。そのためには、怒りや回避行動よりも、アサーティブなアプローチでの行動を身につけることである。暴力的な言葉を発する男に対して、男性としてどのように対処するべきかについては、患者の信念に関連して作用している性差に根ざした文化的偏りがあるかもしれない。
　前述したピーターとフランクの反応を、『チェンジング・フェイス ── 顔の変形への対処 *Changing Faces: The Challenges of Facial Disfigurement*』という本を書いたジェームズ・パートリッジ James Partridge が述べていることと対比してみよう。

ジェームズは弟に会うためにパブへ行った。彼の治療は途中の段階であり、とても普通の顔とはいえなかった。ドアを押し開けたとき、何人かの人が入ってきた人物をチラッと見た。すると周囲の雑音が静まった。人々は会話をやめ、彼の外見に驚いたのだった。ジェームズは応えて言った。

　「皆さん、こんばんは。悪いけど、私の素敵な夜をのぞかないでくれたまえ」

　これはアサーティブなコーピング反応の例であり、ジェームズはその場のコントロールを維持したのだった。

　興味深いことだが、こうした状況は、緊張を緩めるためにユーモアを使うよい機会でもある。ユーモアのある反応は、使う人がその仕掛けを容易にこなせる場合、非常に有用である。人々を巻き込むアイデアとしてユーモアの使用を探る場合、他人から笑われているのか（周囲をコントロールできていない）、それとも高いレベルでコントロールする先を見越した方略としてユーモアを使っているのかを、区別することが重要である。内的羞恥と外的羞恥という言葉で述べられることだが、ユーモアのある反応には、ポジティブな自尊感情と自己効力感が認められ、内的羞恥は認められないことが明らかである。一般用語で述べるなら、他者は患者からきっかけをもらって、初めて安心できる。当事者が安心できていれば、周囲の人たちもそうできるだろう。
　しっかりとした言葉を叫ぶのではなく、穏やかに発する。それは代替方略となる。

　「あなたは私のことを凝視していると自覚していますか」は、次の言葉の積極的主張版である。

　「あなたは誰を見つめているのでしょうか」
　「あなたが私の顔を見つめていることを分かっています。気にはしません。でも、質問があれば聞いてほしいのです。私には皮膚に症状があって、色素を失っているのです。感染症ではありません。何かもっと知りたいですか？」

仮定の状況を検討したり、どのように反応するとよいか例を挙げたりするよう求めることで、これら2つの異なる反応が生み出される。何か思い出せるものがあれば、実際の例を用いることが最適である。社会的状況に対して回避的で不安が強く、何の反応も考えることができないという人もいる。そうした状況では、他の患者らが生み出した例を使用してみるのが有用である。例をリストにして、有用かそうでないかを分類するよう患者に求めることは、状況を熟考したくない気持ちを克服するための助けになる。前述した例においては、最初のアサーティブな方が後者の2例よりも、ポジティブな結果が予測できると多くの人は分類する。

　アサーティブネスと怒りの違いを教えることで、言語的スキルと非言語的スキルの両方に焦点を当てることになる。自信に満ちた発言は、確かなアイコンタクトや真っ直ぐな姿勢とともに発せられる必要がある。他者との距離は重要である。近い距離は、脅威として解釈されやすい。指差しや拳を掲げるといったジェスチャーは、その真意が明らかになるよう、また濫用しないようにせねばならない。加えて、声のトーンも重要である。前述のどちらの例においても、怒っているように発することができる。ゆえに、トーンと話し方を練習しておくことも重要となろう。

　ポジティブに振る舞いながら部屋に入っていくのは、非常に明確なアサーティブ反応である。人に近づこうとしてドアに寄りかかりながら待つよりも、社会的スキル訓練では、他人に対して先に働きかける行動のとり方に取り組む。

　これは高い表面的妥当性を持つ、非常に実践的な訓練である。治療セッションにおけるロールプレイと実践に続いて、ホームワークとして段階的な訓練が行われる。社会的スキルの介入療法を提供するうえで、グループ介入も特に有用な方法である。なぜならば個々の参加者はそこで、他者に機能すると分かった反応例を、共有できるという気持ちになるからである。

　怒りも問題かもしれないが、しかし、外見には間接的にしか関連していないだろう。たとえば、

　ヘイリーは30代半ばで、最近、お腹に手術を受けた。腹部の傷の回復は遅く、とても痛々しいままである。家に戻って以来、「とても短気になった」と述べている。彼女と夫は、「何でもないことで」激しい口論を繰り返してきた。2人とも、彼女の行動における変化に戸惑い、混乱して

いた。特にヘイリーが恐れたのは、彼女が夫に腹を立て続けたとしたら、彼が去ってしまうのではないかということであった。感情をコントロールするための助けを求めて、彼女は紹介されてきた。

この状況では、怒りのトリガーは明確ではない。第一段階として、ヘイリーは怒りが爆発する際の詳細な日記を付けることにした。行動モニタリングではよく見られることであるが、最初の数週では怒りの出現はなかった。その後、些細な家庭内での口論によって怒りが引き起こされるパターンが徐々に表れてきた。そして急激に、物を投げたり、叫んだり、完全にコントロールを失った強烈な激怒にエスカレートしていった。第7章で、ヘイリーの治療計画が示される。社会的回避はよく見られる結果であるものの、怒りもまた、変わってしまった外見への心理的適応が欠如している重要な決定要因であるだろうし、後述されるような包括的なアンガー・マネージメント技法を用いて修正していくことが可能である。

性的関係への対処

ARC 研究において興味をそそった知見の1つは、非可視的差異（例：通常は衣服で隠せる）を持つ人々における外見への不安のレベルであった。過去の研究において私たちは、顔や手に悪影響を与える症状（例：他者にとって可視的な部位）が持つ影響力の大きさを述べてきた。しかし臨床的に私たちが経験するのは、衣服やカモフラージュに重く依存している患者は、これらの方法を安全探求行動として使用しているということである。典型的には不安、性的関係、他者への露出の回避について、そのレベルが高いと報告されている。Major & Granzow（1999）および Smart & Wegner（1999）は、「隠すことへのとらわれモデル Preoccupational Model of Secrecy」を報告した。スティグマを見つけられる脅威、そして／または、スティグマを明らかにすることへの恐怖、それらに関連している隠すことへの過剰な依存が持っている、潜在的でネガティブな影響力について述べている。Moss（2005）や Rosser（2008）も、可視性と適応との関係における複雑な様態について、焦点を当てている。たとえば、部屋を暗くして服を脱ぐ、ベッドの中で隠すための衣服を身につける、性的関係を避けよ

うとするなど、多くの人たちが安全行動について述べている。このレベルの回避行動に、パートナーは困惑することが多いが、当事者を安心させようと試みても、当事者の状態への理解が欠如していると解釈されうる。極端な例では、いかなる社会的相互関係からも順次撤退してしまう。「もしも体をさらけ出すことができなければ、親密な関係を持つことはできない。だから、人と交流しても無駄だし、出かけること自体が全く無意味なのだ」。

変形をきたした状態をパートナーに開示する

開示という行為には2つの局面がある。変形をきたした状態をパートナーに開示する場合、1つには、ある部位を隠し続けていること（たとえばブラを日中も夜間もするなど）を説明するという方法を選ぶ人がいる（言葉による開示）。（臨床の場で気づく興味深いことは、変形をきたした状態があろうとなかろうと、長年にわたるパートナーの前ですら裸になることを嫌う人が多いことである。）もう1つには、言葉による開示が、不安を持っている部位をパートナーに見せることへの準備段階かもしれないという場合がある（身体的開示）。パートナーに対して準備なく露出することは、様々な反応をもたらすことになる。全く気にしない人もいれば、好奇心や同情心で反応する人、ショックを受ける人などもいる。これはうまい方略とはいいがたい。なぜならば、個人ごとに異なる結果をコントロールできるものではなく、予測することもできないからである。

人々が負う手術瘢痕や変形をきたす外傷は非常に様々である。瘢痕は「取り除く」ことができるとか、瘢痕は手術で「修正する」ことができる、と信じている人は驚くほど多い。一般的に人々は、手術による瘢痕について概念的に理解している。だから通常の質問は、瘢痕ができた原因は何か、どのようにできたのか、どのように治療したのか、あるいはそれは痛むのかに関するものだろう。熱傷瘢痕や輪郭に異常をきたすような瘢痕については、感染症を想像させるような皮膚科的状態と同様に、あまり馴染みがない。

変形をきたした状態における回避反応へのもう1つの説明として、Shanmugarajah ら（2012）は嫌悪感について研究を行った。そこでは、一般人において嫌悪感を生じさせる感受性は様々であり、変形をきたした状態は異なる反応を引き起こすことが示されている。嫌悪感に関して高いレベルの感受性

を持つ人々は、変形をきたした状態のイメージを見ると、嫌悪感について高い評定値を示す。変形をきたした状態を持つ人々が、初めてパートナーにそれを開示するときに経験する反応の違いが、これにより説明できる（このことは、同時に、初対面の際になぜ様々な、時に非常にネガティブな反応が生じるのかについての、興味深い一般的説明を示している）。しかしそれ以上に、嫌悪感と恐怖感の反応は、少なくとも生理学的には非常に似ている。そして可視的差異に対するネガティブな反応は、このように恐怖感を構成する大きな要因となっている。首尾よい開示に備えるために、どのように会話を始めるか、そして他の同様の状態を示した写真を使用するかどうかについて、考えてみるよう患者を援助することが多い。そうした方法を用いて、パートナーが状態を直接見る前に、その問題を理解できるようにするのも1つの方法である。

　準備では、期待外れになる問題も考えておくべきである。自分の外見に非常に苦悩している、あるいは外見を非常に異常なものと考えている場合に、他の人たちがそれほど苦悩していないという事実は、腹立たしく感じられるだろう。「そんなに悪くない」「何でもないことで大騒ぎをしている」ということを示すメッセージ、あるいはパートナーがより深刻な何かを予想していたことを示す反応、こうしたことを示しているメッセージについては、予想しておく必要がある。それらは安心を与える行為とも、同時に冷酷なものとしても解釈されうる。2人に愛情ある支援的な関係があれば、一般的には、「自分ほど、あなたの外見に興味を持ったり苦悩したりするような人はいない」というメッセージが、実際には支持される。虐待的関係にある場合は逆に、他人を外見のことでからかう機会が、別の虐待の機会につながる。

　他人への開示を考える前に、自分の体を眺めたり触れたりすることが、気楽にできるようになっているとよい。

　性的関係への対処へ向けたステップには以下のことが含まれる。
- 外見の基準となっている情報源をチェックすること。外見は正常なのに、外見の基準に合わない理想像と比較して不適合としているかもしれない（たとえば、陥没乳頭は左利きと同じくらいによくあることである。しかし、陥没乳頭を見たことがない女性にとっては、自分のことを異常であると信じるかもしれないし、外見への不安へと増悪するかもしれない。同様に、ポルノグラフィーのイメージに親しむと、間違いなく正常な成人女性の体をしているのに、自分の陰唇は

大きすぎるのではないかと信じる若い女性が増える結果となる）。

- 体の部位について述べる方法を患者と一緒に考えること。たとえば、価値判断を避けるよう、使う言葉に注意する。皮膚は平らだったりうねっていたり、たるんでいたり張っていたりするし、青白いことも黒みがかっていることもある。しかし、嫌悪すべきものでも醜いものでもない。
- 身体部位への回避を減らし、自己ケアを増やすこと。たとえば風呂の中で、ボディー・ローションを用いてマッサージをして、避けていた部位を慎重に見てみる。
- たとえば、性的関係の時でも、すべての人が裸でいることを楽しんでいるのではないといった行動の「基準」と、安全行動を使用することとの区別について検討すること（裸になることが個人的考えと合致していたとしても、実際には恐くてできないかもしれない）。
- 開示のタイミングとやり方を考えてみること。

　ポーリンは乳癌で切除手術を受けた。乳房のプロテーゼ［訳注：人工物］を使用するよりも、健側（反対側）の予防的乳腺摘出を選んだ。50 代で背が高く自信に満ちた女性である彼女は、パートナーになる可能性のある多くの男性から誘いを受けた。彼女の方略は、いかなる関係においても、非常に早期に開示することだった。非常に早い段階から、開示のための機会を探すことによってそれを実行していたのだろう。たとえば、

　　あなたの友人の病気の話をしていたら、私が 2 年前に乳房切除を受けて、今は全く問題がないことを言ってあげたくなったわ。

　もう 1 つは、話題を持ち出す方法として、他人の外見について慎重にコメントすることである。

　　具合良さそうじゃない！　私は日光浴が好きだったけど、すごく広く皮膚移植を受けたので、日光から守らなきゃならないのよ。

　別の患者は、自分の乾癬の話題を持ち出すのに、気に入っている T シャツの話題を用いた。

ありがとう ── ええ、このＴシャツを気に入ってるの。私は服を買うのが大変なの。皮膚がある状態になっていて、ときどき、それがとても微妙でね。

　上記の反応は、すべて異なっている。しかし、共通しているのは、自分に対してポジティブな感情を持っていることを相手に伝えること、そして、パートナー候補が心配すべき類いのものではないと示すことを狙っている。しかし、こうしたやり方をしても、ポジティブに感じられないこともある。介入治療の一部として、多くの人には自分の体に好きになれない部位があって、（特に他人の前では）それを隠そうとしている事実について、話し合ってみることも有用である。誰かに開示することは現実的にはきわめて正常な行動であり、理解しうるものである。たとえば、

　最近、すごく体重が減ったんだ。それでお腹の周りのたるみがむしろ気になって、背中の皮膚移植のことよりも困惑しているんだ。

まとめ

　社会的状況に効果的に対処できていないことが明らかならば、質の高い社会的スキルを身につけることが、成功の実感を伴う出発点となる。人によっては、この種の方法が非常に効果的である。スキルの習得、人前に出ること（社会的露出）、実践で構成される簡単な目標を持った短期の介入療法が、重要な行動変化を達成するために有用である。

　外見へのとらわれが非常に高く、不適応的な外見に関連した信念、あるいは儀式化された点検を伴う極端な身体イメージの障害がある人々には、社会的スキルと人前に出ること（露出）は必要であろうが、それで十分な介入療法になるわけではない。次章では、外見と身体イメージへの不安に関する複雑な問題に対して、より包括的な方法を示す。

第6章

認知行動療法

認知行動療法の技法

　認知療法および認知行動療法は、型にはまったものではない。ある人に対する治療が、同じような問題を抱える別の人に対する治療と非常に違っている場合もある。しかし、進め方については多くの部分が共通しているだろう。したがって治療法の数は、見方によって大きく変動してしまう。フレンチヘイ病院におけるアウトルック Outlook の治療では、平均して 3 つのセッションが行われているが、その種類は多岐にわたると報告されている（Kleve et al., 2002）。ロイヤル・フリー病院では時間枠の平均はもっと多様で、短時間の介入療法から 10 ～ 12 のセッションによる介入療法に至るまで幅があった。しかしながら、どの介入においても介入療法期間中の記録管理、練習、ホームワークの重視は共有されているだろう。また、通底するモデルは同じであり、確立した技法もほとんどのプログラムにおいて共通しているだろう。治療コースの最初は、問題点とその原因となっている信念を抽出することから始まる。しかし、進行に伴って、エビデンスを振り返りながらこうした信念に取り組んだり（多くは行動実験を通して、恐怖心を引き起こす状況に立ち入ることが通常含まれる）、新しいエビデンスにもとづいて再度定式化することによって持続しているスキーマを修正したりすることに、焦点は移行していくことだろう。こうした説明は臨床例を示しながら行う。治療の期間中、このモデルは常に再考され続ける。

　この方法を実行するために、多くの異なる技法が用いられている。後述するリストは徹底的に網羅されたものではない。しかし、外見に関連した不安を持った患者たちとの協同作業の例を用いながら、通常の認知療法技術が簡潔に描かれている。

ソクラテス式問答法

　この節では、Wells（1997）と同様のセクションを利用している。ソクラテス式問答法とは、できる限り自由回答式質問を使用する質問法である。「はい／いいえ」式の回答を求める質問を避けることで、質問された人たちが、問題について根拠となる感情、信念、行動を、より詳細に述べやすくなるようになっ

ている。制限なく変更可能な質問のみを用いることは、果たして妥当なのかどうか疑問に思われるかもしれない。後述するように、述べられた内容を明確にするための確認作業を途中に挟むことにより、むしろその方が快いと感じられるようなやり方で、対話の過程を中断しつつも質問を継続することが可能となる。セラピストがクライアントの考えや信念に焦点を当てることは、外見に関する不安に取り組む中で特に重要である。外見に関連した不安を持つ患者の多くは、「あなたの外見におかしなところはありませんよ」と言われ続けてきた。重症度と心理的苦悩は相関するという憶測が、裏づけは全くないにもかかわらず、存在していることは嘆かわしい。そうなると、外見に重大な可視的差異を持つ人は、いろいろと問題を持っているはずだと「期待」されてしまう。逆に（問題に苦しんでいるにもかかわらず）客観的に小さな差異しか持たない人は、「もとの怪我に比して、釣り合いがとれないくらいに」不安を持っているとして扱われることが多くなろう。これが意味することは、親しい友人や臨床家によっては、不安の理由について十分に探索することをせずに、外見に関して安心させようとしてしまうことである。そうなると、正常に見えるとか、人の注意を引くほどではないとか、大騒ぎをしているなどと言われてしまうだろう。不安の焦点が瘢痕の別の局面にある場合にも、瘢痕の大きさに注目している臨床家だと、それを手術で変えていくのは無理だと言うかもしれない（後述参照）。ゆえに、心理学的介入療法の文脈においてだけでなく、医学的ないしは外科的治療を求めている人の期待感について調べる際の臨床面談においても、ソクラテス式問答は有用なのである。

　以下に述べる例では、質問を重ねていくこの方法が、「孤独である」という信念に、徐々に集中していく経過が示される。

　以下に示される2つの例では、排除される、仲間集団に所属できないという強い潜在的な不安と、この集団のメンバーにとって外見は中心的であることが認識されている。図6.1を参照してほしい。患者とセラピストが、認知行動療法のテンプレートをもとに諸問題を定式化していくにあたって、この図の情報を用いながらどのようにして開始したかという例である。

症例1

セラピスト：外見について不安を感じた、一番最近のことを思い出せますか。

クライアント：42歳、独身女性
幼少期：両親はきょうだいの方をかわいがった
社会文化的背景：属している民族集団では、女性らしい姿が重んじられた
身体の外見：内分泌異常、多毛症、肥満

背景要因

個人的、社会的、治療（既往）的要因

年齢、性別、親や仲間に関する要因
文化とメディア、可視性、治療歴

外見のスキーマ：核心的信念と価値観
例：「私は違っている、女性らしくない」

自己規定と思い込み
例：女性らしく見えるようにならなければ、ずっと独りだろう

外見の要因

自分が抱く理想の外見との乖離

顕出性／誘意性

補償方略
例：特別な努力をしようとしている

引き金となる出来事
例：社会での活動（社交）—映画を観に行くこと

増悪要因

持続要因　　　　　　　持続のサイクル

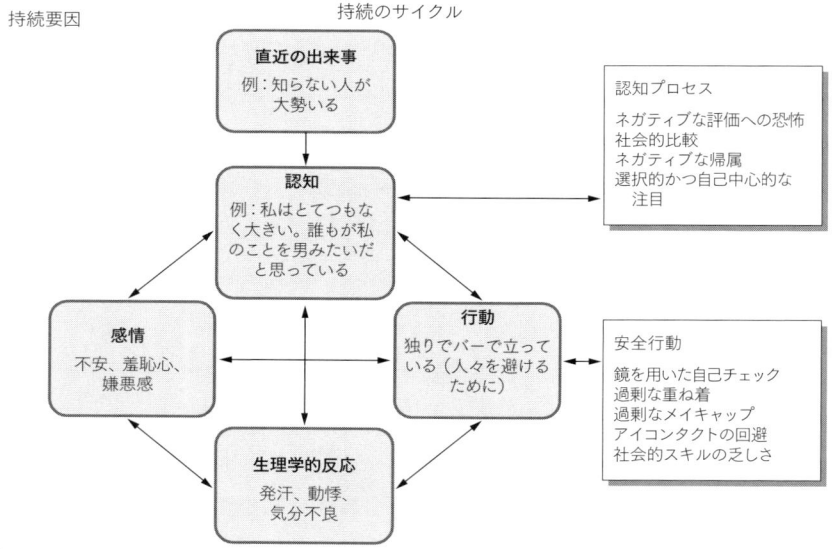

認知プロセス

ネガティブな評価への恐怖
社会的比較
ネガティブな帰属
選択的かつ自己中心的な注目

安全行動

鏡を用いた自己チェック
過剰な重ね着
過剰なメイキャップ
アイコンタクトの回避
社会的スキルの乏しさ

問題
例：「社会的場面で他人との交流ができない」

リジリエンスと長所
上品なユーモア
多くの親友

保護要因

図6.1　症例1の定式化を始めるためのCBTテンプレートの使用

クライアント：はい。週末、2人の友人と映画館へ行ったときのことです。

セラピスト：どのように感じましたか。

クライアント：恐ろしかった。

セラピスト：その時の感情について、もう少し教えてくれますか。

クライアント：大きく、とてつもなく、あたかも自分が目立ってしまったかのように感じました。

セラピスト：目立ったことが悪かったのですか。

クライアント：皆が自分のことを眺めるでしょう。

セラピスト：もしも皆があなたのことを見ていたとしたら、なぜそれが悪いのでしょうか。

クライアント：皆が何を考えているか分かっているからです。男のようだと思っているのです。

セラピスト：もしも皆が、あなたを男のようだと思っているとしたら、あなたはどのように感じますか。

クライアント：恥ずかしいし、困惑して、人目を気にするでしょう。

セラピスト：そうした感情の何が悪いのですか。

クライアント：友人を失望させているような気がして、そのことに気分が悪くなるのです。

セラピスト：週末にこうした感情に見舞われたとき、どうしましたか。

クライアント：バーに行って、何かにもたれられるようにして立っていました。

セラピスト：もしも友人と一緒にそこに留まったら、何が起こったと予想しますか。

クライアント：たぶん、何も起こらなかったでしょう。でも、もっと目立っていると感じたと思います。目立つことは嫌いなんです。皆と同じようになりたいんです。

セラピスト：あなたにとって目立つとは何を意味するのですか。あたかも、人とは違っていると感じているかのように聞こえます。違いますか？

クライアント：違っていると感じられることが嫌なんです……

セラピスト：違っている人たちには何が起こりますか。

クライアント：独りで生涯を終えるんだわ……

症例2

セラピスト：瘢痕に関して、もっとも嫌いなことは何ですか。

クライアント：とにかく嫌いなんだ。

セラピスト：瘢痕に関するあらゆる様相の中で、より嫌いなことがありますか。

クライアント：すべてが嫌いだ。

セラピスト：瘢痕の外観には、非常に様々な要素があります。大きさや色に悩んでいる人もあれば、質感や瘢痕の感触が重要だという人も……

クライアント：色です。

セラピスト：色について述べることができますか。

クライアント：恐ろしい、嫌悪感を催す、きわめて不快なもの。

セラピスト：瘢痕を見るときに何を見ているかよりも、むしろ瘢痕がどのような感情をもたらすかを述べる方が、簡単なことのように聞こえます。

クライアント：見ることができないんです。

セラピスト：もしも見たとしたら、最悪の場合どんなことが起こるでしょうか？

クライアント：泣いてしまうでしょう。

セラピスト：なぜ泣くと思うのですか。

クライアント：肩身が狭く感じられ、最悪の気分になるだろうからです。

セラピスト：他人がその瘢痕を見たら、どう思うと予想しますか。

クライアント：誰も見るわけがない。

セラピスト：もしも誰かが見たとしたら、起こりうる最悪のことは何ですか。

クライアント：私のことを、嫌悪感を催させる奴と思うだろう。

セラピスト：もしも誰かがあなたのことを —— 嫌悪感を催させると思ったとしたら、それは何を意味しますか。

クライアント：受け入れられない、ということを意味する —— 何の価値もない奴だと。

ネガティブな自動思考を引き出す

　ネガティブな自動思考とは、知覚された脅威に反応して自然に引き起こされるものであり、それによって不安が維持される。認知療法は、その前提のうえに構築されている。ネガティブな自動思考は、出来事に対する評価ないしは解釈であって、その中では恐怖が過大に評価され、恐怖への個人の対処能力が過小に評価されるシステムが維持されている。Wells（1997）はネガティブな自動思考について、脅威への評価に関連した思考（1次思考）と逃避することに関連した思考（2次思考）を区別した。出来事をどのように解釈するかというパターンは、特定の信念に関するエビデンスを振り返ることと、それから他に考えつく、競合する複数の解釈を熟考することによって、明確化していくことができる。

　こうした思考を導く方法の1つは、ホームワークや直近の経験や特別に記憶に残っているエピソードに関して、質問を重ねていくことで達せられる。他人にとっては客観的に目立たない色素異常症を持つ、22歳の男性の治療経過からの抜粋をもとに考えてみよう。図6.2は、この情報がどのようにして定式化に加えられたかを示している。

　セラピスト：誰もが凝視してくるために、社会的状況は特に困難であるとあなたは言いました。最近起こった例を教えてくれますか。

　クライアント：はい。土曜日は本当に悪い日でした。

　セラピスト：それについて教えてください。何をしていたのでしょうか。

　クライアント：パブで友人と会う約束をしていました。本当は行きたくなかったんです。居心地が悪くなるだろうということが分かっていました。

　セラピスト：すごい。たとえ居心地が悪くなると思っていても、そうした状況へ入っていけるのは良いことです。どんな感じだったのか教えてください。

　クライアント：まさに —— 本当に不安でした。誰も気づかないことだけを願っていました。

　セラピスト：そう思っているときに、何が起こりましたか。何をしましたか。

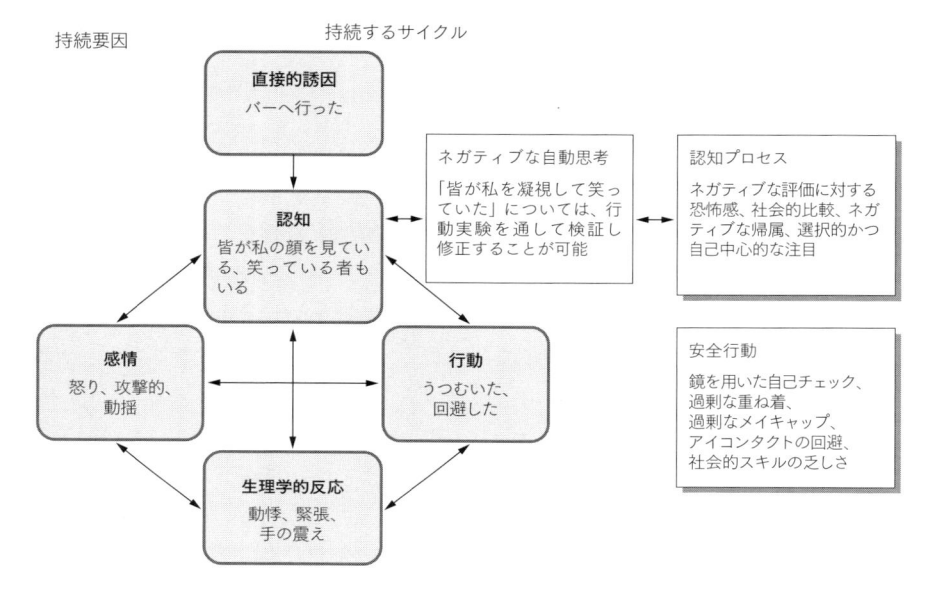

持続要因 　　　　　持続するサイクル

直接的誘因
バーへ行った

認知
皆が私の顔を見ている、笑っている者もいる

感情
怒り、攻撃的、動揺

行動
うつむいた、回避した

生理学的反応
動悸、緊張、手の震え

ネガティブな自動思考
「皆が私を凝視して笑っていた」については、行動実験を通して検証し修正することが可能

認知プロセス
ネガティブな評価に対する恐怖感、社会的比較、ネガティブな帰属、選択的かつ自己中心的な注目

安全行動
鏡を用いた自己チェック、過剰な重ね着、過剰なメイキャップ、アイコンタクトの回避、社会的スキルの乏しさ

図 6.2　自動思考への取り組みを示すための定式化への追加

　クライアント：誰も見ないようにだけ、していました──人を見るのを避けようとだけしていたのです。

　セラピスト：それで、あなたがパブに入ったとき、何が起こりましたか。

　クライアント：友人が店の隅にいるのが見えました。だから、カウンター席にいる連中の右側を通り過ぎねばならなかった……連中の 1 人が真っ直ぐに私のことを見るのが分かった。そして振り返って、仲間らに何かを言い、全員が笑った。

　セラピスト：このことで、どのように感じましたか。

　クライアント：本当に怒りを感じて動揺した。あいつがこちらの顔を見ていたのは分かっている……その後、友人のところへ行ったが、その夜はまるで台無しになってしまった……

　セラピスト：ここで話を少しだけ止めさせてください。あなたは店に入っていった。その時、カウンター席の誰かが振り返って、あなたのことを見た。そして仲間に何か言って、笑った。

　クライアント：その通りです。

セラピスト：その人があなたのことを見たと、なぜ思うのですか。

クライアント：私の外見が原因です。

セラピスト：どれくらいそのように信じていますか（1〜100％）。

クライアント：確信しています —— 100％です。

セラピスト：この状況について、別の解釈が可能ではないかと思います。誰かがバーに入ってきたときに、人々が見上げる理由が他に何かあるでしょうか。

クライアント：はい……、はい、彼らが誰かに会うためにそこで待っていたのかもしれない。

セラピスト：この集団が誰かを待っていた可能性はどれくらいでしょうか。

クライアント：ありうるでしょう……

セラピスト：つまり、その人があなたのことを見たのは、誰かを待っていたのであって、あなたの姿が原因ではないのかもしれません。

クライアント：それには同意します。

セラピスト：それではもう一度質問させてください。あなたの姿が原因で、その人があなたのことを見たと信じる程度については？

クライアント：おっしゃりたいことは分かります。でも、今でも考えは変わっていませんが……70％。

セラピスト：それでは、その人があなたのことを見たという出来事はあった。なぜならば彼は友人を待っていたから……もし本当にそうなら、彼があなたを見たことに対して、どのように感じますか。

クライアント：それなら気にしなかったでしょう —— 私のことではありませんから。

セラピスト：つまり、あなたを動揺させたものは、その人が行った行為ではなく、彼の行為の理由に関してあなたが持った考えだった —— これをどのように解釈されますか。

クライアント：その通りです。

セラピスト：もし同じことが起きたら、このことを確かめる方法を考えますか。

クライアント：彼に尋ねようとは思わない！

セラピスト：彼に尋ねようと思えばできるでしょう。しかしそれは、あえて喧嘩を売るようなものだと私も思います……誰かを待っていたのか

どうかを、他にどのようにして確かめられるでしょうか。

クライアント：次に起こることを観察するでしょうね。

セラピスト：そう、次に起こることに対して、別の解釈を考えることができるでしょう。そして、あなたが正しいかどうかを確かめることになるでしょう。

他人がチラッと見ることを、凝視（現実の症状に対してであれ、想像上の症状に対してであれ）の証拠として解釈してしまう。この現象に関する例は多様で非常に多く、怒りや社会的回避といった不適応反応が生じる前兆となりがちである。この例では、ネガティブな自動思考を認めることも、別の解釈を受け入れることも非常に速くできた。しかし、思考を変えにくい人の方が実際には多いため、ある思考が事実とは異なっていると納得するためには、より多くの作業が必要となる。同様に、ネガティブな自動思考を述べることに困難を覚える人も多い。それは、こうした思考自体に嫌悪感が生じるからである。あるいは問題の出来事が生じている間、多くのことに注意が集中してしまうからである（例：不安に対する身体的徴候が表れる、逃避のための道筋を探す）。ネガティブな自動思考を明らかにして、別の解釈を生み出す能力を高めるための1つの方法は、行動実験を行うことであろう。誰かが部屋の中に入ってきたときの他者の行動を観察して記録することを、患者に提案する。記録管理は非常に重要である。なぜならばこの情報は後に、自分の信念、つまり彼らは自分の顔を凝視するために見上げたのだという思い込みについて、再評価するために使用できるからである。

■ 役に立たない信念についての記録用書式

役に立たない信念についての記録用書式は、起こった出来事を記録し、誘発されるネガティブな自動思考を明らかにし、思考と感情とのつながり方を認識するために使用される。

まず、ネガティブな自動思考とその発生頻度について明らかにすることから、支援を開始することが多い（図6.3 参照）。

次のステップは、くだんの問題に対して、何らかの別の思考パターンを生み出すことである。提示された例で患者は、新顔が店に入ってきたら顔を向ける人は多いと、別の説明（解釈）をすることができた。このことにより、誰もが

	状況	感情	自動思考
日付	不愉快な感情をもたらした状況について記載する *パブに入って行ったとき、皆が私の方を見た*	感情のタイプ（例：悲しみ、怒り、羞恥、嫌悪、不安） *怒り、攻撃的*	*彼らは、私の顔を見ていた*
		感情の強さ（0〜100%） *100%*	思考（確信）の強さ（0〜100%） *100%*

図 6.3　役に立たない信念の記録用書式

彼の顔を凝視していたという信念が修正され、思考に柔軟性がもたらされた。すなわち、別の説明もありうることが、念頭に置かれるようになったのである。図 6.4 は、この情報を盛り込むために、この書式がどのように修正されるかを示している。

　もしここに記述されている人物が、顔に重大な可視的差異を持っていたらどうなるか。この状況では、パブに入っていったときに凝視される可能性は非常に高い。この場合、状況での不安を我慢したり、感じる強さのレベルを低下させたりするのと同様に、第 5 章で見たように、凝視などの侵襲的行為に対処するスキルと方略（例：うつむいて逃げるより、むしろ顔を上げて微笑む）を発達させながら、行動対処アプローチをより強調することが行われるだろう。Face IT オンライン・コンピュータ・プログラム（Bessell et al., 2012）は、対面式のセッションに参加しなくても、こうした社会的スキルを学び練習することができる、新たな体系的方法となろう。

■ 不安に関連したネガティブな自動思考スタイル

　前出の例では共通して、「結論へ飛躍する」思考スタイルが示された。私た

日付	状況	感情	自動思考	代替思考	結果	他にも代替思考はあるか
	不愉快な感情をもたらした状況について記載する	感情のタイプ（例：悲しみ、怒り、羞恥、嫌悪、不安）		顔を見る別の理由がありうるか	感情のタイプ	
		強さ（0～100%）	思考（確信）の強さ（0～100%）	代替内容への確信の強さ（0～100%）	強さ（0～100%）	

図 6.4　役に立たない信念の記録用書式

ちが緊張状態にあるとき、しばしば行っている思考パターンである。過剰な脅威を感じていると、思考様式として習慣化しやすい。そのような場合、愛されるべき存在ではないといった、潜在している役に立たない核心的信念を維持するように作用してしまう。多くの人は、自動思考に対して競合的（自動思考以外の）解釈を思いつくことができるだろう。ネガティブな自動思考 negative automatic thoughts（NATs）を明らかにする目的は、自分の思考パターンに気づくこと、別の解釈を検討する習慣を身につけることである。そして、認知的再構築を徐々に行っていくという目的を持ちつつ、潜在する信念に置いている確信の程度を、低下させていくことである。外見に関連した不安では、NATs のスタイルに共通した現象として、過度の一般化、個性化、破局視、思考察知、結論への飛躍、自己批判が観察される。表 6.1 に例を示す。

　競合的解釈を思いつくのが本当に困難な場合には、他の臨床例を示すことが有用であろう。研究文献を参考にすれば、これは可能で、Strenta & Kleck（1985）の行った実験が非常に有用である。個人的な話よりも一般的な話となるように状況から距離を取ることで、あまり不安を感じさせない状況を作り、その中で論理的に推理することが始められるようになる。さらに距離を置くことで、完全に中立的な話が可能になるだろう。たとえば、なぜある人が眠れないのかについて可能な説明を考えれば、多くの異なった解釈が話し合われるだろう。環境的（うるさい）、仕事に関連して（交代制勤務のため）、病気に関連（抑うつ症状）、ライフイベント（特別な問題に悩んでいる）、など。目標は、クライアントに別の説明を考え始めてみるように支援することであり、セラピストに説明を提供するための支援をすることではない。こうすることで、目標とする問題に対して、再び焦点を合わせることができる。時に、非常に堅牢なスキーマを示唆する執拗な問題が存在し、幼少期の経験についてもっと議論を必要とすることがある。執拗ないじめ、家庭内暴力、児童性的虐待の既往のあることは稀ではない。まずはクライアントの現在の安全が確立される必要があり、そして NICE ガイドライン（NICE, 2005）に沿って、トラウマに焦点を当てた方法を用いながら、当面の目標として、そうした問題に対処できるよう励ますことが必要であろう。

■3列コラム法

　これは認知プロセスのパターンを明らかにするために、よく用いられるツー

表 6.1 ３列コラム法（臨床例からの例示）

自動思考 確信の強さ 0-10	認知プロセス （役に立たない思考スタイル）	代替信念 確信の強さ 0-10
皆が私のことを凝視している	過度の一般化	私の外見に好奇心を持つ人もいるだろう。しかし、多くの人は自分のことに気をとられている
周りの人が形成外科の話をしているのは、私の特異な外見に気づいたからだ	個性化	人々は、テレビで見たことについてよく話している
こんな外見なので、職には就けないだろう	惨事化	スキルや才能によって採用されるのであり、外見で決まるのではない
私の外見について、誰も聞いてこない。それは礼儀正しすぎるからであって、本当は何を考えているかを私は知っている	思考察知（読心）	私は自分の外見のことをよく承知している。しかし、他人は気にかけないだろう
私はひどい姿で、嫌がられて、おぞましくて……、誰も私のことを望まないだろう	自己批判	私には皮膚症状がある。それは私の一部であって、全部ではない。私は親切にも、愛情豊かにもなれる。他人にもそのことが分かるだろう

ルである。この方法によりネガティブな自動思考が記録され、信念の強さが評定され、プロセスのタイプが明らかにされる。最後に、別の解釈が記録され、認知プロセスのスタイルの切り替えや、問題を維持している作用機能を理解することに、意識的に集中することになる（Burns, 1989）（表 6.1）。

■円グラフ

　円グラフは、競合的解釈を描写するための方法として非常に明快である（図6.5）。ウィルには目の下に色素沈着があり、顔の中でそこだけが暗い色合いになっている。疲れているように見える、また夜更かししすぎとか飲みすぎだといったからかいのコメントについて多く述べている。可視的差異の原因に関する憶測が原因で、人々は彼のことを避けるのだと信じている。円グラフを用いて、最近解雇されたことに関して、異なる説明を考えるようにした。そして、それぞれに可能性が割り当てられた。

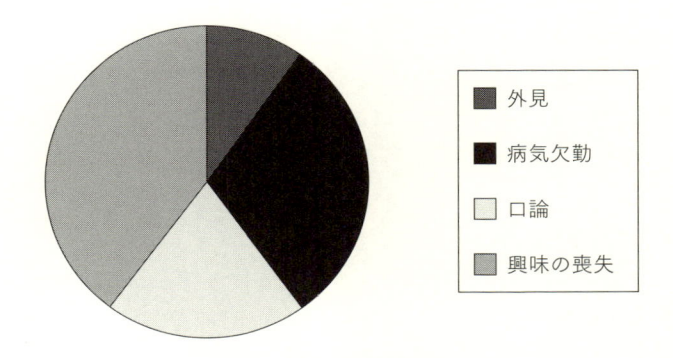

凡例:
- 外見
- 病気欠勤
- 口論
- 興味の喪失

図6.5　円グラフを用いて、解雇に対する諸解釈を割り当てる

- 私の外見　10%
- 病気欠勤を繰り返す　30%
- 顧客との口論　20%
- この職場に興味が湧かない　40%

　これによりウィルは、雇い主は「私の外見が好きではない」という信念の強さが、90%から10%に減少した。そして、彼の解雇のもっとも考えられる原因は、職場での行動だと結論づけたのである。

安全行動の操作

　外見に関連した不安では安全行動が共通して行われ、それには衣服、メイキャップ、ひげ、髪型で特徴を隠すことが含まれる。食品包装用のラップ、粘着ゴム、強力瞬間接着剤もまた、頻度はさほど多くはないが、突出して見える部分を平坦化したり減高したりするために用いられる。バストサイズを維持するために妊娠を繰り返すことも、これまでに報告されてきた。大きなカバンを持ち歩いたり、膝の上に大きなカバンを乗せて座ったりして、腹部に関する不安を隠そうとする。社会的回避、あるいは座席の位置や照明の具合を注意深く選ぶことも普通に行われる。これらすべての行動が、変化への目標（ターゲット）になりうる。しかし、こうした安全行動を減少させることよりも、患者自

身が安全行動と不安の持続との連結性を理解することの方が、非常に重要であることは明らかである。目標は、不安が減少するように、安全行動を減少させることである（習慣化とネガティブな自動思考の修正を通じて行う）。そしてこのことは、ポジティブで適応力のある行動を身につけていく機会にもなる。

■不安への対処技術

第一ステップとして、リラクゼーション・トレーニングのような不安対処技法を考慮するのは有用である。今や生活様式そのものになっている安全行動について、それを減らすと考えることすら、非常に難しいと感じる人もいるだろう。系統的脱感作法と同様、段階的方法を用いることで、患者が耐えられ、かつ学ぶことができるスピードで、物事に対処していくことができる。

症例 1
ジェフには軽度の女性化乳房があり、その悩みにとらわれている。彼のささやかな乳房の発達は正常範囲内であったが、ジェフは誰もがそれに気づき、コメントを言ってくるだろうと感じていた。彼は重ね着をするようになり、その下に、きつく密着するベストも装着していた。夏には不快な暑さに見舞われた。水着になることは不可能だと感じていたので、休日を家族と一緒に過ごすことを嫌がった。

段階的介入は、休日に行われるよう計画された。その利点は、彼のことを誰も知らない場所で、良好に練習を始められたことであった。最初の段階項目は、朝にTシャツを着て、ビーチを歩くことであった。ただし、ベストは着けずに。ひとたび不安が対処可能なレベルになれば、この行動を、多くの人がいる白昼にも繰り返すよう、行動実験の段階を上げた。これもできるようになったら、上半身に何も着ずに、独りで早朝の散歩をすることが可能になった。そして上半身を覆わなくても、子供たちと水泳に行くことができるまでに到達した。こうした段階的なステップにおいては、身体的症状（生理的反応）へのコントロールを助けるよう、視覚化、リラクゼーション、呼吸法も併用しながら、練習が重ねられた。ジェフは、今も自分の胸が嫌いではあるものの、現実的な問題であった安全行動を克服することができた。

続いて述べるフランは、瘢痕を隠すために衣服に依存していた。そして身に

つける衣服に制限があることに、不満を感じるようになっていた。彼女は、変化に対し非常に高いモチベーションを持っていた。

> **症例 2**
>
> 　フランは常にハイネックの上着とジャンパーを身につけ、熱傷による瘢痕を隠していた。前出例と同様に、ソクラテス式問答では外的羞恥が示唆されていて、瘢痕を見た人が彼女の外見についてコメントすることや、「嫌悪感を持っている」ことを述べていた。フランは決して瘢痕を露出しなかったし、外見について問われた場合にどんな返答をするかを明らかにしなかった。

■ ターゲット、ツール、トラブルシュート、テスト

　Clarke（2001）は、4つの「T」アルゴリズム（TTTT）を示し、行動実験の助けとした。これは Wells（1997）の PETS（準備 Prepare、露出 Expose、試行 Test、まとめ Summarize）と似ている。この方法は、可視的な変形を持つ人々は、他者の好奇心に対処するために、質問に対する回答を用意しておくという方略を身につける必要性を認めている。したがって Clarke の方法では、「ツール tool」と名付けられた「社会的スキル」の構成要素が追加されている（例：第5章の「社会的スキル」に関する内容を参照）。このアルゴリズムでは、些細な出来事を破局的なものに感じてしまう共通した傾向も認識されており、トラブル解決策が組み込まれている。それにより、行動実験を遂行できないことが減少し、患者は、バックアップしてくれる計画があると感じるようになる。

- ターゲット Target：信念を明らかにして、補強証拠を探索する。実験を設計して、論拠を示す。
- ツール Tool：役に立ちそうなあらゆる方略を明らかにする（例：状態に関して、他者の注目を和らげ、逸らせるように説明する方法）。
- トラブルシュート Troubleshoot：悪い方向へ進むかもしれない出来事について、これが起こったら最悪だという信念は何かを調べる。そして「テスト」への取り組みを容易にしてくれる反応（対処）をつくり出す。
- テスト Test：露出、モニタリング、再定式化。

この枠組みを用いて、フランは瘢痕に関する信念を検討してみた。

　もしも他人が彼女のことを知ったなら、好ましくないやり方で反応してくるだろう、という思い込みを検証するように行動実験が計画された。

ターゲット：フランは外国で行われる友人の結婚式を行動実験の場として選択し、瘢痕を隠さないドレスを着てみることにした（最初は、いつもの社会的文脈から離れた場所で始めることが、取り組みやすいと感じられることが多い。失敗したときの犠牲が低く感じられるからである）。
ツール：それからは、されそうな質問への答えの用意に取り組んだ。それは相手に簡単な説明をするものだったが、さらなる質問を防ぐために、注意を逸らす方法を選んだ。
トラブルシュート：瘢痕を隠せないドレスだけを荷物に詰め、それ以外は用意せずにそのドレスを着る可能性を高めた。
テスト：この実験を行い、結果を記録し、自分の信念を再定式化した（図6.6参照）。

　フランはこの経験をもとに、着実に行動を変えていくことができた。瘢痕が見えようが見えまいが、家でも職場でも、好きな服を着始めた。
　この種の実験の結果を取り込んで、後述するように、思い込みや信念に確信を与え続けているスキーマが再形成されていく。
　図6.7で使用される下向きの矢印は、スキーマがどのようにして徐々に修正されていったかを図示している。

費用対効果の分析

　示された例でフランが明らかにしたのは、初めて新しい行動を試すことができると感じられた状況についてである。安全行動を変えるよう取り組むという考えは、多くの人にとってすぐにピンと来る話ではない —— それらは何年にもわたって繰り返し行ってきたもので、うまくいっていると感じられたからずっとそうしてきたのである。行動実験の内容が示されたときに、患者た

日付	状況	信念と強さ 0~10	実際に起こったこと	もともとの信念の強さ 0~10
11月21日	カリブ諸島で行われた友人の結婚式にて。細い肩紐が付いた屋外用ドレスを着た。質問されたときには、[子供の頃に、やんちゃんの湯でやけどをしたの。とこ、ビート(新郎)とはどういうお知り合いなの?]と返すことにした。	皆が私の傷跡を凝視するだろう。多くの人から質問されるだろう。とてもハラハラしている。 10/10	誰も気づかなかったようだ。私が思うに、皆と同じような服装だったからだろう。いつもと同じ格好をしていたら、私だけが目立ってしまったと思う。結局、1人が夜も終わりになって、想定していた質問をしてきた。私は急に笑い出してしまった。[聞いてくれてほっとしたわ。この質問に答えなければならなかったの]。でも誰も聞いてくれなかった。これがどんなに簡単なことだったのかに、私は驚いた。	1~2/10 人々は、結婚式の方に気をとられていた。

図6.6 信念に関するフレームワーク

介入前		介入後

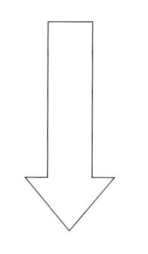

皆が私のやけどの
傷跡に気づくだろう

証拠は何か
どんな認知プロセスが働いているか
代替説明となるのは何か
これを確かめたことがあるか
実際に何が起こったのか
そのことについての考え方を、一緒
　に変えていくことができるだろうか

皆が凝視するだろう

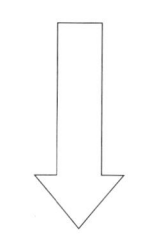

証拠は何か
どんな認知プロセスが働いているか
代替説明となるのは何か
これを確かめたことがあるか
実際に何が起こったのか
そのことについての考え方を、一緒
　に変えていくことができるだろうか

皆が嫌悪感を持つだろう

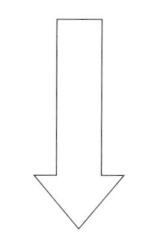

皆が私のやけどの
傷跡に気づくだろう

ほとんどの人は
注目しなかった

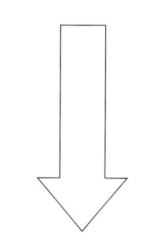

1人が質問してくれた。
彼はとても親切な人
　だった

図 6.7　垂直の矢による再構成
（Wells, 1997. John Wiley & Sons, Ltd の許可により複製）

ちは共通して「できない」と反応する。不安への対処技術を教えることに加え
て、費用対効果の分析をしてみることによって、やってみようという気持ちと
実感できる自己効力感が高められるだろう。後述するような 2 列の表を用いる
ことで、こうした効果が引き出される。その表には与えられた行動（あるいは
認知）における長所と短所をまとめる。たとえば、

　　サラは自動車事故でフロントガラスに突っ込み、顔に多数の瘢痕を負っ
　ている。外出するときはアイコンタクトを避けるため、野球帽を深くか
　ぶって顔を隠している。ジーンズと大きなブーツも身につけているため、
　その組み合わせは、相手に隠すというよりは、むしろ威圧的な印象を与え

長所	短所
誰にも傷跡を見られない 人々が私を見ていることも、私には見えない 安全を感じる	威圧的に見えてしまう 人が私のことを避ける 人は私と会話ができない。なぜなら私の顔を見られないから 普通の服装ができない ジーンズとトレーナーでは、私らしさが感じられない 屋内に入ったとき、帽子を取らねばならないことに困ってしまう 格式ある店に入れない

図6.8　野球帽を使用することにおける費用対効果分析

ていた。

　サラは、野球帽をやめることなど「不可能」だと考えていた。彼女は自分の行動の長所と短所を何とか理解しようとして、費用対効果を分析した（図6.8）。
　その結果、自分の考えが、利益よりももっと多くの不利益を生み出していることは明らかであった。双方に列挙した数が同じくらいの場合は、それぞれにポイントを示して重み付けが行われることもある。サラは、最初、家に独りでいるときには帽子をやめることで、安全行動にうまく取り組むことができた。そして次に、隠す効果があまりなくて、他人に脅威を感じさせないフワッとしたベレー帽を代わりに用いるようにした。

外見に関連した自己非難と羞恥に対処するための技法

　可視的差異とともにある生活は、特に他者によるネガティブな反応を内在化している人にとっては、羞恥の感情に満ちたものだろう（第6章の症例1を参照）。このことがもっとも明らかとなるのは、患者が幼少期の体験を鮮烈に語るときで（外見がもとで拒絶され、いじめられ、仲間外れにされた）、「それがどんなものなのか」を表すような他者の反応を、強固に受け止めていることが語られる。たとえばジョン・ストーリーは、先天性の変形を持ちながら生活してきた幼少時の体験を、以下のように書いている。

彼（ジョンの父親）の顔に浮かんだ表情をいつも思い出す。それは困惑と嘲りが混じり合ったものだった。彼には、知性と変形を結びつけることができなかった。彼は私の変形を受け入れられなかった。彼は私のことを恥じていると感じた……損なわれた顔で魅力的な人格を発達させることは不可能だと思った（Storry, 1997, p. 31, 33）。

　特にアイデンティティにおいて、別の側面よりも外見の重要性に重きを置くといったスキーマをもともと持っていた場合には（Thompson & Kent, 2001）、成長してから負った醜形によっても羞恥は起こりうる。それは、「損なわれた」という感覚から湧き起こってくる（Goffman, 1963）。

　それゆえに、外見にもとづいた持続的な拒絶の経験は、特にそれが重要な他者から示された場合には、「私は愛される存在ではない」といった、外見に関連したネガティブなスキーマを発達させてしまいがちで、結果的に、他者は自分のことを拒絶するだろうというネガティブな予測をすることがある（例：外的羞恥）。しかし前述したように、自己拒否あるいは自己の外見への拒否もありうる。自分の身体について、「醜い」や「おぞましい」といった、信念に関連した「自己嫌悪」といった強烈な感情を述べるかもしれない。こうしたスキーマは認知プロセスから発生すると考えられ、回避型のコーピングや消極的態度に結びつく。さらに、不安と抑うつといった症状として表れ、外見に関連した重篤な苦悩を引き起こすかもしれない。つまり身体羞恥には、魅力的でないと人から判断されるという外的焦点を持つ恐怖と、内的焦点を持つ自己評価との両方が含まれる。自己非難および自己攻撃的な認知プロセスは、羞恥とその認識に特徴的に関連している。このプロセス・スタイルに対処することが、介入療法においてきわめて重要となる。

　Paul Gilbert は、羞恥にもとづく困難への対処方法として、慈しむ心 compassion の発達に注目した CBT の一技法である CFT（compassion-focused therapy）を発展させた草分けである（Gilbert, 2009, 2010）。慈しむ心とは、他者や自己（自己慈悲心または自己を慈しむ心）の困難に対して共感し、心を配る／気を遣う能力のことをいう。

　リーナには、褐色の肌にとても目立つ白斑症がある。彼女は学校でも、30 歳代後半の今でもからかわれてきた。今も自分を「奇形」だと、自己

批判的に見ている。彼女が属しているアジア人コミュニティの人々は、彼女の状態について本当に理解しておらず、発生の理由を、彼女が食べたものや、前世の行いによると想像していたという。彼女はこのままでは結婚できないと信じており、家族からは求婚してくる可能性のある人の目から、白斑症を隠すように促されていた。彼女は異なる民族的背景を持つ人々との人間関係を求めることに、安心感を覚えていた。しかし人間関係においては自分の欲求を抑え込みがちで、結果的に他人につけ込まれたり、虐待されたりする関係が続いた。

　前述の方法を用いたリーナとの繊細な調査で、顕著な自己非難が明らかにされた。普段から自己批判的だったが、もっとも緊張が高まったときは、鏡を持ってバスルームにこもり、長々と自分のことを非難していた。彼女にとって、この自己非難とバスルームにこもるという特別な行動ルーチンは、開示することが困難であったし（さらなる非難への恐怖）、やめることも難しかった。この対処スタイルは、自分を傷つける一方で、自分が知覚している身体的欠陥と、その欠陥で他者に影響を与えたことに対して、自分のことを罰して当然であるかのような感情をもたらす機能を果たしていた。

　特に他者との関係で何かうまくいかなかったとリーナが感じたときなど、ストレスのある出来事の後に自己非難が多くなっていることが、アセスメントで明らかになった。最初、リーナは自己非難の発生をモニタリングすることだけを求められた。そして自己非難が果たしている機能的役割が、機能分析によって明らかにされ、定式化に組み込まれた。

自己非難の機能的分析

　セラピストもクライアントも、自己非難と脅威にもとづく機能の影響力の強さを認識できないかもしれない。この両方とも、変化させることが難しいものであろう。以下の２つの例では、いかにして自己非難の影響力が明らかにされ、この認識が定式化に組み込まれ、認知的再構築のためのターゲットと自己への慈しみを深める論拠になりうるかを示している。

■ 自己非難の影響力を明らかにする

セラピスト：（役に立たない信念に関する記録を検討する中で、子供たちとの面会交流のことで元の夫と口論した後に、自己非難を反芻した出来事が明らかとなる。）先週は、自己非難がどのように非常に苦しい感情を引き起こしたのか、そしてこの場合、口論がどのように引き金になったのかについてお話ししました。

クライアント：はい。でもおかしなことでした。最初は普通でした。でも家に着くまでにひどい気分になって、それからバスルームに閉じこもって、鏡を見つめて、自分自身にいろいろなことを言って、そしてそれをやめられなかったんです。今は、馬鹿げたことだったと感じます。

セラピスト：自己非難していたことを、自己非難しているように聞こえます。

クライアント：ええ、そうだと思います。

セラピスト：ちょっとしたことが引き金になるようですね。特に人間関係に何かが起こっているときに。引き金が生じたときがとても恐ろしいというようにも聞こえます。

クライアント：はい。

セラピスト：いったんそれが始まったら、なぜ止めることが難しいのかについて、じっくりと考えられるでしょうか。でも、そうするとなると、自己非難について考えることになりますし、それは辛いことでもあると思います。

クライアント：大丈夫です。もしも助けになるのなら。それが問題ですから。

セラピスト：分かりました。もしも辛くなりすぎたら、いつでもやめられます。少しの間、過去を振り返ってくれますか。そして心の中で、自己非難の考えや声を聞こうとしてください……よく確かめるようにしてください。どうです？　聞こえますか。

クライアント：はい。

セラピスト：どのように聞こえていますか。

クライアント：恐ろしいです。

セラピスト：恐ろしい。どのように聞こえますか。うるさい、穏やかに、

あるいは……

クライアント：強く響いています。

セラピスト：それに話しかけることはできますか。

クライアント：いいえ。叫んでいるようです。

セラピスト：もしそれが人であったら、どんなふうにしていますか。

クライアント：恐ろしい、恐ろしい、叫んでいる、大きな声で……

セラピスト：大丈夫。ここでやめましょう……どんな考えが浮かびましたか。

クライアント：あれにどうやって耐えればいいのか分かりません。しかし、弱い者いじめのようだと思いました。

セラピスト：重要なことを述べられたようですね。いじめには対処が必要です。しかし、どんないじめでも耐えることは難しい。違った視点から問題を把握する方法を考えなければならないでしょう。おそらく、あなたを助けてくれる別の声を育むことによって。それは心の中にいる助力者の声です。

クライアント：どうすればいいのか想像がつきません。

セラピスト：使える方法にはいろいろあります。自己を慈しむ感情を育めるように、学んでいくのです。

　後日、リーナは自己を慈しむ感情を育み始めるために、「思いやりのある自己心象」を使うことを学ぶための支援を受けた（後述「思いやりのある自己心象」参照）。自己非難のプロセス・スタイルにおけるいじめのような性質を認識することも、問題の維持において自己非難が機能している役割に焦点を絞るうえで重要である。

自己非難の仕組み（機能）を明らかにする

　自己非難の影響力の強さを認識することと同様に、このプロセス・スタイルが機能を持っているのかを調べることも重要である。たとえば、まっとうな外見ではないことに対して、あるいはそれを埋め合わせるように動き出さないことに対して、自分を罰する必要があるという信念が作動していないかなど。こうしたことはすべてのケースに当てはまるわけではないが、自己非難が起こっている場合、根底にある信念を明らかにすることが重要である。そうでないと、

自己非難に取り組む能力が妨げられうるからである。

セラピスト：前回、自己非難のいじめのような性質と、それに耐えることがいかに難しいかについてお話ししました。しかし、それに巻き込まれたときに止めることが困難なのには何か別の理由があるのではないか、それを調べるために、もう少し話を進めたいとも考えています。

クライアント：大丈夫です。

セラピスト：いいでしょう。前回起こったことを振り返りましょう（役に立たない信念に関する記録を見ながら）……元の夫との口論の後、家に帰ってきた。そして引き起こされた感情のせいで、バスルームに閉じこもったと感じている。自己非難が過ぎ去った後のことを想像しましょう。どんな気分ですか。

クライアント：素晴らしいです。でもうまく想像できません。その気分に襲われるときは、私がそうしなければならないと感じられるのです。

セラピスト：しなければならない？

クライアント：ええ。私には分かりません。そうするべきと感じます。特にいじめとはどんなものかを話し合った後では、あんなふうに大声で喋るのは馬鹿げていることは分かっています。でも私は自分に罰を与えなければいけないと感じるのです。

セラピスト：分かりました。あのようなことを言ったことに、自分自身が驚いているように聞こえます。

クライアント：はい。

セラピスト：では、私が理解しているかを確かめさせてください。あなたには、罰せられるべきだという、ほとんど信念に近い思い込みがあるのでは？

クライアント：それは私が必要としている宿命なんです。私の肌はこんなに醜い、ということは私は罰せられねばならない。なぜなら、私はまともじゃないから。

セラピスト：罰せられねばならない？　その信念は重要で、調べてみる必要があります。それが原因で自己非難をやめられなくなっているようですし、その公正性に目を向けながら、それ自体に対処する必要があるでしょう —— たとえば、白斑症を持つ誰か別の人に対して、あ

なたが言ったことではありませんか。

クライアント：いいえ、絶対にありえません。

セラピスト：この信念についてもう少し詳しく見つめていくと、あなた
にとっての公正性について検討できそうです。あなたの愛する人たち
は、たとえば何と言うでしょうか。

クライアント：私の家族は白斑が嫌いでした。でも、私が罰せられるべき
だとは思わないでしょう……それは私の落ち度ではないことは、彼ら
も承知のことですから。

　自己非難が機能する背景にある信念がひとたび明らかにされたなら、それは
認知的再構成を行うための有力なターゲットとなる。加えて、自己非難を行う
思考スタイルに対処することを妨げている要因について、観察し、記録し、取
り組んでいくことができる。

エクササイズ：思いやりのある自己心象（Gilbert, 2010. 許可のもと引用）

　自己緩和できる能力を育み、思いやりを持てるように、そして自己を受け入
れられるように開発されてきた実際的訓練には、多様なものが存在する。後述
されるようなイメージ法は、自分を慈しむ感情を生み出し、外見に関連した自
己非難に対処できる能力を育むように用いられる。

　この訓練の理論的根拠は、外見への過度の注目を、自己受容を促進できるよ
うに、人間の内的価値（たとえば親切心など）へと移動させていくことにあると
述べられる。以下の説明は、皮膚に乾癬という状態がある人たちとの最近の
研究より抜粋したものである（Muftin, 2013）。「これから心象について検討しま
しょう。私たちが想像（イメージ）するものは、からだと心に強力な影響力を持っているか
らです。たとえば、もしも不安に思っていることがあり、何か恐ろしいことが
身に降りかかると想像すると、このことが不安システムを刺激することになる
でしょう。他方、前向きな何かに集中すれば —— たとえば楽しみにしている
休日など —— ちょっと興奮したような心地になるでしょう。このように心象
は、感情や思考や身体へ影響しているのです」。

　思いやりのある心象も、同様の作用を及ぼす —— もしも親切さや気遣いに
注目すれば、これが感情に作用して、特別なやり方で、身体的過程を刺激する
だろう。実際に研究知見から、人を気遣ったり誰かの思いやりを受けたりする

ことに感情を集中させると、精神や感情や身体に、様々な有益な影響をもたらすことが分かっている。大いなる親切心、英知、自信、信頼、利他的でありたいと願うことが、どんな感情をもたらすのかは想像できる。こうした性質を持つように、想像する力を伸ばすことが推奨される。こうした性質を持つ思いやりのある自己を想像したら、どのように感じるかに気づくこと、そして外見に関連した自己非難に対処するために、人生により多くのことを取り入れようとすることが勧められる。

1. まず、心が乱されることがないように、しばらくの間、楽に座ってください。
2. それでは真っ直ぐに姿勢を正して、呼吸に集中してください。鼻から息を吸って、腹式呼吸をして、今度は鼻から息を出して。普段の時の呼吸よりは、少し深くてゆっくりとした呼吸をするように。体が落ち着いてくる感じに気づいてください。
3. 顔の力を緩めて。そして唇の端を上げて、心地よいと感じるところまで、暖かく親しみを込めて、少し微笑んでください。覚えておいてほしいのは、エクササイズの途中、心が定まらない感じがするかもしれないことです。でも、心配はいりません —— これを無理することなく、日課としてください。
4. 演技をする役者のように、想像力を使って、最上の思いやりを持った自分に関する考えを作り出しましょう。心から思いやりのある人物であったとしたら、どんな性質を持とうと思うか、しばらくの間、考えてください。
5. あなたが実際に、心から思いやりのある人物だと感じられないとか、そんな人物ではないとかは、今は問題ではないと思ってください —— もっとも重要なことは、心から思いやりのある人の性質を想像することであり、それらを身につけていくことです。
6. そうした性質について、30秒間、想像してみましょう。
7. それでは、思いやりに関する非常に特異的な性質について注目してみましょう。親切さと、利他的になりたい願望という性質から始めましょう。思いやりを持ちたいという、そして他者が苦しみから解放されて幸福に発展できるよう役立ちたいというモチベーションと願望に集中しましょう。利他的になることは苦しむこととは無縁であって、幸福で発展的なものです。

8. 思いやりのある、友好的な表情を出し続けてください。そして、声の調子も考えてください。思いやりのある方法で、どのように話をするかも。

9. 次の30秒間、あなたは非常に親切で、利他的願望を持っていると想像してください。優しく、無邪気に。

10. このように想像しているとき、どう感じているかに注目してください —— こうした願望を持っていると想像するとき、あなたの中にこうした願望を感じると想像するとき。

11. 思いやりのもう1つの主要な性質は、親切さと協働することを可能にするもので、それは自信や威厳や円熟といった性質でもあります。だから、自信と威厳を持つことを想像してください —— あなたの姿勢の中にそれを感じてください。このようなあなたの姿を想像して、そして自信を伴った威厳を想像して、どのように感じるかに注目してください。

12. 思いやりのある友好的な表情を維持しながら、そして声はぬくもりのあるトーンのままで、考えてみてください。思いやりのあるやり方で、どのように話すでしょうか。この世界の中で、どのように行動しようとするでしょうか。この自信と円熟と威厳をどのように表現するでしょうか。次の30秒で穏やかに、あなたは自分のことを、自信と落ち着きがあり、強靱で、思いやりのある威厳ある者だと想像してください。

13. 思いやりとはもちろん、英知も伴うものです。今度は、あなたが英知を備え、この英知を使うことができる人生から、多くのことが学べると想像することに集中してください。自分のことをオープンで、思いやりがあり、思慮深い人間だと想像してください。思いやりのある友好的な表情と、ぬくもりのある声のトーンを保ってください。賢くて思いやりのある、洞察力のある存在として表現することを想像してください。次の30秒で、賢くて、思慮深く、洞察力があって思いやりのある人物を想像してください。

上記の3つの性質（利他心、威厳、英知）から、利他的であろうとする関心や関与と同様に、寛大さ、寛容さ、遊び心といった別の性質が派生してくる。

1. この練習を発展させるために、自分を外から見ているところを想像してください。自分の表情とこの世界での身のこなし方を見てください。思慮

深く、親切で、利他的で賢くありたいと思うモチベーションに注目してください。あなたが他人に話しかけるのを聞いてください。声の思いやりのあるトーンに注意してください。

2. あなたに関わりがある人たちを、思いやりのある人として見てください。今あなたが育んでいる、理想的な思いやりに溢れたやり方で、他人と関わっている自分自身を見てください。

3. 次の30秒で、この世界で思いやりのある人物であるあなたを、そしてそのようなあなたに関わっている他者を、遊び心を持って穏やかに眺めることを楽しんでください。

　練習が進んだら、練習してきた性質がすべて身に付いたように想像できる。そうなれば、思いやりのある心や自分を活性化させようとするときには、あなたがなりたいと思っている心や自己の感覚を持てるだろう。落ち着きをもって、この世界でこの種の人物であると想像すればするほど、自分の中にこうした性質の存在を感じるであろうし、表現することもできると分かることだろう。

　このテクニックは、必ずしも簡単に学べる方法ではない。クライアントと一緒に練習を記録しておくようにして、実践にあたってその記録を渡すことが有用である。セッション外でのすべての作業のように、実行するための明確な計画を立てることと練習結果を記録することが、成功に導くために重要である。

まとめ

　CBTで使用される技法の網羅的総説ではないことは明らかだが、本章では、外見に関連した不安において使用される通常の方法について説明してきた。個々人の介入を構成する際に、これらの技法を適合させる方法については第7章で扱う。

第7章

治療計画とセッション・ガイド

はじめに

　この章では、段階的ケアの枠組みを用いた心理学的介入療法を説明するために、臨床での使用例が示される。完全を期すために、1つのレベルごとに1例ずつを提示して説明を行うが、どの例においても密度の濃い作業が必要である。

　多様な状態の中から臨床例を選んでいるが、これらの特定の状態は、必ずこのレベルで対処せねばならないという意味ではない。必要とされる介入療法のレベルを決めるのは、その状態がもたらす心理学的影響力と関連する問題の程度であることは明らかである。

レベル1での作業（表7.1）

症例1

　レグは65歳。生涯にわたってオーストラリアとアフリカの鉱山で仕事をしてきたために、日焼けによる皮膚損傷が明らかであった。何度も、基底細胞癌（皮膚癌の一種）の切除と皮膚移植を頭部に受けてきた。すべての手術部位に瘢痕が残っている。それとは関係なく、レグは血圧の定期検診のために総合医を受診した。

　総合医は皮膚癌のことについて尋ね、新しい病変が存在していないかをチェックした。

　この時点では、外見の問題など無視しておくことは簡単だっただろう。レグは65歳で男性である。自分がどう見えているかについて心配していることなどありえようか。彼の回答は、尋ねてみるまでは知りえもしないものだった。Rumseyが述べているように、「外見の不安は、若者だけに限った問題ではない」。レグが自分の皮膚を気にかけているので、総合医は話を持ちかけた。

総合医：新しい病変の徴候はありません。すべてうまく治っています。手術部位に人々が好奇心を持っていると思いますか。他人から多くの質問をされますか。

表 7.1　外見問題への心理社会的適応を促進する介入 —— 段階的ケアの枠組み

介入レベル	内容	介入の列	介入する専門職の種類
レベル 1	許可	心理社会的不安に関する繊細な調査	すべての医療スタッフ（総合医、看護師、精神保健福祉士、心理関係の臨床家、専門職の医療相談係）
レベル 2	基本的情報	文書化された情報、推奨されるウェブサイトや支援グループへのアクセス情報。可視的差異に関する基本的な質問への回答	可視的差異の種類に特化した領域で働くすべての専門職（医師、看護師等）
レベル 3	個別のアドバイスや介入	社会的スキル・トレーニング（凝視、批判、質問への対処のため）。社会的状況に積極的に取り組むこと	可視的差異に関連する問題のトレーニングを受けた専門職。必要時に各専門家に相談できる者（例：専門分野の臨床看護師、作業療法士、顎顔面領域の技工士、支援グループなど）
レベル 4	集中的治療	認知行動療法（適応不良の外見に関するスキーマを明らかにし、修正を試みる）	臨床心理士、認知行動療法を行う心理士

レグ：あぁ、決してキャップをとることはないから（質問されたことがない）。

総合医：それは興味深い。屋内ではどうしてますか。

レグ：家では脱ぐさ。でもね、誰かが入ってきたら、また被るのさ。パブにはよく行ったよ。そこでは「帽子は脱ぐこと」というルールがあって、野球帽を被った若い連中のためなんだが、それで取らされたこともあったよ。とても困ったさ —— 正直言って、今は昔ほど外出しないね。

総合医：それは困ったでしょうね。人目に付いたと感じただろうと分かります。日中は何をしているのですか。

レグ：大したことはしないよ。努力するほどのことは何もしないね。

総合医：ご存じの通り、あなたは異常ではありません。癌であったことはさておき、あなたの外見への変化は、自分で折り合いを付けることができます。

レグ：この歳じゃあ無理でしょ。本当に？

総合医：何歳でも可能です。男性でも女性でも —— 関係ありません。原

> 因もまた関係ありません。効果は同じです。緊張するから、あなたが
> 長年やってきたことをやめようとする、そして知らないうちに気分が
> 落ち込み始める……そうではありませんか?
>
> レグ:その通りだと……
>
> 総合医:それについてもっと知りたいと思いませんか。もっと情報を提供
> できる非常に優れた機関があるのを知っています……

　ここで総合医が行ったことは、慎重なやり方によるレグへの問題提起である。外見の変化がもたらしている問題を簡潔にまとめて共有し、レグは普通であると強調している。ここでの目標は、レグが示している反応が異常ではないことを、彼に理解させることである。同時に注意すべきことは、レグは歳を取っているから、他人に関心を持たれるようなことはすべきでない、という思い込みを持っていることである。促されなければ、レグからこうした問題を言い出すことはまずないだろう。しかし社会的回避のパターンの始まりが、そこに見て取れる。たとえ何歳であっても、社会的ネットワークを維持することは、良好なメンタルヘルスとウェルビーイングにとって保護因子となる。この総合医は、レグに何ら圧力はかけていない――特別なコーピング方略を提供するような介入も行っていない。しかし、問題を明らかにすることで、この不安が筋の通ったものであることをレグが認められるように、そしてそれに対処するように支援している。よく気の利く総合医なら、以下のように診察を締めくくることだろう。

　総合医:では、おそらく次にお会いしたときは、社会的側面からも、具合
　はどうかと確認できるでしょうね?

　(レグはチェンジング・フェイスのウェブサイトにアクセスして、診察時に勧められた情報を閲覧し、支援のための文献を入手した。)

レベル 2 での作業 （表 7.1）

症例 2

　ジャッキーは強皮症を持つ 32 歳の女性である。これは多系統自己免疫疾患であり、皮下の結合組織の変化の結果として、顔面の「こわばりや変形」をきたしうる。歯磨きや大きなものを食べようとする際に、十分に口を開けることが困難になるなどの機能的問題が生じる。顔の外見にも特徴的な変化が見られる。顔の可動性を改善するために、脂肪注入治療を受けていて、そのフォローアップの外来診察予約を取った。クリニックの看護師は注入部位を点検しながら、以下のように問いかけた。

看護師：とても良好そうです。感染の徴候はありません。注入した側は少し腫れていますが、徐々に落ち着いてきます。何かお感じになりますか。

ジャッキー：問題ありません。

看護師：少し失望されているように見えますが。

ジャッキー：ええ、正直に言うと……この腫れはやっかいで……困っています。長い間、ずっと期待していたんですが……

看護師：よく分かります。他の人はどう思っているでしょうか。友人やご家族は？

ジャッキー：皆、素敵です。しかし、ときどき思うのです。私に、自分のことを快く思うように安心させてくれているんだと。

看護師：ときどき、落ち込みを感じているように聞こえますね。

ジャッキー：大抵は大丈夫です。働いているときや、あまり深く考えずに何かをするときには。しかし、出かけようとすると、誰もが私の顔に気づくと考えてしまって……

看護師：人々が気づくと思いますか。彼らは何と言うでしょうか。

ジャッキー：言われることはありません。私を眺めているように感じられ、困惑して不安になるのです。顔が腫れているときには、外出するのをやめることもあります。

看護師：忘れてはいけないことは、初対面の人と会うとき、特に会話を始

めようとするときには、相手の顔を見るのが普通です。患者の外見について質問する人は多いのですが、それは単に好奇心からです。凝視や質問に対処するよい方法をお持ちですか。いつも、どのようにしていますか。

ジャッキー：誰も気づかなかったらいいのにと望むだけです……

看護師：うまく答えられたら、もっとリラックスできるでしょう。多くの人が有用だと言っている方法があります……たとえば、あなたの顔は、こちら側がまだ少し腫れていますね。誰かが、「怪我でもしたの？」と聞いてくることはありうるでしょう。たぶん、あなたはこんなふうに言えるでしょう。「いいえ、怪我ではなくて病気で、病院で治療を受けましたが、今は落ち着いてきています。痛みもありません」
　　どう思われますか？　何も言われないことを期待しているより、いいかもしれませんね。

ジャッキー：もう少し考えてみます……

看護師：ある意味、腫れは機会を与えてくれたのです。あなたの顔は違って見えますが、対処法を試してみる機会ができたのですから。あなたの述べる不安にどのように対処できているかについて、手応えを得られる機会でもあるのです。もし可能なら、不安が生じる場所へと出かけていくのもよい考えです。対処できるということを実感できます。この話は終わりにしましょう。それから、もう少し情報を提供したいと思います。優れた小冊子があるんですが、ウェブサイトの情報を見たら、もっと役に立つと感じるかもしれませんね……

　ここでの看護師のねらいは、限られた情報とアドバイスだけを提供することである。人が質問してくることに対して、1つの答えを示唆しようとしている。なぜならば、この女性の顔の一時的な腫れは、彼女が社会的侵襲を経験する可能性が高いことを意味しているからである。しかしこの看護師は、レベル3の社会的スキル習得を目指した体系的介入には進もうとしていない。

　このレベル1と2の両方の例で、医療専門職は総合的なケアを提供している。外見に関する不安を探索しながら、基本的支援を提供するために、基本的カウンセリング技術（要約、自由回答式質問、振り返りの組み合わせ）と「教えるのによい機会 teachable moment」を使っている。しかしこれは、患者とすでに

時間を共有しているスタッフにとっては、さらに時間を取らせるものではない。なぜならば、次段階の支援に向けて整った道筋ができあがっているからで、スタッフは自分がやるべきことの境界線を承知しているからである。多忙な医療専門職たちは、治療オプションや資料資源について自らが答えを提供できないような質問を、わざわざする気にはなれない。しかし、いったん道筋が整ってしまえば、問題を拾い上げ、早期に情報やアドバイスを提供できる点において、患者にもっとも近い位置にいる。さらなる資料として、巻末の「付録」を参照してほしい。

　こうした簡単な介入であっても、実際に行うことが非常に重要である。不安が起きる必然性を認め、コーピング・スキルを発達させることにより、いったん堅牢になってしまったら克服するのに長期間を要する社会的回避のパターンを、予防することができるからである。

レベル3での作業（表7.1）

> ### 症例3
> 　ダンはエンジニアである。家で日曜大工（DIY）をしていた際に、事故で指を1本失った。床を敷いていたとき、別の問題に気を取られていたからだと彼は考えている。注意をほんの少し怠ったために、回転式のこぎりが滑って、指を切ってしまった。指の第2関節のところで、きれいに切断された。彼は指の外見に不満は感じていないが、それを見た他人がどのように反応するかに不安を覚えていた。以下は心理学者が、彼への介入についてどのように対処したかを表している。

▪▪▪セッション1▪▪▪

■ 概略
　問題の抽出
　問題リストと治療目標の作成開始
　モデルへのガイダンス
　初期定式化

可能な時間枠の概略 —— 参加の必要性

初回のホームワーク評価質問表の完成、等

セラピスト：あなたが事故に遭って、指を失ったことは知っています。退院して以来、この件が引き起こしている問題について教えてくれますか。

ダン：ええ。仕事が問題です。プレゼンテーションをしなければなりませんし、人々が私の手を見て、どのように思うのか不安です。

セラピスト：それについて、どうお考えですか。

ダン：手術は素晴らしい出来だと思います。うまくやってくれたと思っています。ほとんど瘢痕は目立ちませんし、痛みもありません。この指でキーボード打ちも習っているところです。大変感謝しています。

セラピスト：あなたが困っていないのに、他人が困惑するだろうと考えるのはなぜですか。

ダン：思い浮かびません。しかし同僚が言うには、プレゼンテーションの時に人を動揺させたと。気がつかなかったのかと尋ねられました。正直言って、気づきませんでした。しかし今は、他人が動揺したとしたらどうしようかと思います。仕事場ではプレゼンをしなければならないし、もしできないと言ったなら、そのことで職を失うのではと心配をしてしまう。

セラピスト：分かりました。この同僚の話は終わりにしましょう。あなたの手の外見のことで、困惑している別の誰かに気づきましたか。

ダン：えぇと、ときどき、手を見て、二度見をする人に気づきます。

セラピスト：人々がそうするのはなぜだと思いますか。

ダン：何が起こったのかと、疑問を持っているのだと思います。

セラピスト：たぶん、あなたの想像は正しいでしょう。そうする人々に聞いて確かめたことはありますか。

ダン：いいえ。そんなことはできません。

セラピスト：あなたがそのようにしたとしたら、何が起こるでしょうか。

ダン：私は内気なんです。そんなことをして気が落ち着くことにはならないでしょう。

セラピスト：もしも誰かが、あなたの手のことを直接聞いてきたらどうしますか。その時は何を言おうと思いますか。

ダン：分かりません。聞いてこないことを望むだけです。電車に乗っているときには、新聞の下に手を隠したりなどします。

セラピスト：あなたがおっしゃったことを、まとめさせてください。あなたは事故に遭い、指を失った。手術の結果には満足している。傷跡はきれいで、痛むこともなく、それをうまく使いこなすこともできる。でも他人との間には、問題がある。他人がそれに気づき、時にそれにショックを受けるかもしれないと思うと、困惑した気持になる。それで正しいですか？

ダン：はい。

セラピスト：最初に、あなたの手を隠す戦略について考えてみましょう。隠そうとするのはとても自然なことです。しかし、手を隠し続けることはきわめて難しい。そう思いませんか。

ダン：ええ。ときどき忘れてしまって、そしてたまに、他人が手を見ているのが分かるのです。

セラピスト：そんなとき、あなたはどうしますか。

ダン：よくは分かりません。向こうを見たりして……

セラピスト：うまくいきますか。この方法は有用だと思いますか。

ダン：あまり思いません。席を変えたいと感じることもあります。違ったやり方があれば、そうしたいんですが。

セラピスト：こうした状況の中で起こることの1つは、誰もが居心地の悪さを感じるということです。あなたは居心地が悪いと感じる。なぜなら手を見られるから。他人も居心地の悪さを感じる。なぜなら相手に凝視していることを気づかれるから。これを打ち消すよい方法は、手については、あなたが気にしていないことを表すコメントを出すことです。とにかく、あなたは手の外見についてはとても満足しているとおっしゃいました。

ダン：ええ。

セラピスト：あなたが大丈夫ということを示せば、他者は安心することでしょう。相手を見ながら微笑んで……

ダン：しかし、その人は聞いてくるかもしれません……

セラピスト：はい、そうしてくるかもしれません。だから答えを用意して
おく必要があるのです。状況を少しでも明るくする答えを、何か思い
つきますか。ユーモアはとても有効に作用することが多いのです。相
手を微笑ませる何かを思いつきますか。

ダン：（頭を振ってみせる）

セラピスト：あなたが心地よいと感じる話でないといけません。あなたと
同じような外傷を負った別の患者は、このようなときにこう言いまし
た、「日曜大工仕事の統計データを増やしてやったのさ !!!」とね。

ダン：あぁ！　あなたの意図が分かりました。実際、私のことのように感
じました。それを書き留めてもいいでしょうか。

セラピスト：他人の反応に対処する準備ができていることで、あなたはも
う少し状況をコントロールできていると感じられますし、何かが起き
るのを待つよりも、あるいは他人が居心地悪く感じるよりもよいこと
だと分かるだろうと思います。また、あなたが手を隠そうとせず、先
のように振る舞えば、不安が湧き起こるようなことは少なくなるで
しょう。実際、プレゼンテーションの場合も同じです。

ダン：はい、私にもできるように思います。作業に入っても大丈夫だと思
いますか。

セラピスト：別の状況を試してみて、どれくらい心地よいかを知り、他に
もあなたの気に入るセリフがないか探してみるのはよい考えだと思い
ます。とにかくセリフを出してみて、それから使いこなす作業を考え
ましょう。あなたが求めているものは、あなたは自分の手について気
にしていないことを、きわめて明確に表現する言葉です。それで他人
が大丈夫でないというなら、それは先方の問題であって、あなたの問
題ではありません。

ダン：分かりました。そんなふうに考えたことはありませんでした……

　ダンにはそれから簡単なモニタリング方法が説明され、通勤途中にこの反応
を練習することが目標になった。2回目の面談は、4週間後となった。
　2回目の面談でのホームワークの振り返りによると、ダンは誰かが彼の手を
見ているときに、DIY に関してコメントする方略を使用していた。それにより、
微笑みから DIY に関する会話に至るまで、相手から様々な反応が生み出され

たが、ネガティブな反応は1つもなかった。

彼が行き着いた考えは、手のことが自分にとって問題でないならば、それに対する他人の感じ方について自分に責任はないということだった。この帰属のやり直しは、非常に有用なものとなった。事実、これまで他人に対して責任を負っていたことが腹立たしくなった。彼は信念を100%変えたのである。

前の例とは対照的に、今回は1回の介入だけで良好な結果が得られた例になった。鍵となったポイントは、

- 話し合った原則について素早く把握し、自らの状況に応用できる人もいる。この患者は、他者の反応に関する信念に著しくとらわれており、適応行動がとれなかった。しかし、1回のセッションと集中的な練習により、このとらわれを完全に改めることができた。
- 別の患者の例を使用することは、時に非常に有用である。これが最終的なレパートリーになるとは限らないが、すぐには原則を把握できない人たちには当面のアイデアとなり、すぐに行動実験を始める基礎を提供してくれる。
- 面談への紹介状に添付された関連資料は、何か言いにくいことや、その人に主たる不安を引き起こすことについて述べることを促すのに、非常に有用なきっかけを与えてくれる。心理学的介入に患者を紹介してくれる人たちは、外見に関連した問題に理解が乏しいことが多いため、このことは特に重要である［訳注：紹介者はアピアランス〈外見〉心理学の知識が乏しいことが多いため］。

これは介入療法のよい例である。こうした介入療法は、この領域の心理学やCBTの基礎知識がなくとも、比較的短期間の適切なトレーニングを受けた医療専門職によって提供されうるものである。代替方法として、Face IT プログラムのような、コンピュータを利用した介入療法を使用することもある。

Face IT を用いたレベル3での作業

Bessell ら（2010, 2012）は、変形に関連した不安を持つ人々に、レベル3の介入療法を提供するよう設計されたオンライン・プログラム（www.faceitonline.org.uk）

を開発した。保健スタッフによってスーパーバイズされるときには、ユーザーへの有効性についても（Bessell et al., 2010）、臨床での有効性（Bessell et al., 2012）についても評価されてきた。このプログラムおよび同様の小児向けのプログラムのYP Face IT（Williamson et al., 2012）は、単体の資源（資料）として発展しつつある。

　このプログラムは8つのモジュールからなり、それぞれを完了するのに約1時間を要する。結果には、気分と外見への不安に関して、標準化された測定値も含まれている。

- 可視的差異の概説
- 非言語的コミュニケーション
- 言語的コミュニケーション
- 目標の設定
- 認知構造の再構成
- 社会的スキルと不安への対処
- 曝露療法
- まとめ

　各モジュールの内容は、本書で論述するものにもとづいている。

　Bessell ら（2012）は、すべての年齢層に、そしてオンラインで資料を利用した経験がない人にも、このプログラムが良好に受け入れられていることを報告した。6ヵ月後のフォローアップでも不安は減少したままだという、有意な改善が示されていた。このプログラムは非常に価値のある追加資料を提供してくれるうえ、スーパーバイズのもとで、心理学を知らない保健スタッフでも実施することができる。単体の資源として使用された場合のプログラムの有効性はどうなのかについては、将来の研究で明らかにされるだろう。

CBT を用いたレベル4での作業

■治療計画とセッション・ガイド
CBT セッション・ガイドライン
CBT の典型的なコースは、各50分の10 〜 12のセッションで構成される。

初期のセッションでは、現存している問題について、前述した概念枠組みを用いながら理解することに焦点が当てられる（表7.1参照）。治療過程を通して収集されたエビデンスにもとづきながら、問題の定式化は持続的に更新されていくだろう。しかし初期のセッションでは、患者とともに目標設定を行い、記録管理、ホームワーク、参加順守の必要性について明瞭に打ち合わせを行いながら、問題へのアセスメントを行い、定式化を共有することに焦点を当てるべきである。後のセッションでは、固定化と維持に焦点が当てられていく。Wells（1997）の時間表を示す（図7.1参照）。

セッションのそれぞれが固有の構成を有している。しかし、常にホームワークの振り返りと、そのセッションでの課題agendaを出すところから始まる。課題の内容は、治療の段階に応じて変化していくが、通常は以下の内容をカバーしている（Wells, 1997から引用）。可視的差異を持つ人々にとっては、社会的スキルの訓練と発達が、各セッションの一部を形成することになるだろう。

1. **ホームワークの振り返り**
   - 自己報告データの振り返り（DAS24, HADS, 目立ちやすさと困惑、特定の指標測定）
   - 文章化された情報への反応
   - 思考モニタリングからのフィードバック

治療セッション											
1	2	3	4	5	6	7	8	9	10	11	12
A	A	A									
B	B	B	B								
	C	C	C	C	C	C	C	C	C		
							D	D	D	D	
								E	E	E	

A – アセスメントと症例の定式化
B – モデルの紹介と説明
C – 分析と再帰属。社会的スキル・トレーニングと他のスキル・トレーニングの紹介
D – スキーマの修正
E – 後戻り予防と維持の計画

図7.1　治療セッションでの時間表
（Wells, 1997. John Wiley & Sons, Ltd の許可のもと複製）

- 簡単な行動実験の結果
- ホームワークに伴う諸問題

2. ネガティブな自動思考（NATs: Negative Automatic Thoughts）／思い込みを明らかにすること。認知的・行動的な再帰属の遂行。たとえば、

- 直近で困難を感じた出来事
- 根拠に対する問いかけ（懐疑的反省）
- 行動実験
- 認知／思考のプロセスの分類

3. 定式化における思考と行動の新しい役割に関する議論。たとえば、

- 安全行動の効果
- 非確証の予防における回避行動の役割
- 行動に対する危険予測の影響
- ネガティブな思考が感情に及ぼす効果

4. 新たなホームワークの設定

- 無益だった思考の記録を明らかにする（確認する）
- 社会に出ること（露出）の増加と安全行動の減少
- 簡単な振り返り
- 注目と注意そらしの方略
- コンパッション（慈しむ心）に焦点を当てた技法
- 質問に答え、凝視に対処するための特別なコーピング・スキル

5. まとめとフィードバック

治療の時間表にあてはめると、セッション計画は以下のようになるだろう。

●セッション1

アセスメント

問題の抽出 —— ソクラテス式問答の使用

問題リスト作成と目標設定の開始

目立ちやすさと不安のグラフ／定式化の開始

内的羞恥と外的羞恥の根拠

魔法の杖 —— 各方向性への評価

モデルの説明 —— 症例提示による説明

関連研究の紹介

可能な時間表の概要 ── 参加継続の必要性

最初のホームワークであるアセスメント質問表の完成、等

《注目》 セラピストのホームワーク ── 患者の状態、治療の計画、治療
に関する事実を調べること（患者が呈している特別な状態について不慣れであ
るとしたら、可及的に理解するよう努める）

●セッション2
データの振り返り ── 特に高値を示した項目を明らかにする
セラピストによる観察データのフィードバック（社会的スキルについて）
課題の設定 ── 他の要因、モチベーション、変化へのレディネスの評価
自己効力感
社会的比較のプロセスの導入
顕出性と誘意性（円グラフ）
魔法の杖 ── 各方向性への評価
定式化の修正再表示
治療における協力者（治療の援助を友人などに頼むことの検討）
ホームワーク
まとめとフィードバック

●セッション3
ホームワークの振り返りと再定式化
課題の設定
評価スケールを用いた、行動モニタリングの導入
自己に焦点を当てた注意の役割
モデルの文脈における根拠の再検討
NATs（ネガティブな自動思考）の導入
ホームワーク
まとめとフィードバック

●**セッション4**

ホームワークの振り返りと再定式化

課題の設定

自己に焦点を当てた注意の役割

注意力に関するトレーニングの方略

認知の誤りの分類

信念の再帰属

安全行動

行動実験の計画

TTTT —— 質問への回答方略導入

ホームワーク

まとめとフィードバック

●**セッション5〜8**

ホームワークの振り返り

課題の設定

注意力に関するトレーニングの方略

症状に焦点を当てた再帰属

行動実験からのフィードバック

個人的なコーピング方略の発達

ホームワーク

まとめとフィードバック

●**セッション9〜11**

ホームワークの振り返り

課題の設定

症状に焦点を当てた再帰属

行動実験からのフィードバック

スキーマに焦点を当てた再帰属

終了に向けた準備

ホームワーク

まとめとフィードバック

臨床例

症例 4

　ジェーンにはベル麻痺（顔面神経麻痺）がある。妊娠中に自然発症したものである。特に治療は勧められず、医師からは、自然寛解するだろうと言われた。麻痺を持った外見のことがずっと頭を離れないため、子供が 1 歳になったときに紹介を受けた。彼女は復職したかったが、接客を含む仕事だったため、それは無理だと感じていた。医師には、「何もできることがありません。麻痺とともに生活することに慣れていくしかありません」と告げられていた。

　顔を覆うように髪を垂らし、化粧や宝飾品もしなかったので、若者のような身なりをしていた。全身、黒い服を着ていた。特に表情を作るとき、彼女の顔面神経麻痺は誰の目にも明らかだった。しかしそんなときは、うつむいて隠すようにしていた。アイコンタクトは苦手だった。向こうの方を見ながら、麻痺のない側の顔を相手に向けるよう、頭の位置を変えていた。

・・・セッション 1・・・

（基礎事項の紹介の後に）

セラピスト：あなたの不安について、何かおっしゃりたいことはあります
　　　　　か。あるいは、今日お見えになったきっかけは何だったのでしょうか。

ジェーン：私にはベル麻痺という状態があります。妊娠していたとき、すべては順調でした。ある朝、目覚めると、顔の片側が動かなくなっていたのです。

セラピスト：その時どう思いましたか。誰か同じようなことを経験したという話を聞いたことがありましたか。

ジェーン：いいえ……どうなったのか分かりませんでした。感染症にかかったんじゃないか、赤ちゃんにも感染するんじゃないかと、本当に心配になって医師のところへ行きました —— でも、医師にも十分に分かりませんでした。心配しないように、数週間でよくなるだろうと言われました。

セラピスト：それで変化は見られましたか？

ジェーン：いいえ。何も起こりませんでした。そのあと専門医のところへ行きましたが、手遅れで、今からできることは何もないと言われました。麻痺と付き合っていくことを学ぶだけです、と言うのです。

セラピスト：つまり、あなたはよくなるだろうと言われた —— しかし、そうならなかった。今は明らかに治療のしようがない。そのことを、どのように感じましたか。

ジェーン：本当に、本当に怒りを感じました。誰も興味ないでしょうけど —— これは私の顔なんです。まだ26歳なのに、まるで脳卒中になったかのように見えてしまうのです。

セラピスト：もしも他人が、あなたは脳卒中を患ったように思ったとしたら —— それはあなたにとって何を意味しますか。

ジェーン：分かりません —— 他人は私のことを見つめ、哀れに感じるでしょう。

セラピスト：その意味するところを、例を挙げて教えてくれますか。

ジェーン：はい。友人と一緒に赤ちゃんのための買い物をしに行ったんです。お茶を飲みながら、全部でどれくらいお金がかかるか話し合っていました。その時、そばにいた女性が、代金を支払うと申し出たのです。その人は、私のことを助けたいのだと……

セラピスト：なぜ、そう言ったのでしょうか。

ジェーン：分かりません。たぶん、私のことを気の毒に思ったんでしょう。私はとても驚きました。私のことをシングル・マザーだと考えたんで

しょう —— 分かりませんが。でも思うに、私の顔のせいだと思います。私は何も言いませんでした。その後、そのことがずっと頭から離れなくなってしまいました。その人は、自分を親切な人間だと思っていたと確信します。でも私は、そのことでひどい気持ちになりました。

セラピスト：興味深い考えですね —— 誰かがあなたのことを気の毒に感じた……確かに、代金を支払うなんて普通はしませんね。もしもあなたの推測が正しくて、気の毒に感じていたとしたらどうなるでしょうか。それは何を意味しますか。

ジェーン：私が醜いから、その人は気の毒に感じた、ということだと思います —— もう私は微笑むことができませんから。以前の私とは変わってしまったんです。人々は私を哀れみ、私はそのことに耐えられない……私は常に惨めな存在に見えるのです。誰に対しても怒りを感じます。私の夫に対してさえ —— 特に彼に対して。

セラピスト：あなたの顔のことについて、彼はどのように思っているでしょうか。

ジェーン：彼は理解していないと思う。彼はいい人です —— そんなことはどうでもいいことだと、彼は言います。でも、それはそう言うでしょう。この顔にどんな気持ちでいるか、彼は知らない。ずっと、そう考え続けてしまう……

セラピスト：この状況は非常に困難であるように聞こえます。他の誰か —— たとえば医師やあなたの夫は、とても些細な問題でしかないと言う。しかしあなたにとっては、人々の見方が変わってしまった、そして自分自身への見方も変わってしまった —— そして怒りを感じ、それが頭から離れない。このことは大きな変化だった —— 赤ちゃんのことを考えたいと思っているときなのに。

ジェーン：はい、その通りです。どうしたら対処できるか想像がつきません —— 対処なんてしたくない！　ただ、私の顔が元のようになればと願うだけです。

セラピスト：ちょっと考えてみましょう、私たちは魔法の杖を持っていると。あなたの顔の外見を変えることはできません。しかし、あなたにとって未来の生活が、今とはどれくらい違うことを願うか、ということは考えることができます。未来の生活が、どれほど変わっているか

を述べることができますか？　どうすれば実現できるでしょうか。あなたの日常生活は、どれくらい変化しているでしょうか。

ジェーン：もっと自分に自信を持っているだろうと……

セラピスト：（話を中断して）その通りです。しかし、あなたがしていることに対してどのように感じるか、その問題からは離れましょう……もしも今よりもっと自信を感じることができたなら、自信がないときにできなかったことで、何ができるでしょうか。

《注目》目標設定において、感情と行動を区別することは非常に重要である。たとえ完全に分けたとしても、人々は感情とそれに駆り立てられる行動についての話に戻ってしまうことが多い。区別することで、介入において変化させるための特別な目標に焦点を当て続けることができる。

ジェーン：うーん。まず、仕事に戻りたいのですが……

セラピスト：非常によい例があります（白板に以下のような維持サイクルを描き出す）（図 7.2）。

　最初のセッションは、問題を抽出して治療のさらなる目標を明らかにするために、型どおりの測定を含めて同じように続けられた。たとえば、ジェーンは外見における可視的差異について 8 点（10 点満点）と評価し、とらわれと不安を 10 点（10 点満点）とした（図 7.3）。

　ジェーンは外見における可視的差異について 8 点（10 点満点）と評価し、とらわれと不安を 10 点（10 点満点）とした。彼女の問題の定式化は、後述されるようにさらに詳しくまとめ上げられた。テンプレート表示でまとめを示す（図 7.4 参照）。

セラピスト：あなたは、この状態が人生に影響している様子について語りました。それは説明なしに、突然現れました。そしてあなたは、他人があなたの外見の問題に気づき、あなたに関して間違った思い込みをしていることに気づいています。人々が凝視している、コメントしてくる、質問をしてくることに気づいている。そして、自分は目立っているかのように感じている。

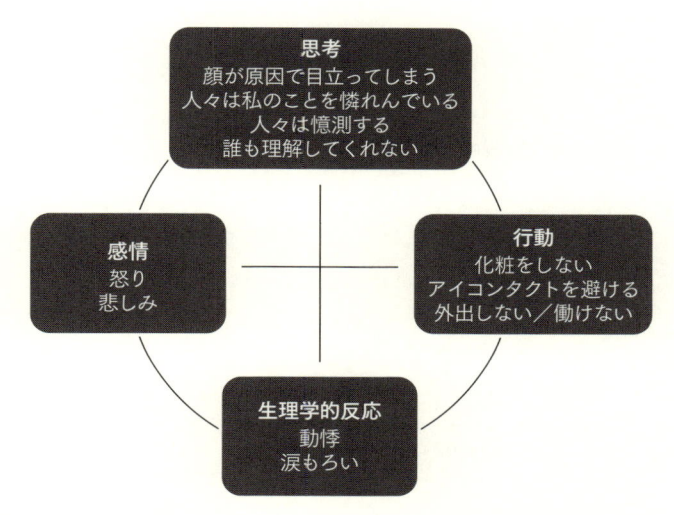

図 7.2　引き金となった出来事：店にいた女性が代金を払うと申し出た

図 7.3　目立ちやすさと不安のグラフ

　当然のことながら、このことはあなたを不愉快にさせ、顔のことで頭が一杯になる。この状況を変える方法が見つからないので、怒りも感じている。他人と会うときには不安を感じるので、今まで楽しんでできていたことも避けるようになった。復職はしたいが、外見のことが気になって踏み切れない。あなたのような状況にある多くの人々がそうであるように、あなたも自分を守るための行動をとり始めたのです。このセッションが始まってから気づいたことですが、あなたはう

クライアント：26 歳、既婚女性
幼少期：支持的家族、弟が 1 人
社会文化的背景：白人、デボン出身
身体の外見：妊娠中に発症した顔面神経麻痺

〉背景要因

個別的、社会的、治療（既往）的要因

年齢、性別、親や仲間に関する要因
文化とメディア、可視性、治療歴

外見のスキーマ：核心的信念と価値観
　例：「私の顔が私を規定する。私は醜い」

自己規定と思い込み
　例：治療して治るまで、仕事に就くことはできない

補償方略
　例：赤ちゃんのことに集中しようとしている

引き金となる出来事　　　　　　　　　　　　　　　　増悪要因
　例：社会での活動：一家そろって外出すること

外見の要因

自分が抱く理想の外見との乖離

顕出性／誘意性

持続のサイクル

持続要因

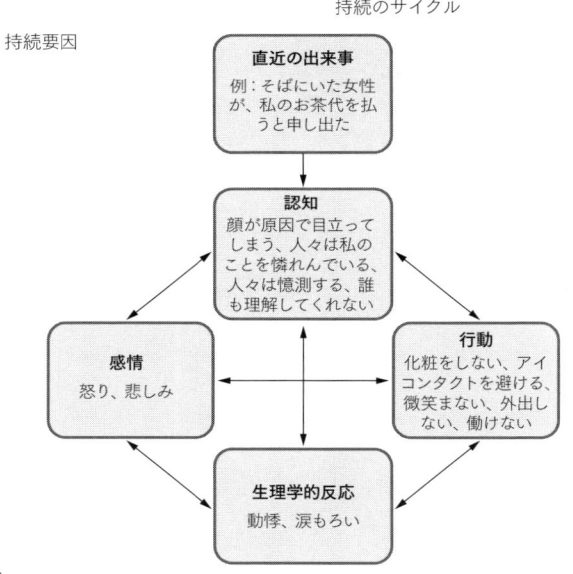

認知プロセス

ネガティブな評価への恐怖
社会的比較
ネガティブな帰属
選択的かつ自己中心的な注目

安全行動

鏡を用いた自己チェック
アイコンタクトの回避
微笑まないようにする
顔の前に髪を垂らす
顔のまわりを大きなスカーフで覆う
古着を着る

問題
　例：「かつてのようには、何もできない」

リジリエンスと長所　　　　　　　　　　　　　　　　保護要因
　非常に強い人間関係と家族の支援
　楽観的傾向
　複数の親友
　仕事熱心

図 7.4　CBT テンプレートによるジェーンの定式化の開始

つむいたり顔を隠したりします。しかし、リラックスしているときには、そうすることを自然とやめていますね。これは心理学で言うところの、安全行動にあたります —— そうしているとより安心できる、違いますか？（ジェーンは頷いた）しかし他人にとっては、あなたの顔を見ることができないときに話しかけることは、実際のところ難しくなるのです。お互いの目を見ながらの方が、意思疎通はずっと簡単になります……

　　他人に対処するのに —— あなたが述べた女性の場合のように —— 何が役立つかを明らかにすることから始めるべきだと思います。コントロールできていると感じられるようなやり方で。それは本当に実際的なものとなるでしょう —— 顔に関する質問を適切な答えで収めるとか、あなたから別のことへ注意をそらせるというように。もし日常生活で顔の問題を減少させることができるなら、顔について考えたり悩んだりすることも同時に減少させられます。納得できますか？　外科医が患者と同じ目標を持っているように、私たちも同じ目標を持っています。日常生活の中であなたがしたいすべてのことが、できるようになるために。しかし私たちは、違った方法で見つけようと思います。どういう意味かお分かりですか。

ジェーン：他人にとっては、それで OK だろうということは理解できます。しかし正直言って、私の見え方を、自分で受け入れられることなど想像もできない……

セラピスト：その時になれば、よく理解できると思います。実際、このように初期の段階では、どうしたら自分のことを違ったように感じられるようになるのか、見通せる人は多くありません。しかし、CBT を行ううえで確かなことは、多くの研究が行われ、この方法が有効であるというエビデンスが得られていることです。何年にもわたって見てきたすべての人々のことを考えてみれば、ほとんどの人は少々懐疑的なままで開始したといえます —— しかし、今回はいくつかの簡単な変化から始めますので、変化が生じていることがすぐに分かるでしょう。初期の成功を足がかりに、さらに先へ進むことができます。例を挙げましょう……（現実味のある例を示す）

　　納得がいきますか？

ジェーン：はい。自分のことをまだ違ったようには見られませんが、やってみようと思います。

セラピスト：それは素晴らしい。いったんやる気になれば、やり始めた頃よりも、自信は成長すると思います……決めた通りに参加してもらう必要があります。10のセッションに取り組み始める必要があります。ホームワークと私のための記録もお願いすることになります。それは次のセッションまでの時間も有効に使うためです。いいでしょうか？

家で完成させる質問表と測定スケールが渡され、次回の面談の予約を行った。

まとめ

セラピスト：まとめましょう。このセッションで、あなたの顔から生じたいくつかの問題と、復職したいなど、達成したいと思っているいくつかの目標を明らかにしました。こうした問題に対処するための方略を身につけていくのを助けるために、定期的に面談することにしましょう。あなたの外見に対して何もするつもりはありません。しかし、あなたに起こっている問題と、それにとらわれている程度を軽減させていきましょう。いいでしょうか？

・・・セッション2・・・

■ データの振り返り

DASスコアについての議論

DASスコアは高いレベルで社会的回避が予測されるパターンを示していた。

このことがジェーンに対して示され、安全行動としての社会的回避の役割に光が当てられた。DAS24[1]では性生活における問題も示され、これは定式化に加えられた（図7.5参照）。HADSスコアでは、中等度の不安と軽度の抑うつが見られた。これらは、社会的状況の中での予期不安と喪失感に伴う抑うつ気分という観点から議論される。

セラピストによる観察データのフィードバック（社会的スキル）
　ジェーンはアイコンタクトがうまくなって、セラピストの方を直接見られるようになってきている。これはセラピストによって認められ、強化された。

■ 課題の設定
　モチベーション、変化へのレディネス（準備）、自己効力感。

社会的比較のプロセスの導入
　メディアが発するメッセージの中で、外見と成功とがどう結びつけられているかについて、セラピストが話す。ジェーンは自分の外見、髪の毛、服装の選択などについてコメントを求められる。「考えること自体が無意味だ」（例：「今はこんなふうにしか見えないから、きれいに着飾るのは無意味なことだ」）。反論について検討しよう —— 他人は私のことをどう見ているか。他人によって評価される様々な特性について、考えを深めるために円グラフが用いられる。自分と親友の評価を比べてみる。彼女にとって顔の外見がもっとも重要なものであるという信念の強さを導き出す。最後のセッションの後は、80点（100点満点）から10点に減少した。

■ 定式化の修正再表示
　セラピスト：この顔の状態が、何の前触れもなく突然に現れたという点について考えてきました。あなたは人々が凝視してくることに気づいている。コメントをされたり質問を受けたりして、あなたは顔のことで目立っていると信じている —— あたかも浮き出ているかのように。

1　DAS24は外見への不安の問題の説明を始めるのに非常に有用である。なぜならば、多くの人が最初は自らの不安を明かそうとしないからであり、また、このスケールに含まれる社会的回避の例に納得がいくからである。

核心的信念と価値観
例：「私の顔が私を規定する。私は醜い」

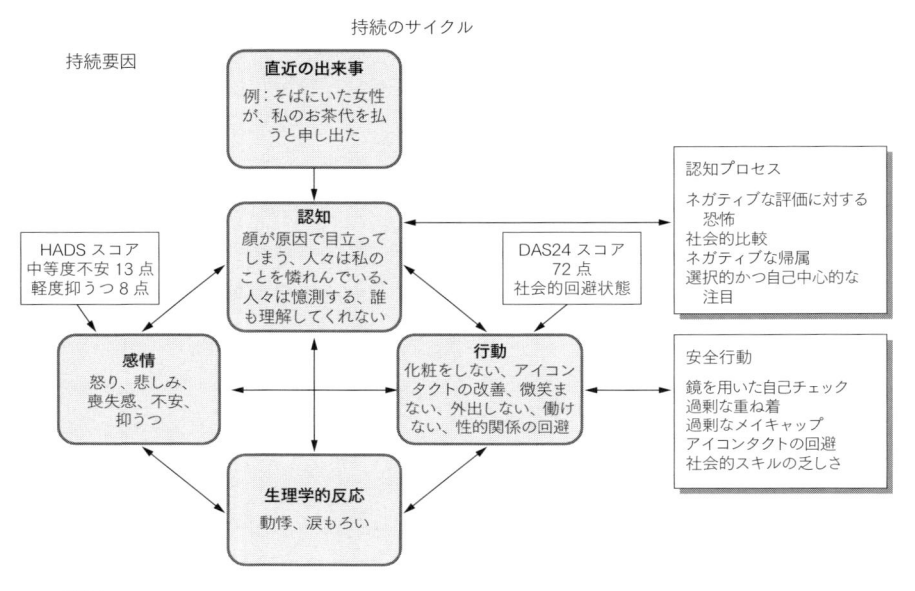

持続のサイクル

持続要因

直近の出来事
例：そばにいた女性が、私のお茶代を払うと申し出た

認知
顔が原因で目立ってしまう、人々は私のことを憐れんでいる、人々は憶測する、誰も理解してくれない

HADS スコア
中等度不安 13 点
軽度抑うつ 8 点

DAS24 スコア
72 点
社会的回避状態

認知プロセス
ネガティブな評価に対する恐怖
社会的比較
ネガティブな帰属
選択的かつ自己中心的な注目

感情
怒り、悲しみ、喪失感、不安、抑うつ

行動
化粧をしない、アイコンタクトの改善、微笑まない、外出しない、働けない、性的関係の回避

安全行動
鏡を用いた自己チェック
過剰な重ね着
過剰なメイキャップ
アイコンタクトの回避
社会的スキルの乏しさ

生理学的反応
動悸、涙もろい

問題
例：「かつてのようには、何もできない」

リジリエンスと長所
非常に強い人間関係と家族の支援
楽観的傾向
複数の親友
仕事熱心

保護要因

セラピストからの観察データのフィードバック（社会的スキル）
ジェーンはアイコンタクトをよく使うようになり、セラピストを直接見られるようになった。このことは確認され、補強されてきている。

課題の設定
モチベーション、変化へのレディネス、自己効力感

図 7.5　再定式化

　そして、人々はあなたについて間違った思い込みを持ち、時に哀れみさえ感じていると信じている。
　当然ながら、こうした信念はあなたに不幸を感じさせ、顔のことで頭が一杯になった状態にしてしまう。人と会うのが不安になり、こんなことが自分に起こったことに抑うつ感を感じる。時に動悸を感じ、時に緊張を感じ、涙を流してしまう。同時に行動を変えもした。化粧

をしなくなり、髪型を変えた。人々を見るのを避け、人々はあなたの顔を見ることができなくなった。質問表によると、パートナーとの関係まで悪影響を受けていることにも気づいている。したいと願っている復職についても、いまだ取り組めていない。しかし前回のセッションから変化し始めていることも、私たちは分かっています。もう他人から顔を隠そうとはしないし、アイコンタクトも仕方も良くなりました。その結果として、あなたに話しかけるのがずっと簡単になったことが、私には分かります。顔はあなたのことを決定的に表すものだという信念を変えるために、あなたは親友のことを考えるようなやり方をすることにしました —— このことにより、何が起こったのかについてあなたのパートナーがどう考えているかが、より簡単に理解できるようになります……今までとは違うように感じたり考えたりできるように、この思考パターンを変えられるような方法について考えましょう。そして目標を達成するために、これがどれくらい役に立つのかを考えましょう……

■ 患者の理解を導き出す

治療を支援してくれる仲間

このプログラムで、パートナーがジェーンを援助できる方法を議論する。彼女は次回のセッションで、彼と同伴してくることを決めた。

ホームワーク

行動実験：

セラピスト：あなたの服装の着こなしについて、最初に話し合ったことを思い出してください。それは安全を求める行動ではありませんか？私は次のことを確かめるために、実験をしてみることをお勧めします。あなたの顔に何かまずいことがあるなどと信じていないかのように装うことが、より役に立つ方法なのか否か。これにより、少なくとも３つのことが分かるでしょう。すなわち、そんなふうに装うことはできないという信念は正しいのか。そんな装いをしたら、安全ではなくなるという思い込みは正しいのか。そして、そんなふうに装うことに伴

う不安感に耐えられないという信念は正しいのか。そのことを確認するために、次のセッションまでの間にあなたに何ができるかを聞きたいと思います。

ジェーン：えーと。また化粧をしてみることは始められます。

セラピスト：素晴らしい。服装についても、以前と同じようなものを着ることをお勧めしたいのですが。

ジェーン：うーん。出かけるときにドレスを着ることはできると思います。

セラピスト：いいでしょう。あなたは難しいんじゃないかと思うかもしれません。しかし、この段階では、行動実験のための課題を探すための作業というくらいに考えましょう。今、何回くらいなら、こうしたことが試せると思いますか。

記録作業を行う。
まとめとフィードバック

▪ ▪ ▪ セッション3 ▪ ▪ ▪

ジェーンが夫を同伴して訪れた。

■ ホームワークの振り返りと再定式化

ジェーンは明るい色のTシャツを着、化粧をしてきた。姿勢とアイコンタクトは普通である。以前よりもリラックスしていて、よく微笑むように見えた。ホームワークの振り返りを行う。彼女は、妊娠する前から持っていた服を着て、スカーフはやめていた。記録表を確認する。彼女は家族から褒められていた。外見へのとらわれの割合は、7点（10点満点）である。夫は、彼女が抑うつ的ではなくなり、よりポジティブになったと感じている。ジェーンは夫に、治療モデルについて説明した。

■ 課題の設定

評価スケールを用いた行動モニタリングの導入。ジェーンは毎日何を着たかについて、簡単な記録をすでに付け始めていた。今は、安全行動を減らすことと、もっと出かけることによって活動性のレベルを高めることに、実験行動が

拡大されてきている。

■ 彼女の顔に対する質問への対処法の導入

彼女は、麻痺があっても満足していると発言するようになった。

■ 自己に焦点を当てた注意の役割

行動方略は、彼女がどのように感じているのかにではなく、何が起きているのかに焦点が当てられる。夫は彼女を援助する役になった。社会的状況の中では、夫が彼女に同伴し、会話を助けることに同意した。もしも誰かが彼女の顔のことについて彼に尋ねたら、彼もまた答える。もちろん、彼女が同意した内容をである。

■ TTTT

今週の目標を設定する。「もし〜だったらどうなるか」式の質問を用いたトラブルシューティング。モデルの文脈においてエビデンスを振り返る。

NATs を導入する。

■ ホームワーク

赤ちゃんを連れて、夫と一緒に動物園に行く。「役に立たない信念の記録」を用いた記録を行う。

まとめとフィードバック

・・・セッション 4 ・・・

■ ホームワークの振り返りと再定式化

彼女はモデルに選んだ場所を訪れ、自身でさらなる行動を追加した。記録によると、人々が彼女のことを見ていたことに気づいている。1 人の子供が母親に、「なぜあの人は、変な笑い方をするの？」と尋ねた。そこでジェーンは練習してきた答えを使って、その母親と妊娠について談笑をしたのである。彼女は他人の反応について、非常にポジティブに感じた。夫は非常に支援的で喜んでいた。自己効力感の割合は高まった。彼女はこのモデルについて述べることができる。彼女の言うことには、進歩できているのは自分でも分かるが、仕事

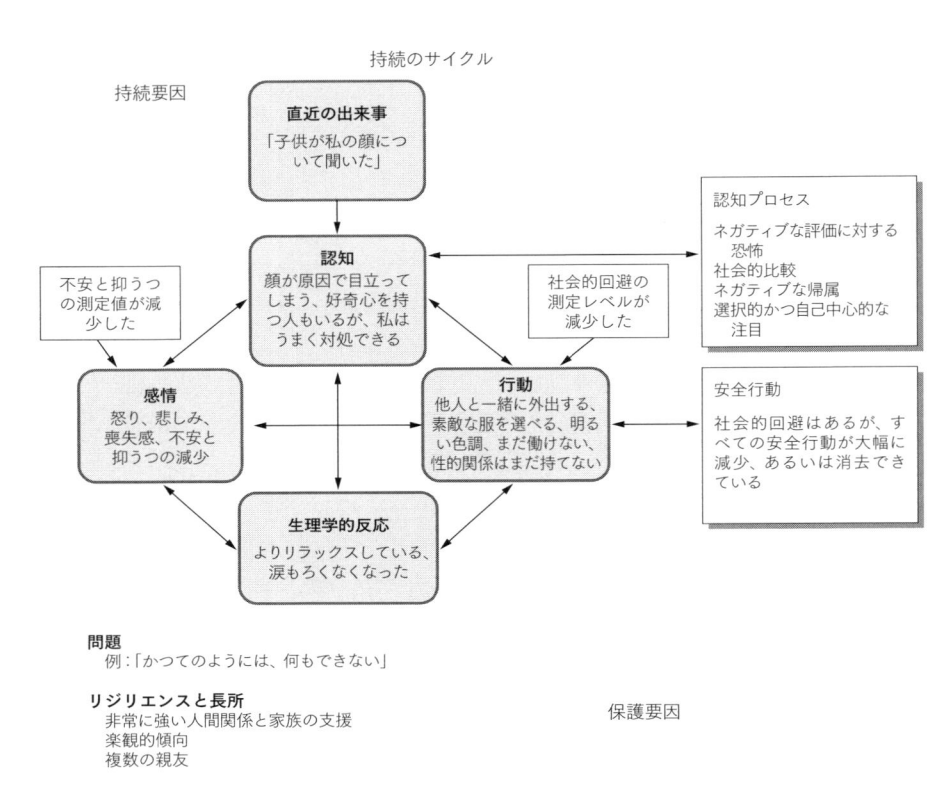

図 7.6　持続要因の再定式化

に戻るにはまだ不安がある。人々が考えていることに対処するための「脚本を書いている」ことに、非常に緊張を感じるという（図7.6参照）。

■ 課題の設定

自己に焦点を当てた注意の役割

皆が凝視してくるという経験は、Strenta & Kleck（1985）が実験について述べた文脈の中で議論されている（第3章「予期過程と事後過程」を参照）。

NATs の再検討、認知プロセスのスタイル分類、信念に関する再帰属については、Strenta & Kleck（1985）のモデルを用いて検討されている。

- 安全行動、社会的回避、社会的スキルは、安全行動（例：アイコンタクトをしない）における彼女自身の変化を通して描かれる。反証を妨げる回避行動の役割は、この文脈において描かれる。

■ 信念の再帰属

「私の外見が、人々がどのように反応してくるかを決定づける」対「私の行動が、人々がどのように反応してくるかを決定づける」。

■ 行動実験の計画

TTTT —— 質問に答え、凝視に対処するためのさらなる段階となる。

■ ホームワーク

社会的活動を増やすこと：
3列コラム法を用いて、知覚した凝視をモニタリングする。反論を生み出す。
赤ちゃんを連れて、近所の乳幼児と親たちのグループに接触する。
美容院へ行く。
まとめとフィードバック

▪▪▪セッション5▪▪▪

■ ホームワークの振り返り

　社会的活動：スーパーマーケットに行ったり友人と会ったり、一般的な日常行動を含めて、多くのことを行っている。彼女は人々に見られていることに気づいていて、不安と動揺を感じている。彼女の感情を支えている思考の偏りを探索して、他人の好奇心という観点から、自動思考で浮かぶ内容とは異なる説明と再帰属を検討すること。彼女は「オール・オア・ナッシング式の思考」パターンを示している。もしも誰かが気づいたと感じれば、このことが引き金となって、「決して」復職できない、決して独りでは夢をかなえられないなどの、目立ちやすさに関する別の思考を誘発する。彼女は、こうしたパターンを自ら明らかにすることができる。

　乳幼児の親たちの集団は難しい。彼女はそのうちの誰も知らず、凝視に対して話しかけて答えることが難しいと感じている。皆が何を考えているのかで頭

が一杯になる。保育園に関する会話の途中で、ついに誰かが顔のことについて尋ねた —— 彼女は不意打ちされたように感じて、あらかじめ計画していたようには答えを返せなかった。「それでも何か喋ろうとしどろもどろになっているうちに、その気の毒な相手は、退屈してこわばっているように見えた」。

> セラピスト：退屈すると、誰でもそうなることがあると思いませんか。
> ジェーン：ありうると思います —— はい。
> セラピスト：私たちが喋っていることに、周りの人々がたまたま興味がないということだけで、誰もが常に同じように感じるわけではありません。

　この会話では、心を読むという考えについて、そして他人が考えていることを「知っている（分かっている）」という根拠に、他人の行動を利用してしまう衝動について、議論が進んだ。
　ジェーンは失望感を感じていたので、美容院へ行くというホームワークの項目を完遂できなかった。社会的回避および恐怖感に反証できないことについて、議論が交わされた。

■ 課題の設定

　フィードバックと次の段階の計画として、ホームワークに焦点を当てる。進歩は一進一退を繰り返しながらであると言って安心させる。患者に、他の成功事例を思い出させる。失敗といえるものは存在しない。美容院を訪れるためには、どんな変化が必要だろうか。

■ 注意力に関するトレーニングのための方略

　今とこの場所、そして会話スキルに焦点を当てる。

■ 個人的なコーピング方法の発達

　可視的差異へのさらなる対処方法には、先回りする、主導権を取る、質問を終わらせる、などがある。これらは差し出がましい手法でもある。

■ホームワーク

NATs と認知プロセス・スタイルを記録しながら、活動に関する自己観察を続ける。

美容院へ行く。

まとめとフィードバック

••••セッション6••••

■ホームワークの振り返り

彼女は新しい髪型でやって来た！　彼女が用いた方略は、髪の毛を柔らかくしたいと美容師に話しかけ、麻痺についても説明するというものだった。こうしたやり方で情報提示が可能であることを、彼女は指摘した。誰かが気づくのではないかと心配するのではなく、顔に生じている差異について説明ができた。チェンジング・フェイスの情報を読んで参考にしながら、説明の中にユーモアを組み入れる方法を練習してきたのだった。「昔の私が喋っているかのように」思えたと彼女は述べた。夫との親密さも戻り、性生活にも支障がなくなった。そして自然と復職に向けた話をするようになった。

課題の設定

■目立ちやすさと不安の測定

現在の不安は3点（10点満点）に下がり、目立ちやすさは6点（10点満点）に下がった。彼女は顔のことを以前ほど考えなくなったので、実際に他者に対しても目立ちにくくなったと感じていることに驚いている。

■信念の再帰属

外見は重要であるが、自分をどのように提示し、どのように行動するかを通じて、関わりのある人たちを自分がコントロールすることができる。彼女は自尊感情をより高く評価し、「より大きな自信を感じる」ようになった。

■行動実験からのフィードバック

彼女は認知プロセス・スタイルを明らかにすることができ、思考の連鎖の始

まりを意識することができる。他人の心を読もうとしていると意識したとき、彼女は「始めるな！」と自分に話しかける。

■ 個人的なコーピング方法の発達

質問への答えには、3つの異なる方法が用意されている。

■ ホームワーク

前回のホームワークを継続して行い、電話での作業 —— 訪問を申し入れ、人事課の面談を求めることを追加する。

まとめとフィードバック

治療に関して非常に積極的になった。そして彼女は、「峠を越えた」と感じた。

･･･セッション 7 ･･･

■ ホームワークの振り返り

今週、彼女は人事面談を受ける。

■ 課題の設定

面接の準備と顔への質問に対処することに焦点を当てる。不安の感情の再帰属 ——「誰もが面接では緊張する」。面接で顔についてどのように語るかを準備する。行動実験からのフィードバック：夫と一緒に行動実験を行い、1つの質問に対処した。大抵の人は気づきすらしない ——「皆、自分のことで手一杯なのだ」。

■ スキーマに焦点を当てた再帰属

彼女がしたいことを達成する際に、外見はどれほど重要なのだろうか。「私がどのように自分を見せるか、そして人々が私に対して持つ印象、という意味では外見は重要である —— しかし、ほとんどの時間、私はコントロールすることができる」。夫が「顔のことは重要ではない」と言ったとき、その真意を今は理解できると、彼女は自然と言えるようになった。重要ではあるが、もはや最重要なことではない。なぜならば、彼女や人々が重きを置いている彼女の本当の価値に、外見は悪影響を及ぼさないからである —— 顔のことで、彼女

の価値が下がることはない。

「私の価値は顔だけで決まらない。確かに私の顔は通常とは異なっているが、私を異常な存在にするわけではない」。

■ 終了への準備

4回のセッションで終了させる計画。

■ ホームワーク

人事面接への準備と記録。
まとめとフィードバック

▪▪▪セッション8▪▪▪

■ ホームワークの振り返り

彼女は面接に行った。面接官は異なる仕事（対面接触が少ない仕事）へ就くことを期待していることが分かった。彼女は顔のことを考慮する必要はないと言い、元の職へのパートタイムでの復帰を交渉した。「大喜び」。そんなことができるとは思いもしなかった。顔の状態があることで、彼女は他人が抱える問題に対して、洞察を持てるようになったと説明した。職場で多くの友人と会った──皆が彼女の復帰にとても前向きだった。

■ スキーマに焦点を当てた再帰属

外見とその重要性に関して、根底にある思い込みについて検討する。彼女は、自分と弟の扱われ方の違いと関連付けることができる。「母はいつも私にはかわいいと言ってくれた。弟には賢い子でいなさいと言っていた」──だから私は子供の頃、かわいいということが、私が愛される理由だと単純に思い込んでいた。今に至るまで、このことを考えたことはなかった……でも今なら分かる……それに、本当に幸せだと感じる……心配して、愛してくれる多くの人々がいること。それは顔に対してではないということを……

■ 終了計画

彼女は早期の復職を勧められた。うまくやっていけると感じている。セッ

ションは短縮された。次回の最終セッションでは、対応能力の維持に焦点を当てることになった。

■ ホームワーク

以前のホームワーク日記を振り返り、復習したい分野を明らかにする。

<h2 style="text-align:center">・・・セッション 9 ・・・</h2>

■ ホームワークの振り返り

日記を振り返った。チェンジング・フェイスの文献を読み返した。相手からの質問に対して、以下のような「停止させる」反応をレパートリーに加えた。「いつか（変形に関することを）全部話すつもりです —— しかし、差し障りがなければ、このメールはこれで終了にしたいと思います。今日は、少し早めに帰宅しなければなりませんので」。

■ 課題

継続すること。シグナル：古い思考パターンに戻っていないかを明らかにする。記録ノートを再読し、NATs に対処する。「悪い日もある」ということを受け入れる。

結果の測定スケールで最終評価を行う。目立ちやすさは、今は 4 点（10 点満点）。不安は 1 点（10 点満点）。DAS24 と HADS は正常範囲だった。

6ヵ月後に、もう 1 回のセッションが予定された。

■ 結果

ジェーンは復職し、6ヵ月のうちに昇進することができた。当初はパートタイムでの復職を計画したが、ベビーシッターを雇うことで赤ちゃんの保育に支障をきたすことがないと分かり、勤務日を増やした。同様に、復職に当たり午前中だけの勤務を計画していたが、考えていたよりも疲労が少ないことが分かり、早々に通常の日勤勤務パターンに変更した。

ジェーンは 2 年後までフォローアップとなった。彼女のポジティブな行動変化は維持された。自分のことについて、「今はとても調子がよい」と述べ、他者の好奇心にも対処でき、顔の外見について自意識が高まることもないと述べ

クライアント：26歳、既婚女性
幼少期：支持的家族、弟が1人
社会文化的背景：白人、デボン出身
身体の外見：妊娠中に発症した顔面神経麻痺

） 背景要因

個別的、社会的、治療（既往）的要因

年齢、性別、親や仲間に関する要因
文化とメディア、可視性、治療歴

外見のスキーマ：核心的信念と価値観
例：「私は顔によって規定されない。私は醜くない。私がどんな外見でも、人は愛してくれる」

自己規定と思い込み
例：やりたいことを達成するために、私は顔（外見）を変える必要はない。

補償方略
例：赤ちゃんのことに集中しようとしている

増悪要因

外見の要因

自分が抱く理想の外見との乖離

顕出性／誘意性

引き金となる出来事
例：社会での活動：一家そろって外出すること

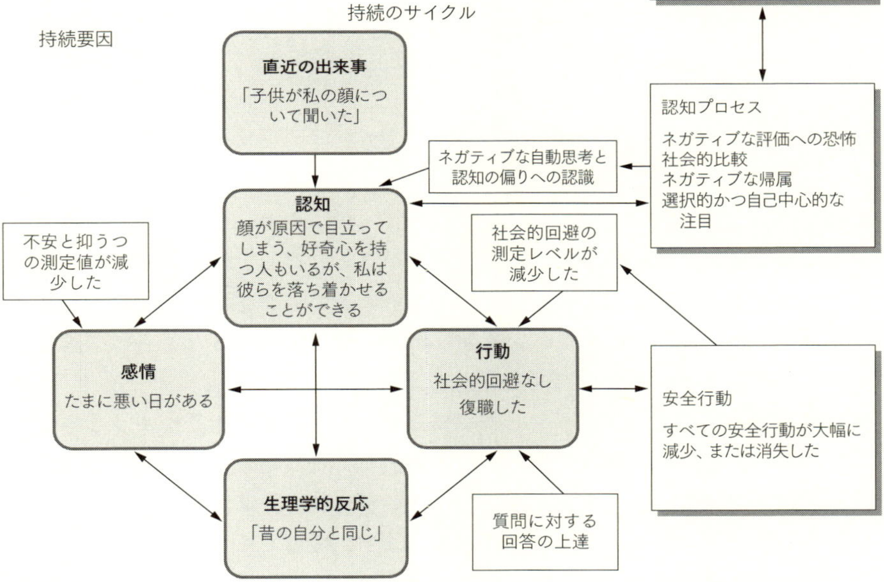

持続のサイクル

持続要因

直近の出来事
「子供が私の顔について聞いた」

ネガティブな自動思考と認知の偏りへの認識

認知プロセス

ネガティブな評価への恐怖
社会的比較
ネガティブな帰属
選択的かつ自己中心的な注目

認知
顔が原因で目立ってしまう、好奇心を持つ人もいるが、私は彼らを落ち着かせることができる

不安と抑うつの測定値が減少した

社会的回避の測定レベルが減少した

感情
たまに悪い日がある

行動
社会的回避なし
復職した

安全行動

すべての安全行動が大幅に減少、または消失した

生理学的反応
「昔の自分と同じ」

質問に対する回答の上達

問題
例：すべての治療目標に達した

リジリエンスと長所
非常に強い人間関係と家族の支援
楽観的傾向
複数の親友
仕事熱心

保護要因

図7.7 治療終了時のジェーンの CBT テンプレート

た（図 7.7 参照）。

症例 5

　ディアドラには、病的肥満治療の胃絞扼術後の余剰皮膚がある。過剰体重の 100％ を減量することができたが、最大で 20 ストーン［訳注：1 ストーン＝ 6.35Kg］あったうち、合計で 10 ストーンを減量した。食事制限の工夫に成功し、少量ずつ頻回に食べ、そして食べられる限界の量を明らかにできた。糖尿病の治療薬は必要なくなり、血圧は正常化した。子供たちとこれまで以上に遊んでやることができるようになり、手術については何の後悔もしていなかった。しかし、お腹には余剰皮膚が残された。ジーンズの上から革のブーツを履き、ルーズトップスを着て、流行を着こなしている。髪は長く、化粧をしてアクセサリーを身につけている（図 7.8 参照）。

・・・セッション 1・・・

（基本的導入紹介の後で）

セラピスト：体に関して不安に思っていること、そして今回の面談を申し込むきっかけとなったことについて教えてくれますか。

ディアドラ：私は 10 ストーン減量しました。今はいたるところに余剰皮膚があります ── とてもひどいことです。

セラピスト：このことを予想していましたか。胃の手術を受けようと考えていたときに、余剰皮膚について検討していたことを思い出せますか。

ディアドラ：ええ。「ところで、後にいくらか余剰皮膚が発生するかもしれません」と言われたのを思い出します。でもこんなに悪い状態になるとは思っていませんでした。減量がもたらす影響について、心の準備ができていませんでした。

セラピスト：そのことをもう少し詳しく、そしてどのように悪影響を与えているのか教えてくれますか。

ディアドラ：恐怖以外の何ものでもありません。服を着ているときは問題ありません。皆、とても褒めてくれます。それは、人々は服の下にある余剰皮膚のことを知らないからです。

セラピスト：手術の結果は素晴らしく、人生を変えることができた ──

治療セッション

1	2	3	4	5	6	7	8	9	10	11	12
A	A	A									
B	B	B	B								
		C	C	C	C	C	C	C	C	C	C
							D	D	D	D	
								E	E	E	

A – アセスメントと症例の定式化
B – モデルの紹介と説明
C – 分析と再帰属。社会的スキル・トレーニングと他のスキル・トレーニングの紹介
D – スキーマの修正
E – 後戻り予防と維持の計画

図 7.8　治療スケジュール

　　あなたは余分な体重を減量でき、多くの健康上の利益を得た。誰もが
　　あなたのことを素敵だと言う。しかしあなたは、服の下にあるものを
　　知っている。それで間違いありませんか？

ディアドラ：はい、その通りです —— その姿は……ひどいものです。

セラピスト：では問題を整理しましょう。想像してみてください。あなた
　　はちょうどシャワーを浴びたところです。鏡に映る自分の裸を見てい
　　ます……

ディアドラ：（遮って）……私はそんなことはしません……自分を見ること
　　なんてできない……

セラピスト：そうしているところを想像だけしてください。目を閉じて、
　　家での自分自身を想像できればいいんです。鏡の中のあなたを見て、
　　何が見えるか教えてください。

ディアドラ：それは……私ではない……この皮膚が……（泣き始める）
　　……

セラピスト：あなたを、明らかに動揺させるのですね。ちょっと一息入れ
　　ましょう……どんな感じがするか教えてください。このように自分自
　　身を見るとき、どんな感情が湧きますか。

ディアドラ：ちょうど……気分が悪くなり……嫌悪感を催します。

セラピスト：つまり、自分の体を見るとき、気分が悪くなり嫌悪感を覚え

る。合ってますか？

ディアドラ：はい……私はそうなるとして、他の人たちはどうでしょうか。夫を近づかせることができなくて、彼とは別れました。新しい人と会っても、近づけることができません。私の外見がこんなふうになって、どうして私のことを見せられるでしょうか？

セラピスト：私の考えが正しいかどうか、確かめさせてください。あなたは気分が悪くなって動揺するため、自分自身を見ることを避けている ── あなたは嫌悪感という言葉を使いました ── あなたが見たものが原因で。まるで二重生活をしているように聞こえます。あなたの姿を、誰もが称賛し、祝ってくれている ── しかし、服の下に本当のあなたの姿についての恥ずべき秘密を持っているかのようです……

ディアドラ：はい、その通りです。

セラピスト：もしも他人があなたの本当の姿を見ることになったとしたら ── 何が起こりますか。

ディアドラ：見せることなんてありえません。そんなことはできない。

セラピスト：子供たちはどうですか。

ディアドラ：ええ、はい。あの子たちは見ています ── 私がお風呂から出たとき。時には私のお腹を突いたりして……。でも、「ママ、そのお腹どうしたの？」と言います。そうすると気分が悪くなります。

セラピスト：つまり、子供たちは気づいていて、不思議がっている ── お腹が違って見えるから。しかし、彼らは動揺しているようには聞こえませんが。違いますか？

ディアドラ：いいえ、私が思うには……実際に笑っているし、どろどろした感じだと言っているし……

セラピスト：つまり、違って見える何かであるかもしれないが、必ずしも恐ろしいものではないと感じているのではないかと思うのですが。そんなことは考えられませんか？

ディアドラ：うーん。私にはそう感じにくいかも……

セラピスト：他の人はどうなんでしょうか ── たとえば、あなたの新しいパートナーとかは。

ディアドラ：自分のことに気分が良くなければ、決して彼に見せることはないでしょう。

セラピスト：何が起こると思いますか。起こりうることの中で、何が一番悪いことだと思いますか。

ディアドラ：えぇと、彼が一瞥をして、……私にはできない……

セラピスト：彼はどうするでしょうか。

ディアドラ：私と同じことを考えるでしょう。彼の表情が目に浮かびます。

セラピスト：つまり、彼も嫌悪感を持つだろうと……それは何を意味しますか。

ディアドラ：彼を失うことを意味します。また独りになってしまいます。私は自分の体を台無しにしてしまいました。私はもう終わりです。

セラピスト：その考え方は破滅的すぎますね。あなたがおっしゃったことを、まとめさせてください。あなたは大きな変化を経験した。そして達成するために大変な努力をしてきた。あなたの姿は全く変わった。あなたのことが分からないので、人々は通りで出会ってもあなたのことに気づかないと言いました。あなたは全く新しいアイデンティティを持ったかのように話しました —— 非常に頑張って、何年にもわたって試みてきたことを達成した。つまり、それは本当に良いことと感じてもいいのではないでしょうか。しかし、大きな犠牲もついてきた。事態を悪化させているのは、そのことを誰にも話せないことである。あなたには恥じている大きな秘密がある。なぜならば、あなたはひどく嫌悪感を催すと実際に信じている。そして、それを知った人たちは皆、あなたから逃げ去るだろうと……

ディアドラ：はい、その通りです。

セラピスト：できることといえば、隠し続けることだけ。本当の姿を隠し、パートナーと距離を取り続ける。しかし同時に、それは本当の人間関係ではない。つまり、解決しようとする対処自体が問題の一部分でもある。どちらの方法をとるにせよ、恐れていることは、独りになってしまうことです。

ディアドラ：はい。私はまだ若い。独りにはなりたくない。でもどうしたらいいのか想像もつかない —— この皮膚を切り取りさえできれば……

セラピスト：ちょっと想像してみましょう。私たちは魔法の杖を持っている。皮膚の外見を変えようとはしていない。しかし、あなたが自分の

人生をどのように違ったものにしたいかについて、考えることはでき
る。あなたの人生がどのように違っていたらいいと思うか、教えてく
れますか。あなたは何をしているでしょうか。日常生活はどのように
違っているでしょうか。

ディアドラ：えぇと。まずは、性生活を持てるようになるでしょう……そ
れから、こんな重ね着をやめることができるかな。子供たちを水泳に
連れて行くこともできるかな。

セラピスト：いいでしょう。それではリストを作りましょう。

　最初のセッションでは問題を明らかにし、治療のさらなる目標を決めるため
に続けられた。

　ディアドラの目立ちやすさと不安の自己評価は、グラフに示されている（図
7.9 参照）。セッションの後、補完のために追加的な心理測定も一緒に行われた
（この患者には、DAS24 と HADS、それに親密性の測定が加えられた）。

　彼女の外見の可視的差異への評価は 10 点（10 点満点）で、とらわれと不安
は 10 点（10 点満点）であった。

　その後、彼女の問題の定式化が後述のように作成され、別枠にまとめられて
いる。

セラピスト：あなたは、この余剰皮膚が人生に影響を与えているさまにつ
いて述べました。余剰皮膚が生じるといくぶんかは予測していたにも
かかわらず ―― 実際にそれにうまく対処しているのに ――「それが
もたらすだろう影響力について準備ができていなかった」と言いまし
た。それは邪魔になり、それを見ることができなくなった。なぜなら、
そのことを考えると身体的に調子が悪くなり、嫌悪感が生じるからで
す。それはちょうど、一所懸命に働いているときや、誰もが褒めてく
れるときに起こります。あなたは 1 つの問題を別の問題に置き換え
たようです。

　当然のことですが、このことに本当に脅かされ、不幸に感じ、余剰
皮膚をすべて秘密にしておくことで頭が一杯になってしまう。あな
たはやりたいことを行うことから逃げている ―― 特に、パートナー
と親密にすることから、子供たちを水泳に連れて行くようなことまで。

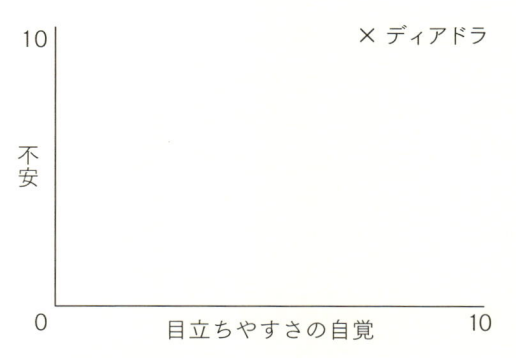

図 7.9　目立ちやすさと不安のグラフ

目立ちやすさと不安のグラフは、初回セッションで完成させる。なぜならば、初期定式化に対して直接的な情報を提供するからである。また、治療目標と CBT アプローチの理論的根拠の説明にも有用である。

なぜならば、誰もがあなたを見るときに、あなたと同じように嫌悪感を感じるだろうと思っているからです —— 子供たちはこういうふうには感じていないことをあなたは分かっているにもかかわらず。しっかりと皮膚を締め付ける下着を着て、上からルーズなトップスでそれを隠す、こうしたことのすべてが羞恥の感覚と、発見されてしまうかもしれない秘密を持っているという感覚を増大させます。

　こうした経過にあるのはあなただけではありません。この手術を受けた多くの人々は余剰皮膚を経験し、あなたと同じように、その影響力に驚きます。しかし、あなたのように、自分を守るためにとる行動は —— それは安全行動と呼ばれるもので、自分の体を見なかったり触れなかったりするようなことですが —— それは皮膚自体よりも大きな問題をもたらし始めるのです。しかし、私たちは大きな変化をもたらすことができます —— 実際に変化するのです —— もしも皮膚に対して違ったやり方で対処できるようになれば、人々の生活に大きな変化を起こすことができます。

　私がしようとしていることは、すべてのことを図表あるいはモデルとして表すことです。そうすると、すべてのことが、どのように相互に関連しているかを理解しやすくなります。変えられることもありますが、変えられないこともあります。そうすることで、変えられる物

事に焦点を当てられるようになります。そして、自分を守るためにしていることが、実は逆効果になっているかもしれないことを知ることができます —— あるいは、他にもっと有用かもしれない何かに、置き換えられそうかどうかを。あなたの皮膚が日常生活で障害になっていることについて、もしもその程度を減少させることができたなら、それについて考え、不安を持つことも減少するでしょう。お分かりでしょうか。つまり、私たちは外科医と同様、日常生活の中であなたがしたいことすべてをできるようにするという同じ目標を持っているのです。しかし、私たちは、違った方法で着手しようとしています。たとえば、私たちはあなたが鏡に映る自分の姿を見て、自分の体に触れて洗うことができるようになることを望んでいます。

ディアドラ：ええ、私を援助しようとしてくれていることには感謝します —— でも、問題はこの皮膚なのです。もし、この皮膚を取り除くことができないなら、話し合ったことのうち、どれほどのことが助けになるのか分かりません……でも、何かを始めなければならない……

セラピスト：何から始めればいいのか分かりにくいと思います。しかし、私たちはこのモデルに何度も立ち返り、そして何が問題なのか、やり続けねばならないことは何かを自らに言い聞かせ続けることになるでしょう。それと同時に、何かをしなければならないことをあなたは認識しますが、それこそが大きな第一歩なのです。成功するために第一歩を踏み出しさえすれば変えられると信じることが、ほとんどの人にできる唯一のことだと思います。多くの新しいことがそうであるように、自分で経験しなければならないのです。もしもこの取り組みへのモチベーションが感じられるようになったなら、それができるというあなたの自信は、進むにつれより強くなっていくでしょう……ですので、私たちで決めた面談にあなたはきちんと参加する必要がありますし、まずは6回のセッションから始めることになっています。そして、家でやるべき実際的なことを私は指示します。やったことを私に知らせるために記録しておいてください。次のセッションまでの期間を、同じように有効に使うことができるようにするためです。よろしいでしょうか？

家で完成させるための質問表と評価スケールが渡され、次回の面談が決められた。

■ まとめ

　セラピスト：まとめましょう。今回のセッションではいくつかの問題を明らかにしようとしてきました。あなたの皮膚が引き起こしている問題。あなたが達成したいと思う目標。たとえば、自分の体を見て、触れること。子供たちを水泳に連れて行き、パートナーと親密な関係を持つことができるようになること。こうした問題に対処するための方略を身につけていくことを助けるために、定期的にお会いしましょう。皮膚のことについては、何もしませんが、皮膚が引き起こしている問題と、それにとらわれている程度を、減少させるようにしましょう。よろしいですか？

《注目》胃絞扼術やバイパス手術による過大な体重減少後、あるいは食事やエクササイズのやり方を変えることによって体重を減少させた人々には、余剰皮膚が生じることが非常に多い。この患者が述べた問題は、余剰皮膚が「嫌悪感」の引き金になるということを含めて、非常に典型的である。患者が自分の体を見るのを避けることが多いのは、嫌悪感のみならず、気分が悪くなるリスクを避けるためである。患者の中には、治療セッション中に、自分の体のことを熟考したり触れたりすることを求められると、実際に吐き気を催す人もいる。身体イメージや変形の学術研究において、嫌悪感という感情の役割が見落とされてきたことを私たちは提唱してきた。そして、変形をきたしている状態に対して（Shanmugarajah et al., 2012）、また創傷ケアの自己管理に対して（Gaind et al., 2011）も、嫌悪感についての感受性が反応を予測することを示唆する予備調査結果を報告している。もしも嫌悪感が、認知的評価というよりはむしろ情動的反応であるならば、治療を開始するにあたって、曝露の反復によって嫌悪感の反応に慣れさせていくことを目的とした、行動の修正から始めることを強調したい。

••••**セッション2**••••

■データの振り返り

DAS・HADSスコアの検討

　これらは社会的回避を予測するパターンと高いレベルで一致する。このことがディアドラにおいて指摘され、安全行動としての社会的回避が浮かび上がった。DAS24も性的親密性における問題を指摘していた。HADSは軽度の不安と軽度の抑うつを示していた。これらは社会的状況での予期不安と感情喪失に関連した抑うつ気分と解釈される。

　モチベーション、変化へのレディネス、自己効力感：ディアドラは定式化のモデルに興味を持った。測定値には納得がいったし、他にも同じ問題を抱えている人がいることに、とても安心させられもした。彼女は、さらに熱心に治療に取り組んでいるようだった。「昨夜、娘の具合が悪く、今日の予約をキャンセルしなければならないかと不安でした」。

■社会的比較のプロセスの導入

　セラピストはメディアが発信するメッセージにおける、外見と（人生における）成功との結びつけ方について説明する。ディアドラは、自分の外見と、彼女が自分の身体に対して「オール・オア・ナッシング」式に考えているという点について、コメントするよう求められる（例：かつて私のような容姿の人はいなかった。「今はこんなふうになってしまって、誰も私と関わり合いたくないだろう」）。反論を検証する——「普通の」女性はどのように見えるのかについて話し合うために、別の普通の女性の写真を使用する。他の人たちは、私のことをどのように見るのか（ネガティブな評価への恐怖心）。円グラフが用いられ、他人が評価する様々な特性について考えを深められる（外見の顕出性と誘意性）。自分と親友を比べる。彼女にとって身体の外見はもっとも重要なものだという信念の強度を抽出する。80点（100点満点）から30点に減少した。

幼少期体験の調査

　彼女はずっと肥満であった。母親はシングルマザーで2人の娘を育てた。「とても忙しく、2つの仕事を掛け持ちしていた」。そしてテイクアウトの食べ物ばかり利用していた。周りの子供たちは情け容赦なく、外見のことで彼女

を罵った。授業でゲームをしていたときに差恥心を感じたことを覚えている
――誰も、自分のチームに彼女を入れたがらなかったのだ。彼女は誰とも話
さず、ゲームがある日は、学校から逃げ出した。彼女はやけ食いをするように
なり、悪習慣が身についてしまった。彼女の前の夫はシフト制勤務だったので、
彼女が子供の食事の用意をしていたが、その合間によくつまみ食いをしていた。
生涯にわたる悪習慣とジャンクフードとやけ食いが、肥満の原因であると説明
している。これらの事項は、差恥心に関連した長期にわたる核心的信念として
定式化に加えられ、議論される。

■ 定式化の修正再表示

　セラピスト：あなたが生涯にわたる肥満の末、ついに措置を講じたことに
　　　　ついて、そして体重減少を通じてどのような自己イメージを持ったの
　　　　かについて、一緒に考えてきました。あなたには目標があったのです。
　　　　ずっとあなたがなりたいと願っていたような「私」になることを、最
　　　　終的には達成することができました。この「理想の自分」は、部分的
　　　　には雑誌やテレビのイメージによって脚色されています。あなたはま
　　　　た着飾ることを考え始め、特大サイズ専門店ではなく、おしゃれな店
　　　　で衣服を探し始めました。その頃からです。余剰皮膚が深刻な問題と
　　　　なり始めたのは。たとえエクササイズをしようとも、これはどうする
　　　　こともできなかった。あなたは術後の自分の体を見てから、嫌悪感を
　　　　強く感じるようになりました。自分の体への差恥の感情は、幼い頃の
　　　　学校での経験に似たものでした。そして、この問題を回避するために、
　　　　同じ方法を用いるようになった。私が持った全体的な印象は、このよ
　　　　うな落胆の感情です ―― あなたは体重に対して取り組み、結局同じ
　　　　ような、むしろもっと悪く感じさせる別の問題を作り出したのです。

　　　　それで、こうした事柄を図に書き込むと、それぞれすべてのことが、
　　　　お互いにつながっているのが分かりますか。この持続のサイクルを見
　　　　れば、自分の体について信じていることが、自分の体を見るときに感
　　　　じる身体的感覚と同様に、あなたがどのように感じているかというこ
　　　　とや、自分自身を守ろうとしている行動に結びついていることが分か
　　　　るでしょう。

　　　　今までとは違ったふうに感じたり考えたりできるように、どうした

らこの過程を変えられるのかについて、そしてどうしたら目標を達成することができるのかについて、考え始める必要があります。

■ 患者の理解を引き出す

セラピスト：行動について考えることから始めたいと思います。あなたは自分自身について触れることを避けているために、何が起こりそうかということに関して、正確な根拠がありません。あなたは、自分のことを「分かっている」と思っている。しかし、起こりそうにないことや、思うほど悪くもないことを予測している。と同時に、何かを行えば行うほど、あなたが経験する恐怖や不安は減ったり消失したりするだろうと、私たちは理解しています。これが回避に伴う問題なのです。それがあなたの間違いを証明する機会を妨げているのです。もしも回避を減らすことができたなら、何が起こるのかを観察してほしいと思います。シャワーを浴びているとき、お腹の皮膚を、手で触れて洗ってみてください。シャワー用のクリームを付けて皮膚をゆっくりとマッサージして、あなたの体をいたわることに集中してみてください。もしもそうしたなら、何が起こるだろうと思いますか。

ディアドラ：とてもできません —— すでに気分が悪くなり始めて……

セラピスト：起こりうることの中で、最悪のことは何ですか。

ディアドラ：気分が悪くなると……

セラピスト：それから何が起こりますか。

ディアドラ：シャワーを浴びるとき —— そこはもっとも気分が悪くなる場所だと思う……

セラピスト：もしも今、それを行えば、対処できると思いますよ。まず、不安対処エクササイズを教えたいと思います —— とても簡単な呼吸法テクニックです。それから状況についてあなたに説明しますので、どんな気分がしたか教えてください。いいですか？

このセッションでは、引き続き呼吸法のエクササイズが行われた。ディアドラは、シャワーを浴びる過程と、お腹の皮膚に触れて洗っているところを述べるように求められた。嫌悪感のスコアは、苦悩のスケール（SUDS）の主観的単位（0〜10点）で評価された。イメージ・トレーニングは SUDS が低下する

まで続けられ、ディアドラは初期の不安に対処するために、呼吸法エクササイズを続けた。皮膚について述べる際には、中立的な言葉を使用することが勧められた。すなわち、価値を判定するような言葉（忌避的、嫌悪的、不快な）ではなく、柔らかい、しめった、ふわふわしているなどの表現である。

《注目》理論的見地からすると、ここで起こっていることは非常に興味深い。古典的な消去パラダイムに似ている一方で、馴化／曝露といった議論に説得力があるとみる心理学者もいるだろう。嫌悪感のような理屈抜きの経験と同様に、行動実験にもとづいた認知の変化を強調する者もいるだろう。呼吸法エクササイズやその他の「コーピング方略」は、安全であるというシグナルの役割を引き受けることがあると思い出すことも重要である。それらは、セラピストが探索したいと思うことである（たとえその方略を勧めて教えていたとしても）。これには優れた総説が存在する（Thwaites & Freeman, 2005）。

■ 思いやりのある思考の導入

[訳注：原文 compassion の訳語は状況により「思いやりのある」「慈しむ心」「慈悲の心」などを使い分けている。]

ホームワーク

行動による曝露。毎日、お腹を手で触れて洗うこと。記録管理の導入。

まとめとフィードバック

▪▪▪セッション3▪▪▪

■ ホームワークの振り返りと再定式化

ディアドラは以前よりリラックスしているようで、微笑むことも多い。ホームワークの振り返り：彼女はシャワーで自分のお腹をマッサージし、SUDS を記録していた。最初は困惑した感情を述べている —— 気分が悪くなり、長い時間、自分に触れることが難しかった。その後、SUDS は 8 点（10 点満点）から 3 点に落ち、それから 6 点に戻って、また 2 点に落ちた。慈しむケアという観点から考えることと、自分が使っている言葉を修正することが、有用であると分かった。

「これは私の体。健康な体。面倒をみてあげる」

彼女は、鏡で自分の姿を見ることで、一歩前進した。自分の姿は好きになれなかったが、自身を見ることを避けないように努めた。嫌悪感と不安感による身体的反応は減っていった。

外見へのとらわれのスコアは、10 点（10 点満点）のままだった。

再定式化（図 7.10、図 7.11、図 7.12）。

■ 課題の設定

測定スケールを用いた行動モニタリングを振り返る。

■ TTTT

今週は、さらなる目標を設定する。「もしも～だとしたらどうなるか」という質問を用いたトラブル解決作業。モデルの文脈の中での根拠を振り返る。

■ NATs の導入

ホームワーク

シャワーでのルーティンを継続すること。鏡を見ながらの第 2 段階として、慈しむ心のエクササイズのリハーサルを導入。曝露作業に加えて、NATs の記録を行う。

まとめとフィードバック

・・・セッション 4 ・・・

定式化や、モデルの説明、目標の設定を支持したり修正したりするために、データを使用することを強調する。不安感への対処、曝露実験の結果分析、ネガティブな自動思考と認知の歪みに関する分析、言葉や行動による再帰属を行う。

■ ホームワークの振り返りと再定式化

ディアドラは毎日作業をこなしていき、SUDS の値は低下した。今では自分の体を見ることができ、気分が悪くなることなく皮膚にも触れることができる。これほど自分が進歩したことを喜んでいる。他人に目立ちやすいと感じる程

クライアント：32歳、離婚しているが2人の子供あり（6歳と8歳）
幼少期：小児期より肥満、体型でいじめを受けていた
社会文化的背景：白人、ロンドン育ち。姉妹も肥満
身体の外見：（現在は）スタイルのよいスリム体型。メイキャップもする

外見のスキーマ：核心的信念と価値観
　例：「私は人に嫌悪感を与える。私の体は不格好で損なわれている」

自己規定と思い込み
　例：余剰の皮膚を取り除かねば、決して他人と関係を持つことができない。

補償方略
　例：掃除。家はいつも整頓してコントロールを欠かさない

引き金となる出来事
　例：将来のパートナーとなる可能性のある人と会う

背景要因	個別的、社会的、治療（既往）的要因 年齢、性別、親や仲間に関する要因 文化とメディア、可視性、治療歴
	外見の要因 自分が抱く理想の外見との乖離 顕出性／誘意性
増悪要因	

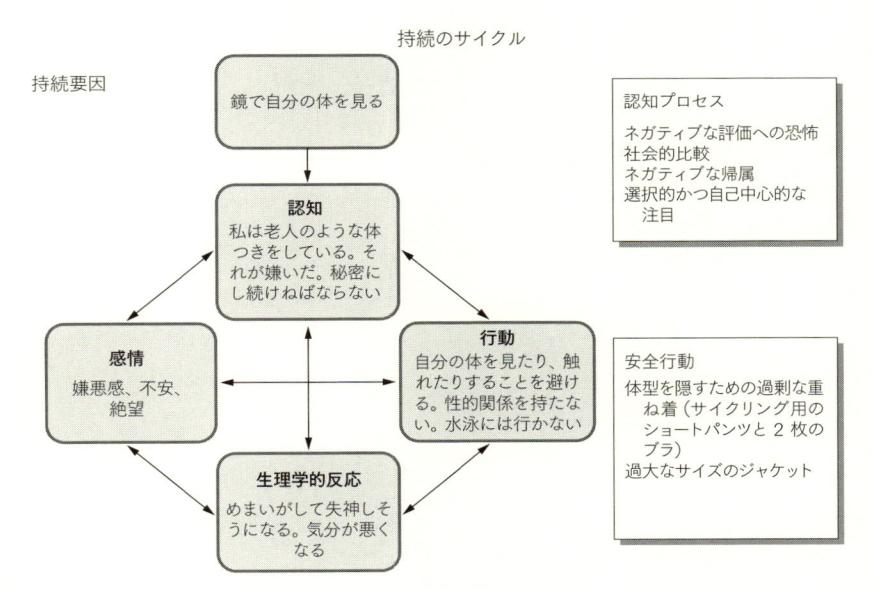

持続のサイクル

持続要因

鏡で自分の体を見る

認知
私は老人のような体つきをしている。それが嫌いだ。秘密にし続けねばならない

感情
嫌悪感、不安、絶望

行動
自分の体を見たり、触れたりすることを避ける。性的関係を持たない。水泳には行かない

生理学的反応
めまいがして失神しそうになる。気分が悪くなる

認知プロセス
ネガティブな評価への恐怖
社会的比較
ネガティブな帰属
選択的かつ自己中心的な注目

安全行動
体型を隠すための過剰な重ね着（サイクリング用のショートパンツと2枚のブラ）
過大なサイズのジャケット

問題
　例：「自分の体を見たり触ったりできない。性的関係を持てない。水泳に行けない、等」

リジリエンスと長所
　姉妹とパートナーは支援的
　楽観的傾向
　複数の親友
　母とは仲が良い

保護要因

図7.10　ディアドラの最初の定式化

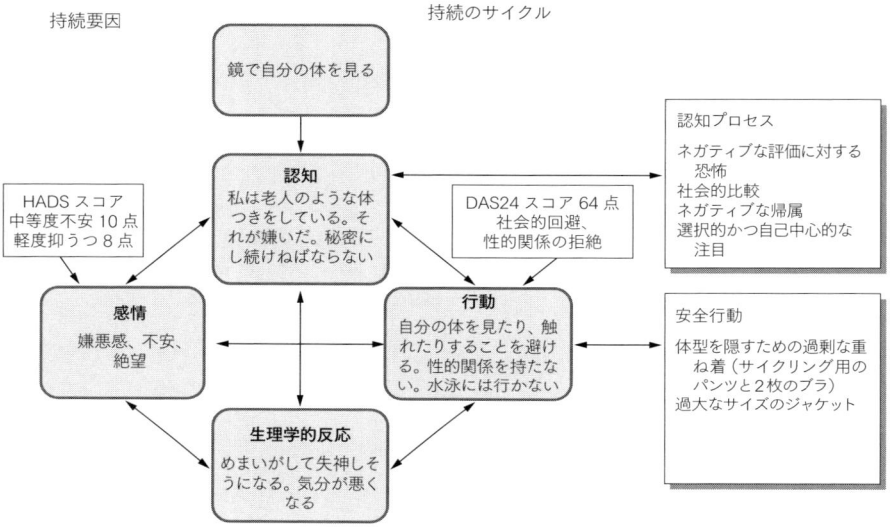

核心的信念と価値観
　例：「私は人に嫌悪感を与える。私の体は不格好で損なわれている」

持続要因　　　　　　　　　　　　　　　　持続のサイクル

鏡で自分の体を見る

認知
私は老人のような体つきをしている。それが嫌いだ。秘密にし続けねばならない

認知プロセス
ネガティブな評価に対する恐怖
社会的比較
ネガティブな帰属
選択的かつ自己中心的な注目

HADSスコア
中等度不安10点
軽度抑うつ8点

DAS24スコア64点
社会的回避、
性的関係の拒絶

感情
嫌悪感、不安、絶望

行動
自分の体を見たり、触れたりすることを避ける。性的関係を持たない。水泳には行かない

安全行動
体型を隠すための過剰な重ね着（サイクリング用のパンツと2枚のブラ）
過大なサイズのジャケット

生理学的反応
めまいがして失神しそうになる。気分が悪くなる

問題
　例：「自分の体を見たり触ったりできない。性的関係を持てない。
　　　水泳に行けない、等」

リジリエンスと長所　　　　　　　　　　　　　保護要因
　姉妹とパートナーは支援的
　楽観的傾向
　複数の親友
　母とは仲が良い

課題の設定

図7.11　再定式化

度と、不安とのスコアも変化している。皮膚の目立ちやすさに対しては10点（10点満点）を付けたが、それへのとらわれは少なくなっていると感じている（8点）。「皮膚について考えると、本当に落ち込んでしまいますが、少しはましになってきていると思います」。モデルは再検討され、構成要素間の関係が調べられた。

クライアント：32歳、離婚しているが2人の子供あり（6歳と8歳）
幼少期：小児期より肥満、体型でいじめを受けていた
社会文化的背景：白人、ロンドン育ち。姉妹も肥満
身体の外見：（現在は）スタイルのよいスリム体型。メイキャップもする

外見のスキーマ：核心的信念と価値観
　　例：「私は人に嫌悪感を与える。私の体は不格好で損なわれている」

自己規定と思い込み
　　例：余剰の皮膚を取り除かねば、決して他人と関係を持つことができない

補償方略
　　例：掃除。家はいつも整頓してコントロールを欠かさない

引き金となる出来事
　　例：将来のパートナーとなる可能性のある人と会う

｝ 背景要因

個別的、社会的、治療（既往）的要因

年齢、性別、親や仲間に関する要因
文化とメディア、可視性、治療歴

外見の要因

自分が抱く理想の外見との乖離

顕出性／誘意性

増悪要因

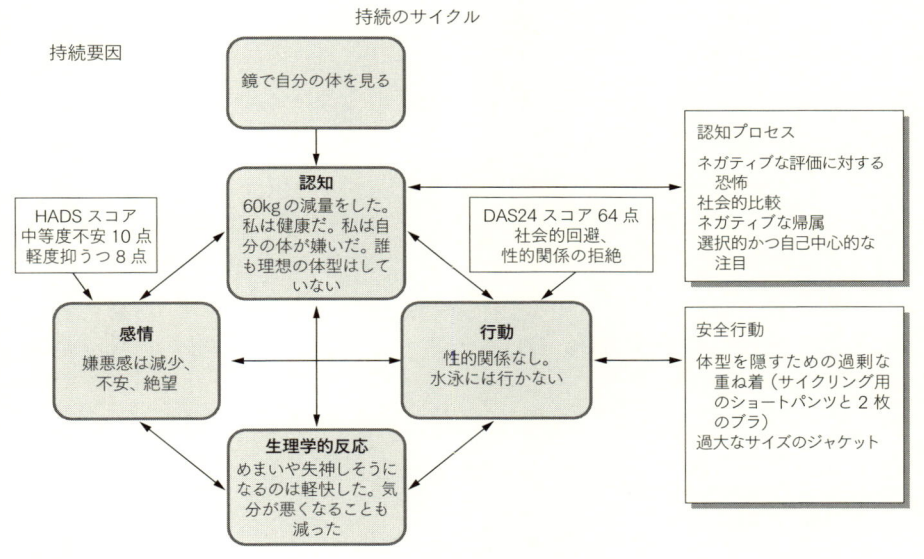

持続のサイクル

持続要因

鏡で自分の体を見る

認知
60kgの減量をした。私は健康だ。私は自分の体が嫌いだ。誰も理想の体型はしていない

HADS スコア
中等度不安 10 点
軽度抑うつ 8 点

DAS24 スコア 64 点
社会的回避、
性的関係の拒絶

感情
嫌悪感は減少、
不安、絶望

行動
性的関係なし。
水泳には行かない

生理学的反応
めまいや失神しそうになるのは軽快した。気分が悪くなることも減った

認知プロセス

ネガティブな評価に対する恐怖
社会的比較
ネガティブな帰属
選択的かつ自己中心的な注目

安全行動

体型を隠すための過剰な重ね着（サイクリング用のショートパンツと2枚のブラ）
過大なサイズのジャケット

問題
　　例：「自分の体を見たり触ったりできない。性的関係を持てない。
　　　　水泳に行けない、等」

保護要因

リジリエンスと長所
　　姉妹とパートナーは支援的
　　楽観的傾向
　　複数の親友
　　母とは仲が良い

図 7.12　ホームワーク後の再定式化

■ 課題の設定

NATs の再検討、認知処理スタイルの分類、信念に関する再帰属

ディアドラは、行動実験（曝露）と嫌悪感を伴う反応の習慣化を結びつけることができる。同時に、彼女のきれい好きや整頓好きは、嫌悪感への感受性の高さに関連していること、そして他人は彼女とは異なった指向を持っていることも認めている。それゆえに、他者は、人がどのように見えるべきかについて、異なる基準を持っていることも認めることができる（信念の再帰属）。

安全行動：回避を維持させている安全行動の役割と、思い込みへの反証を妨げる回避の役割について再検討する。

■ 信念の再帰属

「自分の体に関して抱いていた感情や思考は、過去の経験によって、そして外見の情報を選択したり使用したりする方法によって形成されている。他人の経験や価値観は、全く異なるものである」

彼女のパートナーが外見に対してどのような感情を持っているかについて話し合う。彼自身はどのような外見なのか。彼は、外見について強く投資をしているように見えるか（高い顕出性）。たとえば、ジムに通ったり、流行の服を買ったりするのが好きなのか。彼はディアドラの外見や別の女性の外見に対して、コメントしたりするか。

■ 行動実験の計画

TTTT

開示という考えの導入：彼女の皮膚についてパートナーにどのように話を切り出すとよいか、そしてそうすることを彼女がどう感じるかについて検討する。もしも反応がネガティブなものだったら、それは何を意味しているか。彼女はどうすればいいか。3列コラム法を導入して、開示することが困難だと考える、その思考パターンを明らかにする（表7.2）[2]。

2　開示をする前に、パートナーについてもっと情報を得ておくことが重要である。彼をセッションに連れてくることで情報を得られるかもしれない――あるいは、今回のように、患者とともに検討することでも可能かもしれない。開示行為の結果は常に予測できないので、リスクが最小限になるよう、適応的でない反応に対して備えておくことが重要である。

表 7.2　自動思考の記録への取り組み

自動思考の強さ（0 〜 10 点）	認知プロセス	代替思考の強さ（0 〜 10 点）
私はひどい姿に見える。	過度の一般化	他人と同様、私には気に入っている身体的特徴もあるし、気に入らない特徴もある。
周りの人が形成外科の話をするのは、彼らが私の普通ではない外見に気づいたからだ。	個性化	人々はテレビで見た物事について話をすることが多い。
こんな外見のままでは、人との関係を持つことはできないだろう。	惨事化	人間関係とは、外見よりもはるかに多くの物事に立脚している。外見がパートナーにとって重要なことであるなら、私はそのようなことを望むか。
私のパートナーは、お腹の皮膚についてコメントしない。しかし、彼がそれをひどく嫌っていることを知っている。	読心	私は皮膚のことを重々承知している。しかし、パートナーは私の想いに気づかないか、共有することはないだろう。

ホームワーク

今まで通り、シャワーでの作業と皮膚を見ることを継続する。

開示に関する思考をモニタリングするために、3 列コラム法の使用。

まとめとフィードバック

▪▪▪▪ セッション 5 ▪▪▪▪

■ ホームワークの振り返りと再定式化

　彼女は皮膚に触れることに抵抗がなくなっていった。タオルなしでバスルームの周りを歩くことができるようになり、鏡に映る自分の姿も避けることがなくなった。着替え中に娘が入ってきても、動転することなく皮膚について話ができる。サイクリング用のショートパンツではなく、もっといい下着を着けたらいいのにと娘は言う。ディアドラは、締め付ける下着が必要だと説明した後に、なぜそうするのかと自分に問いかけていることに気づいた。それで、家では普通の下着で過ごすことにした。少し奇妙な感じはするものの、大丈夫だった。

　セラピスト：彼女が自分自身で行動実験を計画・実行したことを指摘。自

己効力感の観点から信念と達成感について話し合う。このことが、思考と行動との関係について教えてくれることは何か。再定式化とモデルの検討。

開示に関する思考をモニタリングすることで、認知的思考スタイルを振り返る。

■ 課題の設定

TTTT を用いながら、パートナーへの開示を計画する。

ホームワーク

開示に関して、自動思考と認知プロセス・スタイルの記録をもとに、活動への自己モニタリングを継続する。

今までよりも素敵な下着を買いに行く。

まとめとフィードバック

・・・セッション 6 ・・・

■ ホームワークの振り返りと再定式化

お腹を洗うことと見ることは、今や日課になっている。新しい下着もいくつか買った。皮膚のことについて、週末、パートナーに話しかけ、告白しようと計画していた。しかし彼は彼女を抱きしめようとして後ろから近づいた。この時、ディアドラは逃げる代わりに、どうして彼女が落ち着かなく感じているかを説明する機会として利用した。「彼は立派でした。彼はほっとしたのです。何か悪いことをしたのかと思ったと。……私たちはじっくりと話をしました……彼は私に対して正直でした。彼は、気がつかないふりはしませんでした —— 私のことを本当に愛していると、そして皮膚のことは重要ではないと言ってくれました」

彼女はまた、一人の成功例として、肥満手術の支援グループに進んで接触することにした。彼女は、自らが体重減少治療の信頼性を示すことができると感じている。これらのことは、他者からのポジティブな評価という観点から、定式化に加えられた。

■ 課題の設定と進歩の振り返り

目立ちやすさの自覚と不安感

今や不安感は 2 点（10 点満点）に減り、目立ちやすさの自覚は 4 点になっている。皮膚のことをあまり考えなくなったので、他者に対しても実際に目立ちにくくなっていると感じることに、驚きを覚えている。

■ 再帰属と信念

外見は私にとって重要であるけれども、他人から評価されるための方法ではない。定式化を振り返り、信念の根拠を検討する。他人が本当は何を考えているかという新しい根拠のもとに、自分の思い込みを再評価することができる、と思えるようになった。「今までよりも自信を感じる」。

■ 行動実験（開示）からのフィードバック

ディアドラは認知プロセスのスタイルを明らかにすることができる。特に、「心を読むこと」をしてしまう傾向について気づいている。

■ ホームワーク

大きすぎるサイズのジャケットを着るのをやめる。水着を買う。
まとめとフィードバック

••••セッション 7 〜 9••••

統合とスキーマに焦点を当てた再帰属。核心的信念と思い込みの文脈で言葉による開示を振り返る。自己効力感と親密な関係の構築に焦点を当て、長期的維持とセッションの終結を計画する。

■ ホームワークの振り返りと最終の再定式化の構築（図 7.13 参照）

ディアドラはパートナーへの開示を継続し、彼との接触を高め、ハグ、抱擁と、徐々に親密な関係に向かって行った。彼女はあまり自意識が高まらない体の部分を明らかにした（パートナーにお腹をじっくり見られるのは今でも嫌だが、バストについては満足している）。サイクリング用のショートパンツではなく普通の下着を身につけ、そしてセッション 9 において性的関係を構築したのだった。

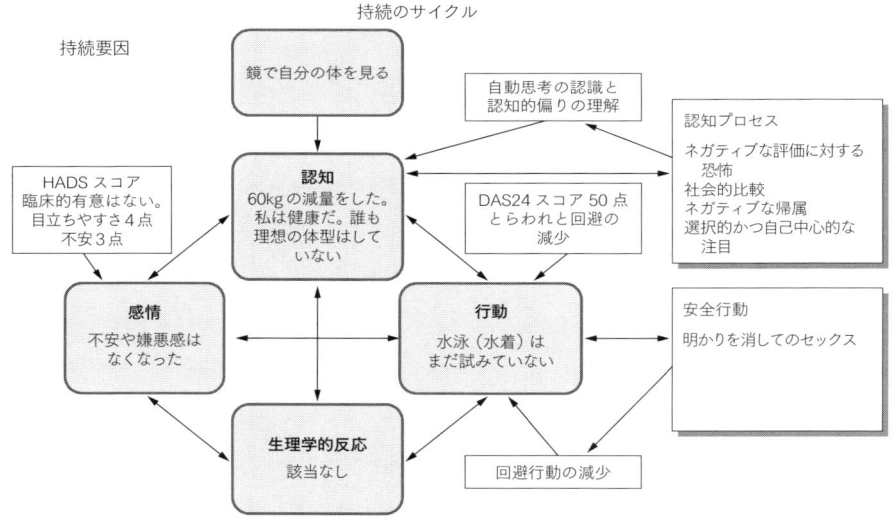

クライアント：32歳、離婚しているが2人の子供あり（6歳と8歳）
幼少期：小児期より肥満、体型でいじめを受けていた
社会文化的背景：白人、ロンドン育ち。姉妹も肥満
身体の外見：（現在は）スタイルのよいスリム体型。メイキャップもする … 背景要因

個別的、社会的、治療（既往）的要因

年齢、性別、親や仲間に関する要因
文化とメディア、可視性、治療歴

外見のスキーマ：核心的信念と価値観
　例：「私は健康だ。自分の体に誇りを持っている」

自己規定と思い込み
　例：理想の体をしている人はいない。人間関係を保つのに、完璧な体は必要ない

外見の要因

自分が抱く理想の外見との乖離

顕出性／誘意性

補償方略
　例：掃除。家はいつも整頓してコントロールを欠かさない … 増悪要因

引き金となる出来事
　例：将来のパートナーとなる可能性のある人と会う

持続のサイクル

持続要因

鏡で自分の体を見る

自動思考の認識と認知的偏りの理解

認知
60kgの減量をした。私は健康だ。誰も理想の体型はしていない

認知プロセス
ネガティブな評価に対する恐怖
社会的比較
ネガティブな帰属
選択的かつ自己中心的な注目

HADSスコア
臨床的有意はない。
目立ちやすさ4点
不安3点

DAS24スコア50点
とらわれと回避の減少

感情
不安や嫌悪感はなくなった

行動
水泳（水着）はまだ試みていない

安全行動

明かりを消してのセックス

生理学的反応
該当なし

回避行動の減少

問題
　例：「水着になれない。来年の休暇まで延期」

リジリエンスと長所
　姉妹とパートナーは支援的
　楽観的傾向
　複数の親友
　母とは仲が良い　　　　　　　　　　　　保護要因

図 7.13　治療終了時のディアドラの CBT テンプレート

今でもセックスの時には明かりを消すことを望んだが、パートナーとの親密な関係は幸福であり、自分自身に対しても良好な感情を持っている。水着は持っているが、来年の休暇まで、水泳に行くことは延期することに決めている。この時点でセラピストは彼女の状態を検討したうえで、これが不安や回避によるものではないことを確認し、計画された段階行動であることを認めた。自分の体に対する嫌悪感の反応はもはや見られず、この体は望んだものでもなければ、いわんや理想の体でもない――しかし、それで十分だということを彼女は認めていた。

■ 課題の設定

スキーマに焦点を当てた再帰属を検討する

彼女が望むことを達成するために、外見はどれほど重要だろうか。「体重はとても減らしたかったけど、余剰の皮膚は余計だった。でも、私が理想的な外見をしている必要はない。皮膚のことで私は影響を受けない。私は、私のことを愛して、魅力的だと認めてくれるパートナーがいてくれる、健康的な女性だ。人に嫌悪感を与えることもない。孤独でもない」

▪▪▪ **セッション 10** ▪▪▪

6ヵ月後にもう一度のセッションが予約された。

■ 結果

ディアドラは獲得した行動を、6ヵ月後も維持していた。彼女はテネリフェ島（スペイン領カナリア諸島）での休暇で、臆することなく水着を着ることができた。最初は早朝にビーチの端まで歩くことから練習を始め、徐々に日中の混雑している時間に、より人の多い場所に行けるようになった。同時に彼女は、肥満手術のグループへの支援参加を続けており、そこでは特に、余剰皮膚への対処に関して生じた外見の問題について述べているのだった。

「長く落ち込む日々が続きました。自分がしたことの結果に悲しみを感じます。もしも宝くじに当たったなら、間違いなく皮膚を何とかしたことでしょう――けれども、私が望むことを実現できなかったわけではありません」

症例6

　エスターは両側のバストの減量手術を希望して、総合医から形成外科へ紹介されてきた。この手術を希望する女性のほとんどは、次のような症状を持っている。バストの重さによる首や肩の痛み。ブラの紐が肩に食い込み、痛みとともにできる凹み。バストの下で、2面の皮膚が擦れ合うことで生じる間擦性湿疹（皮疹と感染）。しかし、エスターの病歴はそれらとは違っていた。彼女はバストの外見が非常に気になっており、「大きすぎる」ことと、他人がそれに気づいてしまうことが不安だった。形成外科医による診察では、彼女のバストは体の大きさに相応のサイズであり、過大というほどではなかった。[3]

　エスターには手術は適切ではないと告げられ、心理学的介入が勧められ、彼女は承諾したのだった（図7.14）。

・・・セッション1・・・

（基本的導入のあとで）

セラピスト：あなたのバストに対する気持ちについて、それに乳房減量手術を考えた理由について教えてくれますか。

エスター：問題は大きすぎることです。ドクターは正常範囲だと言っていることは分かっています。しかし、それは彼の意見です —— 私のバストは、私にとっては大きすぎるのです。

セラピスト：大きなバストであることが、なぜあなたにとって問題だと思うのですか。

エスター：恥ずかしい気持ちになります。多くの人は大きなバストを持つことが素敵に思えるでしょう。しかし、私はそれが嫌いなのです。

セラピスト：あなたの表現からは、本当に好きではないことが分かります。

3　客観的／主観的認知の問題と、外見の評価における偏りに注目すること。メディアが流している理想の外見に、患者たちは依存していることが多い。しかし医療専門職は、それよりも広範囲の「平均」から判断を導こうとするだろう。「均整のとれた」などの概念は客観的ではないが、それでもなお、そうした概念が形成外科医が除去するだろう乳房組織の量に影響することは間違いない。ブラのカップサイズも、根拠に乏しい別の評価測定である。それは背中の大きさと共変動するからであり、ブランドによっても変化するからである。

治療セッション

1	2	3	4	5	6	7	8	9	10	11	12
A	A	A									
B	B	B	B								
		C	C	C	C	C	C	C	C	C	C
							D	D	D	D	
								E	E	E	

A – アセスメントと症例の定式化
B – モデルの紹介と説明
C – 分析と再帰属。社会的スキル・トレーニングと他のスキル・トレーニングの紹介
D – スキーマの修正
E – 後戻り予防と維持の計画

図 7.14　治療スケジュール

　　　しかし私にはまだ分かりません……あなたを悩ませているものが何で
　　あるか、分かりますか。もしもあなたのバストが小さかったとしたら
　　違っていただろうにと、あなたが望んでいることは何でしょうか。[4]

エスター：バストに悩まなくてもよかっただろうと……

セラピスト：とても長い間、そのことに悩んできたように聞こえます……

エスター：（答えない —— うつむく）

セラピスト：他人のことについて語られましたね、大きなバストの方がよ
　　　いと考えると。大きなバストをしている他の女性たちについてはどう
　　　考えますか。大きなバストが彼女たちを悩ませていると思いますか。

エスター：人によると思う —— それが好きで、誇りに思う人もいる。

セラピスト：でも、あなたにはそうではなかった……

エスター：私は嫌いです。

セラピスト：大きなバストをしていることが、自分に対して悪い感情を起
　　　こさせるのですか。

エスター：そうです……私は他人に気づかれたくないのです。

セラピスト：もしも他人が気づいたら、何が起こりますか。

エスター：彼らは何かを言うでしょう……

4　アセスメントの間、患者を観察することは重要である。強く内的羞恥を感じているとき、表
　情や目をそらすことによって、嫌悪感を明らかにすることが多い。

セラピスト：何か言われたことがありますか。

エスター：いつでも……

セラピスト：いくつか例を挙げてもらえますか。

エスター：ちょうど昨日のことです……店員の 1 人が、バストが小さいことを嘆いていました。それから私の方を見て言ったのです、「あなたみたいだったらいいのに……」って。

セラピスト：あなたはどのように感じましたか。

エスター：とても恐ろしかった。皆が私のことを見ていた。

セラピスト：興味深い例です。なぜならば彼女は実際に、きわめて羨ましがっていたように聞こえます。ネガティブなコメントではありません。しかし、あなたは、その人が言ったことに、明らかに動揺させられた。

エスター：そんなことはしょっちゅう起こるのです。

セラピスト：私にはよく分かりません。他人が言ったことは大したことではない。しかし、あなたにはそうではない。彼らはあなたに注目し、コメントを発していると……他人は注目する、そしてあなたは目に付きやすい。

エスター：そうです……それで……そんなふうに目立ちたくないのです。私を見ないでほしい……私はとても内気で……

セラピスト：私の考えが正しいかどうか、確認させてください。あなたは自分のことを内気だと述べました —— あなたは注目の中心にはいたくない —— あなたは自分のバストが、他人に対してあなたに注目させるものだと感じている……彼らは何ら批判的なことは言っていないし、実際、一般的には彼らは褒めている。しかし、それが侵襲的で感情を害するものと感じられる。違いますか？

エスター：そうです —— そのように感じています。

このアセスメントでは、エスターが経験した多くのコメントや侵襲について、他の例を検討することが続けられた。特に 2 つのことが顕著に浮かび上がってきた。彼女がコメントされた様々に異なる例が挙げられただけでなく、別の機会では、見ず知らずの女性から胸を触られ、「これ、本物？」と言われたことがあった。このレベルの侵襲になると、彼女には耐え難いものと感じられるのだった。同時に、早くから乳房が発達し始め、小学生の間にブラを使用するよ

うになったことも述べた。体育の授業では男子も女子も同じ教室で着替えたが、教師がエスターの胸の発達に気づいてトイレでの着替えを許可するまで、彼女は胸のことでからかわれ続けた。不幸にもこのことで再び彼女は、皆から自分が違った存在として認識されたのだった。学校の制服は子供向けのデザインで、大人の体型には対応していなかった。最大サイズのブラウスを着ても、胸のボタンがきつかった。10歳の頃、スクールバスに乗ったときの経験を、彼女は詳しく述べることができた。彼女の胸を見たバスの運転手が、「君は大きいな」と彼女に言ったのだ。彼女は、当惑と羞恥の感情を思い出した。まだ10歳で、そのコメントの中に含まれる性的な意味合いを理解したり表現したりできなくとも、彼女には自分の胸が不適切なものとして認識されたのだった。

《注目》たとえ昔の話であったとしても、外見に関連する経験を、言われたときの言葉そのままで詳しく説明できる人が多いのは、実はよくあることである。時に、当時と同じ感情でその出来事を生々しく追体験する。この種の経験は、その他のトラウマ的な出来事と同じ性質を有している。医学的診断が下されるポイントが、このように経験されていることが多い（例：「『君の胸は、飛び出しそうに変形してるな』と運転手は言いました。私の胸の形がおかしいと言ったのです」）。それゆえにトラウマ・フォーカスト・セラピーは、ある人々に対しては、治療における第一段階としてもっとも適切なものとなりうる。

エスターは、安全行動のための周到なレパートリーとして、衣服を利用していた。人々からの、特に男性からの侵襲（彼女に話しかけるときに胸を凝視する）は、胸を隠さない限り、避けがたい結果であると感じられた。彼女は常にブラと2枚のライクラ・ベスト［訳注：体に密着する素材でできたベスト］を着用していた。200枚ほどある上衣のうち1枚をベストの上から着て、さらにその上にカーディガンを着ることを常とした。彼女が仕事に遅れがちになったのは、着用するための適当な上衣を選べず、多くを試してはダメなものをベッドの上の大きな服の山へ投げ捨てていたからである。夏も恐ろしかった。暑すぎて、周囲の人たちからジャンパーを脱ぐよう言われ続けたものだった。

　こうした情報のすべては、定式化の中へ組み込まれた（図7.15）。

クライアント：30 歳女性、未婚
幼少期：大人からの不適切な性的言動
社会文化的背景：白人、郊外で育った。2 人の兄弟がいる
身体の外見：特記事項なし
｝ 背景要因

個別的、社会的、治療（既往）的要因

年齢、性別、親や仲間に関する要因

文化とメディア、可視性、治療歴

外見のスキーマ：核心的信念と価値観
　例：「大きなバストのせいで性的対象に見られたり、性行為可能
　　だと見なされる」

自己規定と思い込み
　例：「バストを小さくしないかぎり、他人からは目立ってしまうし、
　　性的対象と見られるだろう」

外見の要因

自分が抱く理想の外見との乖離

顕出性／誘意性

補償方略
　例：気分には対処しようとするほか、バストを小さくしようとも
　　している

増悪要因

引き金となる出来事
　例：社会的活動：朝に着替えるとき

持続のサイクル

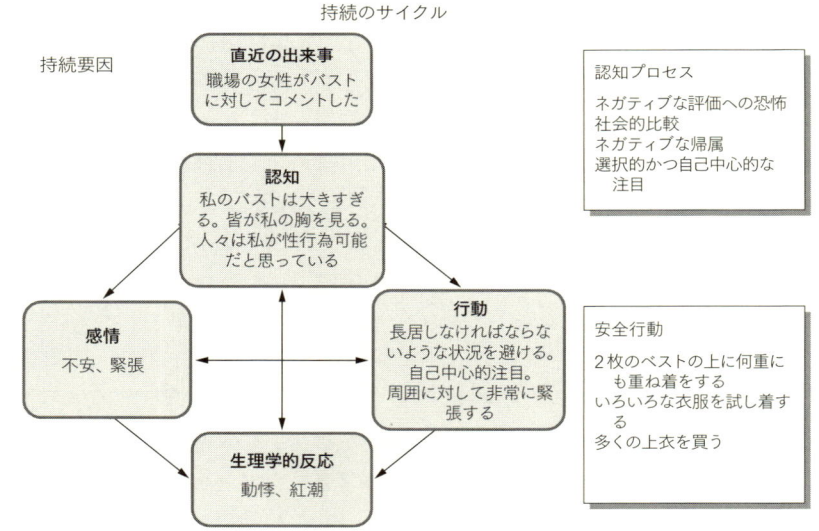

持続要因

認知プロセス

ネガティブな評価への恐怖
社会的比較
ネガティブな帰属
選択的かつ自己中心的な
　注目

安全行動

2 枚のベストの上に何重にも重ね着をする
いろいろな衣服を試し着する
多くの上衣を買う

問題
　例：「仕事に集中できない、遅刻し始めた。原因は服装の難しさと
　　社会的状況の回避」

リジリエンスと長所
　仕事は良好：働き者である

保護要因

図 7.15　エスターの最初の定式化

セラピスト：あなたは自分の胸が嫌いだと説明されました。大きすぎると感じていて、そしてそのために、あなたが嫌うようなやり方で、人々の注目を集めてしまう。常にネガティブな注目とは限らないが、それらはとても侵襲的であり、時に不適切でもある。あなたは内気な人です。より外向的な人は、大きなバストをしていることに伴う問題を抱えていないと、あなたは見ている —— つまり、大きなバスト自体は問題ではなく —— 問題は、他人があなたをどう見ているのかと、あなたが自分のことをどう見ているのか、それらの不一致にあるのです。このことが原因で、バストを小さくする手術を受けようと考えた。バストを平らにして覆うようにベストやジャンパーを着るなどの、安全行動をとるようになった。残念ながら、今はその行為自体が問題となってきている。限られた服しか頼ることができない。夏には暑い。過剰な重ね着は快適でなく、かえって注目を引いてしまう。その注目こそ、あなたが避けようと努めてきたものである。以上で間違っていませんか？

エスター：きっと私のことを馬鹿みたいだと思うでしょう……

セラピスト：先ほどのようにまとめたときに、馬鹿みたいだと言っているように思えましたか？

エスター：いいえ……私には完全に筋が通った話です。でも他人は、私がおかしいと思うでしょうね。

セラピスト：外見のことについて心配している人のことを、愚かだとかおかしいとは思いません……外見はどれほど重要であるかを確信させようとする情報に、私たちは皆、曝されていると思います。しかし、あなたにとっては次のことに注目すべきです。他人があなたについてどう考えているかが、あなたにとって非常に重要になっていること —— 実際、日々の生活を妨げるほどに重要となっています……私の考えることが、どのようにしてあなたに最初に起こりうるのか、興味深いことです……これについては、これからのセッションにおいて時間をかけて考えてみるのがよいでしょう……

　質問表と評価スケール（DAS24、HADS、ネガティブな評価に対する恐怖感スケール（FNE））が渡され、次回の予約を行った。

エスターには次のようなホームワークも出された。仕事場で出会った女性の
うち、エスターと同じ程度の形や大きさのバストを持つ女性について、そのバ
ストのサイズを記録しておくこと。加えて、小さい人（上向きの比較）だけで
なく、より大きな人（下向きの比較）についても記録し、手帳に簡単な集計表
を付けておくよう求められた。

■まとめ

　セラピスト：まとめましょう。このセッションでは、なぜあなたが大きな
　バストに悩むのか、そして達成したいと願う目標について考えてき
　ました。たとえば、意識を下げること、バストへのとらわれを軽くす
　ること、他人がどのように見ているかについて不安を持つのをやめる
　こと、そして夏に薄着ができるようになることです。こうした問題に
　対処できる方略を身につけられるように、定期的にお会いしましょう。
　バストのサイズを小さくするようなことは考えないようにしましょう。
　その代わりに、あなたを悩ませ、日々の生活を障害している問題につ
　いて、それらを減らすように努めるのです。よろしいですか？

••• セッション 2 •••

■データの振り返り

DAS スコアについて

　高いレベルの社会的回避を予測するパターンに一致していた。エスターは、
自身にとって重要なこととして、服装の選択に関する特定の質問に対して反応
していた。HADS スコアは、中等度の不安と抑うつを示していた。こうした
ことは、社会的状況における予期不安と、絶望感とコントロール感の欠如に関
連している抑うつ気分という観点において議論される。FNE スコアは臨床で
の面談と一致しており、他者が自分のことをどう思っているかに関して、高い
レベルのとらわれと不安を示していた。

　ホームワークの結果に、彼女は驚いた。自分よりバストが小さい人ではなく、
大きな女性をより多く数えていたのである。「逆の結果が出ると思っていた」。
このバイアスは信念を確証付ける根拠を探そうとするもので、Strenta & Kleck
（1985）が行った実験でも議論されている。

「平均して職場には 6 名の女性がいますが、私がもっとも大きいと思う」。エスターは、この信念に対し、コメントを求められた。

　エスターは自分の信念について、その可能性を 60% と評価した。「どちらといえば、そうだろうと今でも思っている。しかし、以前はもっと高かったかもしれない」。

■ 目立ちやすさと不安のグラフ

　目立ちやすさは 8 点（10 点満点）で、不安は 8 点である。
　定式化を利用して、新しい情報を検討する（図 7.16 参照）。

■ 課題の設定

　モチベーション、変化へのレディネス、自己効力感。ネガティブな評価への恐怖感、行動モニタリング。

■ 社会的比較のプロセスの導入

　前回のホームワークをもとに、セラピストはメディアが流しているイメージと比較するために、「正常な」バストの写真を使用する。イメージの加工と、理想の外見を作り上げるために使用されている情報についての検討。エスターは、メディアのイメージの文脈で自分の外見を評価するように求められ（4 点／ 10 点満点）、「正常な」イメージとの比較においても求められた（8 点）。エスターはイメージの影響力にとても驚いている。

> 　「人々は本当にこんな姿をしているのか？　私にはこの写真の人々が、どこかの発展途上国から来た女性たちのように思える。正常なんだろうけど、こんなふうにはなりたくない[5]」

　この試行によって、エスターは文脈の中で自分のバストの大きさを見ることができるようになり始めた。また、上向きの比較と同様に、下向きの比較もできるようになり始めた。

5　「正常な」イメージを得るのは必ずしも簡単ではない。メディアが扱うイメージのほとんどは、文化的基準の影響を受けている。臨床写真は、手に入れやすい場合もあるが、教育用に使用することへの同意確認は欠かせない。

■ 自己効力感

エスターは自身に対する信念を変えようと思い始めたが、自分の信念の効力については、たったの4点（10点満点）と評価している。自己効力感に関する信念が低いので、ホームワーク作業を終えた後に、うまくいきそうな、そして多くのポジティブな強化が得られる作業から始めることが重要である。いったん、いくつかの成功を達成した後、質問表で観察された高いレベルのネガティブな評価への恐怖感が、治療の後半の目標として選ばれた。

■ 安全行動

家での行動を目標としたために、比較的脅威の少ない作業を計画することができた。2週間で目指す目標は、簡単な行動モニタリングである。仕事に出かける前に、試着した上衣の数を記録するよう求められた。

■ 定式化の修正再表示

セラピスト：私たちはずっと、大きなバストが苦悩を引き起こす理由について考えてきました。

あなたは人々が凝視してきたり、何か言ってきたり、時に触ってきたりすることを気にしている。そして若い少女の頃と同じように、このことに、とても困惑している。あなたの経験の中の主要部分には、次のような思いがあるようです。大きなバストは、その人を性的対象物として目立たせる。つまり、周囲の人がコメントを発したり、思わせぶりな感想を言ったりすることを許容しながら、性的対象物のように扱うことを促している、という思いです。質問表のあなたのスコアを見ると、この経験の影響力が理解できます。非常に自意識が高まり、他人が気づいているかどうかで頭が一杯になっています。しかしながら、他の女性の写真を見て、職場の女性を観察して、他の女性たちも同じような大きさのバストをしていることを認めることができました。つまり、あなたが信じてきたほど、あなたは目立っていなかったのかもしれない。

それでは、あなたがこれまでとってきた、自分のバストを隠そうとする行動について考えてみたいと思います —— あなたが正しいものと信じてきた服だけを着るようなことです —— 自分のバストを隠せ

クライアント：30歳女性、未婚
幼少期：大人からの不適切な性的言動
社会文化的背景：白人、郊外で育った。2人の兄弟がいる
身体の外見：特記事項なし

}背景要因

個別的、社会的、治療（既往）的要因

年齢、性別、親や仲間に関する要因
文化とメディア、可視性、治療歴

外見のスキーマ：核心的信念と価値観
　例：「大きなバストのせいで性的対象に見られたり、性行為可能だと見なされたりする」

自己規定と思い込み
　例：「バストを小さくしないかぎり、他人からは目立ってしまうし、性的対象と見られるだろう」

外見の要因

自分が抱く理想の外見との乖離

顕出性／誘意性

補償方略
　例：気分に対処しようとするほか、バストを小さくしようともしている

増悪要因

引き金となる出来事
　例：社会的活動：朝に着替えるとき

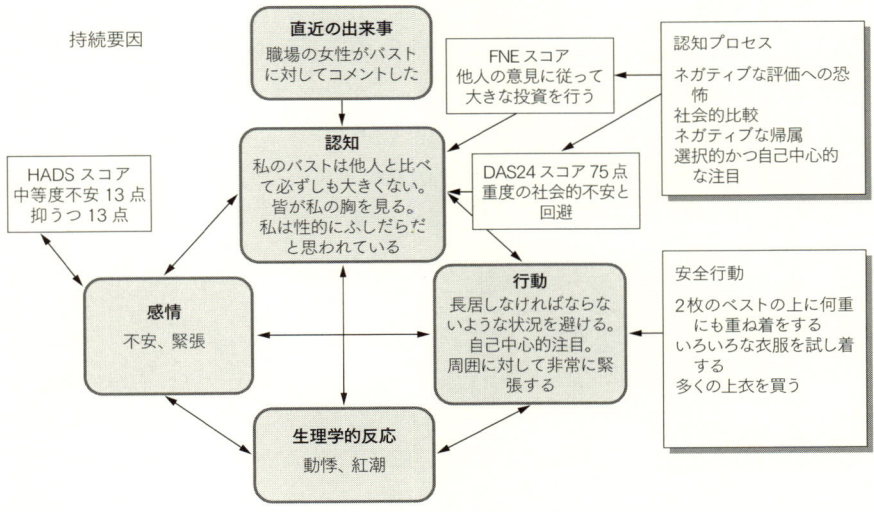

持続のサイクル

持続要因

直近の出来事
職場の女性がバストに対してコメントした

FNEスコア
他人の意見に従って大きな投資を行う

認知プロセス
ネガティブな評価への恐怖
社会的比較
ネガティブな帰属
選択的かつ自己中心的な注目

認知
私のバストは他人と比べて必ずしも大きくない。皆が私の胸を見る。私は性的にふしだらだと思われている

HADSスコア
中等度不安13点
抑うつ13点

DAS24スコア75点
重度の社会的不安と回避

行動
長居しなければならないような状況を避ける。自己中心的注目。周囲に対して非常に緊張する

安全行動
2枚のベストの上に何重にも重ね着をする
いろいろな衣服を試し着する
多くの上衣を買う

感情
不安、緊張

生理学的反応
動悸、紅潮

問題
　例：「仕事に集中できない、遅刻し始めた。原因は服装の難しさと社会的状況の回避」

リジリエンスと長所
　仕事は良好：働き者である

保護要因

図7.16　再定式化

るような服。今週、あなたに行ってほしいことは、毎朝何枚の服を試し着したか、準備ができあがるまでにどれだけ時間がかかったのかを記録することです。そうすることで、どうしたら変わっていくことができるかについて、考えられるようになるでしょう。よろしいですか？

■ホームワーク

記録管理。試着した上衣の数と、毎朝どれくらいの時間を要したかを記録することを、エスターは求められた。

まとめとフィードバック

▪▪▪セッション3▪▪▪

■ホームワークの振り返りと再定式化

エスターはホームワークを実行した（図7.17）。

「彼女は記録帳をセラピストになかなか見せようとしなかった。恥ずかしそうな顔を見せながら……『馬鹿みたい —— こんなに悪かったなんて思わなかった[6]』」

■課題の設定

評価スケールを用いた行動モニタリングの導入。エスターは、衣服の選択の様子について、すでに簡単な記録を付けている。今回、ホームワークを終えた段階で、不安の程度の評価を追加することが求められた。

■TTTT

今週の目標の設定。「もしも～だとしたら？」式の質問を用いたトラブルシューティング。更新した定式化の文脈で、根拠を振り返る。

---

6 頻度データを集めてみると、身体イメージへの不安を併発した強迫神経症やBDDを強く示唆する症状が明かされることが多い。同様に、整頓や清潔に関する不安を認める患者も多い。メンタルヘルス・サービスへ紹介すべき患者もいる。

曜日	上衣の数	準備にかかる時間
月	22	2 時間
火	16	1 時間 40 分
水	9	1 時間
木	11	1 時間
金	7	50 分

図 7.17　準備にかかる時間と試着した上着の数の観察記録

■ 不安感への対処

エスターは、楽しんでエクササイズをこなしている。仕事後、iPod を聴きながらのジムでのセッションを、ウェルビーイングと自己効力感の感覚を高めるための方法として認識している。呼吸エクササイズと気分転換。こうした行動をとることが、安全を求める行動となってしまうリスクを振り返る。

■ ネガティブな自動思考の導入

■ ホームワーク

さらに話し合う中で、エスターは非常に多くの――200 着以上の上衣を持っていることが明らかとなった。ホームワークでは、上衣の数を好きなもの順に 10 着まで減らして、寝室のドアの内側に掛けておくことが決められた。残りはたたんで、どこか別の所にしまっておくようにする。次週の仕事の日には、この 10 着のみを着ることとする。

UBR 用紙による記録。

まとめとフィードバック

▪▪▪セッション 4 ▪▪▪

■ ホームワークの振り返りと再定式化

エスターは「お気に入りの選択」作業をこなした（図 7.18）。

彼女は、最初は不安を感じていたが、かかる時間の短縮にとても喜んだ、「時間通りに職場に着ける」と。作業中も仕事中も、呼吸エクササイズは役に立った。後退しないように、衣服のいくつかはチャリティショップに持ってい

曜日	上衣の数	準備にかかる時間	どれくらい不安を感じるか（0〜10点）
月	22	2 時間	10
火	16	1 時間 40 分	10
水	9	1 時間	7
木	11	1 時間	6
金	7	50 分	6

図 7.18　準備にかかる時間と随伴する不安感

くという。自己効力感は 7 点（10 点満点）に上昇した。

■ 課題の設定

　ネガティブな自動思考に集中すること。特に、仕事場において、どのように考えているのかについて。

■ 行動実験の計画

　TTTT —— 最初の段階は、凝視に対処しつつ、バストに対するコメントや質問に対応する。

■ ホームワーク

　社会的活動を増加させる。
　知覚した凝視をモニタリングし、ネガティブな自動思考を明らかにする。
　まとめとフィードバック

••• セッション 5 •••

■ ホームワークの振り返り

　エスターは使える服の選択を続けている。週の中頃のある日、気分不良は 9 点と最悪になったが、今は 2 点に下がっている。検討してみると、服にコーヒーをこぼしたのだが、彼女はそれが人々の注目を胸に集めたのではないかと不安に思ったのだった。しかし、彼女は（しみを隠せるよう）カーディガンを着たいという衝動を抑えたのだった。2 人だけがコーヒーのしみについてコメン

トしたが、誰もバストのことまではコメントしなかった。このことは自然発生の行動実験という観点で話し合われたが、その中で、彼女は適応的なやり方で反応していたのだった（例：カーディガンを着るなどの回避反応を自動的には選択しなかった。そして、彼女の胸に何か人目を引くものがあると、自動的に侵襲的なコメントにつながるだろうという信念をテストしたのだった）。その他に報告されたことは、週末、選べるきれいな服が2着だけになっていたことに「パニックを起こした」ことである。しかし、逆に選択が楽になり、「ほっとした」ことを悟った。彼女は、チャリティショップに衣服の入った大きな袋を提げて行った。

職場での自動思考を記録する。心を読んでいることを、自分で認識すること。凝視に対する反応を練習しておく——「凛と見つめ返す」。

■ 課題の設定

再帰属を始めるために、ネガティブな自動思考を用いることに焦点を当てる。コメントに対する反応の練習。

■ ホームワーク

ネガティブな自動思考と認知プロセスのスタイルの記録を用いて、活動の自己モニタリングを継続する。反論の記録を開始する。

まとめとフィードバック

▪▪▪ セッション6 ▪▪▪

■ ホームワークの振り返り

エスターは職場での思考を記録するために、3列コラム法を利用した。気候は暑くなり始めていた。着心地も悪くなり始めていた。誰かに、服装が暑そうだと言われた。彼女は、安全行動をとる自分と、目立っていることとを結びつけることができた（図7.19参照）。

今は、着るものをコントロールできていると感じており、もはや仕事に遅れることはない。

■ 課題の設定

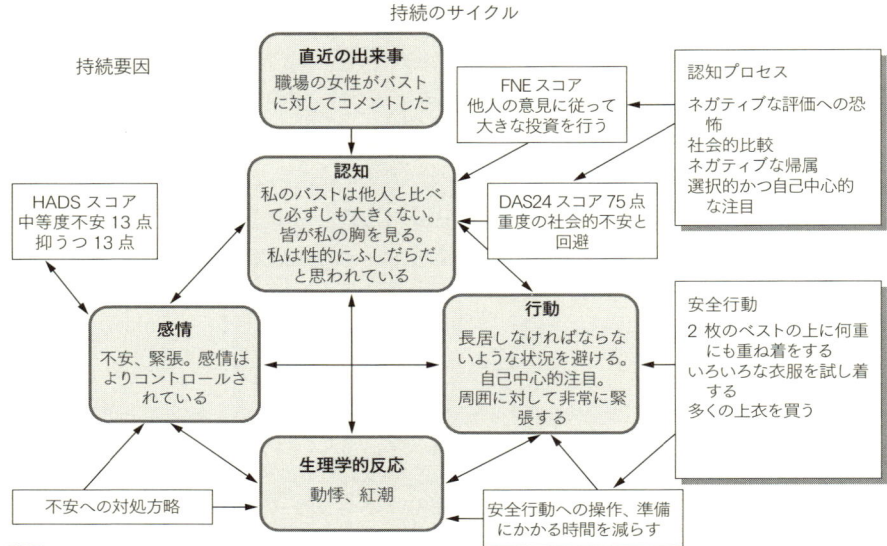

引き金となる出来事
例：社会的活動：朝に着替えるとき

増悪要因

持続のサイクル

持続要因

直近の出来事
職場の女性がバスト
に対してコメントした

FNE スコア
他人の意見に従って
大きな投資を行う

認知プロセス
ネガティブな評価への恐
怖
社会的比較
ネガティブな帰属
選択的かつ自己中心的
な注目

HADS スコア
中等度不安 13 点
抑うつ 13 点

認知
私のバストは他人と比べ
て必ずしも大きくない。
皆が私の胸を見る。
私は性的にふしだらだ
と思われている

DAS24 スコア 75 点
重度の社会的不安と
回避

感情
不安、緊張。感情は
よりコントロールさ
れている

行動
長居しなければならな
いような状況を避ける。
自己中心的注目。
周囲に対して非常に緊
張する

安全行動
2 枚のベストの上に何重
にも重ね着をする
いろいろな衣服を試し着
する
多くの上衣を買う

不安への対処方略

生理学的反応
動悸、紅潮

安全行動への操作、準備
にかかる時間を減らす

問題
例：「仕事に集中できない、遅刻し始めた。原因は服装の難しさと
社会的状況の回避」

リジリエンスと長所
仕事は良好：働き者である

保護要因

図 7.19　ホームワークからの結果を再定式化に組み込む

■目立ちやすさと不安の測定

不安は 5 点に下がり、目立ちやすさは 6 点に下がった。

■行動実験の計画

衣服を軽装にしていくための段階作り —— ベストを 1 枚やめることから始め、最終的にはカーディガンをやめる。

■TTTT —— バストについて何か言われたときに返す反応を練習する

エスターは質問への 3 つの異なる答え方を用意した。そして、大きなブラを買う人たち向けのウェブサイト上の資料から、いくつかのアイデアを得ておい

た。「用意した反応には笑ってしまった……それらを自分で使うことになろうとは想像もできなかった。でも、会話の中で生じる困惑が、コメントされる対象となっている人ではなく、むしろコメントを発している人の方へ、どのようにして移っていくものなのかを見ることは興味深い……」。

■ ホームワーク

段階を作り始める。ネガティブな自動思考をモニタリングすることを継続する。

まとめとフィードバック

••••セッション 7 ••••

■ ホームワークの振り返り

ベストを 1 枚やめることを何とか続けられた。木曜日に職場で、カーディガンを脱いだ。「とても奇妙な感じがした」という —— しかし同時に、本当に進歩しているとも感じた。自己管理において、もっと主体的になれると感じている。自己効力感は 8 点（10 点）になった。

治療が始まって以来、初めてコメントへの対処を行った。歩いて帰宅中、交差点で立っていたところ、白いライトバンが止まり、運転手が彼女を見つめて言った、「なんていいおっぱいなんだ！」。エスターは不安と羞恥を感じたが、次に、コメントを自分が額面通りに受け取るかどうかを試す方略を用いようとしたという。「私は彼の方を見た —— 彼は禿げでデブだった —— 私は何か言ってやろうと考えた……その時、頭に浮かんだのは……何ら言い返す価値もない相手。私は、彼が言ったコメントが霧散していくのを感じた」。

■ 課題の設定

行動変化から明らかになった根拠と彼女が述べた出来事を振り返る。定式化に組み込み、性的対象としての感情に焦点を当てる。

■ 再帰属への焦点

白いライトバンの出来事は、エスターにとって幸運な行動実験であった。このことは、彼女が想像する中で最悪の出来事のように振り返っている。しかし

実際には、彼女が恐れていたほどのものではなかった（予期過程と事後過程の観点から検討される）。同時にそれは、性的なコメントであったがゆえに、非常に有用であった —— 子どもの頃の経験につながるものでもあった。彼女のバストについてコメントを言う人は少しはいるが、大抵の人はしない、とエスターは考えることができる。それゆえに、彼女は競合的解釈を考え出すことができる（あれは彼のことであって、私には関係ない。仲間に自己顕示しようとしたに過ぎない）。彼女は服装のことについて、段階を進められるほどに、自信を築くことができている。今はベスト1枚と上衣1枚になっている。そして、「本当に暑いときには」カーディガンも脱ぐことができる。「着ている方がいい —— でも、必要なときには脱ぐことができる」。職場では、彼女のバストについてコメントする人はいない。大きなバストをしているという信念は、修正することができる。「平均よりはたぶん大きいだろう。しかし、50％の女性は、平均以上の大きさのバストをしている。私は正常範囲内だ」。

■終了のための準備

4回のセッションで、終了するための計画を行う。

■ホームワーク

安全行動をやめるための努力を継続する。

ネガティブな自動思考に対して、論理的な反論を記録することを継続する。

まとめとフィードバック

･･･セッション8～10･･･

ホームワークの振り返り

課題の設定

行動実験からのフィードバック

スキーマに焦点を当てた再帰属

後退予防と計画

終了への準備

ホームワーク

まとめとフィードバック

····セッション11····

■ ホームワーク

　安全行動は完全に消失した。ブラ1枚と上衣1枚の上に、いつでも脱げるカーディガン1枚である。彼女の上衣を褒める人もいる。そのコメントに、実はバストに対するものだという不安を持つことなく、感謝を述べることができる。朝になって何ら意思決定をしなくていいように、週のはじめに何枚かの服を選んでおくというルーティンにこだわっている。「こうすれば仕事もうまくいく」。彼女はベストを捨てた――「とてもチャリティショップには持って行けない――動揺しすぎる。燃やしてしまおうと思った……」。彼女は非常に明瞭に理解している。安全行動がどれほど、人々が彼女のバストに気づいているか否かについての根拠を評価することを妨げていたのかを、そして、彼女にとって安全行動が問題の大部分を占めていたことを。

　今は自分のバストは正常だと認識している――「けれど、今でも小さくなればなあと思っている」。しかし、今までのことや、多くの女性が変えたいと願う体の部分を抱えていることを、外見への理想に関連付けることができる。

　他人の侵襲的行為にも対処できる。「ユーモアを使うときもある……多くの場合、個人的な見解は述べない方がいいと思うよとただ言う。大抵の人にはそれで十分であり、もしもそうでないなら――残念なことだ」。

　「小さなバストにならなければ」という根底にあった思い込みを、小さなバストを好んでいるというふうに修正することができるようになった。性的対象化への結びつきも修正されている。私のことを性的対象として見なすためにバストに注目する人もいる――しかし、それは女性に対する彼らの態度の問題であって、私には関係ないことだ。大抵の人は、私に関する印象を伝えるために、様々な異なる情報を使う。バストは、女性であることのほんの一部に過ぎないのだ（図7.20 参照）。

■ 課題

　継続すること。シグナル：古い思考パターンに後退することがあるかを明らかにする。ノートを振り返り、ネガティブな自動思考に対処する。「悪い日」もあることを受け入れる。管理できる範囲内で、上衣のコレクションは維持する。

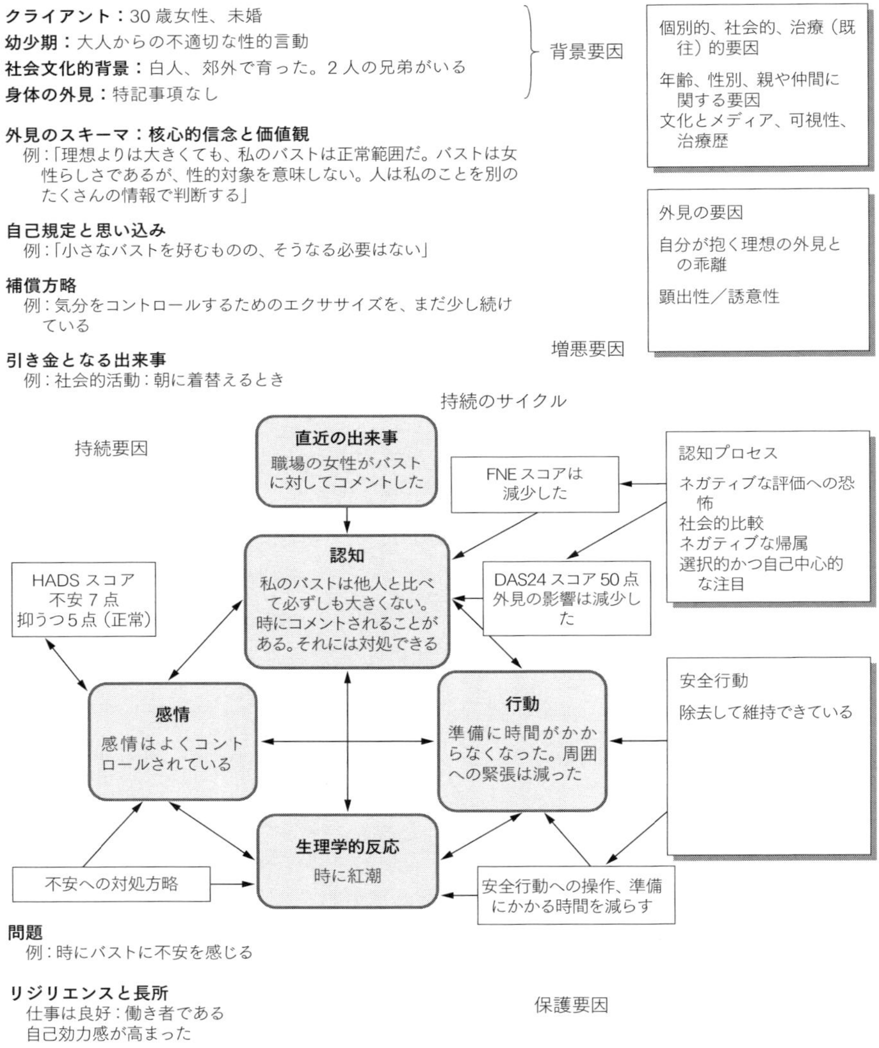

クライアント：30 歳女性、未婚
幼少期：大人からの不適切な性的言動
社会文化的背景：白人、郊外で育った。2 人の兄弟がいる
身体の外見：特記事項なし

} 背景要因

個別的、社会的、治療（既往）的要因

年齢、性別、親や仲間に関する要因
文化とメディア、可視性、治療歴

外見のスキーマ：核心的信念と価値観
　例：「理想よりは大きくても、私のバストは正常範囲だ。バストは女性らしさであるが、性的対象を意味しない。人は私のことを別のたくさんの情報で判断する」

自己規定と思い込み
　例：「小さなバストを好むものの、そうなる必要はない」

補償方略
　例：気分をコントロールするためのエクササイズを、まだ少し続けている

外見の要因

自分が抱く理想の外見との乖離

顕出性／誘意性

増悪要因

引き金となる出来事
　例：社会的活動：朝に着替えるとき

持続のサイクル

持続要因

直近の出来事
職場の女性がバストに対してコメントした

FNE スコアは減少した

認知プロセス

ネガティブな評価への恐怖
社会的比較
ネガティブな帰属
選択的かつ自己中心的な注目

認知
私のバストは他人と比べて必ずしも大きくない。時にコメントされることがある。それには対処できる

DAS24 スコア 50 点
外見の影響は減少した

HADS スコア
不安 7 点
抑うつ 5 点（正常）

感情
感情はよくコントロールされている

行動
準備に時間がかからなくなった。周囲への緊張は減った

安全行動

除去して維持できている

生理学的反応
時に紅潮

不安への対処方略

安全行動への操作、準備にかかる時間を減らす

問題
　例：時にバストに不安を感じる

リジリエンスと長所
　仕事は良好：働き者である
　自己効力感が高まった

保護要因

図 7.20　治療終了時の CBT テンプレート

最終の評価スケールと結果。今、目立ちやすさは 2 点（10 点満点）。不安は 1 点。DAS24 と HADS は正常範囲内。FNE スコアは減少した。自己効力感は 8 点（10 点満点）。1 年後にフォローアップセッションを行う。

■ 結果

エスターは、何重もの重ね着に戻ることなく、服装をコントロールできている。今でもバストのことは、自分の中で一番変えたいことだという。「大抵の場合は」他人のコメントに対処することができ、バストが原因で皆が彼女のことを性的対象だと思うという信念に対して、根本的な変化を維持することができているという。

興味深いことに、彼女の自尊感情は高いまま維持されていた。転職し、もっと人の多い職場に移り、より多忙な役割を担うようになった。続く 2 年間、定期的に最新情報を送ってきてくれ、仕事においては敏腕家となったのだった。

症例 7

ヘイリーは 30 歳の女性で、胸にできたメラノーマ（悪性黒色腫）の拡大切除手術を受けた。術後の数ヵ月間、創部の感染に悩まされ、創部の被覆や大きなサイズの服を着るなどの対処を余儀なくされた。繰り返し病院へ通わねばならず、復職も遅れ、昇進の機会も逸してしまった。彼女は、胸の外見に関しては、手術の結果に不満は持っていない。しかし、手術して以来、怒りの爆発を抑えることができなくなり、それが彼女のパートナーに向けられるのだと述べている。自覚できる怒りの爆発は相当なもので、コントロールが利かず、特にパートナーの行動に密に関連するわけではないことに、彼女は驚いている。彼女は、自分の行為が彼に別れを決心させてしまうのではないかと恐れている。それを彼女が求めていないことは明らかだった。

･･･セッション 1 ･･･

治療の概略の説明
問題点の抽出
問題リストと治療目標の作成開始

怒りのモデルの紹介

初期の定式化

今後の来院計画の概略 —— 参加の必要性の説明

最初のホームワーク、アセスメントの質問表の完成、など

（基本的な導入の後）

セラピスト：あなたの回復過程と、今回の面談を希望された理由について
　　　お聞かせいただけますか。

ヘイリー：1年前、皮膚癌が見つかりました。信じられませんでした。私
　　　はまだ24歳でした。ほくろを医師に診てもらいましたが、それが悪
　　　性だったとは本当に信じられませんでした。生検検査の結果が悪性
　　　だったとき、とてもショックでした。

セラピスト：どのように感じましたか。このショックに対して、どんな反
　　　応を示したか思い出せますか。

ヘイリー：頭が真っ白になりました —— ひどい夢を見ているかのようで
　　　した。その頃、妹が自転車でひどく転んで、大きな手術を受けたんで
　　　す。両親はひどく心配しましたが、その後にちょうど復職したばかり
　　　だったんです。それで今度は私がこんなことになって……

セラピスト：つまりあなたは、自分の健康と家族のことを心配していたの
　　　ですね。重傷だった妹が回復してきたときに、また別のことが起きて
　　　しまった。

ヘイリー：その通りです。どうしたらいいのか皆目分かりません。母親は
　　　妹のことで、やっと落ち着き始めたところだったのに —— 今度は私
　　　の番……私は抗癌剤治療を受けなければなりませんでした。そしたら、
　　　髪の毛が全部抜け落ちて……

セラピスト：今回のことで、あなたを支えてくれる人がいましたか。

ヘイリー：病気のことを知っている親友が何人かいました。それに私の
　　　パートナーも —— 信じられないことに、彼の父親も癌を患っていて、
　　　同じ治療経過を経験していました。

セラピスト：そのことに安心しましたか。それとも動揺しましたか。

ヘイリー：分かりません……たぶん……また悪いことをしたように感じま
　　　した。なぜ、彼が私のことを助けなければならないのか —— 何か公

平じゃないように感じました。

セラピスト：誰にとって、公平じゃないと？

ヘイリー：彼にとっても —— 私にとっても、そう思います。

セラピスト：誰か病気の人の面倒をみる人として、今の彼は相応しくないと感じているのですか。

ヘイリー：はい、その通りです。しかし、なぜ彼が私と一緒にいるのか理解できないのです —— 私は髪がなくなったし、ずっと疲労を感じていて……

セラピスト：彼に尋ねてみましたか。

ヘイリー：はい、彼は素敵な人でした。ずっと一緒にいたじゃないか、今までと変わるところはない、外見がどうであれ一緒にいたい、それでいいんだ、と彼は言い続けていました。

セラピスト：彼のことを信じられましたか。

ヘイリー：たぶん……でも、その時から考え始めたんです。なぜ彼は私のもとを去らないのか、誰か正常な外見の人を見つけようとしないのか……

セラピスト：彼に言いましたか。

ヘイリー：はい……そしたら彼はとても動揺したようで、怒っていたかもしれません。そして、自分のことを信じてくれていないと言いました。

セラピスト：まとめると、あなたは癌という診断に向き合い、抗癌剤治療を受けなければならなかった。その結果、髪の毛を失った。ちょうどこの時から、あなたと一緒にいたいという彼の真意に、強い疑いを持つようになった —— そして彼はとても動揺した。と同時に、あなたは彼の理解と支援を心から望んでいる —— 結局、彼を動揺させ、あなたに対して不機嫌になってしまった。

ヘイリー：その通りです……それはすべて私のせいです。彼をもっともっと怒らせながら、今も同じことをやり続けているんだと思います。

セラピスト：ここで一息入れましょう。今起こっていることの背景を理解することから始めたいと思います。特別な例を思い出せますか？　あなたがボーイフレンドを怒らせてしまったと感じた、一番最近のことを教えてくれますか。

ヘイリー：先週のことでした。彼と一緒に友人に会いに行きましたが、遅

れてしまったのです。彼は私に、急ぐようにせかしました……

セラピスト：なぜ彼はあなたをせかしたんですか？

ヘイリー：それは……馬鹿げた話なんですが……着るものが何も見つから
なくて。あの時、体に合うものを少し手にしたんですが、洗濯をし
ていなかったものなので、何か別のものを着ようと思って ―― それ
から間際になって、それも小さすぎると分かって服を替えようとして
……

セラピスト：彼は何と言いましたか？

ヘイリー：つまらないことで大騒ぎをしている、きちんとして見えるのに
と言いました……

セラピスト：それであなたは何と言いましたか。

ヘイリー：カッとなりました。分かっていないと、彼に叫びました ――
どうしてあなたは私のすることを放っておけないのかと ―― そして、
別のひどいことをたくさん……

セラピスト：そのことについて、今はどう思っていますか。

ヘイリー：私は彼に対して最低のことをしたと思います。彼は私に安心さ
せようとしていたんです。たぶん、私はきちんとした身なりをしてい
たと思います。最悪のことに、私は我慢できなくなってしまいました
……

セラピスト：それでは、あなたが事態をどのように変えたいのかについて
考えてみましょう。あなたが変えたいことのうち、もっとも重要なこ
とは何ですか。

ヘイリー：彼に対して叫ぶのをやめたい……

セラピスト：ここで何を変化させたいと願うか、あるいは、何を治療の目
標としたいかを考えるのであれば、最初にやらなければならないこと
は、なぜこのように反応するのかを理解して、コントロールする方法
を身につけることです。それによって、このような事態に対処できる
ようになり、「自分を失わない」ようにするためです（ホワイトボード
に目標を１つ書く）。

最初のセッションは、さらに例を出すように、同じように続けられた。
その後、彼女の問題について定式化が示された。

セラピスト：突然、癌に見舞われたこと、それが劇的に外見を変化させたことについて述べました。あなたの人間関係に及ぼす影響について、「公平ではない」という言葉を用いました。彼が一緒にいてくれることに、時に自信を感じながら、しかし時に、なぜ彼が一緒にいたがるのかに疑問を持っている。

　あなたが述べた問題とは、彼に対する怒りと爆発です。あなたが私に示した例の多くは ── すべてがそうではありませんが ── あなたの外見に関連しています。コントロールを失い、叫び、罵り合いになる。そして、後になって、真から後悔の念を持つ。では作業に取りかかります。

　怒りを理解しようとする場合に有用な方法を示します（モデルを描く）（図7.21）。

　それぞれの怒りの爆発には、トリガーがあることが分かります。爆発の直前には、この出来事が存在しています。しかし、同じトリガーであっても、別の人にはそうなりませんし、あるいは、たとえ同じ人に対しても、常に怒りを起こすわけではありません。違いはどうして生じるかというと、トリガーが評価されたり理解されたりする方法に

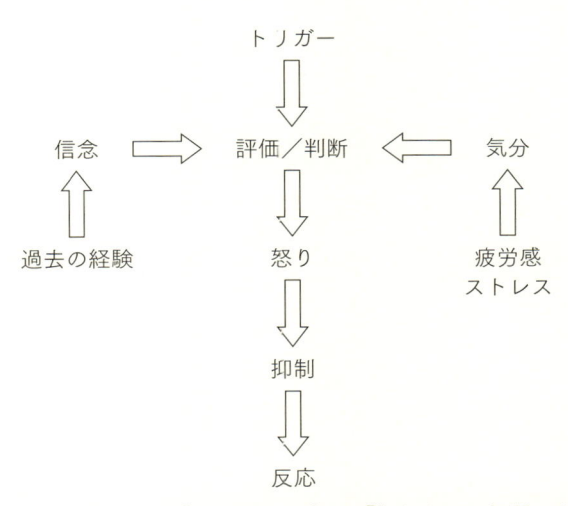

図7.21　ウィリアム・デイビス（Davies, 2008）の『怒りとその気質の克服 *Overcoming Anger and Irritability*』より、怒りと気質の分析モデル
（Robinson, London, 2000. Constable & Robinson Ltd の許可のもと転載）

あります。多くの要因もこれに関係します —— たとえば疲れている とき、あるいは、同じことをくどくどと繰り返すようなとき、あなた は怒りを覚えることが多くなります。それゆえに、トリガーとそれ が障害作用を及ぼす方法を明らかにできるように、この怒りの実例を もっと集める必要があります。

ヘイリー：言っていることは理解できます。でも、何か本当に後悔するよ うなことを言うかもしれないので、本当に不安なんです……

セラピスト：今、そう思われるのは当然だと思います。私がお勧めするの は、この面談のことを彼に話すことです。そして、あなたが何かを変 えようとしていることを、彼に知らせることです。もしもあなたが嫌 でなければ、このセッションに1度、彼に来てもらうことも考えて ください。よろしいですか？

ヘイリー：はい —— 私が変わろうとしていることを、彼に知ってもらい たいです。

セラピスト：素晴らしい。この作業をやる気になったなら、進むにつれて、 できるようになることへの自信がより強くなっていくでしょう…… 定期的に決められた面談に参加していただく必要があります。6回の セッションから始めることにしましょう。家でやるための作業も用意 します。次のセッションまでの期間もこの作業を続けられるように、 私に見せるための記録も付けてください。よろしいですか？

　怒りに関する質問表と外見に対する評価スケールが、家で完成するように渡 され、次回の予約を行った。ホームワークには Davies の文献（2008）の第1～ 3章を読むことが含まれている。

■ まとめ

セラピスト：まとめましょう。このセッションでは、あなたが怒りを抑え きれないこと、パートナーに対する怒りの爆発を静めるなどの、達成 したいと思う目標について、話し合ってきました。こうした問題に対 処できる方略を身につけていくために、セッションに参加していただ く必要があります。

···セッション2···

■データの振り返り

怒りの爆発の記録

前の2週間については、ヘイリーは怒りの行動を経験しなかった。彼女は喜んだが、このことを不思議にも感じた。目標とする行動の頻度は、行動記録を始める頃には減少することが多いことをセラピストは説明し、同じようにモニタリングを続けるべきことが説明された。

DAS24

スコアは平均よりも上で、1標準偏差分の減少があった。これらは高いレベルの興奮性と自意識を予測できるパターンに一致していた。DAS24はまた、彼女の定式化に加えられた魅力や女性らしさに関する問題も示唆していた。HADSスコアは、中等度の不安（11点）と軽度の抑うつ（8点）を示していた。

社会的状況における予期不安と喪失感に関連した抑うつ気分という観点から、これらの問題は検討される。

目立ちやすさと不安のグラフ

ヘイリー自身による評価結果がグラフに示された。彼女にはメラノーマがあったが、かさばる創部被覆と臭いと不快感があった。これらは彼女の不安の焦点をなしていた。他人への目立ちやすさを8点（10点）とし、不安を10点（10点）とした。[7]

課題の設定

怒りのモデルと定式化の振り返り

---

[7] クライアントを非常に悩ませている、外見における特定の様相について理解することはとても重要である。これらは見る側にとって非常に明らかな特徴と一致しているとは限らない。たとえば、瘢痕の大きさや範囲よりも、むしろ色素沈着の範囲の方が問題であったり、植皮を受けた部位や手術創部に付加的に生じた特徴よりも、植皮用皮膚採取創部の方が問題であったりする（臭い、質感、余剰皮膚の動きなど）。

■ ホームワークの計画

定式化の修正再表示

　再定式化には、外見に関する問題が含まれている。ヘイリーは、癌のことを「不公平」だと述べている。それは、彼女の妹が怪我をしたすぐ後に起こった。パートナーは父親のことですでに不安を経験している。今は彼女のことを支えなければならない。彼女の切除手術創部ではうまく癌を除去できたが、よく認められる合併症である創部感染を起こした。しかしそれがもたらしたものは、臭いへの悩みと、女性らしさがないと感じることだった —— この結果もまた、彼女には不公平だと見なされた。病院でのケアはおおむね順調に進行したが、追加の診療が必要となって大学を休むことになり、勉学に１年の遅れをもたらした —— それについても、彼女は不公平だと見なした。これらの出来事に他人ならどのように反応するかを考えるように求められると、ヘイリーは、人々も同じように不公平を感じ、また悲しみと怒りの両方を感じるだろうと、そしてこうした感情は道理にかなっているだろうと認めた。

■ 治療における仲間

　このプログラムの中で、パートナーが彼女をどのように援助することができるかについて話し合うこと。彼女は次のセッションに、彼を誘うことにした。

■ ホームワーク

　怒りと怒りの爆発に対するモニタリングを継続すること。彼女が快適だと感じる服装はどのようなものかを明らかにして、週末に計画を立て、翌週に着るための十分な数の上衣を持っていることを確認すること。

　まとめとフィードバック

▪▪▪セッション３▪▪▪

　ヘイリーはパートナーのバートを伴って来た。

■ ホームワークの振り返りと再定式化

　ホームワークの振り返り：ヘイリーとバートは前回のセッションの後、２回の「大げんか」をした。ヘイリーは、状況をどのように評価したかと一緒に、

表 7.3　怒りの爆発に関連したトリガーと信念のモニタリング

起こったこと	トリガー	どう解釈したか、何を信じたか
土曜の夜にバートは、彼の青いシャツにアイロンをかけたか私に尋ねた。結局、彼に対して、自分でかければいいじゃないかと、どなることになった。さんざん罵り、家から出て行ってと叫んだ。	「僕の青いシャツにアイロンかけてくれた？」	なぜ私が彼のアイロンがけをしなくちゃならないのか。不公平だ。私は病気と外見の悪化も含めて、すべてのことに対処するよう努めているのに。そして彼は自分のこともすべてしてもらいたがっている…… 彼は、私がまだ自由な服装ができないことを知っている。なのにもっとよい身なりをして、わざと私に見せつける……
水曜の夜、バートが庭の大きな植木を掘り返そうとしていた。木を引っ張ったときに彼は後ろ向きに倒れ、私は笑った……バートは機嫌が悪くなり、それから私には何もかも収拾がつかなくなり、彼に出て行くように叫んでいた。	バートは鋤を投げ捨てて「君がもっとうまくできれば、君一人でできたのに……」と言った。	彼は完全に間違っている。あの時、私にはそんなことができないことが、彼には分かっていた。彼は公平ではない――それがどんなに私にとって困難なことなのかを、彼は理解していない。

出来事とトリガーを記録していた（表7.3）。

　セッションは、ヘイリーがトリガーについて評価する別の方法を生み出すまで続けられた。彼女はそれ以後、バートと一緒にこれらをチェックすることができる（表7.4）。

　ヘイリーはバートに対して怒りのモデルを説明するために、このエクササイズを利用することができた。出来事の1つがヘイリーの行動に対するバートの評価を含んでいたことは有用であり、お互いに再確認することができた。

■ホームワーク

　怒りと怒りの爆発のモニタリングを継続すること。行動を評価した方法について記載すること。代わりの説明を明らかにすること。Davies（2008）の章を読むこと。週末に衣服を準備しておく習慣を維持すること。

　まとめとフィードバック

表7.4 行動に対して代替できるような説明を生み出す

トリガー	どう解釈したか、何を信じたか	この事態を対処する別の方法があるか
「僕の青いシャツにアイロンかけてくれた？」	なぜ私が彼のアイロンがけをしなくちゃならないのか。不公平だ。私は病気と外見の悪化も含めて、すべてのことに対処するよう努めているのに。そして彼は自分のこともすべてしてもらいたがっている…… 彼は、私がまだ自由な服装ができないことを知っている。なのにもっとよい身なりをして、わざと私に見せつける……	彼は私がアイロンがけをしているのを見ていた。それで彼のものにも2〜3枚、アイロンをかけたように見えた——彼は単に、アイロンをかけたものの中に、シャツがあるかをチェックしただけだ。 自分の着るものへの制約について私がどう感じるかに、彼が着るものがどれほど影響していたか。そのことについて、バートは結びつけて考えたことがなかった。
バートは鋤を投げ捨てて「君がもっとうまくできれば、君一人でできたのに……」と言った。	彼は完全に間違っている。あの時、私にはそんなことができないことが、彼には分かっていた。彼は公平ではない——それがどんなに私にとって困難なことなのかを、彼は理解していない。	彼は疲れていて、侮辱されたと感じた。 私は疲れているとき、ひどい反応をしてしまいやすいことを知っている。それは私に対してではなく、彼に対しての反応だ……
	(バートの評価) 僕は本当に馬鹿みたいだ——彼女はこんなに対処すべきことを抱えているのに、僕は植木を掘り出すことすらできない……	実際、木が突然飛び出て僕がこけたのは、可笑しいことだった。僕だって笑うだろう。

▪▪▪ セッション4 ▪▪▪

■ ホームワークの振り返りと再定式化

　ヘイリーは、怒り反応のトリガーとなった出来事を4つ記録していた。しかし、回数は増えていたものの、その時の自分の信念について評価することができていた。そして、別の説明の仕方があるかもしれないと認めることで、より効果的に自分の反応に対処できるようになっていた。バートは支援的であり続けるために、彼女と口論をしようとはせず、その場を立ち去るようにしていた。また彼は、明るい色のジャンパーを彼女に買ってあげた。彼女はとても気に入っている。たとえ彼が彼女の外見に不満を感じていないとしても、彼女が自分の外見に不安を持っているというメッセージを、彼は明確に受け止めていると、ヘイリーは感じている。

■ 課題の設定

　3列コラム法を用いて、ネガティブな自動思考と認知プロセスのスタイルを紹介する。目立ちやすさと不安のグラフを振り返る。トリガーによって怒りが起こってきたとき、代替できる反応を計画する。

■ ホームワークの設定

　認知処理のスタイルを明らかにする。
　Davies の文献をさらに読み進めること。
　代替できる対処法について、バートと合意しておくこと。
　まとめとフィードバック

・・・セッション5・・・

　バートはヘイリーと一緒にセッションに来た。

■ ホームワークの振り返り

　トリガーが明らかにされ、評価が修正された。彼女かバートのどちらかが悩んでいるときには、タイムアウトをとることに合意した。2人ともセルフヘルプ教材を読み、お互いがヘイリーの反応についてよく理解したと感じている。

■ 課題の設定

　外見に対するヘイリーの認知を振り返る。長期にわたる維持計画について考え始める。次回の最終セッションについて計画する。

■ ホームワーク

　行動のモニタリングを継続し、文献読書を終わらせる。
　まとめとフィードバック

・・・セッション6・・・

■ ホームワークの振り返りと再定式化

　ヘイリーは、もう怒りを爆発させることがなくなった。創部は治癒し、様々

な衣服を身につけることができる。2人は休日の旅行を予約した。ヘイリーは怒りの爆発について、自分に起こったすべてのことに対する不公平感と、彼女が外見に関連した問題にどれほど動揺しているかを、バートが理解していないという認知に関連していると定式化している。このことが解決するには何ヵ月もかかると彼女が思っていたとしたら、自意識が高まらないように、制限された感じがしないように、自分で衣服を買ったことだろう。

■ 課題の設定

　継続すること。シグナル：古い思考パターンへの後戻りがあることを明らかにしておく。記録帳を振り返り、ネガティブな自動思考に対処する。「悪い日」もあることを受け入れる。

■ 最終の評価スケールと結果

　目立ちやすさは、今は2点（10点）である。不安は1点（10点）。DAS24とHADSは正常範囲内。疲労の度合いによって変動することを彼女は認めているものの、もはやイライラすることはなくなった。口論に対処するための方略として、2人はタイムアウトをとる練習を行っている。問題対処への自己効力感について、自己評価は高まった。

・・・・ セッション7・8 ・・・・

　ホームワークの振り返り。

■ 課題の設定

　行動記録の継続による進歩のモニタリング。怒りの原因となっているパートナーの行動から、病気の経験と自身に対する信念への対処に関してまで、信念の定式化と再帰属という観点から話し合うこと。終了に向けての準備と維持のための長期計画。

▪▪▪セッション 9 ▪▪▪

■最終の評価スケールと結果

目立ちやすさは、依然として 2 点（10 点）のままである。不安は 1 点（10 点）。DAS24 と HADS は正常範囲内。

■まとめとフィードバック

自分の怒りは、この 1 年間の出来事に対して理不尽な反応ではないと、ヘイリーは感じている。しかし、今はそれもコントロールできていると感じている。ことさら外見にとらわれることも減ったし、彼女の抱える不安に対してパートナーが多くの洞察をするようになったと感じている。

■結果

6 ヵ月後に 2 人のフォローアップ面談が行われた。多くの口論が報告されたが、いずれも若いカップルとして普通のことであった。ヘイリーの反応が常軌を逸しているのではないかという心配はもはやなくなった。状況について、そしてお互いの理解について、穏やかに話し合うことができると 2 人は感じていた。

変化の長期的な結果と維持

■完全な維持

CBT 介入において理想的な結果は、信念と行動における変化であり、それが維持されるか、あるいはさらに強化されることである。たとえば、チェンジング・フェイスの社会的スキルの 2 日間の講習を受けた人々は、治療直後に社会的不安と社会的回避が減少しただけでなく、6 週後のフォローアップでも維持されていた。そして 6 ヵ月後のフォローアップではさらに能力の向上を示していた。参加者は良質な社会的相互関係の原則を学び、こうしたことを首尾よく前進させることができた、と説明することができる（Robinson et al., 1996）。

しかし、目標とした行動を維持することができない人もいるだろう。実際、部分的にしか長期的変化を達成できない人は少なくない。

良好な維持に貢献する因子としては、以下のことが含まれる。

- 現実的な目標を設定すること。
- 行動が自動的に出せるように、生活スタイルの中へ組み込んでいくこと。
- 社会的強化。
- 行動を、有益であると認知し続けること。
- 1次的利得と2次的利得を区別すること（例：多くの人は、パートナーを見つけることを長期的目標として持っている）。このためには、社会的に活動的になる必要がある。しかし、こうすればパートナーを見つけられる可能性が高まる一方で、成功は保証されない。こうした人々との作業では、社会的回避を減らすこと自体の利益を見るように支援することが重要である。

■ 部分的維持

　目標を達成した後に、行動頻度が低いレベルに戻ってしまう人もいるかもしれない。重要な影響力を持つ要因については以下のことがある。

- **季節性変化。** イギリスの天候では、人々は夏になると手足やお腹を露出するが、2、3ヵ月後には衣服で覆うようになる。治療の途中でも、こうした気候の問題を説明しておくのが、後退予防の役に立つ。夏の始まりに追加セッションをするのも有用で、対面式または電子メールや電話で行うというのも、この問題を克服するための1つの方略となる。
- **他人からのネガティブなコメント。** 可視的差異を持つ人々との作業で繰り返し認められることは、社会的回避において、たった1度のネガティブな発言の持つ影響力である。社会的後退や孤立が起こる場合、言われた1つの発言について、一字一句違えずに述べることが非常に多い。時に、何年も前のことである。行動の変化を引き起こしたり、その結果としての苦悩を引き起こしたりすることに、全く気づかない誰かから言われることである。このコメントが頭から離れず、認知されている重要性が増大し、社会的後退により他者からの反証が得られなくなる。

　ネガティブな注目の可能性と、それに対処するための方略を用意しておくことは、苦悩を未然に防ぎ、長期にわたる結果への影響力を減少させる方法となる。後退に対処するための別の方法には、以下のことがある。

- 後退を失敗とは見なさないこと。誰にでも「悪い日」はある。1つの悪い出来事が、未来の失敗を予測してはいない。
- 後退への特別な「対策」を計画する（例：チェンジング・フェイスの文献を読み返すこと）。
- 行動変化とは、常に挑戦であることを認識する。

■ 後退や不十分な適応への対処

この状況では、行動変化は治療前よりも高いレベルが達成されているが、目標設定よりは低いものとなる。人によって、成功とも失敗とも見なされうる。行動変化には、目標の見直しが含まれることを受け入れられるよう支援する。それにより、この結果が成功として見直す支援となり、作業を続けていくことへの励みとなる。

■ 後退と失敗

治療前の行動へ戻ってしまうことに荷担する諸因子には、低い自己効力感やパーソナリティ・タイプに関する帰属が含まれる（しかし、CBTプログラムには段階が組み込まれているので、初期の成功や、この段階での記録や、プログラム中で成功した部分に採用されている方略のリマインダーといった根拠によって、この信念には対処可能である）。

行動変化はスムーズには行かないという事実を人々に納得させること、段階が異なれば違ったペースで上達することが予期されること、過度に野心的ではない目標の設定を勧めること、これらの方法はすべて、後退は長期過程における失敗を予測するものではないということを、人々に信じさせる方法となる。

社会的支援と治療におけるパートナー

健康心理学の文献において、障害を含む慢性的な状態での良好な結果を予測するものとして社会支援が注目されているのであれば、治療的介入を提供する際に、家族や親友の関与が必ずしも含まれていないことは興味深い。

CBTの枠組みでの作業は、治療的「バディ（仲間）」が含まれる機会を提供する。彼らは重要な変化をもたらすことができ、人々を支援することができる。

ホームワークを完成させることを励ましたり、行動変化が始まる頃に結果について話し合ったり、実地での実践的な支援をしたりすることによって、これは実現しうる。後退が生じた場合には、これまでに成し遂げた進歩を補強したり、目標を再設定したりする際にも、パートナーは非常に有用な存在になりうる。情報を与えられたパートナーはまた、プログラムを妨げることなく、支援という作業を行う。人々が社会的に不安を抱えている場合、「親切な」反応は配慮しすぎるケアになることがあり、問題を克服しようとするモチベーションを下げてしまう。建前では支援的であっても実は効果的でない反応には、潜在的にダメージを与える影響力がある。それについて、セラピストと患者とバディが正直に話し合うことは、治療におけるバディの支援を得るために欠かすことができない部分である。行動変化の原則を理解しておくことは、特に新しくて画期的な外科技術を探し求める人々を扱う領域においては、治療の途中での問題を避けるために非常に有用であろう。

まとめ

　この章では、CBT アプローチを用いて治療した、非常に異なる臨床例について、セッションの概要を提示した。しかしながら、多くの人は、手術に代わる代替的治療として、心理学的介入を受け入れていない。この方法は誰にでも受け入れられるものという印象を与えないようにすることが重要である。実際、CBT は時間が制限された介入療法であるにもかかわらず、セッションの回数は非常にばらばらで、16 セッションまでの変化がある（最大で 20 回行う）。この範囲を超えてしまうと、治療で得られる効果も小さいことが多くなる。しかし、きわめて少ない回数のセッションで、大きな効果を達成することも可能である。特に CBT の方法について本当に理解されている場合や、社会的スキルの向上や信念に対する急速な再帰属に伴って、早くから成功を収めているような場合である。後退に対する計画や維持のための介入を含めておくことも重要である。6 ヵ月後のフォローアップセッションも有用である。最後に、昨今の研究知見によると、適応は長い経過の中で様々に影響を受けうる。所属する社会的集団からの移動（例：転職や転居）、結婚、特別な出来事、就職面接といったライフイベントは、特に試練となりうる。1 回限りの出来事で困難が生じた

ときには、「継ぎ足し」セッションの機会を提供するのが有用であろう。

　今は治療における最初の日々である、と認めることがぜひとも必要である。外科的治療に比べた場合の CBT の有効性については、まだ良好と言えるほどにエビデンスは蓄積されていない。また、治療のタイミング、外科的治療と並行してどのように作用するのか、どういう対象にもっとも効果的か、といったことに関する情報も確立していない。しかし同時に、人々が求める外科的治療は、実際のところ、必ずしも妥当とはいえないことも、そして不可能な改善を目指した理想的な願望対象を提示しているだけかもしれないことも認識すべきである。最後に、ここで提示された症例は、計画されるかもしれない治療方法を例示するためのものであって、CBT が効果的である根拠を示すためのものではないことを強調しておきたい。

●追加文献

　患者との作業において特に有用な資料や、セルフヘルプ（自助）に役立つ書籍や情報を提供してくれる資料を示す。

Cash, T.F. and Smolak, L. (eds) (2011) *Body Image: A Handbook of Science, Practice and Prevention*, Guilford press, New York.

Cash, T.F. (2008) *The body Image Workbook: An Eight Step Program for Learning to Like Your Looks*, New harbinger, Oakland, CA.

Veale, D., Willson, R. and Clarke, A. (2009) *Overcoming Body Image Problems Including Body Dysmorphic Disorder*, Constable and Robinson, London, New York.

第8章

小児サービスから成人サービスへの円滑な移行

はじめに

　小児や青年の外見の問題については、それ自体が巨大なテーマであるため、本書では特に扱ってはいない。しかしながら多くの小児が問題を継続し、成人サービスへと移っていくのだから、小児から成人への移行期は重要なものとして考慮されるべきであると信じている。小児から成人までの、青年期の移行にまつわる問題について紹介し、移行期のケアを改善する方法を明らかにする。そうした移行期にある青年について、治療を計画して携わるときに注意しておくべき主要な問題を簡潔にまとめておく。

移行期の諸問題について

　複雑な健康問題を抱える青年は、通常 16 歳から 18 歳の間に、小児から成人サービスへ移行する（Royal College of Paediatrics and Child Health, 2003）。「移行期のケア transitional care」と呼ばれていることだが、その人の状態に関わりなく、移行のプロセスが重要となる。すでに思春期の様々な問題や不安定さを経験している中で（例：Holmbeck, 2002 参照）、青年にとって移行期とは、発達段階における重要なライフイベントである（Por et al., 2004）。この脆弱な時期に慎重に対処しなければ、保健サービスからの逸脱や、治療の順守不履行、予後不良、早期死亡に至ることもある。移行期のリスクと適切なケアが行われないと、ネガティブな影響力が広範に及んでしまうことがエビデンスとして示されている（Crowley et al., 2011 参照）。たとえば Kipps ら（2002）は、糖尿病サービスへの受診は、移行期の 2 年間で、94％から 57％に低下することを見出した。Oeffinger ら（2004）は、小児癌の生存率が不良になる原因は、成人サービスへの移行後のフォローアップの不十分さにあることを暗に示した。Somerville（1997）が報告したのは、移行期をたどってみると、先天性の心臓病による死亡のうち、5 人に 1 人はその死を避けられたか、遅らせることができたことである。Watson（2000）が訴えたことは、移植手術から 36 ヵ月以内の予想外の移植失敗の大きな要因は、服薬内容の順守不履行によることである。

　「移行期の問題」は、20 年以上にわたって保健行政における関心事として認

識されてきた（Allen & Gregory, 2009）。この期間中、様々な状態に特化した提案や（Crowley et al., 2011 参照）、保健省による提案が蓄積されてきた（Department of Health 2006, 2008）。これらすべてが認めていることは、この過程は慎重に計画されなければならず、患者の身体的ニーズと同様に、心理社会的かつ教育的ニーズにも注意を払わなければならないということである（Blum et al., 1993 参照）。こうした注意喚起にもかかわらず、イギリスの小児保健サービスの最近の総括では、移行期にはいまだ問題が残っていることが報告されている——青年と親における「不満と不幸」の要因、そして、医療専門職における葛藤と不安の要因（Kennedy 2010）といった問題である。移行期は見逃されることが多く、サービスが途絶えがちになることは広く認められている（Baines 2009）。そして、もっとも効果的な移行期ケアを提供できるような経験的エビデンスはほとんどない。さらなる調査と研究は、喫緊の課題である（Crowley et al., 2011; Watson et al., 2011）。Kennedy（2010）が推奨していることは、青年期のニーズを明らかにして、それらに対処するために、NHS 内部において青年期に注目した特別な予算を充てることである。そして、小児と成人の間の「行政の壁」を埋めていくことである。

　実践を導くことができる、これまででもっとも有用なエビデンスの多くは、移行期に含まれる様々な経験を組み合わせた、定性的心理社会的研究から得られている。これにより明らかにされることは、移行がうまくいく要因、移行を妨げる心理社会的ないしは制度的な障壁、さらに青年や親たちのニーズにケアが機能しない領域についてである。

青年の視点からみる「移行」

　自分の移行期は「良好」だったと見なしている者は、小児から成人へとサービスが移行する際に、慎重な準備と教育と良好なコミュニケーションを特徴とする、ポジティブでシームレスな解放的経験を述べている（Department of Health, 2007b; Crowley et al., 2011）。しかし意見の大勢は、状況は不安定で（無計画に）途切れやすく、苦悩と不安の時期だったともしている（Maunder 2004; Department of Health, 2007b）。

　青年にとって最大の問題は、成人ケア・サービスにおける様式の変化に適応

することである（Olsen & Sutton, 1998）。小児ケアが家族を中心に据えて患児の発達に焦点を当てている一方、成人サービスでは主に、自立、自己管理、患者からの直接のコミュニケーションが強調されている（McDonagh & Viner, 2006）。移行期には自己認知の変化が必要とされるが、それに準備できない者もおり（Viner, 1999）、青年は適応に困難を感じる場合がある。多くの青年が不満に思うことは、成人ケアのスタッフが自分を成人のように扱い、必要な支援もなしに、自分自身のことに責任を持つよう求められることである（Anthony et al., 2009; Fleming et al., 2002; Visentin et al., 2006）。

　よく知ったケア提供者を失うことは重大な出来事であり、成人のクリニックはよそよそしく不慣れに感じられるだろう（Viner, 1999）。そこでは、自分の状態と現在の治療についてスタッフはよく知らないと感じるか、自分の病気が成人期にもたらす潜在的な影響力やケアに関する情報を引き出すために四苦八苦する（Department of Health, 2007b）。多くの者が、ケアの中で疎外感と成人の医療専門職の関心の欠如を感じ取り、「捨てられた」と感じたと述べている（Shaw et al., 2004）。こうした経験は、保健ケア・サービスからの脱落に陥るリスクを高めることになる。

親の視点からみる「移行」

　親も同様に、成人サービスのことを、堅苦しくて、心理社会的ケアに力を入れていないと感じ、小児サービスのスタッフのことを懐かしく思うかもしれない。彼らは子供への支援において重要な構成要素となっており、子供の生存の貢献者であると見なされることも多い（van Staa et al., 2011; Westwood et al., 1999）。加えて親たちは、小児ケアの段階では一般的に有効であった自分たちの専門知識が、成人サービスでは歓迎されないのではと心配することもありうる（van Staa et al., 2011）。移行期に際して親たちは重要なパートナーとなるため、こうした彼らの不安は明らかにされ、対処されねばならない。

医療専門職の視点からみる「移行」

　医療専門職にとって最大の問題の１つは、組織としての連続性の問題である。標準化されたシステムがない場合には、小児サービスも成人サービスも青年期のケアについて十分な責任を果たそうとしない期間が生じうる（Royal College of Nursing, 2013）。このことにより、患者が矛盾したメッセージやアドバイスを受け取りかねない。

　歴史的に見れば、移行期は医療専門職のトレーニング・プログラムに入っていなかった。スタッフは移行期の問題について、自分が担当する良質のケアの一部とは考えていなかっただろう。また、担当しているケアを思春期の発達的かつ社会的ニーズに見合うよう、調整するモチベーションや専門技術や自信を欠いていたかもしれない（Department of Health, 2007b）。結果的に、治療への順守不履行やこの年齢群のクリニック受診の低下のリスクに、取り組まなかったということになるだろう。リスク要因には、進学や就職で家を離れること、さらなる自立と親の関与の低下、社会的活動の増加、健康にとって危険な行動への関与などがある（Weissberg-Benchell et al., 2007 参照）。こうした問題に気づいているスタッフであっても、思春期の特殊なニーズへ対処することを許すだけの時間や資金がなければ、多数の高齢成人のニーズに対処する仕事が優先されてしまう（Fleming et al., 2002）。

　加えて、20 年前には致死的だった古くからある小児疾患が（例：囊胞性線維症）、成人まで生存できる疾患になってきた。しかし、成人サービスの専門家の多くが、こうした疾患に対処することに慣れていない、あるいは特別な興味を持っていないということもありうる（Department of Health, 2007b; Viner & Keane, 1998）。小児ケアのスタッフはこの状況に気づいており、患者と家族との間に長期の関係を築いてきた者にとっては、断腸の思いで彼らのケアから離れることもある。また、成人サービスでの実際的技術の不足に対する不安が、移行を遅らせるかもしれない。こうした不安を患者に対してうっかり態度に表してしまうと、成人ケアに対する患者と親の信頼は壊されてしまうと報告されている（Department of Health, 2006）。

移行期のケアを改善するためのガイダンス

エビデンスは限られているが、移行期ケアを改善し、最良の実践的ガイドラインを作り上げるためには、移行期サービスに関するエビデンスを早急に蓄積する必要がある。最近の研究では（McDonagh, 2006, 2007 参照）、移行期ケアを計画する際には、以下のことを考慮すべきであると指摘されている。

- タイミング：移行の情報については、個々の患者の発達的ニーズに応じて提供されるべきである。柔軟に、個別的に行うべきである。
- 思春期の青年の自立心に焦点を当てながら、移行の準備は早い段階から始めるべきである。
- 身体的または心理社会的危機にある期間には、移行は行われるべきではない。
- クリニック（総合医を含む）間での、医学的情報や心理社会的情報の照会や交換は重要である。
- 青年へのケアを行うために、小児ケアと成人ケアのスタッフが必要とする技術の向上にむけた支援が行われるべきである。
- 移行期の計画は、すべての関係者に明らかにされ、明瞭なものであるべきである。
- 小児ケアと成人ケアの提供者同士の合同打ち合わせ、あるいは「移行期クリニック」は特に支援的なものになるだろう。
- 家族にはよく情報提供を行い、治療に参加しているという実感を持たせるべきである。
- 診療のすべてにおいてではなくとも、青年の面談は単独で行うべきである。このようにして、青年の自立心の成長を支援する。
- クリニックは学校や大学の時間外に行い、通常のコミュニケーション方法をとることが望ましい。

外見の不安を持つ青年へのケアに関する諸問題

　青年期の外見への不安が成人期のものと大きく異なっている、と指摘しているエビデンスはほとんどない。青年期において際立っていることといえば、こうした不安が持つ潜在的な激しさと、正常な社会的かつ情緒的発達およびQOL に与える影響力の大きさである。

青年にとっての外見の顕出性

　身体の外見は、青年期において非常に重要な役割を担っている。小児期には悩むことが少なかった外見の問題は、高い顕出性を示すようになることが多い。多くの研究者らが認めているのは、他の要因のどれよりも、全体的な自尊感情のレベルに外見が影響していることである（Coleman & Hendry, 1999; Harter, 1999; Levine & Smolak, 2002）。この時期に優勢となる自己中心性によって、体重や体型、身体的特徴、性的魅力への注目が高まり、それらにとらわれるようになる（Holmbeck, 2002; Jones et al. 2004）。抽象的思考の能力が高まっていくことも、社会的比較に心を奪われる傾向をもたらす。その結果、外見に関連した特徴に関連して、緊張感を高めることになる（Pendley et al., 1997）。外見と魅力への重要性は、外見に関連した特性に高い価値を置く若者文化によってさらに増強され（Ricciardelli et al., 2000）、「身体の美によって約束されるはずの利得」といった想像を膨らませる（Rumsey & Harcourt 2007, p. 113）。ファッションや身体的外見は、社会的かつ性的アイデンティティを確立するために用いられることが多く、仲間グループにおける青年の地位を定める一種の声明として使用される（Grinyer, 2007）。しかしながら、望ましく、時に非現実的な美の理想像に従わせようとする社会的圧力 —— 特にメディアが発信するメッセージによって心に取り憑いてしまう圧力は、かねてより情緒的に脆弱なグループに対しては、外見への不安を引き起こす危険性の高い環境を作り出してしまう（Jones & Crawford, 2005; Kluck, 2010; Koo, 1995; Ricciardelli et al., 2000）。

　Cash（1996）の身体イメージ障害モデル body image disturbance model は、現在の社会では、外見に高い価値を置くことで身体イメージ障害が起こりやすく

なっていることを指摘している。そして実際に、健康な青年期世代においてすら、外見への不安と身体への自信の低さが広く蔓延している、というエビデンスが出されている（Helfert & Warschburger, 2011; Rumsey & Harcourt, 2007）。若年女子においては、それは「規範的な」出来事だとまで言及している研究者もいる（Smolak, 2004）。外見と身体イメージの研究においては、まだ一般的といえるほど十分に示されていないものの（Smolak, 2004）、少年たちも同様に悪影響を受けていることを、多くの研究が明らかにしている（Jones & Crawford, 2005 参照）。

　一般的に若年女子は、痩せたいとか、体型や、身体の個々の部位について不満を表す（Smolak, 2004）。一方で少年たちは、よりスマートで筋肉質の体型を望む傾向がある（Ata et al., 2007; McCabe & Ricciardelli, 2001）。イギリスの 800 名の青年を対象としたオンライン調査では、11 〜 18 歳の 34％の少年と 49％の少女が、体型を変えるためにダイエットをしているという（Diedrichs et al., in submission）。そして、1200 名の若年女子のうち、50％以上が外見を変えるために美容手術を考えているという報告もある（Girlguiding UK, 2010）。

　この背景のもとでは、可視的差異を持つ青年は、凝視、うんざりするような敵意や差異に関する不躾な質問、いじめや社会的排除（Abrams et al., 2007; Adachi et al., 2003; Blakeney et al., 2005; Carroll & Shute, 2005; Haavet et al., 2004; Kish & Lansdown, 2000）といった、外見に関連したからかいという形で、相当にネガティブな注目を経験することだろう —— こうしたことは、青年期でのからかいの中でもっとも多い（Smolak, 2004）。報告されているところでは、可視的差異を持つ人々は友人が少なくて学業成績が低く、職業に対する熱意が低いことが多い（例：Kish & Lansdown, 2000 参照）。

支援を求めたり受け入れたりすることへの抵抗感

　通常ではない外見を持つ青年は、自分の差異にもとづいて識別されることに、特に腹立たしさを覚える。一般的に青年期では、特に成人と対面しながら、個人的な問題を非常に繊細に煮詰めていくことに気乗りがしない（Fox et al., 2007; Frost, 2003; Williamson, 2012）。「精神科医の診察を受けること」にスティグマを感じる者は多く、所定の心理療法を求めたり受け入れたりすることにも気乗りがしない（Rickwood et al., 2007）。あるいは、セッションの途中で、急に自意識が

高まってしまったり、当惑してしまったりする（Cartwright & Magee, 2006）。青年には、新しくてよく知らない医療専門職と関係構築することが必要なために、移行の途中や後に、こうした問題が悪化してしまうことが起こりうる。

　医療専門職らは、青年（特に 16 〜 18 歳）とのコンタクトが実際に難しいという。臨床家の勤務時間、彼らは学校や大学にいるだろうし、電話に出ることもままならないかもしれない。Barke（2014）は、受診を促す電話にかけ直すことや、治療への案内状に返答することに、青年は緊張してしまうことが多いと述べている。そのため、青年と専門職との関係は、移行後の親の実際的支援にまだ依存していることが多い。青年とコンタクトをとりコミュニケーションを持つためには、近年流行している方法を取り入れることが推奨される（例：メールやオンライン・コミュニケーションツールを利用する）。これは対面式の個別治療に代わるものとなる。たとえば、オンライン・サポート（例：YP Face IT, Williamson et al., 2012）や、人によっては、グループ・セッションの方が好ましいと感じるだろう（例：Maddern & Owen, 2004）。

青年の可視的差異への適応を促進できる要因

　成人の場合と同じように、可視的差異を持つ青年の多くはリジリエンス（立ち直っていく力）を持っており、うまく適応し、結果的に強靱にすらなりうる。たとえば、生命の危機をもたらした出来事による外見の変化や、口唇口蓋裂のように先天性の状態による外見の変化を持ちながらの生活経験は、個人の成長とポジティブな結果をもたらすことだろう。こうしたことには人生に対するよりポジティブな姿勢、人間関係の発展、自尊感情の高まりと思慮深さ、楽観性、そして共感的になることが含まれる（Feragen, 2012; Wicks & Mitchell, 2010）。心理社会的反応における多様性を説明できる要因については、青年期における強靱で綿密なエビデンスは少ない。しかし、リジリエンスを示している者の中には、以下のような事実が、保護因子や有用なコーピング方略として述べられている。認知行動的方略（すでに成人では有効と分かっている）に沿って述べると、苦闘している青年の個人的ニーズに対処できるように、これらは促進され工夫されうる。

- 変わってしまった外見への、家族や友人による**社会的支援と受容**（Enskar & Bertero, 2010; Larouche & Chin-Peukert, 2006; Sheng-Yu & Eiser, 2009; Williamson et al., 2010)。家族による外見に関連したからかいや批判は有用ではなく、むしろネガティブな一連の結果を招く（Bellew, 2014 参照）。

- 青年期に、たとえば癌治療（例：瘢痕や脱毛）や熱傷などによる可視的差異を持った者にとって、**仲間による保護**の役割は大きい。親友グループは小さくとも、ケアについて熱心な姿勢を持っており、苦悩や変わってしまった外見に対する他者からのネガティブな反応から、その青年を自然に保護し、盾となる（Larouche & Chin-Peukert, 2006; Williamson et al., 2010)。癌領域の医療専門職らは、患者を励ますことと、友人に支援行為に関わってくれるようカウンセリングを行うことの利点を述べている（Williamson, 2012)。

- 唯一のコーピング方略としてカモフラージュに頼るのは有用でないと認められている一方で（Coughlan & Clarke, 2002)、後天的に獲得された可視的差異を**隠したり**、全体的な外見を**強調したり**するために、実際的で時に画期的な技術を用いることが有用と考える青年もいる（メイキャップ、ヘッドギア、カツラ、衣服、ペイント、宝飾品）。こうした方略は、自尊感情を改善し、社会的行動の中での自意識を軽減するのに役立つと報告されている——特に、「調子がよくない」日や情緒的に脆弱であると感じるときに有用だという（Williamson & Wallace, 2012)。

- 急な外見の変化に対するネガティブな反応に対処することを助ける、あるいは減らすために、また、新しい人と出会うときにも、**社会的スキル**は一連のコーピング方略の中の一部分として同様に重要である。これには、変わった外見について写真や文書やビデオを用いて、友人に対して注意喚起や心の準備をさせることが含まれる（このようにして、「新しい外見」に対する気まずい反応を避ける）。差異を説明するために、相手の反応を予想して先に反応して見せたり、自信を持って接したりすることも有用である。情報提供を先回りして行ったりユーモアを用いたりすることで、ネガティブな注目を逸らせ、からかいに対処でき、そして他人をリラックスさせることができる（Larouche & Chin-Peukert, 2006; Williamson et al., 2010)。

- **段階的な社会的露出**：最初は、安心を与えてくれ、支援してくれる家族や友人に外見の変化を見せることによって、自分の外見に対する社会的反応を「テストする」。そして、変わってしまった外見を公の場で見せるのが

「安全である」と判断する前に、当てにできるポジティブな経験を多く持つようにする（Williamson et al., 2010）。

- 青年に対する外見の変化の妥当性について、**親が理解して認めること**も —— そのテーマから逃げ出したり、消極的に反応したりするよりも —— むしろ青年期のリジリエンスに貢献する要因だろうと指摘されている。Williamson ら（2010）は、うまく対処できていると思われる青年の親は、必要なときには、（仲間たちがしてくれる行動に似た）「親による保護」を行うことができ、青年の社会参加を維持推進することを助け、そしてもっとも重要なことであるが、自分の子と一緒に、外見の変化とそれに対するネガティブな社会からの反応に対処するための、パートナーとしての役割を果たすことを見出した。どうしたら子供の外見への不安に対する支援ができるかについてアドバイスを求め、それを理解する親は多い。
- **学校からの支援**：具体的には、自尊感情、コーピング、社会的スキルを強化する介入療法や、外見に関連したいじめへの対処は、効果的であるとされてきた（Robinson et al., 1996）。小学校から中学校への移行（進学）に関連した問題に対処するプログラムも存在している（Maddern & Owen, 2004）。個人に注目することに加えて、学校ベースの介入で外見の多様性の受け入れを推進することも重要である（Diedrichs & Halliwell, 2012 の効果的方法に関する要約を参照）。
- **医療専門職からの支援**：今のところ経験的エビデンスは散在的にしか存在しないが、定性的研究が指摘しているのは、青年らが次のような医療専門職を高く評価していることである。すなわち、外見に困惑していないかを進んで尋ね、外見への不安を深刻なものとして受け止め、アドバイスを提供したり専門家の支援へ紹介したりする医療専門職である（Williamson et al., 2012）。専門的な支援の提供は現在限られており、NHS においても最低限のものが用意されているだけである。外見への不安に関してもっともリスクの高い者たちに対する誤解があるため、外見の苦悩を持つ特別なグループの患者が、見過ごされたままになっている。医療専門職は、少女よりも少年の方が変化した外見にうまく対処していると、そして外見への悪影響が少ない者は、苦悩を経験することもより少ないだろうと予想している。しかし、エビデンスが繰り返し示しているのは、事実はそうではないということである。患者のリスクを予測することよりも、むしろ患者に不

安を持っているかを尋ねる方が間違いないだろう。

恋愛問題

　恋愛関係の経験は、成長過程において正常で健康的な局面であり、多くの思春期の青年が好きな相手と付き合うことに思い悩む。しかし、可視的差異のある青年を心配させる特定の諸問題が存在する。Griffiths ら（2012）は、こうした問題がいかなるものなのか、そしてこの問題を予防したり軽快させたりする要因は何かについて、研究で明らかにした。不安および役に立たない行動 —— それらは慣習的に、魅力的な外見が恋愛の成功にとって重要な鍵であるという思い込みに支えられていることが多い —— とは、以下のようなものである。

- 他者にとって**魅力的ではないと感じること**や、誰もデートをしたがらないのではないかという不安を持つこと。こうした青年は、自分はパートナーを探すに値しないと感じており、挑戦してみる前から付き合うことをあきらめている。
- **ネガティブな評価に対する恐怖心**：現在の、あるいは将来のパートナーが自分の可視的差異について考えることに不安を覚える。「そのことについて」、自分の知らないところで仲間らに話題にされるのではないかと恐怖心を持つ。
- **回避行動**：社会的活動（例：水泳）や性的行為（パートナーに普段は隠している差異を見せる必要がある）を避ける者もいる。彼らは、差異について明らかにすることで、人間関係が台無しになるだろうと心配している。
- **隠蔽は罪悪感や不安感に結びつくことがある**：「差異」のことをパートナーにも知らせていないという罪悪感と、いつ、どのようにして問題を切り出すべきかという不安感。
- **異性に話しかけることの困難**（恋愛感情を抱いた同性の場合もありうる）：ネガティブな評価への恐怖心や差異へのとらわれによって、会話をすることが困難になりうる。このようにして、パートナーと出会って人間関係を作る機会が減少することになる。

恋愛問題についてポジティブな態度を持っている人たちの中には、Griffiths
ら（2012）が明らかにしたように、前述したような総合的にみて健全な適応を
彼らが促進できるよう支える保護因子のエビデンスがある。良好な社会的ス
キルと、友人や家族によって十分に支援されているという認知である。加えて、
自信に満ちた青年は、以下のような信念と態度を持つ傾向がある。

- **魅力的ではないと感じることは、10 代にとっては普通のことである**（ゆえ
  に、仲間よりも大きな悩みを持つことがない）。
- **パートナーを魅了するには、身体的外見以外の特性が重要である**：ユーモ
  アのセンス、誠実さ、親近感、知性など。こうしたことに自己価値観は支
  えられ、自分はアピールすべき素質を持っているという自信を感じる。こ
  の信念から派生する結果は、潜在的パートナーが外見の差異にネガティブ
  に注目するとしたら、それは「浅薄であり」、パートナーとして注目すべ
  き相手ではないという見方になる。
- **それは私の一部でしかない**：アイデンティティのうち自分特有の部分であ
  り、人々と自分を区別するもので、尊重されるべきものである。
- **もっと悪い場合だってありうる**：自分よりももっと状態の悪い人たちと比
  較することによって、不安を小さくしようとする者もいる。

恋愛への不安の有無にかかわらず、恋愛と性的問題にまつわる通常の不安に
対処するために、青年たちはオンライン支援プログラムの YP Face IT の設計
に協力してきた（Williamson et al., 2015）。

可視的差異を持つ人々にとっての、機会としての移行期

青年期に外見の不安を持つ青年には問題が生じうるが、一方で、成人ケアへ
の移行期を、1 つの機会と見なすのも有用であろう。移行期にはすべての成員
がお互いに関わり合い、一緒に集まって次の段階の話し合いをする理由が提供
される。実際的な言い方をすれば、事務的かつ通常業務といったやり方で、外
見のことについて青年に尋ねることができる機会になる。内的理由（私には問
題があるから外見のことを尋ねられている）ではなく、外的理由（移行期には誰もが

そうする）として、青年は自分の状態や外見について会話する理由を理解することができる。こうした会話は、セッションで対処される不安を明らかにするだろうし、外見に関連した不安への支援や介入の必要性に光を当てることにもなるだろう。

移行期は、状態に関する情報を再検討する時期であるのと同様に、人間関係をリセットし、保健ケアの成人サービスの内容とその順守を新たにセットする機会になりうる。こうして、ポジティブに適応するために必要な知識と情報を彼らが持っていることを確かめるのである。特に、遺伝的／先天的または幼少期に始まった状態を持つ青年にとって、自分の状態と予後（外見への影響を含めて）に関する会話は、ごく幼い頃に、一般的には親と一緒にいるときになされたであろう。移行期とは、自分の状態について質問をすることで包括的に理解するための絶好の機会になる。

研究により明らかにされていることは、可視的差異を持つ青年は、同じ年代の慢性的状態と可視的差異も持つ他者と会いたいと思っているだろうが、特別で実際的な理由のためにそうするのだということを望んでいる。移行期では、グループ・セッションでこの問題に対処する機会が与えられるが、これは、同様の状態や不安を抱える他者に、「偶発的に」遭遇する機会を与える移行期プログラムの一部として行われる。セッションは小児ケアと成人ケアの両方のスタッフによって進められるが、臨床家と同様に、先輩の青年からの情報提供が含まれることがある。青年にとっては、人生のあらゆる局面での移行の仕方を学んでいるのだということを、覚えておくことが重要である。保健ケアはその1つに過ぎない。悪戦苦闘して支援を必要とする人もいれば、立ち直りが早く、この時期を容易に乗り切ることができる人もいる。変わってしまった外見を持つ青年は、皆が同じではない。ニーズも発達も人によって違うだろう。彼らの経験を理解し、移行期間における不安が浮き彫りにされ、そして対処されていることを保証するために、以下の質問と話題が有用である。

1. 患者は自分の状態について十分に理解しているか。そのことについて臨床家と会話したことがあるか。以下のような質問で対処できる。
   • あなたはなぜ病院へ来たと思いますか。
   • あなたがもしも医師だったとしたら、あなたの状態についてどのように説明しますか。

両方の質問とも、状態のうちどの局面が注目されているかを示している。そして、知識におけるいかなる誤解や隔たりも見つけることができる。医学的かつ心理社会的履歴を振り返り、「正しい」とか「誤り」とかの回答を用いずに、会話による方法で、彼らの経験について包括的に尋ねるよい機会となる。

2.　前述した通り、変わってしまった外見に適応する第一段階は、不安を感じていることを認め、正当なことだとすることにある（Clarke, 1999）（第5章参照）。外見について話し合う観点から、経験したことを標準的なものとするような質問をするべきである。
　・あなたと同じような状態を持っている人は、時に外見について不安になるといいますが、あなたはそのように感じたことがありますか。

3.　外見の不安について直接的に話したがらない青年もいる。しかし、社会的不安に関連した悩みについては話し合うだろうし、以下のような質問をすることは、会話を牽引する方法になりうる。
　・社会的状況で初対面の人たちに会うことに、自信があるといえますか（自信がないと言う場合、外見に関することかどうかを尋ねるために、会話の幅を広げてみる）。
　・誰かに外見のことについて尋ねられたことがありますか（この質問は、外見への質問や侵襲的な凝視やコメントに対処する方法について話し合うための道筋となりうる）。

4.　将来や治療への期待に関して尋ね、現実的であれば肯定することも有用である。たとえば、手術や瘢痕の目立ちにくさに関して患者が抱いている期待は、現実的といえるだろうか。彼らは、通常は起こりえないような変化について悩んでいるのだろうか。もしそうだとしたら、将来の予後について話し合い、話の文脈にリスク因子を盛り込むことは有益であろう。

　変わってしまった外見への適応は、生涯を通して起こる進化の過程である（Prior & O'Dell, 2009）。理想的には、こうした問題の多くは、成長に伴って小児期を通して話し合われるべきである。本人が希望しているとき、またその発達

段階上の準備ができているときに、知識を深めつつ、より詳細に話し合われる
べきである。

結論

　移行期に必要とされるケアとは、単に小児ケアから成人ケアへの身体的移
行をもたらすだけでなく、患者の身体的、心理社会的、社会的な発達を促す
ことを目標にすべきである。「移行とは、部門から部門への移動を表している
のではない。子供から大人へと移動することなのである」(Department of Health,
2007b)。優れた移行には、青年と親、保健ケア・チームも含む、慎重な計画と
管理、そして組織立った作業が必要である（Crowley et al. 2011)。外見に影響す
る状態や外傷を持つ人々に関していえば、移行期は、外見の問題を明らかにす
る機会と外見に特化した支援への整った道筋を与えてくれるだろう。医療専門
職による支援的環境の中で、自分が持っているすべての外見の不安を話し合う
機会が青年に提供されるべきである。専門職らは通常の問題も外見の不安も心
得ており、個人的ニーズに応じたケアを用意して提供することができる。

第9章

美容手術に対する心理学的評価

はじめに

　外見の重要性へのコンセンサスが形成されつつある状況を考えれば、美容手術の人気が高まっていることに驚きはない。イギリス美容形成外科学会 British Association of Aesthetic Plastic Surgeons（BAAPS）の統計によると、2010 ～ 2011 年で美容手術を受けた人は 6％増加している（学会員のみの報告）。2003 ～ 2009 年では 3 倍増となっている。このうち 10％が男性で、若年者の手術希望も増加し続けている。しかし、美容手術は、基礎疾患や変形をきたす医学的状態がない状況で、多様なリスクと合併症を伴う手技を用いる点で、医学領域内では特異な分野である。それらは本質的に、QOL を向上させるために行われる。詳細な情報説明を受けることを前提に、判断能力がある人であれば、誰でも手術を受けることができる。その一方で、患者の期待に対処するという大目標を前にして、美容手技の効果に関するエビデンスには大きな不安が存在し続けている。幸福感やポジティブな心理社会的状態（例：自信）と美容手技を関連付けるマーケティング戦略は、手術によって、主として心理学的な目標が達成されると人々に考えるよう作用している。しかしエビデンスとしては、大きさや形が良好に修正されたといった純粋な身体的結果くらいで、幸福感や自信などの心理的状態における改善といった点は、十分に示されているとはいえない。ある種の技術（例：乳房減量術）の結果に関する満足感は、他のもの（例：鼻の美容手術）よりも高い傾向がある。そして少数だが、重要な患者グループも存在する。彼らは外見に関連した異常を自覚しており、それにとらわれている。手術を受けても不安は軽減せず、むしろ高まってしまうのである。この特別なグループを、診断基準を満たす場合に身体醜形障害 body dysmorphic disorder（BDD）と呼ぶ。彼らは繰り返し手術を求めることが多いものの、このように脆弱な患者たちには手術のリスクに関するカウンセリングが施され、代替的治療を選択するよう勧められることが重要である。

美容手術は有効か

　多くの人々が手術を求めるだけでなく、さらなる治療を繰り返し求めるとい

う事実が、その有効性を示すエビデンスとしてよく引用される。短期的には、多くの人たちが手術や非外科的治療への高い満足感を述べている。しかし、なぜ人々が手術治療を高く評価するのかについては、認知的不協和を含めて、別の心理学的説明も存在する。同様に、外見のことにとらわれている状態が主要な問題であり、効果的な治療法とはその程度を軽減することであると、心理学者たちは指摘するだろう。同じ特徴を修正することを狙ってさらなる治療を繰り返し求める人たちがいるというエビデンスは、この基本的目標が満たされていないことを示唆している。

　優れた、方法論的にも正当なエビデンスが、徐々にではあるが蓄積されてきている。しかし、特に長期結果については、いまだ説得力のあるエビデンスは存在しないという（Moss & Harris, 2009; Sarwer et al., 2008, Sarwer & Spitzer, 2012a, b）。適切な対照群を持った充実した研究計画が、現状の空白の多くを埋めていくことになろう。同様に、研究には多種多様な患者グループを含めることが必要である。これまでの研究の多くは、乳房の手術、とりわけ豊胸術を受けた女性に関するものが多かった。特に鼻の美容手術などの特定の手技では、BDD の診断基準を満たしている人々が多く含まれ、ゆえに非常に異なった結果が出ているだろうと予想されている。同様に、肥満治療手術後の余剰皮膚の切除を希望する人々には、摂食障害の人々が潜在的に多く含まれており、体重減少手術により健康への利点があったにもかかわらず、重大な身体イメージの問題を持ち続けている、あるいは悪化させている可能性がある。

　美容手術を求めている多くの人たちは、自信を高めることを究極の目標としている。Cordeiro ら（2010）と Clarke ら（2012）は、北部ロンドンの NHS クリニック経由で手術を求めている人々において典型的だった表現を紹介した。それは、根本に存在する社会的不安によって、外見をもしも変えられたなら社会的スキルも向上し、成功も得られるだろうという期待感が、後押しされていることを示唆するものである。イギリスやアメリカのクリニックでのこれまでのエビデンスは、術後の身体的変化は術前に設定された期待感（例：外見上、希望された変化が達成されたか）を満たしているという、術後の満足感を肯定している。正確な術前と術後の心理測定が役に立つはずである。自信と自尊感情の高まり、QOL の向上、心理社会的目標の広がりに関する心理社会的期待感への成果については、様々なことが報告されている。非現実的な期待感や、患者自身が不安を持っていない異常に対する「修正」などには、不満足が伴うことも

多い。ここに共通して見られる要因は、患者から見た諸問題を十分にとらえ切れていないことだろう。手術の目的は最良の整容的結果を生み出すことではない。患者の求める目的は、おそらくそれとは違うものである。手術の限界と合併症について詳細に示さないことも、患者の不満足へつながるだろう。しかし、手術について徹底的に話し合われた場合ですら、患者は手術に非現実的な利益を求めたり、悪いことは考えないようにすることで、リスクを過小評価しようとするかもしれない。たとえば、「私の主治医は国際的に有名な外科医だから、私の手術はうまくいくに違いない」と考えたりする。

　美容手術の結果に関する体系的で最新のエビデンス・レビューは、イギリス保健省 UK Department of Health の資金援助によるアピアランス研究センター Centre for Appearance Research（CAR）［訳注：Nichola Rumsey が国の支援を受けてウェスト・イングランド大学に開設した専門的研究所］と教育研究所 Institute of Education の Evidence for Policy Practice and Information（EPPI）Centre との共同研究から簡単に得られる（Brunton et al., 2014）。これらが強調することは、患者の長期結果に関する質の高い研究が必要とされていることである。

NHS における手術の紹介

　NHS を通じての美容手術への紹介は、資金関係当局による美容手術ガイドラインによって地域ごとに行われている。このことは悪名高い地域差を生んできた。ある地域の人々は比較的簡単に治療を受けられるのに反して、別の地域では、本質的には再建手術と見なされる治療（例：熱傷瘢痕の修正）にもたどり着くことができない。「優先度の低い治療ガイダンス Low Priority Treatment Guidance」とそれに続く「臨床効果の低い治療のガイダンス Procedures of Low Clinical Effectiveness（PoLCE）guidance」の両方で、患者評価のエビデンスにもとづいた政策決定を行おうとしている。事実上、両方のガイダンスが外見への不安に関連する機能的問題に焦点を当てているために、NHS から美容手術はほぼ完全に除外されている。特に、非常に強い心理的苦悩を理由とした美容手術の提供は、ほとんどのガイドラインから排除されている。このグループの患者には、手術が有効であるといったエビデンスが欠けているからである。だからといって、この種の患者たちは、手術を求めることをやめはしない。現在、

PoLCE ガイドラインは、手術は心理学的ないしは精神医学的評価にもとづいて、そして治療への心理社会的アプローチの後でのみ、提供されるべきものと指摘している。しかし、美容手術を受けることへの適正評価のみを目的としたメンタルヘルス・サービスへの紹介は認可されていない。

　民間のセクターでは、適正医療レベルを満たさないシリコンの使用が広く浸透している。French Poly Implant Prosthèsis（PIP）の乳房インプラントが、消費者保護と美容治療における規制のずさんさという問題を浮かび上がらせた。イギリスの保健省では 2012 年に、Sir Bruce Keogh を班長とする作業部会を立ち上げ、このセクターにおけるケアについて、より高い基準に関する勧告を作成した。この作業部会報告は、2013 年の春に出版される予定である［訳注：Martindale, V. & Menache, A. (2013) The PIP scandal: an analysis of the process of quality control that failed to safeguard women from the health risks. *Journal of the Royal Society of Medicine* 106: 173-177］。

　イギリスではこうしたすべての変化とともに、心理学的評価が日常業務とまではいかずとも、NHS でも民間のセクターにおいても、有効なケアの一部として見なされるようになるだろう。

美容外科医による心理学的スクリーニング

　美容外科医は総合的な心理学のトレーニングを受けていない。しかし、経験豊かな外科医であれば、不安を抱えている患者に気づくのは難しいことではない。紹介状に書かれている典型的な内容は、「過度の」不安とか、「欠陥の大きさに対して、過大な程度の不安」などである。その他、よく見られるコメントは、患者が何を求めているのかが「不明瞭である」とか、結果に対する「期待感が過大すぎる」などである。優れたスクリーニング法によりこうした問題はある程度定量化できるだろうが、簡単で簡潔な方法はまだ使える状態になっておらず、長々とした質問表を渡して記入させる（さらにその後採点もしなければならない）ことに、外科医は乗り気になれない。簡潔なスクリーニング方法の開発は、CAR での研究計画の中で主要課題となっている。よいものができれば、この空白を埋めることができるだろう（Paraskeva, 2013）。

NICE ガイドライン

　強迫神経症 obsessive compulsive disorder（OCD）と身体醜形障害 body dysmorphic disorder（BDD）に関して、NICE ガイドラインが推奨するのは、美容手術を希望するすべての患者に、最初の診察時において簡単なスクリーニング検査を行うことである（NICE, 2005）。これは標準化された質問表にはなっていないが、5 つの質問により、外見に関する過度のとらわれや心理学的評価への優先的紹介の必要性を、外科医に気づかせるものとなっている。美容手術を求めるすべての患者にスクリーニングが推奨されている NICE の質問は、以下の通りである（www.NICE. org.uk）。

- 自分の外見に不安を覚えますか。また、不安を減らすことを望んでいますか。
- あなたの外見のうち、特に不安を感じることは何ですか。
- 日常生活で、何時間くらい外見のことを考えていますか（1 時間以上の場合に要考慮）。
- 外見はあなたの人生に対してどのような影響を与えていますか。
- それによって仕事や友人との関係が困難になっていますか。

　回答を始めることはやさしいが、残念ながらこれらの質問は必要最小限のものであるため、いかなるレベルの苦悩を異常と見なすのかまでは鑑別できない。ゆえに、標準化された測定方法が必要となる。

紹介の進め方

　外見への著しい不安が疑われるとき、NICE ガイドラインによると、BDD に対処できるだけの特別な経験を有しているメンタルヘルスの専門家へ、優先的に紹介することが推奨されている。しかし、この紹介には 2 つの主要な問題が存在している。まずは、美容治療を受けようとしている患者の多くは、自らの外見に大きな投資をしていることだろう。根底に心理的困難があろうとな

かろうと、こうした質問には肯定的に回答することが予想される。次に、この問題に適したメンタルヘルスの専門家とは、認知行動療法に豊富な経験を持っている心理士であることが多いが、こうした紹介を待つには時間のロスが多い。そこで、段階的アプローチ方法を示唆したいと思う。前述の5つの質問のすべてに肯定的に回答する患者には、より長時間かつ詳細なアセスメントが必要であることは明らかである。これは外科医でも、経験を積んだ外来の臨床看護師でも可能である。次の段階になって初めて、患者の動機が明らかとなることが多い。しかし、依然として不安が残っている場合には、後述するような専門家への紹介が有用となる（図9.1）。

この図では、不安を訴える患者は外科医または美容クリニックの外来看護師のどちらかによる再診を受ける。そこでは、より詳細に心理学的問題が評価される。それから手術待機に入るか、専門家による心理学的評価や必要とする治療に紹介されるかになる。紹介された段階で患者は詳しく評価され、別方法の治療（介入療法）が勧められるか、治療目的で外科医のもとへ逆紹介されるかとなる。目標設定のためにさらなる準備を行ったり、注意書きを読むことや準備段階での行動変化を示唆されたり、より長期の心理学的介入療法を受けたりすることも多い。最終段階は、手術後や心理学的介入療法の後の結果調査となる。美容治療の患者が報告した結果測定について、Morleyら（2012）は総説を表している。

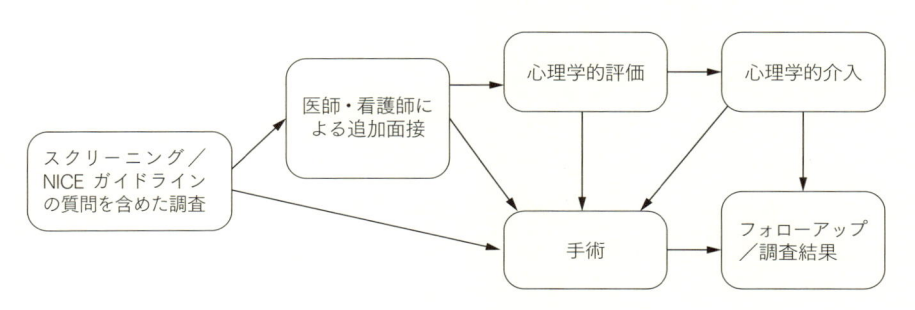

図9.1　紹介ルートの例示

心理学的評価から外科医は何を求めるのか

　紹介において外科医が心理学者に尋ねる質問について、正確に記述することは難しいことが多い。紹介は、単に「あなたの意見」を求めているだけかもしれない。精神科医なら紹介に対して通常は、精神科的評価の依頼と解釈し、その患者に精神科的問題が潜在しているか否かという、根底に潜む質問への回答をする。この情報は評価における重要部分ではあるが、十分な回答ではなく、補足を必要とするものである。外科医はそれ以上の答えを求めていることが多い。通常求めている回答とは、手術はその患者に対して有益だろうかということであり、術後の満足が得られる可能性についてである。特に外科医が繰り返し紹介してくる場合には、こうした事情のあることが多い。NHS でも、この患者は「例外的」なのかどうか、あるいは同じ問題で紹介されてきた別の患者たちとは異なる治療をしなければならない理由があるかどうかを、外科医は知りたがっている。それゆえに、私たちはできる限りを尽くして、こうした質問に対処できるアセスメントを提供するよう尽力している（しかし、この種のアセスメントを導く研究エビデンスには多くの困難があることに注意することが重要である）。評価の目的について確信が持てないならば、まずは紹介元に連絡を取って、外科医たちを悩ませている問題について照会を求めるようにするのがよい。

心理学的評価から患者は何を求めるのか

　患者は自分に心理学的評価の必要があることに戸惑うのが通常であり、自分の精神状態に外科医は不安を持っていると想像するかもしれない。心理学的評価は単に形式的なものと思うときもあるだろう（質問表にチェック入れるだけのことだと）。逆に、患者が求める手術との間に、心理学者が立ち塞がっているように思うかもしれない。

　アセスメントには不良な結果を予測する因子をスクリーニングすることが含まれていることを知ることは、明らかに重要である。しかしアセスメントは、手術の目標を正確に理解する機会を提供していることにも、手術により達成を望んでいる明快な目標を設定するものにもなる。過去の治療において手術

が期待を満たしていなかった場合には、このことは特に重要である。手術に対して相反する感情を持っている人は多い。特に、他者からのネガティブな反応と手術を結びつけている場合、あるいは虚栄心と関連させている場合であるが、そうした人々は、手術のことについてより詳しく説明を受ける機会を歓迎する。心理学者も、求められている手続きの観点から、有効性に関するエビデンスを設定すべきである。それは関連研究文献をよく理解していることを意味するし、もしも不安の兆候がある場合には、外見への不安に対処するための様々な方法についてアドバイスすべきである。アセスメントの機能については、最初に説明するのが有益である。理想的には、紹介状と一緒に、かつアセスメントの最初に、文書のコピーを患者に渡しておくことである。

　究極的には心理学者は、患者に対しても外科医に対しても注意義務を負う。それゆえに、その心理学者が特定の推奨をなぜ出すのか、それが何にもとづいているのかを、可能な限り分かりやすく説明することが重要である。この説明は協議の最後に要約されるべきであり、継続して情報交換が行われる場合も同様に行う。その評価を無視するかどうか、別の外科手術を提供してくれる所を探すかどうかは、最終的には患者次第である。しかし、手術を取りやめる方がよいという非常に確かな理由があったにせよ、手術を受ける機会を心理学者が「邪魔した」と受け止められたならば、患者が非常に憤慨することはありうる。逆に、明快な報告書によって、患者自身が気づいていなかった意思決定の局面が明らかになったなら、患者はそれを非常に喜ばしく感じるかもしれない。文書コピーを患者に渡すことや、外見への不安に対処することに関する「べし・べからず集」をその文書に含めておくことも有益である。追加の読み物も有用である。特に『身体イメージの問題の克服 *Overcoming Body Image Problems*』（美容手術に関する章がある）や『身体イメージ・ワークブック *The Body Image Workbook*』（療法のテキストに関する詳細は本章末に掲載）などのセルフヘルプ教材は有用である。

心理学的評価の枠組み

　Clarke ら（2005）は、美容手術に関するアセスメントの標準化構造と結果収集の基礎を提供する枠組みを作成した（表9.1 参照）。出版以来、エビデンスと

表 9.1　美容手術を求める患者のための心理学的アセスメント枠組み
（Clarke et al., 2005. Elsevier 社の許可を得て複製）

手術を求める心理学的指標	エビデンス	術後の目標と期待	結果測定
「正常範囲内」での不満足による外見への強い不安	既往歴、標準化測定法の値 例：BDDQ, DAS24, HADS, FNE, COPS, VAS 0〜10点	外見に関連した苦悩の有意な減少	自己申告による改善 測定スコアの減少（改善）投薬の減少
特異な特徴に関する主観的な目立ちやすさと不安の認知的増大	欠陥について患者は明確に述べることができる 不安事項に階層構造はない いじめや懲罰などの幼少期体験 摂食障害、身体醜形障害、最近のライフイベント 変化への内的／外的動機 手術に対する核心的価値観や態度	特異的な不安の減少 新たな不安がない 核心的価値観との一致	主観的な目立ちやすさと不安の減少（0〜10点）
行動機能に対する外見の不安の直接的影響力	社会的回避 性的関係の回避または抑制 安全行動としてのカモフラージュ・衣服などの過剰使用 社会的・職務的・性的役割への影響	ポジティブな行動とライフスタイルの変化	社会的回避の減少（DAS24と自己申告）性的活動の改善 安全行動の減少 社会的・職務的・性的役割におけるポジティブな変化
プロセスへの現実的理解と結果への期待	手技内容を述べることができる リスクについて述べることができる 客観的変化について述べることができる（例：「素敵に」ではなく「鼻を小さくしてください」と、修正前のように）や完璧を目指すのではなく、改善の目的にする）	プロセスと結果に対する満足感	期待に応える結果（70%以上）追加修正の希望なし 不満の訴えなし
意思決定と治療への積極的参加	情報収集や、禁煙や体重管理などの行動目標の管理に積極的であること セッションには必ず参加する 術後の目標の計画	術後の目標とライフスタイルの変化を推進する	術後療法の順守（例：瘢痕の術後管理、決められたものの装着、圧迫用ブラの着用、長期的結果）

より優れた測定法を求める視点から更新が続けられている。この枠組みを用いたアセスメントの重要点は、患者に自分の嫌いな特徴について、価値判断（より良い、より魅力的、など）よりも、明確で客観的な言葉（より大きい、より小さい、など）で述べることを勧めている点であり、外科医は手術目標について客観的に話し合うことが可能となる。さらにアセスメントは、行動の変化と、患者が希望している手術が人生にもたらすだろう広範な影響力に関して、手術による変化の目標を設定することを目的としている。これにより非現実的な期待感があるかを明らかにでき、別の方法で対処すべき心理社会的目標を持つ患者を明らかにできる。この方法には、心理学的介入と外科的介入の混合法も含まれる。日常の測定は基準となるデータを提供し、外見の不安について、正常範囲にある人々と臨床的に問題を抱える人々との比較に利用される。

　有用な心理学的アセスメントでの主要な課題は、手術による身体的目標と心理社会的目標を分離することである（例：私の鼻をもっと小さくして vs 私がもっと自信を持てるようにして）。こうすることで、目標をどのように正確に測定できるか、そして自信の回復と社会的不安の克服のために別の方法はありうるのかについて、議論することが可能になる。同時に、通常の行動についても話し合う機会となる。多くの人は、手術を考えているという理由から、写真を撮られるのを嫌がるという。しかし、普通の人々でも、写真を撮られることを嫌がったり避けたりする人は多い。同様に、多くの人がパートナーの前ですら裸になるのを嫌がるし、バストは形もサイズも様々である。自分の行動が、考えていたほどに変わったものではないことに驚く人々は多い。

症例提示

　以下は、すべて鼻の手術を求めている患者の例である。しかし、皆それぞれ違った訴えを持っている。

> **症例 1**
> 　アーイシャは、鼻の手術の希望で紹介されてきた。そのきっかけは、将来の卒業式と、家族が飾りたがるだろうと彼女が思っている式の記念写真である。

アーイシャは思春期の頃に鼻が嫌いになったことに気づいたと述べている。思い当たるきっかけはなく、他人から指摘されたわけでもない。外見のことでいじめを受けた経験はまったくなかった。精神科的既往歴はなく、鼻以外には特に外見の不安はなかった。「自分の顔には鼻が大きすぎる」と感じていたが、ではどのように変わればよいと考えているのかは不明瞭だった。心理測定値にはすべて異常はなかった。大学での学業を無事に終え、現在は就職活動中である。手術への動機は、社会的環境や就労環境において、もっと自信を持つことに集中していた。

　鼻をどのように変えたいのかが曖昧で、新しい仕事を始めるという重要な出来事が控えていることに加えて、アセスメントの間に明らかとなった主要な関心事は、彼女が手術のことを誰にも話したがらないということだった。術後に変化した外見について他人が何かを言ったらどのように感じるだろうかと問われたとき、彼女は非常に動揺して、手術を受けることを深く恥ずかしいことだと感じていた。後述することだが、彼女の教養や個性に備わった価値観では、美容手術は虚栄心と関連付けられており、強く否定されていた。自分にとって核心的な価値観と一致しない意思決定のために、特に治療が期待感を満たさない場合には、困難につながる可能性がある。この話し合いの後、アーイシャは手術をやめることにした。興味深いことは、彼女が計画した行動と根底にある信念との不一致に、彼女自身が気づいたのは心理学的アセスメントの時だけだったことである。こうしたことは、アセスメントにおいて非常に多く見られる現象であり、外見を大きく変える治療は他人に秘密にしておけるとは限らないということを認識したときに、明らかになることも多い。アーイシャに関する報告を以下に述べる。

《紹介元への返信》
　アーイシャ（22歳）のご紹介、ありがとうございました。2012年10月5日にアセスメント面談を行いました。

既往および最近の外見に関連した不安
　アーイシャは鼻を小さくする手術を考えている。きっかけは来年の卒業式とその時の写真撮影。

客観的に見てアーイシャの鼻は普通であるが、彼女は大きすぎると感じている。彼女が望む、手術でもたらされる外見の変化については漠然としている。特に横顔での見え方に意識が高まっており、思春期以来、不安を感じている。鼻へのこだわりは変動しており、調子がよい日には何とも感じないと認識している。学校生活を通じて、鼻について他人からいじめられたり何か言われたりしたことはないという。その他、外見に関連した不安はなく、摂食障害や自傷を含めて精神科的既往はない。

　アーイシャは人材分野での仕事を探している。彼女は他人からポジティブで自信に溢れていると見られていることを、大学からのフィードバックで知っている。しかし、会合で他人が自分のことをどのように見ているか、周囲が自分の鼻をいぶかしがっていないかどうかに、不安を感じると述べている。他人からの明らかな凝視は感じないという。この軽度の社会的不安はさておき、鼻に関連した社会的回避の証拠は見られない。手術の目標として、社会的自信と自尊感情を高めることを希望している。

心理学的測定

　一連の心理測定結果を以下に示す。

　DAS24 は 34 点で、女性の正常範囲内である。いいかえれば、外見への不安は過剰なものではなく、正常範囲内での不満足といえる。自分がどのように見えるかに重きを置く、同じ年頃の女性と非常に似ている。

　HADS の結果は以下の通りである。

　　不安感：13 点、中等度臨床レベル

　　抑うつ感：4 点、正常

　ネガティブ評価尺度の恐怖感では、他人が自分のことをどう考えているかに敏感であることが示され、他人がポジティブに判断してくれるだろうかと気にしていることは明らかである。

　最後に、鼻を鏡でチェックすることに 1 日に最大で 7 回、合計 30 分を費やしていると述べている。

心理学的評価

　測定値は、他人からポジティブに見られることに敏感な人と一致する。そうした人はリスクをとることを嫌い、特に新しい仕事をうまくこなすこ

とや称賛されることに対して、過敏な「心配性の人」であることが多い。彼女にとって同僚からの評価は非常に重要であり、外見に対する投資は同じ年頃の女性と同程度であるものの、卒業とその写真撮影は、鼻に対する長期にわたる嫌悪感を際立たせた。

　アーイシャへの主要な関心事項は、彼女が形成外科に対して非常に明快な見解を持っていて、それは虚栄心や自己へのとらわれを意味すると信じていることである。彼女は、もしも他人が手術を受けていることを知ったら、その人のことを見くびるだろうと述べた。もしも彼女が手術を受けたなら他人はそのことに気づくだろうと告げたとき、彼女は初めてこのことを心配した。彼女が会話の先手を取り、最初にこの話を切り出すことについて話し合ったが、彼女はそうすることはきわめて困難だろうと考えていた。彼女は、他人の凝視を避けるために手術を受けることが、同時に他者の注意を引きつける機会になるという矛盾を明確に認めていた。一般論として、その人の核心的な価値観や信念と一致しない行動は避けることが勧められる。期待感を満たすことに失敗したり、最良の結果を邪魔する合併症が認められたりする状況では、疑問がある方法での行動に対して、自己非難に苦しむことになりがちである。大学を卒業して新しい仕事を始めることは重大なライフイベントであり、彼女が経験している不安や自信喪失は、この環境の変化にうまく対処できていると見なされたいという欲求に対する、自然な反応であるということも話し合った。新しい仕事に慣れ、落ち着くまで、手術に関するいかなる決定も延期してはどうかと提案した。

　残りのセッションでは、外見に関する不安に対処するために、役立つことと役に立たないことを話し合った。

　次のことを**避ける**ことは役に立つだろう。

- 鏡を見て過度に自分を精査すること。
- 外見について他人に意見を求めること。
- テレビ番組やオンラインフォーラムなどの記事で、心理的状態を修正する方法として美容手術を推奨する内容のもの。

アーイシャは重大な人生の転機に直面して、手術を考えていた。自信に対する不安は、新しく仕事を始めるというストレスへの正常な反応であると思われる。そして、身体イメージへの不安の動揺は、ストレスとともに増減しているようである。彼女にとって手術を行うことにはリスクがあると考えられる。手術による身体変化目標が明瞭ではないからであるが、何よりも、彼女の意図している行動と彼女の核心的信念が一致していないからである。手術は非常に早期に行われるよう予約されていたが、アーイシャには、差しあたり手術を延期し、6〜12ヵ月間はきわめて慎重に考えてみること、そして親友や家族と相談してみることをアドバイスした。その間に、身体イメージの不安に関する文献を読んでみることを勧めた。私が勧めたのは、『身体イメージの問題の克服 *Overcoming Body Image Problems*』の中の、特に美容手術に関する章である。もし彼女がさらなる対話を希望したり、外見への不安に対処する心理的方略を身につけることを希望したりするならば、喜んで再面談することを伝えた。

患者にもコピーを送付。

症例 2

繰り返し治療を求めてくる患者に対して、心理学的アセスメントが求められることがたびたびある。以下は、最初の手術で不運なことに、鼻の非対称性をきたした患者の症例報告である。

非常によくあることだが、アセスメントの結果は BDD、ないしは治療について十分に考える時間をとらずに、慌ただしく治療に引き込まれたと感じている患者であると示していた。担当医はよく知られた人であるので、手術での合併症は起こらないだろうと、この患者は予想していた。医師との診察はせわしなく行われ、質問をする機会はなかったと感じていた。その美容外科医が彼に言ったことは、問題点は明確に見えていることと、手術に任せておいてよいということだった。手術の日、患者と面談した医師は不在で、別の医師が施術を代行することに許可を求められた。彼は戸惑ったが、もしも拒否をすれば、長い期間待たされるだろうと感じた。その後、彼はこの意思決定を非常に悔やんだ。彼の述べるところによると、

「先の問題にもかかわらず、再手術を勧めてくれた。今の担当医は適切に対応してくれた」という。

　ベーカー氏（38歳）の紹介と彼の鼻の非対称性に関する詳細の要約に感謝する。2012年7月27日に面談を行った。

既往歴と外見に関連した不安
　彼は最初の鼻の手術後に生じた、要約にあるような困難を克服するために、鼻への追加手術を考えている。ご存じの通り、ベーカー氏は14歳の時に暴行を受けて怪我をし、鼻を骨折した。他人からのコメントや質問を受けてきたが、長年、外見の変化に耐えてきた。しかし、経年による鼻の悪化を心配した彼は、6年前の32歳の時に手術を受けた。

　ベーカー氏は内国歳入庁（税務局）で働いている。長期にわたるパートナーもおり、外見がその関係に問題をきたしているという不安はない。別の外見の不安もなく、精神疾患や摂食障害の既往もない。鼻に対する自意識が彼をいらだたせ、時にかんしゃくを起こさせると明確に認識している。過去において、鼻にとてもとらわれていた時期があり、鏡で長い時間、外見を確かめていた。それがもとで不安が高まることを悟ったときに、自分で自己チェックをやめた。同様に、自分が相手に対してどのような位置に立つのかを修正したり、他人が鼻の変形に気づいたかをチェックしたりする傾向があると認識している。過去においてこうした行為は顕著であり、その時点ではBDDの診断基準に該当していたかもしれないが、現時点ではBDDとは考えにくい。

　ベーカー氏は、改めて考えると、手術に関してもっと調べるべきであったと認識している。思い返せば、彼は意思決定に十分な時間を与えられなかったと認識しており、担当医はちゃんと彼の話を聞いていなかったと感じている。このことが、彼を悩ませてはいなかった鼻の変形の些細な点の過剰修正につながった。現在の状況では、担当医が骨を折って話を聞き、訴えの目的を明らかにしようとし、考えるための十分な時間を与え、そして私の所へ紹介してくれている。過去のことは、これとはきわめて対照的だった。

治療に関する目標と理解

　結果への期待に関して、彼は2回目の手術は複雑な手術になることを理解しているという。可能なことには限界があることも理解していて、そのことを手際よく述べた。望んでいるよりもはるかに小さな変化しか得られないであろうことを理解している。非対称的な外見に加えて、「感触」が、あるいは鼻先の組織の硬さが嫌いだが、これは変えられないこともよく分かっていた。今の鼻のままで生活はできますかと尋ねたところ、できると思うと答えたが、できる限りのことはやったと感じる方が、より楽になれるだろうとも言った —— 得られるものはごくわずかだとしても。彼の話を聞いてくれ、話し合って同意した治療内容を達成するためにベストを尽くしてくれると信頼している担当医に依頼することによって、彼は手術することを決めた。

心理学的アセスメント

　一連の心理学的測定におけるスコアは以下の通りである。

　DAS：46点。鼻の外見を気にしている同世代の男性の平均と同じであった。個々の項目でも、軽度の外見不安を示しているに過ぎず、社会的回避は認められなかった。

　HADS：不安も抑うつも8点だったが、これは臨床レベルとの境界域であり、軽度の外見不安に一致していた。ネガティブな評価への恐怖感や日常生活への影響について示している項目はなかった。彼自身の評価では、他人に対する鼻の目立ちやすさは3点（10点満点）であり、鼻に対する不安は6点（10点満点）であった。1日に4回以上、15〜20分くらいを、鏡で鼻をチェックするのに費やしていた。

心理学的意見

　上記のデータからは、過去において彼の行動を特徴付けていた鼻に関する強いとらわれは、おおむね克服されているという印象を持つ。

　測定結果についてベーカー氏と話し合ったことには、自分の鼻の形態に対する過度の凝視が、拒食症で身体サイズの認知が悪影響を受けるのと同様に、随伴する感情的反応を含めて、この特徴の内部表現（身体イメージ）を変化させているようだという事実も含まれている。そして、彼の外

見に見られる異常は、観察者にとっては、さほど重要でも目立ったものでもないだろうという事実についても話し合った。

　この不安への対処については、以下のことを**避ける**のがよいだろう。

- 鏡で過度に自己凝視をすること。
- 外見について他人に意見を尋ねること。
- テレビ番組やオンラインフォーラムなどの記事で、心理的状態を修正する方法として美容手術を推奨する内容のもの。
- 手術治療を繰り返し受けること。

　逆に、外見への自意識のために、職場でプレゼンテーションを行う機会や社会的行為は避けないことが重要である。

要約と推奨

　まとめると、ベーカー氏は思慮深く、洞察力もあると思われる。選択肢は限られており、自分の理想に見合う結果は求めようがないことを認識している。手術を受けずに過ごさねばならないとしたら、そうすることもできると感じているものの、いくらかでもできることがあるならやっておきたいとも感じている。あなた（紹介元の医師）とは良い関係にあり、よく考えて計画できたと感じている。何よりも、これが最後の治療であり、その後に残るだろう鼻に関する不安も、彼自身で対処できるか、あるいはセラピストの支援があれば対処できるものであると、彼は明確に認識している。この理由から、計画通りの手術を行っても支障はないと思われる。

症例3

　以下の症例は、比較のために掲載するものである。本例も同様に、以前の執刀医に対する不満足を訴えているが、身体イメージに重大な問題があることが非常に明らかであり、手術治療は役に立つとは思われない患者の例である。

　この42歳の女性をご紹介いただいたことに感謝を申し上げる。2011年9月15日に、鼻への再手術を求める件につき心理面談を行った。

既往歴と現在の外見に関連した不安

　ピッパには外見への不安があったため、18歳の時に鼻の手術を受けた。費用は両親が支払った。写真での判断となるが、客観的に見て、彼女の鼻におかしいところはなかった。彼女のとらわれは外見に関する全般性不安、学校でのいじめ、社会恐怖、そして10代を通して鼻に集中してきたという心理的問題と関連していた。15歳で学校を退学し、何ら資格を持たず、それ以来仕事らしいことはしたことがない。以上のことからすると、彼女はBDDに該当していたと思われ、最初の手術は避けるべきだったと思われる。彼女は経済的に自立しようとしたことが一度もない。過去に、総合医から抗うつ病薬を処方されていたにもかかわらず、今までメンタルヘルス・サービスを受診したことがない。

　次の段階は（彼女の申告によるものであり、どの関係者にも照会はしていない）、別の治療を求めていた友人と、美容クリニックを受診したことである。待合室で待機していたとき、1人の医師が近づいてきて、「最初の鼻の手術は正しく行われていないので、追加修正が必要です」と指摘した。彼は自分のNHSクリニックで診察を受けることを勧め、彼女はその勧めに従った。結果的に、この手術で彼自身が執刀することはなく、別の医師によって行われた。不幸なことに、この手術では、良好な結果は得られなかった。

　ピッパは、あなた（紹介元）が述べているように、鼻にまつわる一連の問題を呈しています。最近の状態は抑うつであり、鼻の外見のことで完全に頭が一杯になってしまっているのは明らかです。仕事にも就かず社会生活も営まず、社会的回避状態であり、もともとの醜形障害症状は、手術による合併症のためにさらに悪化しています。

心理学的アセスメント

　一連の心理測定結果は以下の通りである。

　DAS：65点。鼻の形に不安を持っている女性群の平均を、1SD上回っていた。非常に大きな社会的不安と社会的回避を示しており、彼女や同世代の女性にとっては普通の、楽しみに溢れているだろう日常生活からの退却という生活史と一致していた。

　HADS：不安は15点で、抑うつは14点である。外見へのとらわれと

一致して、中等度の臨床レベルであった。

　他の測定では、ネガティブな評価への恐怖感や、彼女が自分自身を評価するように、他人も鼻の外見にもとづいて彼女を判断するだろうという信念のせいで、人間関係に期待を持つことに問題を抱えていることが示された。

心理学的意見

　彼女のデータは、明らかな身体イメージの不安を示していて、現在の欠陥を修正しようと手術を探し求めることにとらわれている者の臨床像と一致している。彼女は感情面での非常に大きな改善と、手術後に普通の生活を送れることを期待している。手術よりも、むしろ集中的な心理学的介入の方が、とらわれのレベルを下げることに関して有効性が期待できる。

まとめと推奨

　この女性は長期にわたる重大な外見不安を抱えており、BDD の診断基準を満たしている。過去には抑うつ状態として扱われていた。手術では期待に応えることはできず、外見へのとらわれが現在のレベルのままでは、将来も手術による解決はできないだろう。この点をピッパが受け入れてくれたことは、セラピストにとっても非常に嬉しい。困難に対処するための心理学的アプローチを考えねばならない。彼女には、まだ取り組み始めていない社会的参加や就労機会について、決めていかねばならないことがたくさんある。BDD について見識の深い専門家によって評価されるよう、メンタルヘルス・サービスに紹介されることが望ましい。

　患者にもこの文書のコピーを送付。

紹介においてよくある問題

■総合医との連携

　多くの患者は、総合医の知らぬまま、手術を探し求める。そして総合医に知られることを嫌がる。その時の執刀医の対応の仕方は様々である。情報のやり

とりには、法的に総合医も含めるべきであるとの意見が多い。もしそうでなければ、美容手術に関連したことであってもなくても、執刀医は自らの医学的治療における全局面に責任を持たねばならなくなるからである。専門機関は総合医に情報提供することを推奨している。そして、私たちもこの助言が守られることを推奨したい。

■美容治療に関する医療専門職の知識

　形成外科は高度に専門化した分野であり、非常に誤解されやすくもある。別領域の医師だと、手技は簡単に行われるものと想像するかもしれないし、期待に応えることの難しさを理解できないかもしれない。協議する場合にもっとも難しい状況の1つは、たとえば、精神科医がメンタルヘルスの立場から手術を推奨していても、心理学的アセスメントによって、患者の望んでいる結果は手術ではとても達成されそうにないことが指摘されるような場合である。このような場合、協議関係者で話し合って、両方が支持できる計画を立てることが望ましい。執刀医が、2つの異なる見方の間で判断するのではなく、そこから有用なアドバイスを得られるようにするために。

まとめ

　美容外科産業への規制はより頑強になってきているので、心理学的アセスメントへの要請は、より一般的になってくるものと思われる。前述した枠組みは、執刀医と患者の両方の意思決定にとって有用な報告書を提出するという目標のために、アセスメントを構成する基礎を提供してくれる。こうしたアセスメントを請け負う心理士は、様々な美容手技と利用できる心理学的測定法の有効性に関するエビデンスについて、優れた基礎的知識を身につけているべきである。何よりも、紹介者との良好な連携を持ち、手術は様々な結果を生みうるのだということを明確に理解することが重要である。

　［訳注：2014年、世界医師会 World Medical Association は、未成年者への美容治療を原則的に禁止するようガイドラインを出した。理由は、身体イメージの確立が未熟な者に対しては、治療がかえって悪影響を与える可能性が高いからである。］

●追加資料

Cash, T.F.（2008）*The Body Image Workbook: An Eight Step Program for Learning to Like Your Looks*, New Harbinger, Oakland, CA.

Veale, D., Willson, R. & Clark, A.（2009）*Overcoming Body Image Problems (Including Body Dysmorphic Disorder)* Constable Robinson, London.

第 **10** 章

サービス提供のモデル

治療アプローチの発展と並行して、サービス提供のモデルについても様々に検討されるべきである。後述するのは、現在イギリス圏において実行されているものである。

非専門職による支援

　チェンジング・フェイス Changing Faces とレッツ・フェイス・イット Let's Face It は、こうした組織の中で特によく知られている。両者とも支援や情報提供について、直接提供を行っている。しかしこうした組織でも、病院ベースでのサービスと比べると、たとえば外科的治療を受けている人々を支援するような、多職種チーム・アプローチまで提供するのは困難である。

専門職によるサービス

■ アウトルック Outlook
　ブリストルにあるフレンチヘイ病院のアウトルック外来には、変形を示す外見を専門とする心理士がおり、NHS が予算を出している。このサービスの短所は、NHS の臨床家からの紹介が必要なことと、紹介内容の誤認と患者の不参加が起こりうることである。

病院ベースでのサービス

■ ロイヤル・フリー病院（ロンドン）
　たとえばロイヤル・フリー病院でのサービスには、医学的ないしは外科的治療者らと共同作業を行っている心理士によるサービスが組み込まれている。こうしたサービス提供モデルは、多くの形成外科、皮膚科、熱傷ユニットで施行されている。状態に関する心理学的局面と生理学的局面が、1つの治療環境の中で検討できるという点で、おそらくこうした形態は最適であり、専門職同士が相談したりトレーニングし合ったりすることが非常に簡単に実現できる。ま

た研究についても、共同作業が円滑に進められる。

心理社会的サービスの利用

　いくつかの NHS サービスでは、心理学的資源への紹介は、包括的な健康心理学サービスを通じて行われる（ロザラム NHS 財団トラストなど）。その他の NHS サービスとしては、臨床心理士のサービスが、熱傷センターや頭頸部癌や別の医学的サービスに所属している。たとえば、シェフィールド研修病院 NHS 財団トラストには、特に大規模な臨床心理サービスがあり、そこでは多くの医学専門家が、臨床心理サービスを利用している。このモデルにおいては、身体イメージや変形を持つ外見を専門としている心理士から専門的スーパービジョンを受けられるが、これは臨床家にとって有用である。

メンタルヘルス・サービスの利用

　身体的健康についての臨床医がメンタルヘルス・サービスを利用することもあろう。本書の執筆時点では、身体的ヘルスケアに関わる臨床医に対して、心理学的ウェルビーイングについてのトレーニングを提供することを含めた予備計画が多数ある。リエゾン精神医学サービスでも、身体イメージへの不安を持つ人々、特に BDD を抱えた人々へのサービスを提供するだろう。たとえば顎矯正治療や皮膚科において、付属のサービスとして設けられることもあろう。

段階的ケアにおいてサービスモデルを計画する

　上に掲げた利用可能なサービスは、患者にとって価値ある情報を提供する。慈善団体から直接提供される支援には、外見への不安が非常に顕著なときに、介入を提供できるという利点がある。そして ARC 研究プログラムでも明らかにされた、良好な結果（アウトカム）の主要な予測因子である社会的支援を提供する。チェンジング・フェイスもまた、医療専門職に対しトレーニングや

資料を提供している。たとえば、熱傷ユニットで働いている医療専門職たちに対する、心理社会的ケアにおいて必須のトレーニングなどである。こうしたトレーニングに参加すると、看護師、義肢装具士、協働している医療専門職、そして医師らに、レベル1～3の心理社会的介入療法に必要な専門技術を身につけられる［訳注：専門の心理士または心理学者のスーパーバイズを受けられるのであれば、現在はレベル4についても現場で行うことができるとされている］。

　どのサービスであってもレベル4の介入のみでなく、教育やトレーニングや研究も提供している。大規模な専門センターでのサービスの利用はより簡単になっている一方で、この特別な領域におけるオンライン・プログラムの発展や関心の高まりが意味していることは、外見における可視的差異について何の援助や支援を授けることなく、「慣れていくしか仕方ありません」といったメッセージは、もはや患者には通用しないということである。

付　録

　　以下は、ヒーリング財団から資金を受けて行われた研究プログラムの、全報告書の要約版である。本研究は Appearance Research Collaboration（ARC）によって行われた。ARC メンバーは Nichola Rumsey（主任研究者）、James Byron-Daniel、Alex Clarke、Sally-Ann Clarke、Diana Harcourt、Elizabeth Jenkinson、Antje Lindenmeyer、Hayley McBain、Tim Moss、Stanton Newman、Rob Newell、Krysia Saul、Emma Thomas、Andrew Thompson、Paul White である。

謝辞：審議会の Olivia Giles、Pam Warren、Luke Wiseman、Brendan Eley、Terry Paterson に対して、研究プログラムへの尽力に感謝する。

変形をきたす状態への心理学的適応に関連する要因と過程

　変形を持つ人々が直面している問題への研究から明らかになってきたことの1つは、すべての人が等しく悪影響を受けているわけではない、ということである。多くの人々が必要に応じてポジティブに適応しており、中には自らの可視的差異をポジティブな長所として自認していることが、この20年以上にわたって明らかとなってきた。後述する研究計画のまず最初に、こうした違いを実証してくれる心理学的な要因と過程を理解することから始めねばならなかった。

　先行研究では母集団が小さいことが多く、しかも個々の研究の焦点は、変形をきたす特定の状態が持つ影響力に絞られていた。適応に関与している多くの要因と過程について理解を進めるために、研究の母集団を大きくするだけではなく、多種多様な状態とその結果としての変形を持つ人々を対象に入れる必要は明らかだった。それゆえに、この領域で指導的立場にあったイギリスの研究者らが招集され、1つの研究団体が結成されたのだった。議論を通して、適応変化することに促進的な局面を特に重視しつつ、変形をきたす状態へうまく適応することに貢献する心理学的要因および過程を、調査解明するための一連の研究が計画された。審議会には自身が変形の経験を持つ人たちも、その治療を担当したことがある臨床家も含まれていたが、彼らは研究計画・報告・結果普及の段階を通して、研究計画全般で貢献してくれた。研究は3年以上にわたって行われた。ヒーリング財団と錫鍍金工名誉組合による十分な資金援助がなければ、この計画は遂行不可能であっただろう。

　最初の計画の目的は、可視的差異を持つ人々の適応における多様性について、そこに寄与する心理学的要因と過程を明らかにすることであった。次にその結果を用いて、包括的な支援や介入法の成果を情報発信することであった。一連の研究は、こうした目標を実現するために設計されていた。病院ベースから集められた母集団によって行われた過去の研究には、バイアスが潜んでいる（つまり、現在加療中の人々のみの募集となってしまう）。それに対処するために、医療ベースからと同様に、コミュニティからも参加募集を行った。もっとも大規模な研究は、様々な原因による可視的差異を持つ1265名の人々についての横断的調査によって構成された。変形を持つ人々の認知、感情、行動に関して、有効な一連の測定方法が使用され（研究1）、定性的方法である自

由質問法と組み合わされた（研究2）。さらに2つの縦断的研究が行われた。最初、360名の参加者に対して、9ヵ月の間隔を置いて有効な測定が再度なされた（研究3）。次に、研究3の母集団の中から部分集団（26名）を選び出し、適応に関する安定性や変化について、定性的インタビュー研究が行われた（研究4）。特定のテーマについてより深く焦点を当て、広範な方法論を用いながら、8つの後続研究を行った。ポジティブな適応について（研究5）、黒人や民族的マイノリティのコミュニティにおける変形に対する見方について（研究6）、南アジア地域出身の人々における白斑症に対する見方について（研究7）、社会的状況の中での外見に関する不安や敵意について（研究8）、親密な（いわゆる性的な）関係における外見への苦悩を評価するスケールの開発について（研究9）、義肢の女性の経験について（研究10）、関節リウマチ患者に対する外見の不安の影響について（研究11）、総合医の理解程度や経験やトレーニングの必要性について（研究12）。

研究プログラムの背景と理論的根拠

　本研究を開始する前に、過去の文献調査を行った。その結果、変形への適応に貢献する潜在的要因として、後述する事項が明らかにされた。

■ 身体的要因と治療に関連した要因
　これらの要因には、変形をきたす状態に関する原因（病因）や、程度、タイプ、重症度、そして個々人の病歴が含まれる。一般の人々、多くの医療ケア提供者、この分野の先駆的研究者たちの予測に反して、多くの研究や臨床的経験、罹患した人たちが書いた手記によれば、状態（症状）の目に付きやすさは当事者の苦悩を悪化させるものの、変形の範囲、タイプ、重症度は、適応の予測因子としての信頼性は高くなかった（Rumsey & Harcourt, 2004; Thompson & Kent, 2001）。

■ 社会文化的要因
　年齢と発達段階、性別、民族性、社会的階層、文化的環境といった社会文化的要因は、適応に影響を与える文脈を構成する。さらに、親や仲間グループの

影響も含まれる。外見への苦悩を生みやすくする圧力を作りだし、実際に悪化させているメディアの役割については、多くの指摘がなされている —— もっとも、メディアや他の社会文化的要因の影響力の大きさは、個人によって様々であるが（Tiggemann, 2004）。

■ 心理学的要因と過程

　このカテゴリーに含まれる要因とは、個人の自尊感情や自己イメージの構造（例：他人の意見や広範な社会的基準への重み付け）、個人のパーソナリティ／素因、身につけたコーピング方略の多彩さ、社会的支援に対する感じ方、心理学的健常感（例：不安、抑うつ感）のレベルと社会的不安の程度、羞恥の感情、そして他者に対する可視的差異の目立ちやすさに関する認知である。こうした要因は、感情的（感情に関係する）、認知的（思考に関係する）、行動的（行動に関係する）、と大まかに分類される。概して言うと、身体的要因、治療関連的要因、社会文化的要因と比べると、支援介入によって変化させやすい要因である（Rumsey & Harcourt, 2005; Thompson & Kent, 2001）。介入のターゲットとして相応しい要因を分析するために、まずは体系的総説を参考にした（Rumsey & Harcourt, 2004）。さらに共同研究により1191論文と12の研究を分析し、可視的差異を持つ成人について要因の探索を進めた。結論として、どの要因が苦悩を悪化させたり適応を促進したりするのか、そして結果の多様性は外見に関連する情報の構造や秩序に関連しているのか否かについて、確たる結論を引き出せるほど明確なエビデンスは存在しなかった。この総説ならびに追加検討は、こうした要因と過程の解明を、本研究における優先課題とすべきであるという研究者たちの考えを確信的なものに変えた。

　これまでの研究では、可視的差異に関連した問題と困難に焦点を当ててきた。加えて、そうした研究における参加者の大半は、自らの状態（症状）に対する治療を求める人々の中から募集されてきた。しかし、適応という現象の広範さを理解するためには、治療を求めていない人々、および／または自身のニーズへの対処に治療は関係しないと認知している人々から、情報を集めることが重要であるとも考えられた。したがってこの研究の参加者募集では、病院ベースだけではなく、コミュニティからサンプルを得ることにも焦点を絞ったのである。

　本研究チームの研究者と臨床家にとっての優先課題は、まず、可視的差異を

持つ人々に苦悩を悪化させたり、心理学的に良好な適応をもたらしたりする要因と過程を明らかにすることであった。次に、支援介入によって変化させることに適している要因に注目することによって、得られた知識を用いて、ポジティブな適応を生み出せるよう設計された包括的支援介入法を発展・洗練させ、その成果を普及させていくことであった。

■ 理論的基礎

　外見に関する研究を導き支える包括的理論とモデルの開発についての課題が検討されてきた（Thompson & Kent, 2001; Rumsey & Harcourt, 2005）。身体イメージ障害に関する初期の認知モデルでは、個人が知覚している自己と現実との乖離が注目されていた。また、個人の思考過程が、外見に対するネガティブな思考によって、ますます支配されていく過程が述べられていた（Thompson et al., 1999）。Cash（1997）の認知行動モデルでは、過去の出来事、文化的影響や対人関係上の経験、身体的特徴、パーソナリティの特性が、身体イメージに対する姿勢とスキーマの発達に影響を与えると認識されている。

　特に変形に関しては、スティグマ（Goffman, 1963）、羞恥心（Kent & Thompson, 2002）、社会的排除（Leary, 1990）に対する視点が、多くのモデルの発展に情報を与えた（本研究メンバーによる研究も含まれる。第3章参照）。しかしこうしたモデルは、共有可能な考え方をまとめるには役立つものの、現在の学術的レベルでは、諸要因の複雑性についても、諸要因間の関係についても、適応過程の力動的性質についても、いまだ包括的に述べることができない。本研究を開始した頃、単一研究と臨床的介入療法を導くような包括的枠組みを与えてくれるような、際立ったモデルは存在しなかった。有用なモデルといえば、範囲が制限されたものか（外見の個人的な経験を包括的に理解することができない）、臨床の場で用いるには難しい、複合化された測定法のどちらかであった。多様な可視的差異を持つ多数の人々に対してテストされてきたようなモデルは存在しなかった。そこで研究チームはこの機会に、以前の適応に関する研究に使用されてきた多くの変数を整理して、本研究を導くという目的にかなうよう構成し直すことにした。

　研究グループ内でコンセンサスを作る必要性と、本研究の成果として介入療法についての情報を発信するという責務とを心に抱きつつ、進行中のプログラムを導く枠組みを開発するに当たってメンバーが採用したのは、実際的なアプ

ローチだった。チームメンバーやこの領域の別の指導的有識者らによって開発された以前のモデルの諸様相を網羅しながら、本研究分野における主な知見と研究の方向性を結び合わせることも行った（図A1参照）。この枠組みは、心理学的支援や介入によって変化させやすいという潜在力を持っている諸要因について、明確化と識別化が容易にできるよう設計されている（補助法として、あるいは適切な場合には、外科的・医学的治療への代替法として）。加えて、この領域の以前の研究（主として変形に伴う問題と困難に焦点を当てていた）とは対照的に、本研究では「リジリエンス」とポジティブな適応に貢献する要因を同定し、明らかにすることも目的とした。結果として、悪影響を受けている人たちの経験を広く捉えるのに十分となるよう設計され、入力、介在する過程、出力から構成された、記述的な作業枠組みを得ることができた。しかもその枠組みは、可視的差異に影響された人々において、苦悩に対する脆弱性やポジティブな適応について、予測を可能にするほど具体的でもある。初期に使用された枠組みは、計画の進行に伴って生じてくる知見を考察するために使用された。そして、結果の分析と統合に伴って、さらに洗練されていった。

　この枠組みの内部では、可視的差異への適応の過程は、3つの様相を持つものとして概念化されている。第一は、社会的かつ心理学的文脈である人口統計学的特徴、社会文化的背景、家族環境などの要因から成っている。これらの要因のすべてが適応に対して役割を持っており、その影響を理解することが重要

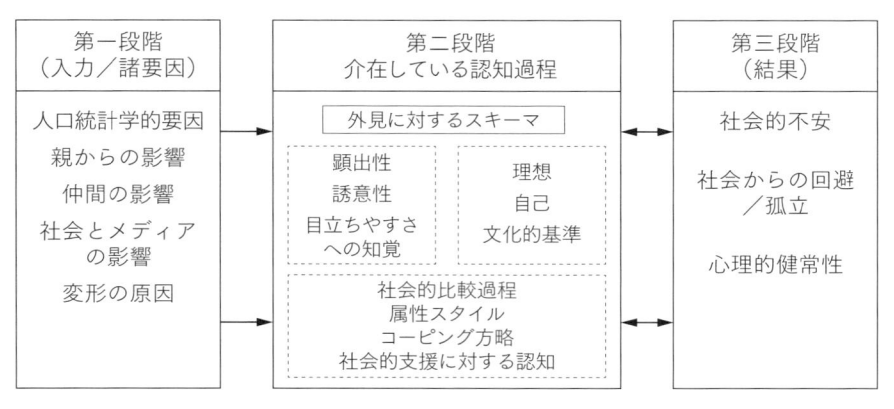

図A1　変形をきたす状態への適応を分析するための枠組み
（Rumsey & Harcourt, 2012. Oxford University Press の許可により複製）

である。その一方で、諸要因の影響力は一定ではないことが多いため、介入の柔軟性を低下させてしまう可能性がある。それゆえに、本研究ではこうした要因の存在と影響力を認めるものの、認知過程に焦点を当てることを重視した。認知過程の方が、介入を通じてより変化させやすい要因だからである。

　第二の様相は、介在している認知過程からなり、この過程は調整機能の良し悪しを区別することに貢献している。こうした諸認知過程は、特に自己概念という機能に関連して、社会的認知という見方からもっともよく理解されると考えられる。この視点からすると、個人は、彼あるいは彼女という認知表象を持った存在として概念化できるが、これには外見に関する表象も含まれている。自己表現のうち外見に関する様相は、程度の差はあっても常に重要であり、それゆえに外見の様相は、作動自己概念の過程に大なり小なり作用している（Higgins & Brendl, 1995）。この結果、外見が関与する程度に多様性が生じるのだろう。つまり、人々の外見に対する個人的認知は、社会環境の中における、また過去の経験に起因する記憶内容の中における活動に対して、関心を向けたり評価したりする過程に関与し、その程度に応じて多様性が生じるということであろう（Moss & Carr, 2004; Bargh et al., 1988）。自己概念における外見の顕出性に加えて、外見に対して見積もられた誘意性についても多様性がありうる。つまり、ある人がどう見えるかは、その人自身によってポジティブな光が当てられるかネガティブな光が当てられるかによって決まるのである（Sarwer & Crerand, 2004）。また外見は、内在化されている文化的理想に近い状態にあるか、それともずっと離れているかが、それぞれの人によって判断されうる（Altabe & Thompson, 1996）。一般に、外見が重要で、ネガティブな誘意性を持ち、理想からずっと遠い場合には、適応はより困難になるだろう。重要な認知過程として、外見がより目立っていると感じられ、ネガティブな評価に傾きがちなものに、社会的比較過程（Green & Sedikides, 2001）がある。また、重症度への主観的認知と他者への変形の目立ちやすさの認知と同様に、社会的状況の中での（初対面の）出会いにおける、ポジティブあるいはネガティブな経験も挙げられる（Rumsey et al., 2004）。その他の安定した変数、たとえば帰属スタイル（Crocker et al., 1991）、コーピング過程（Fauerbach et al., 2002）、社会的支援に対する認知（Robinson, 1997）も、苦悩を悪化させたり改善したりするだろう（Moss, 1997bも参照）。本研究メンバーは、効果的な介入療法を発信できるような知見を提供する必要性を認識していたので、次のことに対して特別な注意を払って

いた。すなわち、顕出性、誘意性、知覚された目立ちやすさと重症度を含む、介入によって変化させやすい認知過程、および、主観的な自己と認知される文化的理想や基準との、外見の評価の関係。そして、こうした点に対して社会的比較が関わっていく様相に対して特に注意を払っていたのである。また本研究では、こうした方法で概念化している適応について、その価値と有用性を評価する機会も設けている。

第三の様相では、外見への不安が持つ、観察可能で経験された影響力について焦点を当てている。これまでの研究がすでに明らかにしていることは、社会的不安と回避の重要性と（Thompson & Kent, 2001; Rumsey & Harcourt, 2004 の総説を参照）、それほどではないにせよ、羞恥心と敵意の重要性である（Kent & Thompson, 2002）。モデル作りのために、枠組みの中では、こうした要因は結果として概念化されるが、こうした構成概念もまた、前述したような認知過程に対する心理学的文脈を決定する機能を果たしていることが認められている。この領域の研究者の中で（本研究チーム内においても）、いまだ継続中の議論はあるが、多くの研究者は、第三相のこうした要因が連鎖の最後に位置するだけでなく、経験が認知に情報を与えるという、動的な過程の一部であるとも考えている。

研究過程における計画検討

■ 複数の方法を混合して使用する

本研究チームでは複数の方法を混合するアプローチを採用した。定性的方法と定量的方法の相対的な利点についてはかねてより論争が続いており、「パラダイム戦争」などと呼ばれてきた（Dures, 2009）。最近まで定性的方法と定量的方法は、両立しないものと多くの研究者は考えていた。なぜならば、獲得できる知識と獲得の方法について、2つの方法は異なる仮定によって支えられているからである。しかし現在広く受け入れられている認識は、どちらか一方の仮定だけに固執すると、研究において不必要な硬直性がもたらされるということである。「現実世界」での有り様の研究 —— 特に学術的関心から出たものではなく、むしろクライアントの必要性に向き合う研究 —— では、複雑で多元的な問題に対処できて、かつ実用性を考慮に入れた、柔軟性のある方法が必要とされる（Dures, 2009）。特に実用主義や批判的現実主義が必要とされる研究では、

両方が利点を持っているというのが、最近のコンセンサスである（Denscombe, 2008）。混合法の支持者らの主張によると、単独で用いるより、むしろ両方を用いた方が、理解を大幅に深めることができるという。しかし同時に、どの方法を用いるかは研究の目的に応じて正当化されるべきであり、理論的根拠は明確に規定されるべきであると信じられている。Johnson ら（2007）が混合法を定義して、「第三の方法論的または研究パラダイムであり……もっとも情報に富む、完全な、バランスの取れた、有用な結果を提供することだろう」と述べている（p.129）。異なる研究群では、あたかも会話をするように、お互いを照合させるべきである（Bryman, 2007）。

本研究の最初の目的（適応に貢献する心理学的要因と過程を明らかにすること）に対処するために、そして、以前の研究で用いられていた小さな母集団とその結果の不確かさを省みて、私たちは大きな母集団を設ける必要を強く感じていた。さらに、私たちの概念枠組みの有用性を評価するのに十分な参加者の人数を確保したいと考えた。定性的要素は限定的に用い、大規模な定量的研究を行うことを決定しつつも、主として定性的方法を多種多様に用いた一連の後続研究が計画された。これらは、特別なテーマをより深く理解することや、個人的経験の詳細に光を当てることを意図している。枠組みを構成する諸要素への理解を広げるために、いくつかの研究が計画された。ポジティブな適応を促進することが明らかにされた要因についての定性的研究（研究5）、民族性に関連した特殊な問題（研究6と7）、外見への不安と攻撃性に関する検討（研究8）。審議会（「本研究における審議会の役割」の項を参照）に応えて、以下のような研究が行われた。親密な（いわゆる性的な）関係において、外見への不安の果たす役割の測定法の開発（研究9）、人工装着物を着けている人々における外見への不安の研究（研究10）、そして総合医が抱えている思い込みや、意思決定過程や、トレーニングの必要性への十分な理解（研究12）。加えて、リウマチ性関節炎を持つ人々の適応に外見の不安が果たした役割が、機能への不安と外見への不安の潜在的相互作用の特別な例として検討されることになった（研究11）。

Thompson & Kent（2001）および Rumsey & Harcourt（2005）は、変形に関連した適応における動的で流動的な性質について探索するために、縦断的研究を行うことが、何にも増して喫緊の課題であると述べた。このようにして、本研究にこれらの要素を含めることも優先事項になった。研究3では長期的に見た適応の安定性と変化という問題が探索された。

本研究に含まれる研究群を図示する（図 A2 参照）。

■ 本研究における審議会の役割

　審議会には、それぞれ異なる変形とともに生きる経験をしている 3 名の代表が含まれている（Olivia Giles, Luke Wiseman, Pam Warren）。追加メンバーには、総合医の Terry Paterson 医師、それにヒーリング財団（研究資金提供者）より首席理事の Brendan Eley 氏が含まれている。2 名の形成外科医が審議会への参加を当初より表明していたため、初めの 12 ヵ月間、計画への参加を繰り返し呼びかけたが、実現しなかった。そのため、第 3 の相談役の形成外科医（CAR の運営委員会のメンバーでもある Nigel Mercer 医師）が計画進行に参加し、必要に応じてコメントを与えてくれた。委員会の最初の会合では、研究 1 について、これから参加する人々への質問用紙一式と趣意書、情報提供書、同意書の草稿も含めて、研究チームが説明を行った。委員会メンバーは一連の草稿に対して建設的意見を述べ、そして可能な部分に適切な変更が組み入れられ、最終版が作成された。また同時に、研究への参加行為は、変形をきたす状態とともに生活している人々の経験をよく理解できる歓迎すべき機会と認識されるというのが

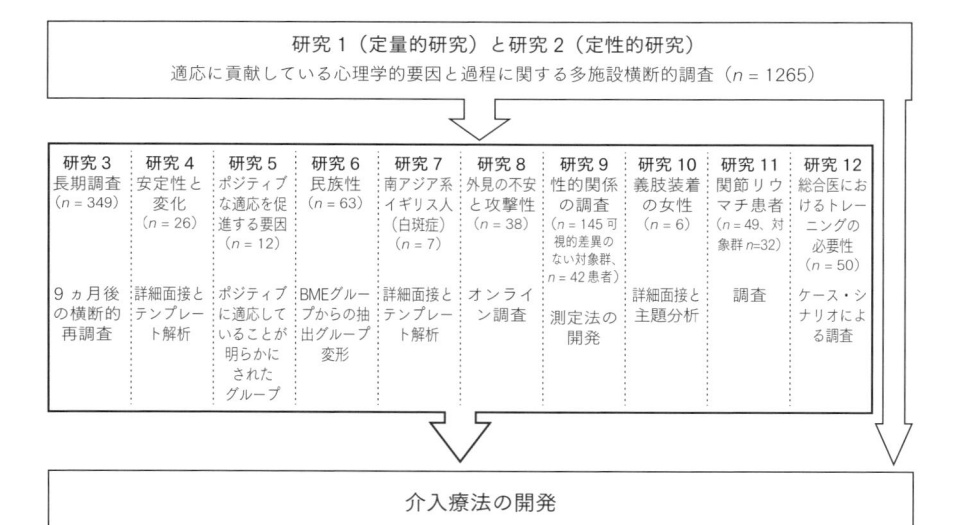

図 A2　ARC 研究プログラムに含まれる 12 の研究群

委員会メンバーの見解だったので、コミュニティ・サンプルについては、もっと多くの患者グループが含まれるように拡大することとなった。第2回目の会合では、計画のリーダーが審議会メンバーと個々に面談し、横断的研究（研究1）から得られた準備段階での分析結果をまとめ、後続研究と計画の介入療法のあり方について話し合った。この時点で2名のメンバーが、外見への不安が、親密な関係に与える影響力についての研究を含めることを示唆した。そして1名が、義肢を装着している人々の研究も有益であろうというアイデアを強く支持した。さらに、総合医に可視的変形が持つ影響力への知識と理解が欠けていることに、注目が集まった。これらすべてのアイデアは、研究プログラムの後続研究に組み込まれた（図A2参照）。第3回目の会合で、審議会メンバーとの個人面談が行われ、結果、成果とその普及に関する計画、そしてさらなる研究計画について話し合われ、今回のプログラム完了となった。

まとめると、審議会からの助言に応えて、以下の活動が決められた。

- コミュニティ・サンプルへ送る研究参加趣意書の修正。
- より多くの患者グループを含めるために、コミュニティからの募集を拡大すること。
- 親密性（いわゆる性的関係）と外見の役割に関する研究の開始。
- 総合医が持つ、変形に関連した知識の調査。
- 人工装着物を着けている人々の経験に関する研究を含めること。
- 成果の普及計画に、人工装着物装具士、精神科医、初期診療スタッフも含めること。

［研究1］
変形をきたす状態への適応に関係する心理学的要因と過程

本研究の大部分は、横断的多施設研究で構成されている。すでに述べたように、先行研究から（Carr et al., 2000; Carr et al., 2005; Rumsey & Harcourt, 2004; Rumsey et al., 2004; Thompson & Kent, 2001）、変形をきたす状態を持つ多様な人々における外見への不安について、その有病率と因果関係に関するデータが提供され

た。しかし同時に、適応に関する多様性に関係している心理学的要因と過程について、多くの疑問が出されることにもなった。こうした疑問への答えは、大きなデータ・セットを通してしか見つけることはできないだろう。加えて、状態（症状）に特化した影響力に関する調査や、これまでの非臨床的かつ非心理学的な変数（例：年齢、性別、社会階層）の適応に対する影響について行ったよりも詳細な検討を可能にするためには、大規模サンプル数が必要であった。

　この大規模研究における主要部分は、第一に、コミュニティと外来施設からの参加者における、苦悩と適応の割合を確定することである。第二に、目に見える変形をきたす状態を持つ人々において、苦悩とポジティブな適応にはどのような心理学的要因と過程が関係するのかを確立することである。

　この大規模研究は、主として定量的方法をとっている。しかし、個人の経験において生じる大きな差と、定性的データが持っている潜在的豊かさについて、把握する必要性は常に念頭に置いておく必要がある。ゆえに、データ収集においては、自由回答形式をとり、定性的要素についても得ることにした（研究2参照）。

■方法

サンプルと募集

　多様な原因による可視的差異を募集した。多様な先天性疾患（例：口唇裂、神経線維腫）、疾患（例：リウマチ性関節炎）、慢性疾患（例：白斑症、ニキビ）、外傷（例：熱傷）、手術治療（例：悪性腫瘍の切除手術後）などの原因である。可能な限り広範囲の地域から募集するために、4つの地域が編成された。ブリストル（地域1）、ロンドン（地域2）、シェフィールド／ブラッドフォード（地域3）、ワーウィック（地域4）。それぞれの地域では、治療の様々な段階にある回答者の参加が増えるように、研究者らが働きかけた。

　クリニックとコミュニティを通した募集の機会は、病院群と地理的地域とでは異なる。また地域ごとに、募集に影響する地域組織的かつ事業計画的な制約も異なる。それゆえに、各地域の主任研究者は、研究全体で合意された枠組みの中で、現地の事情に合わせてサンプリングと募集の実際的詳細を取り決めた（例：状態ごとの目標人数、対象者基準と除外基準、研究倫理要綱。詳細は後述）。

対象者基準

参加者は 18 歳以上の男女で、英語の読み書きと会話が流暢にでき、可視的差異を持っていると自ら認知している者たちであった（小児と青年を研究するために必要とした資源（リソース）は、無視できないくらい大きかった。データ収集は、専門家によるインタビューと年齢に応じた評価が必要で、複雑化していた。小児と青年における適応に特化した後続研究は、この研究プログラムから情報を得られるだろう）。

除外基準

明らかな神経症や認知症を持つ場合は除外とした。本研究では英語の読み書きができない場合も除外とした。本研究で採用された測定法には、英語以外の言語に対応した同等物がなかったからである。民族的マイノリティ・コミュニティにおいては、英語を読み書きできる人を積極的に探すことによって、そのメンバーから適切な表現を得ようと努力した。文化的違いを理解することで、外見の問題への適応に関する現在の知識体系における重要なギャップを見つけることになるからだった。研究 6 と 7 で、これについてさらなる試みがなされる。

外来クリニックを通じたサンプリング

以前の研究のように、医学的治療を求める患者に効率よく接触するための方法として、外来クリニックが注目された。それぞれの地域の主任研究者による検討のもと、多様なクリニックが募集のための有力な場所として検討され、それぞれの地域が当該地域のクリニック群からの募集計画を立てた。参加したクリニックの対象疾患は以下のごとくである。

- シェフィールド／ブラッドフォード：頭頸部癌、補綴、皮膚科、眼科および一般形成外科（熱傷を含む）、口唇口蓋裂（外傷／耳鼻咽喉科）
- ロンドン：一般形成外科、眼部形成外科、眼部補綴、リウマチ科
- ブリストル：レーザー治療、一般形成外科、皮膚癌および眼科

合計 650 名を、シェフィールド／ブラッドフォード、ロンドン、ブリストル地域の外来患者クリニックから募集した。

医療以外からのサンプリング（「コミュニティ」サンプル）

　上記のごとく様々な試みを行いながらも、さらに広い範囲の可視的差異を持つ人々から学ぶことが重要と考えられ、また、ポジティブな適応に注目するというチームの責務を考えれば、参加時点において治療や介入療法を積極的には求めていない人々に、サンプルに入ってもらうことも優先課題と考えられた。この種の募集は大きな課題となって、研究チームでも様々な戦略が考案された。戸別に研究資料を配布したり、セルフヘルプ・グループを通じて募集したり、インターネットや地方メディアの広告を通じて、などの方法が挙げられた。結局、南西部（ブリストル地域経由）の都心や郊外の総合医クリニック経由で、そしてミッドランド州（ワーウィック地域経由）のクリニックを通して、参加者が募集された。募集の進捗が遅く（特にミッドランド州）、セルフヘルプ・グループのウェブサイトの広告と地方紙の報道を通じて、追加募集が行われた。

　ワーウィックとブリストル地域から、合計615名の参加者がコミュニティ経由で集まった。ブリストル地域の2つの大きな総合医クリニック（1つは郊外、もう1つは都心）、そしてミッドランド州の10のクリニックが含まれている。

サンプル数

　変形のタイプにもとづく分類の仕方が異なると、様々な可視的差異の状態を負っている人々の数の評価も変化する（例：白斑症のように特殊な状態を持つ人々とするか、あるいは、広く「皮膚の状態」という分類に属する人々とするか）。結局のところ、状態を持つ人々を反映している最適規模の母集団にする必要があり、かつ変形のタイプ別に類似性と相違を表現できる数にする必要もあり、その適切なサンプル数についての見解は流動的であった。研究文献においては、心理学的かつ社会文化的要因と比べて、状態固有の影響力が苦悩や適応に果たす役割はさほど大きくはないことが、現在は広く認められている。状態ごとに様々なタイプやサブタイプをサンプリングする労力で得られる利益には、そのコストと比較して疑問がある。それゆえに、各地域で選ばれた多種類の外来クリニックから、多種多様な状態を持つ人々を募集することが合意された。

　サンプル数計算は、私たちの過去の経験と最大規模の研究（研究1）での推測にもとづいて行われた。クリニックからのサンプルには、最低でも12の「状態」がサンプル対象とされた。重回帰分析で事前に設定していた検定力分析（標準的な有意水準と検定力0.95を想定）は、全体的な仮説検証において、弱

い効果（たとえば、説明力 = -0.04）を示すためであっても、最大 25 変数の有意性を検証するためには、最小でも 851 のサンプル数が必要であることを示していた。これにより、定性的かつ縦断的研究の目的にかなうだけのサブグループを募集し、表面的に異なる多様な変形について検討し、サブグループ同士の有意義な比較を行うことが可能になる。統計解析を容易にするために、稀な状態に対する割り当て抽出作業が行われ、それは最低 30 名であった。

■ 材料

書面情報

標準化された書面情報と質問用紙の一式が、すべての参加者へ配布された。これには個人情報保護、随時離脱権利、記録保管破棄の手順について述べた文書が含まれていた。地域によってこの情報には若干の差異があった（例：大学連絡先情報、共同作業のスタッフ名など）。同意書とともに、後続研究で連絡を受けることへの同意書も含まれていた。

■ 測定

データ収集と分析のために、研究チームは概念化された枠組み（図 A1）を採用したが、それを適正化させるために、どのようにして変数を操作するのが最適であるかを考える必要があった。

測定法の選択と、「過程」と「結果」として変数を選択する方法の決定に、研究チーム内でも審議会内部でも大きな議論が起こった。測定法についての最終決定の指針になったのは、介入療法の間に改善されやすい変数であること、そして参加者にとって表面的妥当性が感じられ、また分かりやすく回答できる質問票であることであった。「包括的な」質問票（例：HADS）については、以前の研究結果や広範囲の状態への適応に関する過去の報告と比較できることも含まれた。ポジティブな適応について分析結果として把握できる可能性がある測定法についても、優先的に含めることにした。以前の研究で使用されていた多くの質問表は、もっぱらネガティブな事項に質問が集中しているため、これは特に研究しがいのあるものとなった。適切な測定法が存在しないような変数の場合（例：変形のある外見に対して、社会的受容がどの程度認知されているかのレベル）については、過去の文献から得られた質問と、本研究チームの臨床経験にもとづいて得られた質問が、参加者たちの反応を捉えるために編成された。そ

の他の検討事項には、参加者に渡される一式に含められることになった質問表の質問総数と参加者の負担があった。ここで選ばれた測定法については、図A3 にまとめられている。

《背景要因》

人口統計学的データ

郵便番号、年齢、性別、家族状況／生活環境、国籍、民族性について、参加者に回答を求めた。

また、質問表の終わりに、2つの自由回答形式の質問が設けられた。第一の質問は、質問表一式に対するフィードバックである。第二は、自分の外見が生活に影響するかしないかという点、および影響はポジティブなものかネガティブなものかについて、何か一般的なコメントを問うている（研究2参照）。

原因

可視的差異の原因について、11の選択肢リストの中から選択するよう求めた（詳細について述べられるように、「その他」の選択肢も含む）。

治療情報

外見に変化を与える治療を受けたことがあるかについて、そしてもしあるならば、一連の治療の最初と最後の時期について質問した。同時に、何らかの治

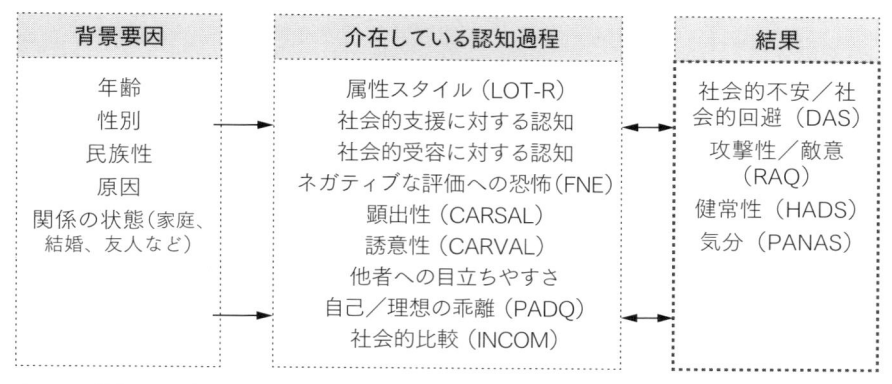

図 A3　枠組みの適正化作業 —— 適切な測定方法の選択

療の待機中であるかについても述べるように求めた。

外見への不安を感じる部位

参加者は不安を感じている部位について、もっとも気になる身体部位に関するチェックリストに印を入れることで回答した。こうした回答は後に、大まかな項目へと分類された。他者に対して可視的（隠すことが困難な「顔、手、首、頭」）と非可視的（隠すことが容易）といった項目である。

《介在している認知過程》

属性スタイル —— 楽観性

楽観性のレベルを評価するために、短縮型4項目版の Life Orientation Test-Revised（LOT-R：Scheier et al., 1994）が用いられた。反応は5段階式リッカート尺度で測られた（1点：強く不同意〜5点：強く同意）。総得点は4〜20点となり、高いほどより楽観的見通しをする傾向を示している。連続体を測定できるよう設計されており、楽観性や悲観性を定める「カットオフ」は持たない。Scheier ら（1994）は、良好な内的整合性 internal consistency（alpha = 0.78）と再テスト信頼性 test-retest reliability（時を経てからの安定性を示す）（$r = 0.68$：4ヵ月、$r = 0.60$：12ヵ月、$r = 0.56$：24ヵ月、$r = 0.79$：28ヵ月）を示した。

《社会認知的要因》

社会的支援

Short-Form Social Support Questionnaire（Sarason et al., 1983）の短縮型4項目版が用いられた。支援の量に関する回答は本質的なものとは考えにくく、分析からは除外した。質の評価は1点（非常に不満足）から6点（非常に満足）まで、総計は4〜24点となった。高い点数ほど、社会的つながりに満足していることを示している。測定としては、良好な心理測定特性があると報告されている。

社会的受容に対する認知

社会的受容に対する感情評価のために、2項目の7点リッカート測定が行われた。1点（全く感じない）から7点（完全）まで、総計は2〜14点で、高い方が受容を感じるレベルが高いことを示している。回答者が自らの社会的グループや社会全般について、概して受け入れられていると感じる程度を評価した。

ネガティブな評価への恐怖

Brief Fear of Negative Evaluation（FNE）scale（Leary, 1983）を用いて、自分に対する他者の意見が、自分の特徴であると見なすかどうかが調べられた。12の項目が提示され、それぞれに1点（全く自分の特徴ではない）から5点（きわめて自分の特徴である）で回答した。点数は12〜60点となり、高いほどネガティブな評価への恐怖感が大きいことを示している。心理測定特性は良好と報告されており、内部整合性は高く（alpha = 0.90）、学生を対象とした4週後の再テスト信頼性では信頼性係数0.75を示し、構成概念の妥当性は許容レベルであった。

《外見に関連した過程》

外見が持つ誘意性

CARVAL（Moss & Rosser, 2012b）は6項目の誘意性に関する質問表で、参加者がどれくらいのレベルで自分の外見をポジティブに、またはネガティブに評価しているのかを測定する。1点（強く否定）から7点（強く同意）まで、合計は6〜42点となる。合計の高い方が、自分の外見へのポジティブな自己評価を示している。内的整合性は高く（alpha = 0.89）、学生を対象とした3ヵ月後の再テスト信頼性では非常に良い信頼性係数を示している（r = 0.95）。

外見の顕出性

CARSAL（Moss & Rosser, 2012b）は、外見が作動自己概念にどの程度関わっているのか、あるいは、その人にとってどれくらい重要なのかを測定する（顕出性）。1点（強く否定）から7点（強く同意）まで、合計は6〜42点となる。合計の高い方が、外見の自己概念への関与が大きいことを示している。内的整合性は高く（alpha = 0.86）、学生を対象とした再テスト信頼性でも良い信頼性係数を示している（r = 0.89）。

他者への可視性

1点（隠すことが非常に容易）から7点（隠すことができない）までの7点リッカート測定で、自分がもっとも不安を感じている外見の局面について、外見の状態を隠すことにどれほどの困難を感じているのかを問う。

外見の乖離 Physical Appearance Discrepancy

PADQ（Altabe, 1996; Altabe & Thompson, 1996）によって、「他者にとって自分はどう見えていると感じるか」と、「自分への感覚」との乖離（食い違い）が識別できる。「自分への感覚」とは、自分や自分にとって重要な人が、理想として自分がどのように見えることを望むのか（「理想の自分」との食い違い）と、義務や責任や義理に関連してどのように見えるべきなのか（「あるべき自分」との食い違い）である。「理想」との食い違いの大きさは、望みが満たされないことによる失望、不満足、羞恥心、困惑の感情と、他人の意見の中で自分の価値を失ったという思い込みに関連している。「あるべき自分」との食い違いの大きさは、自分あるいは大切な他者が持っている道徳的基準を逸脱してしまったという思い込みによる恐怖、脅かされている感情、腹立たしさ、罪悪感と関連している。「理想」と「あるべき」の食い違いに関する2つのサブスケールがある。「全く違わない」から「非常に違っている」まで、それぞれ4つの項目で構成され、各々4〜28点で評価される。点数が高いほど食い違いが大きいことを示している。

社会的比較

Iowa-Netherlands Comparison Social Orientation Measure（INCOM）のGibbons & Buunk（1999）の短縮版は、社会的比較のためのスケールで、社会的比較の頻度を測定する。外見と反応に関して1点（強く否定）から5点（強く同意）まで点数をつけ、合計は11〜55点となる。高い方が、社会的比較に関わる頻度が多いことを示している。内的整合性は高く（alpha = 0.83）、併存的妥当性も高かった（r = 0.88）。4週までと1年までの再テスト信頼性も適切で、それぞれの相関係数は0.71と0.60である。

■ 結果（アウトカム）
社会的不安と社会的回避

Derriford Appearance Scale Short Form（DAS24）（Moss & Carr, 2004）。DAS24はDAS59（Carr et al., 2000）の24項目版であり、外見に関連した社会的不安と社会的回避の測定法である。これまで変形に関係した研究において、広く用いられてきた。イギリス人における基準範囲が存在している。11〜96点となり、点数が低いほど、社会的不安と社会的回避の程度が低いことを示している

[訳注：各項目は 1 〜 4 点だが「該当なし = 0 点」を含むため、最低点は 11 点となる]。内的整合性 (alpha = 0.92)、再テスト信頼性 (r = 0.82)、DAS59 との併存的妥当性 (r = 0.88)、収束的妥当性 (r < 0.45)（不安感、抑うつ感、社会的回避、社会的苦悩、ネガティブな評価への恐怖、ネガティブな影響、羞恥心の測定値との相関）は適正であった。

ポジティブな感情とネガティブな感情

Positive and Negative Affect Schedule (PANAS) (Watson et al., 1988) は、前の週に回答者が感じたポジティブな感情とネガティブな感情の量について、回答者の評定を測定する。ネガティブな感情 (NA) とポジティブな感情 (PA) のサブスケールは、10 の質問から点数を合計する。それぞれ 10 〜 50 点となり、高い方がそれらの感情が大きかったことを示している。様々な情動障害での測定で、収束的妥当性が報告されている (Beck et al., 1961; Derogatis et al., 1974; Spielberger et al., 1983)。適切な内的整合性も報告されている (PA では alpha = 0.80、NA では 0.85)。

不安と抑うつ

Hospital Anxiety and Depression Scale (HADS) (Zigmond & Snaith, 1983) は、身体的健康に問題を持つ患者において、不安と抑うつを対象として、妥当性と信頼性のある 14 項目の自己スクリーニング用の質問表である。気分の測定では、0 〜 21 点で評価する。高い方が、不安や抑うつの気分の程度が大きいことを示している。どのサブスケールでも、0 〜 7 点は「正常」範囲と見なされる。8 〜 10 点では中等度の不安や抑うつが示唆され、11 点以上では「事例性 caseness」のあることが示され、臨床上の不安症や抑うつ症であると診断される可能性が高い。

HADS の文献レビューでは（例：Bjelland et al., 2002）、広範囲の研究に照らして適正な内的整合性が示されている。これらは英語圏以外にも翻訳されているし、他の不安や抑うつスケールと比較して、良好な併存的妥当性が示されている (r = 0.60-0.80)。また HADS は、顔の変形を持つ患者を対象にした過去の研究においても使用され、良好な結果が認められている (Martin & Newell, 2004)。

怒り／敵意

Refined Aggression Questionnaire（RAQ）（Bryant & Smith, 2001）は、Buss & Perry（1992）による Aggression Questionnaire の短縮版であり、同様の心理測定特性を持つことが分かってきた（Bryant & Smith, 2001）。この攻撃性スケールは 12 項目を使用し、「強く否定」から「強く肯定」に至る反応を用いて、攻撃的行動が回答者の特徴なのかどうかを評価する。4 つの要因（物理的攻撃、敵意、言葉による攻撃、怒り）に分けられ、それぞれの要因ごとに点数化され、低い値の方が攻撃性においてその特有のタイプの程度が低いことを示す。適切に項目点数を反転した後、3 〜 15 点となる（ネガティブさを測定する際に、ポジティブな項目点数を反転処理する。あるいは、その逆操作）。

手順

■ 研究管理

NRES による倫理的承認

研究が進むにつれ、主導施設（ウェスト・イングランド大学）は後続研究（合計 6 つの修正）を行うために、NRES（National Research Ethics Service）に多くの細かい修正案の承認（例：横断的研究の質問表で、時間的データ採取時点を 12 ヵ月から 9 ヵ月に減らすこと）を申請する必要があった。当初のプロトコールに加えられたすべての追加と細部の修正は、NRES と前出の大学倫理委員会の承認を受けた。

■ 募集に関する計画

外来患者クリニック

研究参加施設（クリニック）に通っている患者に対して、面接予約を取る 2 週間前に、情報文書とともに参加への呼びかけ文書が渡された。研究者は面接当日に参加候補者に会い、本研究の趣旨について説明し、想定されるあらゆる質問に答えた。同意書が得られた後、参加者には回答用の質問表の冊子が渡され、クリニックにおいて、または持ち帰って質問表に回答し、料金不要郵便で送り返すようになっていた。

コミュニティでの募集

南西部（ブリストル地域が担当）では、READ コード（総合医が状態によって患者を分類するために使用する）が使用され、変形をきたす状態を持っている可能性がある参加者を特定した。ミッドランド州での参加の募集は、クリニックでの直接交渉と、クリニックやコミュニティセンター内の小冊子やポスターで行われた。新聞やインターネットや地元での広告（たとえばコミュニティの掲示板など）を見て、参加を希望した人たちもいた。南西部で、READ コードでスクリーニングされたすべての患者へ、趣意書、情報文書、同意書、詳細検討用紙、送料無料封筒の一式が送られた。参加への意志が確認された希望者は、すべての書類と質問表に記入し、無料封筒で返送するように求められた。

ミッドランド州（ワーウィック地域が担当）では、研究者が総合医のクリニックへ出向き、一定期間中、すべての来院患者に情報文書が渡され、参加が呼びかけられた。もしも興味があり、参加条件を満たす場合は、研究者は研究趣旨を説明し、いかなる質問にも答えるようにした。同意書が得られた後、質問表の冊子が渡され、クリニックにおいて、または持ち帰って質問表に回答し、料金不要郵便で送り返すようになっていた。

広告に応じて自発的に参加した人たちには一式が郵送で送られ、電子メールや電話で、研究者と話をする機会が与えられた。このように広告やインターネットで応募してきた人たちや、医療スタッフの指名なしに参加した人たちに、他のすべての患者と同じように、同一内容の書類一式が送られた。同意書に追加されていたのは、研究者が本人地区担当の総合医と連携を行うことである。この連携により、本研究にこうした人々が参加したことが情報として伝えられた。

参加者はすべてボランティアとして参加し、報酬は得ていない。データは受け取られた時点から厳重に保管され（後述）、受領が記録されたうえで、参加者に礼状が送られた。

結果

■ 参加者

1265 名の参加者のうち、615 名はコミュニティを通じて、650 名は外来患者

クリニックを通じて得られた。

　全参加者のうち867名（68.5%）が女性で、354名が（28.0%）が男性であった。コミュニティ・サンプルでは474名（77.1%）が女性で、120名（19.5%）が男性であった。同様にクリニック経由では393名（60.5%）が女性で、234名（36.0%）が男性であった［訳注：無回答があるため、合計は100%になっていない］。

　全参加者の平均年齢は47.3歳（範囲18〜91歳、SD 16.7）で、コミュニティ・サンプルでは44.9歳（範囲18〜91歳、SD 16.2）でクリニック経由よりもわずかに若く、クリニック経由は49.7歳（範囲18〜89歳、SD 16.9）であった。

　全参加者では783名（61.9%）が結婚またはパートナーと生活しており、183名（14.5%）が友人や親戚と生活しており、287名（22.7%）が独居であった。

　全参加者の81%が白人、12%がその他だった（パキスタン人、インド人、カリブ系黒人、アフリカ系黒人、その他）。割合はクリニック・サンプルでもコミュニティ・サンプルでも同様であった。

　結果に関する測定値の平均と標準偏差を、募集の方法別（表A1）、募集の地域ごと（表A2）に提示する。そして募集の地域ごとに、社会的不安（DAS24）、不安（HADS）、抑うつ（HADS）の分布を示す（図A4a-c）。

　募集の方法には統計的に有意な差は認められず、結果の測定値についても地域別の差はなかった（$p > 0.001$）。結果として、後続の分析において単一のグループであると考えてよいと決定した。データは、それぞれの結果変数ごとに提示される。

■内的整合性

　性別と募集方法に対応したデータでは、クローンバックのアルファ係数はすべての結果変数で高値であり、すべての測定値において良好な内的整合性を示していた（0.778〜0.935）。

■変数間の相関

　後続の節において、結果変数に関連した結果を示す。

　結果変数は相互に相関があった（表A3）。全サンプルにもとづいたすべての相関が、統計学的に有意であった（$p < 0.001$，全ケースについて）。

　表A4には、性別の全階層における定量的過程と結果変数との相関の程度がまとめてある。すべてのケースで相関は統計的に有意であった（$p < 0.001$）（$p >$

表 A1　募集方法別の測定結果：平均（標準偏差）

	クリニック経由	コミュニティ経由
社会的不安	41.26（16.38）	43.44（15.97）
全般性不安	7.96　（4.74）	8.46　（4.50）
抑うつ感	5.00　（3.76）	5.21　（3.77）
攻撃性	25.15　（9.35）	25.59　（9.37）
ネガティブな感情	31.88　（8.99）	31.27　（8.70）
ポジティブな感情	19.71　（8.61）	20.55　（8.60）

表 A2　募集地域別の測定結果：平均（標準偏差）

	N	DAS	不安感	抑うつ感	攻撃性	ポジティブな感情	ネガティブな感情
ロンドン（UCL*）	228	44.25（17.09）	8.41（4.63）	5.19（3.86）	25.36（8.96）	31.76（8.81）	20.99（8.64）
ワーウィック	357	43.93（16.35）	8.93（4.61）	5.64（3.83）	26.38（9.43）	30.53（8.76）	21.52（9.01）
ブリストル	396	41.27（15.71）	7.91（4.48）	4.58（3.53）	24.07（9.06）	32.29（8.72）	19.08（8.09）
シェフィールド/ブラッドフォード	280	40.16（15.68）	7.52（4.75）	5.08（3.86）	25.89（9.85）	31.79（9.08）	19.05（8.46）

*ユニバーシティ・カレッジ・ロンドン

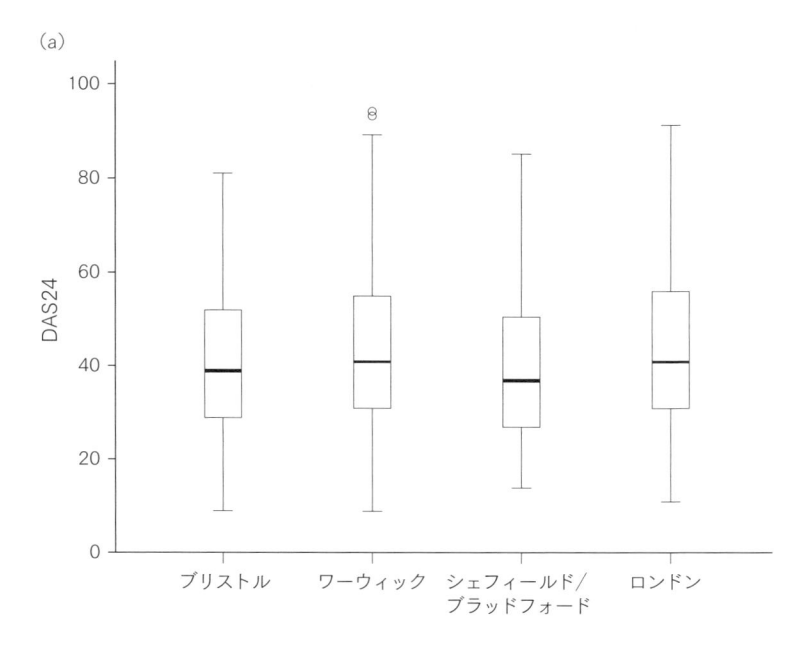

図 A4a-c　（a）DAS24、（b）HADS 不安感、（c）HADS 抑うつ感の地域別スコア分布

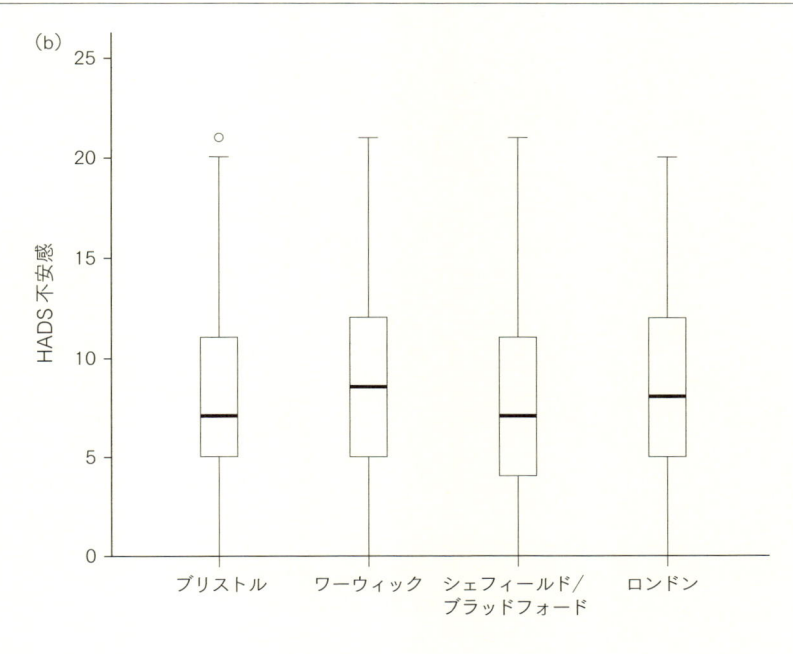

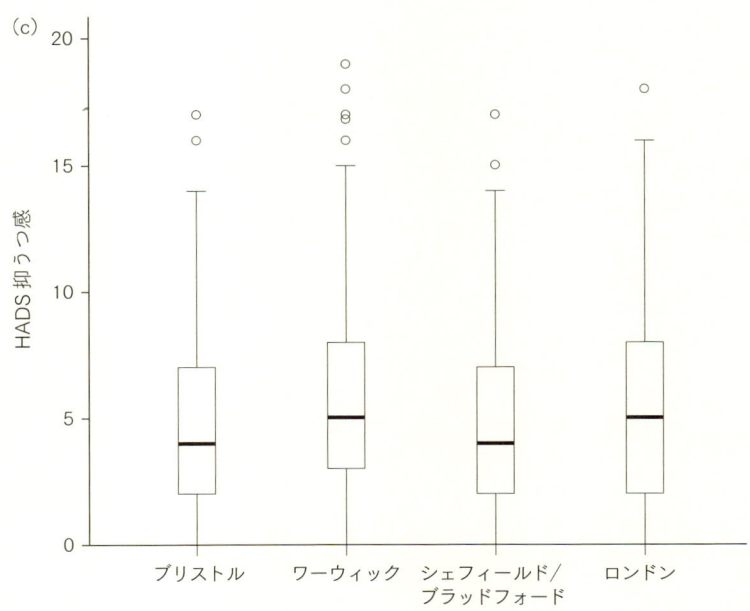

表 A3　ピアソンの相関係数

	不安	抑うつ感	攻撃性	ポジティブな感情	ネガティブな感情
社会的不安	0.637	0.571	0.382	-0.398	0.610
全般性不安		0.637	0.437	-0.394	0.700
抑うつ感			0.380	-0.560	0.554
攻撃性				-0.267	0.459
ポジティブな感情					-0.408

表 A4　結果変数と定量的過程変数との相関

		社会的不安	全般性不安	抑うつ感	攻撃性	ポジティブな感情	ネガティブな感情	N
楽観性	女性	-0.537	-0.588	-0.578	-0.497	0.473	-0.531	832
	男性	-0.543	-0.597	-0.569	-0.417	0.471	-0.504	331
ネガティブな評価への恐怖	女性	0.535	0.521	0.338	0.380	-0.340	0.541	838
	男性	0.587	0.581	0.448	0.309	-0.351	0.611	346
社会的受容	女性	-0.613	-0.460	-0.510	-0.280	0.359	-0.461	859
	男性	-0.543	-0.452	-0.512	-0.232	0.342	-0.453	350
社会的支援への満足感	女性	-0.432	-0.369	-0.455	-0.324	0.342	-0.389	853
	男性	-0.472	-0.407	-0.484	-0.212	0.271	-0.361	349
顕出性	女性	0.473	0.386	0.207	0.264	-0.142	0.336	857
	男性	0.444	0.287	0.227	0.217	-0.141	0.275	333
誘意性	女性	0.661	0.422	0.461	0.290	-0.402	0.408	861
	男性	0.580	0.416	0.472	0.205	-0.350	0.426	335
社会的比較	女性	0.305	0.331	0.160	0.286	0.151	0.347	859
	男性	0.268	0.255	0.074ns	0.184	0.007ns	0.236	350
外見における乖離	女性	0.584	0.334	0.391	0.203	-0.265	0.338	856
	男性	0.488	0.336	0.373	0.122	-0.241	0.315	352

ns: $p > 0.05$.

0.05 を示す「ns」(non-significance) を除いて)。

■ 人口構成上の因子

性別

年齢と性別に関する特徴を、表 A5 に示す。

性別の結果変数の平均値と標準偏差を表 A6 に示す。

性別ごとに社会的不安 (DAS24)、全般性不安 (HADS)、抑うつ感 (HADS)、攻撃性 (RAQ) の分布を図 A5 に示す。

表 A5　年齢と性別の度数分布*

年齢グループ	男性	女性	合計（%）
18-25 歳	35	97	132（10.4）
26-35 歳	42	169	211（16.7）
36-45 歳	60	170	230（18.2）
46-55 歳	61	158	219（17.3）
56-65 歳	79	138	217（17.2）
65 歳以上	71	125	196（15.5）
合計（%）	348（27.5）	857（67.7）	1205

*44 名（3.5%）はデータ欠如［訳注：この表の後、男性 6 名、女性 10 名の追加があり、全体としては 44 名（3.5%）のデータ欠損となった］。

表 A6　性別の結果変数：平均（標準偏差）

変数	女性	男性
社会的不安	44.95（16.18）	35.87（14.56）
全般性不安	8.67（4.64）	6.97（4.37）
抑うつ感	5.16（3.78）	4.97（3.75）
攻撃性	25.07（9.42）	26.07（9.06）
ポジティブな感情	31.02（8.92）	33.10（8.55）
ネガティブな感情	20.70（8.82）	18.35（7.72）

　分散分析によると DAS24 について女性の値が有意に高く（$F_{(1, 1213)} = 71.51$, $MSE = 247.64$, $p < 0.001$, $\eta p^2 = 0.056$）、より大きな苦悩を示していた。不安感では $F_{(1, 1212)} = 26.44$, $MSE = 20.79$, $p < 0.001$, $\eta p^2 = 0.021$ で有意に高く、ネガティブな感情は $F_{(1, 1171)} = 13.52$, $MSE = 72.53$, $p = 0.165$, $\eta p^2 = 0.011$ であった。逆に、男性ではポジティブな感情に関する値が有意に高かった（$F_{(1, 1172)} = 10.63$, $MSE = 77.80$, $p = 0.001$, $\eta p^2 = 0.009$）。しかしながら、エフェクトサイズ（差／分散）は小さいと判断された（$0.011 \sim 0.056$）。

　気になる部位の数に関して、χ^2 検定では男女間に統計的有意差が見られ（$\chi^2 = 51.21$, $df = 6$, $p < 0.001$）、男性より女性で数が多く、有意な線形要素を示していた（$\chi^2 = 33.99$, $df = 1$, $p < 0.001$）。頻度に関して、表 A7 に示す。

　表 A8 には、変形が他者の目に付きやすいか否かに対応した結果変数の平均値と標準偏差を示している。

　2 要因分散分析では、社会的不安（DAS24）、不安感、ポジティブな感情、ネガティブな感情について、女性の方が有意に低い平均値を示した（$p < 0.001$、全

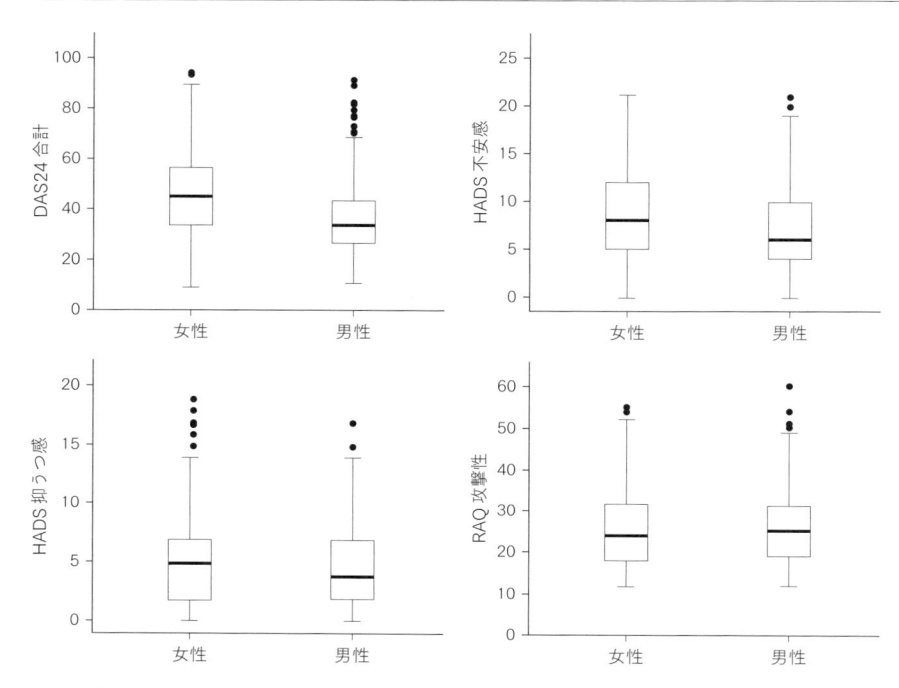

図 A5　性別による社会的不安、全般性不安、抑うつ感、攻撃性の分布

例において）。そして見た目に不安を持つ人々は、社会的不安、不安感、抑う
つ感、ポジティブな感情、ネガティブな感情（$p < 0.001$、全例において）、そして
攻撃性（$p = 0.024$）について有意に低い平均値を示した。

年齢

　表 A9 では、性別ごとに年齢と結果変数との相関の程度をまとめてある。す
べてのケースで、相関は有意であった（$p < 0.001$）。

　年齢と社会的不安、不安感（図 A6 参照）、抑うつ感、攻撃性、ネガティブな
感情では有意な負の相関が見られた。

■ 可視性と不安を感じる部位

不安を感じる部位

　参加者には、不安を感じる身体部位について回答が求められた。1 ヵ所のみ

表 A7　過敏になる部位の数の性別頻度

		0（記入なし）	1	2	3	4	5	6以上	合計
女性	（人）	95	201	153	134	90	73	121	867
	（％）	11.0	23.2	17.6	15.5	10.4	8.4	14.0	100
男性	（人）	77	113	58	33	24	11	38	354
	（％）	21.8	31.9	16.4	9.3	6.8	3.1	10.7	100

表 A8　他者の目に付きやすさによる結果変数の平均値（標準偏差）

	目立つ／目立たない	N	DAS	不安感	抑うつ感	攻撃性	ポジティブな感情	ネガティブな感情
女性	Yes	404	46.67 (15.45)	9.26 (4.70)	5.55 (3.82)	26.03 (9.42)	30.52 (8.82)	21.73 (9.05)
	No	460	43.44 (16.67)	8.15 (4.52)	4.81 (3.73)	24.21 (9.35)	31.46 (8.99)	19.80 (8.52)
男性	Yes	165	38.32 (15.03)	7.62 (4.35)	5.43 (3.93)	26.52 (9.32)	31.92 (9.06)	19.66 (8.02)
	No	188	33.72 (13.82)	6.40 (4.33)	4.56 (3.54)	25.68 (8.82)	34.16 (7.93)	17.18 (7.26)

［訳注：この表のデータには部分的に欠如あり。］

表 A9　年齢と結果変数との相関

	社会的不安	全般性不安	抑うつ感	攻撃性	ポジティブな感情	ネガティブな感情	N
女性	-0.325	-0.209	-0.068	-0.321	0.121	-0.272	865
男性	-0.393	-0.210	-0.124	-0.277	0.000	-0.292	351

を答えた者もいたが、複数箇所を答えた者もいた。「チェックを入れた」部位の頻度と割合を示す（表 A10）。65％が、他人に普通に見えやすい部位を回答した（額、耳、目、鼻、口、手、頬を含む）。複数回答した者もいるため、頻度はサンプル数よりも多くなっている。

不安を感じる主要部位の可視性

　もっとも不安を感じる部位を 1 つだけ挙げてもらったところ、後続の分析において、590 名が通常他者に目に付きやすい部位に不安を持つと分類された。残る 671 名は、他者に目に付きにくい部位の不安を持つものとして分類された。「可視的」ならびに「不可視的」部位に不安を持つ場合の結果変数について、平均値と標準偏差を表 A11 に示す。

　社会的不安と社会的回避の平均値は、可視的部位に不安を持つ群で有意に高かった（$F(1, 1209) = 20.598$, $p < 0.001$）。しかし、その効果は小さかった（partial

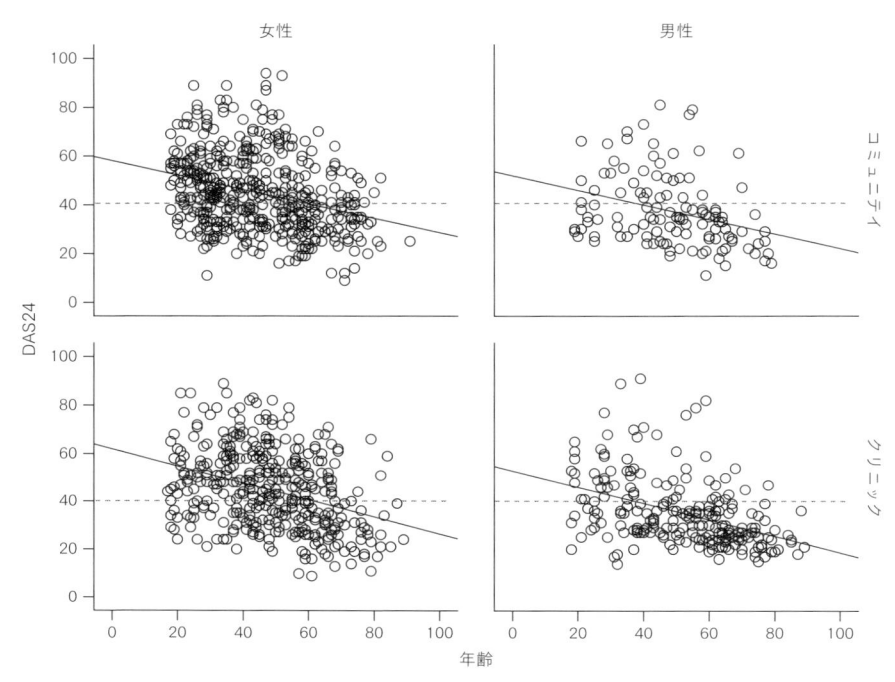

図 A6　年齢に対する社会不安

表 A10　不安を感じる部位の頻度と割合

可視的部位	N	%	不可視的部位	N	（%）
目	193	15.3	腹部	341	27.0
鼻	172	13.6	太もも	281	22.2
頬	138	10.9	バスト	247	19.5
口	133	10.5	ふくらはぎ	236	18.7
手	156	12.3	上腕	213	16.8
額	105	8.3	臀部	176	13.9
耳	81	6.4	足	175	13.8
			首	143	11.3
			膝	139	11.0
			腰部	125	9.9
			頭部	115	9.1
			背中	114	9.0
			前腕	112	8.9
			胸部	110	8.7
			肩	72	5.7
			性器	60	4.7

beta^2 = 0.017)。

　可視的部位に不安を持つ群で有意に高かったのは、不安感の平均値（$p <$ 0.001）、抑うつ感の平均値（$p < 0.001$）、攻撃性の平均値（$p = 0.001$）、ネガティブな感情の平均値（$p < 0.001$）であった。ポジティブな感情の平均値は、可視的部位に不安を持つ群で有意に低かった（$p = 0.013$）（表A11）。

不安を感じる部位の数

　表A12では、1つまたは複数の不安部位を報告した参加者の割合を、結果変数ごとに示した。

　一要因分散分析では、気になる部位の数が増えるほど、適応の程度が下がるという傾向が見られた。社会的不安と社会的回避の平均値を、申告された不安部位の数ごとに示した（図A7）。

■ 属性要因

　LOT-Rのスコアの高さは、楽観性の程度が大きいことを示す。全平均は13.69であり、標準偏差は3.37（$n = 1250$）である。

表A11　可視的部位と不可視的部位における結果変数の平均と標準偏差

可視性	N	社会的不安	全般性不安	抑うつ感	攻撃性	ポジティブな感情	ネガティブな感情
あり	590	44.24(15.66)	8.79 (4.66)	5.48(3.83)	26.20 (9.42)	30.91 (8.91)	21.14 (8.78)
なし	671	40.63(16.51)	7.68 (4.55)	4.76(3.68)	24.62 (9.25)	32.17 (8.75)	19.22 (8.36)

表A12　不安を感じる部位の数による結果変数の平均と標準偏差

	社会的不安	全般性不安	抑うつ感	攻撃性	ポジティブな感情	ネガティブな感情
0	32.71 (14.44)	6.42 (4.58)	4.09 (3.60)	23.08 (8.84)	33.64 (8.58)	16.88 (7.10)
1	37.24 (13.94)	7.24 (4.60)	4.29 (3.38)	23.38 (8.65)	32.84 (8.00)	18.59 (7.96)
2	39.71 (14.32)	7.80 (4.36)	4.89 (3.42)	25.32 (9.31)	31.53 (9.39)	19.66 (8.13)
3	43.64 (14.19)	8.71 (4.24)	5.42 (3.83)	26.25 (9.22)	31.74 (8.53)	20.10 (8.49)
4	47.62 (15.48)	8.84 (4.30)	5.21 (3.51)	26.93 (9.99)	31.34 (9.21)	20.12 (8.16)
5	51.95 (14.77)	9.76 (4.06)	6.44 (4.24)	26.86 (9.57)	29.75 (9.55)	23.48 (8.95)
6以上	56.21 (14.95)	10.82 (4.55)	7.01 (4.08)	28.99 (9.47)	27.95 (8.52)	25.43 (9.38)
全体	42.32 (16.21)	8.20 (4.63)	5.10 (3.77)	25.36 (9.36)	31.58 (8.85)	20.12 (8.61)

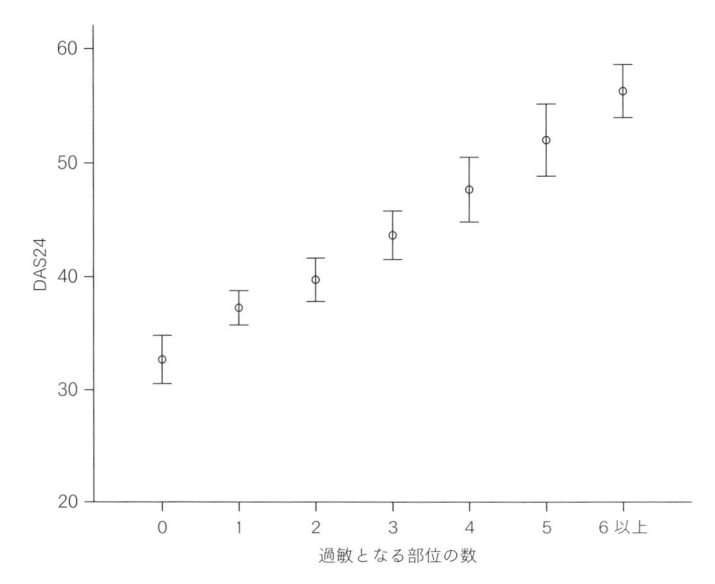

図 A7　申告された不安部位の数による、社会的不安の 95％信頼区間

表 A13　楽観性と結果変数との相関

	社会的不安	不安感	抑うつ感	攻撃性	ポジティブな感情	ネガティブな感情	N
楽観性	-0.535	-0.592	-0.568	-0.459	0.475	-0.529	120

　表 A13 では、楽観性と各結果変数との相関の程度がまとめられている。すべてのケースで、相関は統計的に有意であった（$p < 0.001$）。

■社会認知的要因
　表 A14 には、社会認知的測定値の平均と標準偏差が示されている。
　表 A15 には、社会認知的要因と各結果変数の間の相関の程度がまとめられている。すべてで相関は有意であった（$p < 0.001$）。

■外見に特化した認知的要因
　表 A16 には、外見に関連した認知的測定値の平均と標準偏差が示されている。
　表 A17 には、外見の認知と結果変数との相関の程度がまとめられている。

表 A14　社会認知的要因の平均と標準偏差

	平均（標準偏差）	N
ネガティブな評価への恐怖	36.63（10.59）	1199
社会的受容	11.35　（2.83）	1254
社会的支援に対する満足度	19.75　（4.61）	1251

表 A15　社会認知的要因と各結果変数との相関

	社会的不安	不安感	抑うつ感	攻撃性	ポジティブな感情	ネガティブな感情	N
ネガティブな評価への恐怖	0.576	0.545	0.351	0.337	-0.351	0.563	1241
社会的受容	-0.585	-0.453	-0.500	-0.257	0.353	-0.461	1251
社会的支援に対する満足度	-0.442	-0.386	-0.460	-0.291	0.330	-0.390	1251

表 A16　外見に関する認知的要因の平均と標準偏差

	平均（標準偏差）	N
顕出性	31.44　（8.08）	1252
誘意性	21.45　（8.06）	1261
社会的比較	35.73　（7.27）	1255
外見における乖離（理想と現実）	29.96（11.41）	1254

表 A17　外見に関する認知的要因と結果変数との相関

	社会的不安	不安感	抑うつ感	攻撃性	ポジティブな感情	ネガティブな感情	N
顕出性	0.495	0.370	0.197	0.233	-0.158	0.331	1251
誘意性	0.648	0.428	0.448	0.245	-0.394	0.422	1258
社会的比較	0.322	0.322	0.130	0.249	0.122	0.330	1253
外見における乖離（理想と現実）	0.580	0.349	0.372	0.166	-0.268	0.351	1251

すべてにおいて、相関は統計的に有意であった（$p < 0.001$、全例において）。

　衣服を身につけた場合の可視性と隠しやすさに対する主観的認知は、単項目測度のように、カテゴリー変数として扱われた。予測されたように、他者に普通に目に付く場合（$\chi^2 = 95.480$, $df = 1$, $p < 0.001$）と、そうでない場合（$\chi^2 = 103.64$, $df = 6$, $p < .001$）とでは、平均としての隠しやすさの程度に差があり、可視的不安を持った人々の方が大きな困難を抱えていた。

　表 A18 に、隠しやすさの程度に応じて、結果変数の平均値と標準偏差がま

表 A18　隠しやすさの程度別に見た各結果変数の平均と標準偏差

	社会的不安	不安感	抑うつ感	攻撃性	ポジティブな感情	ネガティブな感情	N
きわめて簡単	30.58 (12.38)	5.78 (4.40)	3.59 (3.09)	23.57 (8.87)	34.61 (9.14)	17.06 (7.44)	83
非常に簡単	32.18 (11.79)	6.32 (4.23)	3.84 (2.99)	22.99 (8.84)	34.22 (7.21)	16.82 (6.09)	77
どちらかというと簡単	36.74 (12.22)	7.30 (4.23)	4.13 (3.22)	23.35 (8.22)	32.40 (7.68)	18.05 (7.40)	219
簡単	41.68 (13.59)	8.54 (4.15)	4.84 (3.35)	25.83 (9.44)	30.97 (8.61)	20.18 (8.11)	247
どちらかというと困難	48.32 (15.57)	9.10 (4.59)	5.78 (3.81)	26.90 (9.41)	30.23 (9.06)	22.14 (9.17)	230
非常に困難	52.21 (16.49)	9.67 (4.73)	6.43 (4.06)	26.83 (9.98)	30.13 (9.68)	22.78 (9.66)	171
不可能	47.93 (16.92)	9.07 (5.03)	6.36 (4.35)	27.05 (9.86)	30.68 (9.42)	21.72 (9.47)	152

とめられている。一要因分散分析の傾向分析では、隠すことが困難になるほど、適応が低下することが統計的有意差をもって認められた（$p < 0.001$、全例において）。

　社会的不安と社会的回避の程度に関する値（DAS24）を示す（図 A8）。

　衣服を着けた場合の可視性の程度に応じた各結果変数の平均を示す（表 A19）。被験者間計画の一要因分散分析により、申告された可視性への不安に対するすべての測定結果で、統計的に有意差が示された（$p < 0.01$、全例で）。

■ 結果変数の回帰分析

　社会的不安（DAS24）、心理学的幸福（PANAS と HADS）、攻撃性（RAQ）のレベルを予測するために、人口統計学的、および可視性と属性に関連した社会認知的要因、そして外見に関連した社会認知的要因を用いた階層的ステップワイズ重回帰分析を行った。以下、結果変数は階層的線形回帰を用いてモデル化される。ブロック 1 の予測変数は、年齢、性別、募集方法、生活環境といった経歴に関するかつ人口統計学的な変数である。ブロック 2 は客観的可視性である。ブロック 3 は楽観性についての変数である。ブロック 4 には、社会認知的要因、ネガティブな評価への恐怖、社会的受容、社会的支援に対する満足感が入る。ブロック 5 には、顕出性、誘意性、社会的比較、外見における乖離（理想と現実）、主観的可視性（隠しやすさ、および衣服を着けたときの可視性）、これらに対する外見に関連した認知が入る。運用モデルは複数の結果を持つので、重回帰分析にはすべての変数が含まれる（図 A9 参照）。

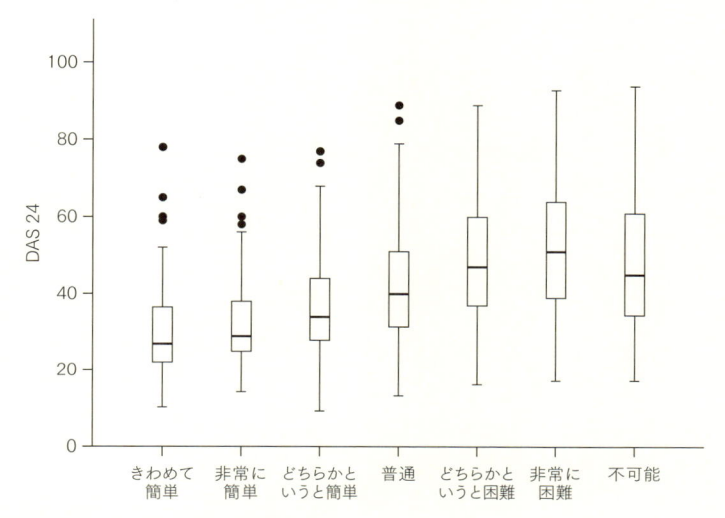

図 A8　社会的不安と隠しやすさの測定値

表 A19　衣服での隠しやすさに関して申告された程度による結果変数の平均と標準偏差

	社会的不安	不安感	抑うつ感	攻撃性	ポジティブ な感情	ネガティブ な感情	N
1 他者には全く 　見えないと感 　じている	36.81 (14.24)	7.52 (4.71)	4.36 (3.58)	24.84 (9.25)	33.58 (8.03)	18.56 (8.01)	270
2	38.48 (13.11)	7.22 (3.95)	4.35 (3.48)	24.02 (9.13)	32.55 (9.13)	18.93 (7.26)	122
3	43.22 (16.40)	8.28 (4.60)	4.93 (3.75)	24.41 (8.60)	31.46 (8.60)	19.45 (8.49)	69
4 普通	44.11 (16.64)	8.71 (4.30)	5.22 (3.53)	25.28 (9.39)	30.64 (8.33)	19.64 (8.14)	196
5	48.61 (14.83)	9.23 (4.44)	6.01 (3.74)	28.62 (9.76)	30.10 (9.26)	22.13 (9.12)	97
6	45.90 (16.41)	8.59 (4.32)	5.82 (3.66)	25.96 (9.00)	29.69 (8.40)	21.11 (8.59)	109
7 他者に非常に 　見えると感じ 　ている	45.54 (16.50)	8.62 (4.94)	5.65 (4.03)	25.67 (9.51)	31.27 (9.42)	21.57 (9.31)	353

　このモデルでは、性別、募集方法、家族構成（「独居」と「友人と同居」をひとまとめにし、「パートナーと同居」をもう 1 つのカテゴリーとした）、主観的可視性、隠しやすさ（隠しやすい場合はコード「0」、困難である場合には「1」）、衣服を着けたときの可視性（見えない、あるいは少しだけの場合はコード「0」、中等度から極端までは「1」）が、ダミー変数として使用された。

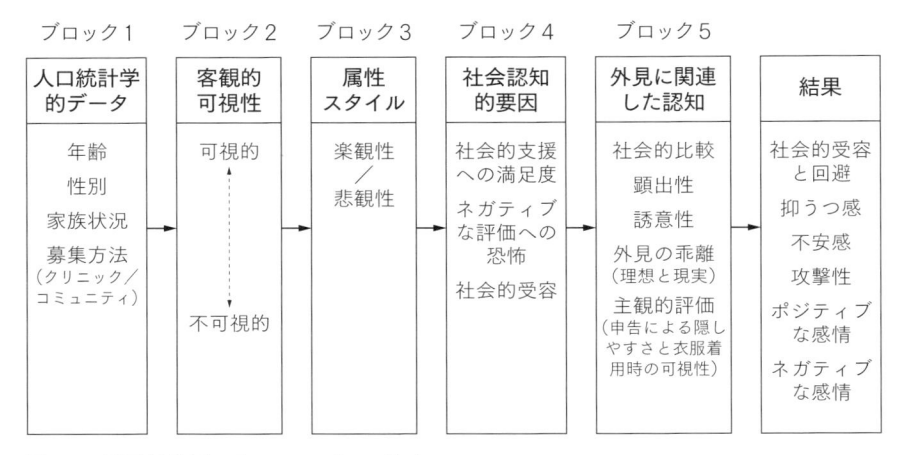

ブロック1　ブロック2　ブロック3　ブロック4　ブロック5

人口統計学的データ	客観的可視性	属性スタイル	社会認知的要因	外見に関連した認知	結果
年齢 性別 家族状況 募集方法 （クリニック／コミュニティ）	可視的 不可視的	楽観性／悲観性	社会的支援への満足度 ネガティブな評価への恐怖 社会的受容	社会的比較 顕出性 誘意性 外見の乖離（理想と現実） 主観的評価（申告による隠しやすさと衣服着用時の可視性）	社会的受容と回避 抑うつ感 不安感 攻撃性 ポジティブな感情 ネガティブな感情

図 A9　　重回帰分析のためのモデルの拡大

外見に関連した社会的不安と社会的回避

　前出の変数を投入すると、表 A20 で得られた回帰モデルによって、DAS24 についてのサンプルの変動の 66.2% が説明された。この効果は統計的に有意であった（$R^2 = 0.662$, $F(16, 1038) = 127.191$, $MSE = 85.91$, $p < 0.001$）。

　社会的不安と社会的回避に関する適合モデルでは、家族構成、募集方法、社会的比較の有意な効果はなかった。比較的小さいが、統計的に有意差があったのは性別で、DAS24 では、男性よりも女性の方が 2.2 点高かった（$p = 0.002$）。

　回帰モデルで強い負の相関があったのは、社会的不安と社会的回避に対して（DAS24）、年齢（beta = -0.144, $p < 0.001$）、楽観性（beta = -0.199, $p < 0.001$）、社会的受容（beta = -0.233, $p < 0.001$）であった。逆に強い正の相関を認めたのが、ネガティブな評価への恐怖（FNE）（beta = 0.131, $p < 0.001$）、顕出性（beta = 0.123, $p < 0.001$）、誘意性（beta = 0.240, $p < 0.001$）、外見の乖離（理想と現実の食い違い）（beta = 0.116, $p < 0.001$）、隠しやすさ（beta = 0.123, $p < 0.001$）であった。

　小さいながら有意な効果があったのは、不安の主要部位の他人への目立ちやすさであったが、しかし、その効果の方向は、2 変量解析で示された方向とは逆方向であった。前出の効果をすべて認めるならば、不安を感じる部位が他人に見えやすいと感じている人たちでは、可視的差異の不安を持たない人たちよりも、DAS24 の平均値が 2.7 点低かった（beta = -0.053, $p = 0.007$）。そして、衣服を身につけても可視性が高いと報告した人たちは、可視性が低いと報告した

表 A20 社会不安と社会的回避（DAS24）の回帰分析モデル

変数	係数	標準誤差	ベータ	T	p	VIF	増分 R^2	P
定数	43.25	3.471		12.46	<0.001			
年齢	-0.139	0.020	-0.144	-6.82	<0.001	1.369		
性別								
男性	−	−	−	−				
女性	2.178	0.688	0.062	3.17	0.002	1.159		
募集								
コミュニティ	−	−	−	−				
クリニック	0.840	0.611	0.062	1.375	0.170	1.145		
家族構成								
独居	−	−	−	−				
友人と同居	-1.106	1.012	-0.025	-1.09	0.275	1.610		
パートナーと同居	0.527	0.728	0.016	0.72	0.469	1.525	0.157	<0.001
可視性								
なし	−	−	−	−				
あり	-1.680	0.619	-0.053	-2.71	0.007	1.176	0.004	0.023
楽観性	-0.560	0.110	-0.119	-5.11	<0.001	1.663	0.216	<0.001
ネガティブな評価への恐怖	0.199	0.038	0.131	5.22	<0.001	1.923		
社会的受容	-1.259	0.134	-0.223	-9.39	<0.001	1.731		
社会的支援に対する満足度	-0.263	0.075	-0.076	-3.53	<0.001	1.419	0.174	<0.001
顕出性	0.246	0.045	0.123	5.47	<0.001	1.545		
誘意性	0.483	0.055	0.240	8.86	<0.001	2.262		
乖離（理想と現実）	0.166	0.037	0.116	4.52	<0.001	2.019		
社会的比較	0.016	0.048	0.007	0.34	0.737	1.416		
隠しやすさ								
容易	−	−	−	−				
困難と申告	3.904	0.681	0.123	5.73	<0.001	1.418		
衣服着用時の可視性								
ない／軽度	−	−	−	−				
中等度／重度	-2.680	0.680	-0.085	-3.94	<0.001	1.415	0.111	<0.001

人たちよりも点数が低かった（beta = -0.085, p < 0.001）。

不安感

　前出の変数を投入すると、不安感の変動の 46.4％ が、表 A21 で与えられた回帰分析モデルで説明された。統計的にも有意であった（R^2 = 0.464, $F_{(16, 1037)}$ = 56.157, MSE = 11.263, p < 0.001）。

　不安感への適合モデルでは、性別、家族構成、募集方法、主として不安を

持っている部位の可視性、誘意性、外見の乖離（理想と現実）、隠しやすさには統計学的に有意な効果はなかった。不安感に対しては、楽観性（beta = -0.341, p < 0.001）と社会的受容（beta = -0.132, p < 0.001）の両方とも負の相関を示していた。HADS の不安値に対しては、ネガティブな評価への恐怖（beta = 0.086, p = 0.002）と顕出性（beta = 0.086, p = 0.002）は正の相関を示していた（表 A21）。ベータ（標準偏回帰係数）の相対的な大きさは、これら 4 つの変数が主要効果変数であることを明らかにした。

表 A21　不安感（HADS）の回帰分析モデル

変数	係数	標準誤差	ベータ	T	p	VIF	増分 R^2	P
定数	10.900	1.255		8.69	<0.001			
年齢	-0.003	0.007	-0.012	-0.44	0.659	1.373		
性別								
男性	—	—	—	—	—			
女性	0.286	0.249	0.028	1.15	0.251	1.159		
募集								
コミュニティ	—	—	—	—	—			
クリニック	0.352	0.222	0.039	1.59	0.112	1.147		
家族構成								
独居	—	—	—	—	—			
友人と同居	-0.483	0.367	-0.038	-1.32	0.188	1.611		
パートナーと同居	0.045	0.264	0.005	0.17	0.865	1.529	0.066	<0.001
可視性								
なし	—	—	—	—	—			
あり	0.361	0.224	-0.040	1.61	0.108	1.178	0.012	<0.001
楽観性	-0.462	0.040	-0.341	-11.64	<0.001	1.663	0.284	<0.001
ネガティブな評価への恐怖	0.095	0.014	0.218	6.91	<0.001	1.925		
社会的受容	-0.213	0.048	-0.132	-4.41	<0.001	1.723		
社会的支援に対する満足度	-0.061	0.027	-0.061	-2.25	0.025	1.419	0.088	<0.001
顕出性	0.049	0.016	0.086	3.03	0.002	1.547		
誘意性	0.007	0.020	0.012	0.36	0.719	2.263		
乖離（理想と現実）	0.016	0.013	0.039	1.20	0.229	2.022		
社会的比較	1.416	0.040	0.017	0.063	2.31	0.021		
隠しやすさ								
容易	—	—	—	—	—			
困難と申告	0.068	0.247	0.007	0.28	0.783	1.418		
衣服着用時の可視性								
ない／軽度	—	—	—	—	—			
中等度／重度	-0.630	0.246	-0.069	-2.56	0.011	1.415	0.015	<0.001

不安感のモデルにおいて小さいながら有意差があったのは、社会的支援への満足感（beta = -0.061, p = 0.025）、社会的比較（beta = 0.063, p = 0.021）、衣服着用時の可視性（隠しにくさ）（beta = -0.069, p = 0.011）であったが、その影響力の方向性は、2変量解析で示された方向とは逆方向であった。

抑うつ

　表A22で与えられた回帰分析モデルによって、抑うつの変動の45.9％が説明され、統計的に有意であった（R^2 = 0.459, F (16, 1037) = 54.929, MSE = 7.805, p < 0.001）。

　抑うつ感の予測因子として有意でなかった変数は、募集方法、家族構成、主として不安を感じている部位の可視性、顕出性、外見の乖離（理想と現実）、社会的比較、隠しやすさ、衣服着用時の可視性（隠しにくさ）であった。抑うつ感と負の相関があった変数は、楽観性（beta = -0.345, p < 0.001）、社会的受容（beta = -0.245, p < 0.001）、社会的支援に対する満足感（beta = -0.183, p < 0.001）である。正の相関は誘意性（beta = 0.104, p = 0.003）との間に見られた。

　小さいながら統計的に有意な正の関係が、年齢とHADS抑うつ感（beta = 0.060, p = 0.025）、そしてネガティブな評価に対する恐怖感とHADS抑うつ感（beta = 0.066, p = 0.038）に見られた。このモデルでのすべての変数を調整した後、抑うつ感において小さいものの性別の効果が見られ（beta = -0.067, p = 0.006）、平均として女性よりも男性の方が0.57点高かった。

攻撃性

　表A23で与えられた回帰モデルにより、攻撃性の変動の30.7％が説明され、統計的に有意であった（R^2 = 0.307, F (16, 1038) = 28.691, MSE = 61.794, p < 0.001）。

　表A23は、攻撃性についての適合モデルである。攻撃性の予測因子として有意ではなかったのは、募集方法、家族構成、主として不安を感じている部位の可視性、ネガティブな評価に対する恐怖感、社会的受容、顕出性、誘意性、外見の乖離（理想と現実）、隠しやすさ、衣服着用時の可視性（隠しにくさ）であった。攻撃性に対して楽観性（beta = -0.358, p < 0.001）と年齢（beta = -0.218, p < 0.001）は、統計学的に有意な強い負の相関を示した。性別による影響が見られ、平均して、男性は攻撃性スケールにおいて女性よりも3.3点高く、統計的にも有意であった（beta = -0.158, p < 0.001）。

表 A22　抑うつ感（HADS）の回帰分析モデル

変数	係数	標準誤差	ベータ	T	p	VIF	増分 R^2	P
定数	14.773	1.044		14.15	<0.001			
年齢	0.014	0.006	0.060	2.24	0.025	1.373		
性別								
男性	–	–	–	–	–			
女性	-0.569	0.207	-0.067	2.74	0.006	1.159		
募集								
コミュニティ	–	–	–	–	–			
クリニック	0.062	0.184	0.008	0.33	0.738	1.147		
家族構成								
独居	–	–	–	–	–			
友人と同居	-0.300	0.305	-0.029	-0.98	0.326	1.611		
パートナーと同居	0.112	0.220	0.014	0.51	0.610	1.529	0.018	0.002
可視性								
なし	–	–	–	–	–			
あり	0.119	0.187	0.016	0.64	0.524	1.178	0.007	0.007
楽観性	-0.387	0.033	-0.345	-11.71	<0.001	1.663	0.320	<0.001
ネガティブな評価への恐怖	0.024	0.011	0.066	2.08	0.038	1.925		
社会的受容	-0.254	0.040	-0.190	-6.32	<0.001	1.723		
社会的支援に対する満足度	-0.151	0.022	-0.183	-6.71	0.001	1.419	0.098	<0.001
顕出性	-0.015	0.014	-0.032	-1.12	0.262	1.547		
誘意性	0.050	0.016	0.104	3.03	0.003	2.263		
乖離（理想と現実）	0.015	0.011	0.043	1.33	0.184	2.022		
社会的比較	-0.022	0.014	-0.042	-1.53	0.126	1.416		
隠しやすさ								
容易	–	–	–	–	–			
困難と申告	0.397	0.205	0.053	1.93	0.053	1.418		
衣服着用時の可視性								
ない／軽度	–	–	–	–	–			
中等度／重度	-0.293	0.205	-0.039	-1.43	0.154	1.415	0.016	<0.001

　比較的小さい規模だが、社会的支援への満足感と攻撃性（beta = -0.073, p = 0.018）と、社会的比較と攻撃性（beta = 0.064, p = 0.038）には有意な負の相関があった。

ポジティブな感情

　表 A24 で与えられた回帰モデルにおいて、ポジティブな感情における分散の 29.2% が説明され、これは統計的に有意であった（R^2 = 0.307, $F_{(16, 1026)}$ =

表 A23　攻撃性の回帰分析モデル

変数	係数	標準誤差	ベータ	T	p	VIF	増分 R^2	P
定数	43.656	2.946		14.82	<0.001			
年齢	-0.125	0.017	-0.218	-7.22	<0.001	1.370		
性別								
男性	–	–	–	–				
女性	-3.318	0.583	-0.158	-5.69	<0.001	1.157		
募集								
コミュニティ	–	–	–	–				
クリニック	0.535	0.518	0.029	1.03	0.302	1.145		
家族構成								
独居	–	–	–	–				
友人と同居	-1.547	0.859	-0.059	-1.80	0.072	1.614		
パートナーと同居	0.368	0.617	0.019	0.60	0.551	1.526	0.011	<0.001
可視性								
なし	–	–	–	–				
あり	0.234	0.525	0.012	0.45	0.66	1.176	0.004	0.024
楽観性	-0.999	0.093	-0.358	-10.75	<0.001	1.662	0.173	<0.001
ネガティブな評価への恐怖	0.047	0.032	0.052	1.45	0.148	1.921		
社会的受容	0.010	0.113	0.003	0.092	0.092	1.726		
社会的支援に対する満足度	-0.149	0.063	-0.073	-2.36	0.018	1.419	0.012	<0.001
顕出性	0.056	0.038	0.047	1.47	0.143	1.544		
誘意性	0.012	0.046	0.010	0.260	0.795	2.259		
乖離（理想と現実）	-0.032	0.031	-0.037	1.02	0.308	2.016		
社会的比較	0.084	0.040	0.064	2.07	0.038	1.416		
隠しやすさ								
容易	–	–	–	–	–			
困難と申告	0.606	0.577	0.032	1.05	0.294	1.418		
衣服着用時の可視性								
ない／軽度	–	–	–	–	–			
中等度／重度	0.177	0.577	0.009	0.31	0.758	1.414	0.007	0.105

26.495，MSE = 56.513，$p < 0.001$）。

　表 A24 にポジティブな感情についての適合モデルを示す。このモデルで統計学的に有意な効果がなかったのが、年齢、性別、募集方法、家族構成、主として不安を感じている部位の可視性、社会的受容、外見の乖離（理想と現実）、隠しやすさ、衣服着用時の可視性（隠しにくさ）であった。ポジティブな感情に対して、有意な強い正の相関が認められたのは、楽観性（beta = 0.280，p < 0.001）と社会的支援への満足感（beta = 0.108，$p < 0.001$）であり、強い負の相関

表 A24　ポジティブな感情の回帰分析モデル

変数	係数	標準誤差	ベータ	T	p	VIF	増分 R^2	P
定数	19.778	2.826		7.00	<0.001			
年齢	-0.018	0.017	-0.034	-1.10	0.272	1.373		
性別								
男性	—	—	—	—	—			
女性	-0.722	0.562	-0.036	-1.29	0.199	1.156		
募集								
コミュニティ	—	—	—	—	—			
クリニック	-0.662	0.499	-0.037	-1.33	0.185	1.148		
家族構成								
独居	—	—	—	—	—			
友人と同居	-0.134	0.825	-0.005	-0.16	0.871	1.615		
パートナーと同居	0.210	0.595	0.011	0.35	0.725	1.535	0.020	<0.001
可視性								
なし	—	—	—	—	—			
あり	-0.008	0.504	0.000	-0.16	0.987	1.173	0.003	0.089
楽観性	0.737	0.089	0.280	8.24	<0.001	1.669	0.201	<0.001
ネガティブな評価への恐怖	-0.159	0.031	-0.186	-5.09	<0.001	1.936		
社会的受容	0.211	0.110	0.067	1.92	0.055	1.743		
社会的支援に対する満足度	0.210	0.061	0.108	3.45	0.001	1.421	0.042	<0.001
顕出性	0.090	0.037	0.080	2.46	0.014	1.543		
誘意性	-0.207	0.045	-0.183	-4.64	<0.001	2.264		
乖離（理想と現実）	0.012	0.030	0.015	0.41	0.683	2.024		
社会的比較	0.095	0.039	0.076	2.44	0.015	1.417		
隠しやすさ								
容易	—	—	—	—	—			
困難と申告	1.078	0.556	0.061	1.94	0.053	1.421		
衣服着用時の可視性								
ない／軽度	—	—	—	—	—			
中等度／重度	0.058	0.554	0.003	0.11	0.916	1.413	0.028	<0.001

を認めたのは、ネガティブな評価に対する恐怖感（beta = -0.186, p < 0.001）と誘意性（beta = -0.183, p <0.001）であった。小さいながら有意な正の相関が、ポジティブな感情と顕出性（beta = 0.080, p = 0.014）、および社会的比較（beta = 0.076, p = 0.015）のそれぞれに見られた。

ネガティブな感情

表 A25 で与えられた回帰モデルによって、ネガティブな感情スコアにおい

表 A25　ネガティブな感情の回帰分析モデル

変数	係数	標準誤差	ベータ	T	p	VIF	増分 R^2	P
定数	23.921	2.444		9.79	<0.001			
年齢	-0.036	0.014	-0.068	-2.50	0.013	1.372		
性別								
男性	−	−	−	−	−			
女性	-0.293	0.486	-0.015	-0.60	0.546	1.156		
募集								
コミュニティ	−	−	−	−	−			
クリニック	0.612	0.432	0.035	1.42	0.157	1.148		
家族構成								
独居	−	−	−	−	−			
友人と同居	-0.580	0.714	-0.024	-0.81	0.417	1.616		
パートナーと同居	-1.034	0.516	-0.058	-2.00	0.045	1.538	0.094	<0.001
可視性			−	−	−			
なし	−	−	−	−	−			
あり	0.086	0.436	0.005	0.20	0.843	1.172	0.010	0.001
楽観性	-0.569	0.077	-0.222	-7.35	<0.001	1.672	0.208	<0.001
ネガティブな評価への恐怖	0.246	0.027	0.297	9.15	<0.001	1.932		
社会的受容	-0.427	0.095	-0.138	-4.49	<0.001	1.743		
社会的支援に対する満足度	-0.147	0.053	-0.078	-2.80	0.005	1.420	0.125	<0.001
顕出性	0.003	0.032	0.003	0.09	0.925	1.542		
誘意性	0.037	0.039	0.034	0.96	0.338	2.270		
乖離（理想と現実）	0.034	0.026	0.043	1.29	0.196	2.035		
社会的比較	0.081	0.034	0.067	2.41	0.016	1.416		
隠しやすさ								
容易	−	−	−	−	−			
困難と申告	-0.029	0.481	-0.002	-0.060	0.952	1.420		
衣服着用時の可視性								
ない／軽度	−	−	−	−	−			
中等度／重度	0.191	0.479	0.011	0.40	0.691	1.412	0.007	0.005

　て変動の 44.3％が説明され、統計学的に有意であった（R^2 = 0.443, $F_{(16, 1025)}$ = 51.035, MSE = 42.248, p < 0.001）。

　表 A25 はネガティブな感情への適合モデルを示している。このモデルで統計学的に有意な効果のなかったのが、性別、募集方法、家族構成、主として不安を感じている部位の可視性、顕出性、誘意性、外見の乖離（理想と現実）、隠しやすさ、衣服着用時の可視性（隠しにくさ）であった。ネガティブな感情に対して、有意な強い正の相関が認められたのはネガティブな評価に対する恐

怖感（beta = 0.297, $p < 0.001$）であり、有意な強い負の相関を認めたのが楽観性（beta = -0.222, $p < 0.001$）と社会的受容（beta = -0.138, $p < 0.001$）であった。弱いながら有意な負の相関が、年齢（beta = -0.068, $p = 0.013$）と社会的支援に対する満足感（beta = -0.078, $p = 0.005$）に見られ、正の相関は社会的比較（beta = 0.067, $p = 0.016$）に見られた。

■ クリニックに特異的なデータ

　適応において、変形をきたす状態の原因が持つ潜在的影響力を調べるために、外来患者クリニックからのデータが検討された。クリニックによる結果変数の要約を、表 A26 に示す。図 A10a-c の箱髭図は、各外来患者クリニックにおける個人差の程度を示している。

　表 A27 では、データが確認できた参加者（n=1259）における HADS の不安感と抑うつ感のスコアについて、低度、軽度、中等度から高度までを％で表示している。表 A28 では、クリニックの種類別に示している。

考察

　本研究プログラムにおける研究 1 でもっとも注目すべき成果は、大きな母集団を得たことである。1265 名の参加者から、外見の不安への適応に関して、内容の充実したデータが得られた。私たちの知る限り、今日に至るまでで最大規模の研究であった。これまでの研究に比べて特に注目すべき追加点は、コミュニティ・サンプルから得られたデータである。この人たちの苦悩のレベルは大きく、病院関連からの募集参加者に匹敵するほどであった。当初、コミュニティからのデータと病院ベースからのデータを比較対照することになるだろうと予想していた。しかし予想に反して、この 2 つのデータ群の等質性が、完全なデータ群のもとに行われた初期分析の大半において確認されたのである。以前の研究は、治療を積極的に求めている人たちの問題と困難に焦点を当てていた。しかし今や過去の研究は、変形をきたす状態を持つ人々において、外見に関連した苦悩という氷山の一角でしかないことが明らかにされたのである。

　以前から指摘されているように（Moss & Carr, 2004; Rumsey & Harcourt, 2005）、抑うつの平均レベルは、一般人と比べて低かった。不安感の平均レベルは、低

表 A26　クリニック別の各結果変数の平均と標準偏差

	N	社会的不安	不安感	抑うつ感	攻撃性	ポジティブな感情	ネガティブな感情
形成外科	225	46.03 (17.23)	8.88 (4.65)	5.28 (3.77)	26.59 (8.88)	31.77 (8.50)	21.26 (8.84)
皮膚科	89	43.80 (14.31)	8.55 (4.29)	5.64 (4.16)	26.59 (10.61)	30.52 (8.91)	20.08 (9.10)
レーザー治療	38	43.03 (16.39)	8.39 (4.82)	3.74 (3.03)	24.63 (9.48)	34.26 (7.98)	20.76 (8.36)
口唇口蓋裂	11	42.64 (14.03)	10.36 (6.05)	3.64 (2.34)	32.09 (11.32)	31.73 (6.77)	25.09 (8.69)
熱傷	18	42.22 (17.66)	7.39 (4.39)	5.39 (4.73)	27.83 (10.38)	31.06 (8.79)	20.24 (7.21)
眼科	39	39.23 (13.33)	7.89 (4.89)	4.98 (3.24)	22.52 (8.55)	32.40 (9.67)	19.26 (9.11)
頭頸部癌	34	38.09 (14.96)	7.24 (4.95)	5.76 (3.91)	23.97 (9.55)	30.18 (10.11)	18.64 (9.45)
補綴科	54	36.28 (17.00)	6.19 (5.08)	4.74 (4.01)	25.70 (10.00)	34.56 (9.94)	17.37 (7.70)
眼部補綴	30	35.00 (12.53)	5.97 (4.13)	3.37 (3.51)	21.80 (7.25)	34.69 (8.81)	18.10 (6.75)
関節リウマチ	36	34.31 (12.65)	6.94 (3.77)	4.81 (3.63)	22.94 (8.31)	30.00 (8.88)	17.88 (6.94)
耳鼻咽喉科	17	33.06 (17.08)	5.35 (3.76)	5.88 (3.52)	20.47 (6.60)	31.56 (8.88)	14.63 (6.17)
メラノーマ	36	32.33 (16.15)	7.25 (5.22)	4.08 (3.41)	21.64 (7.99)	30.00 (9.55)	16.81 (7.80)

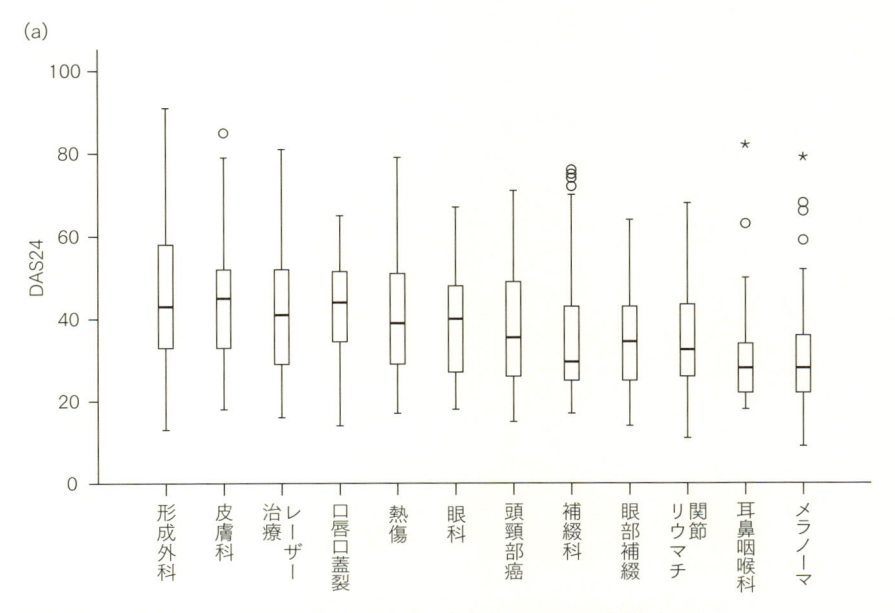

図 A10a-c　（a）社会的不安、（b）不安感、（c）抑うつ感の状態別比較

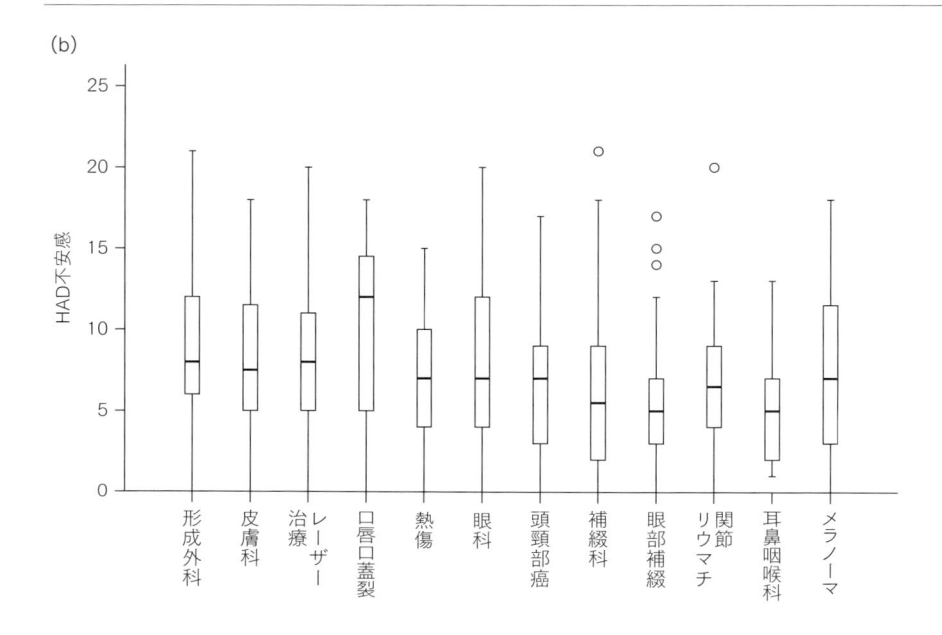

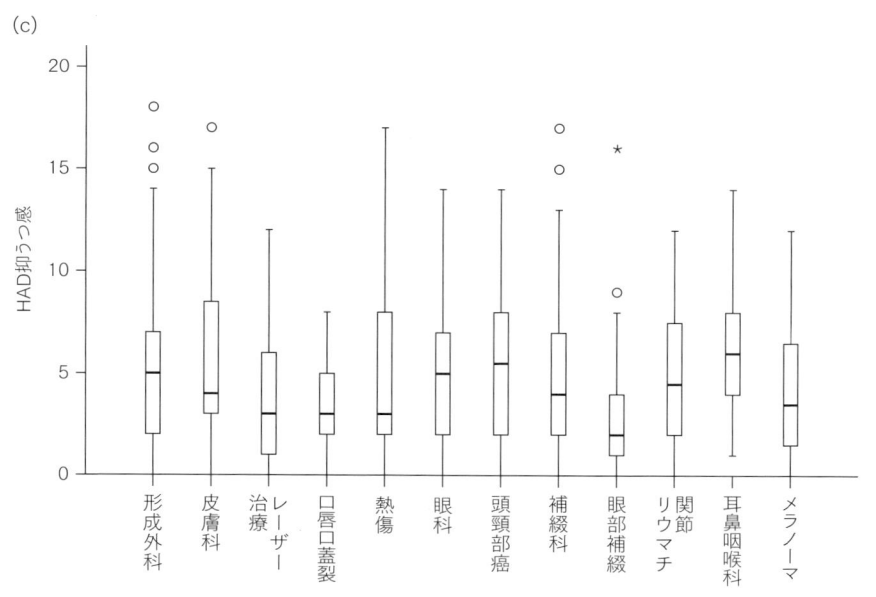

表 A27　不安感と抑うつ感の程度別割合（％）
　　　（低度：0〜7点、軽度：8〜11点、中等度／高度：12〜21点）

カテゴリー	N	不安感のスコア			抑うつ感のスコア		
		0-7	8-11	12-21	0-7	8-11	12-21
全参加者	1259	48.2	27.2	24.5	76.4	16.7	6.9

表 A28　クリニックの種類別の程度別割合（％）
　　　（低度：0〜7点、軽度：8〜11点、中等度／高度：12〜21点）

クリニックの種類	N	不安感のスコア			抑うつ感のスコア		
		0-7	8-11	12-21	0-7	8-11	12-21
形成外科	226	42.0	30.5	27.4	75.2	18.1	6.6
皮膚科	88	50.0	25.0	25.0	71.6	15.9	12.5
レーザー治療	38	36.8	39.5	23.7	92.1	5.3	2.6
口唇口蓋裂	11	36.4	9.1	54.5	90.9	9.1	0.0
熱傷	18	50.0	33.3	16.7	72.2	16.7	11.1
眼科	61	54.1	19.7	26.2	78.7	18.0	3.3
頭頸部癌	34	50.0	26.5	23.5	67.6	20.6	11.8
補綴科	54	64.8	18.5	16.7	79.6	11.1	9.3
眼部補綴	30	80.0	6.7	13.3	86.7	10.0	3.3
関節リウマチ	36	63.9	27.8	8.3	75.0	22.2	2.8
耳鼻咽喉科	17	82.4	5.9	11.8	70.6	23.5	5.9
メラノーマ	36	63.9	11.1	25.0	83.3	13.9	2.8

　度から軽度の範囲であった。正常値と比較して、ポジティブな感情のレベルは非常に高く、ネガティブな感情はきわめて低かった。攻撃性の平均レベルは、低度から中等度の範囲であった。しかしサンプルの分散は大きく、苦悩について重大なレベルを示していた参加者も少なくなかった。

　クリニックからの参加者のデータについては、苦悩や適応に関するスコアにおけるあらゆる顕著なパターンが検討された。変形をきたす多様な状態を分類することには、いつもながら多くの困難がある（例：皮膚科や形成外科に通院する患者群は、多くの異なる原因からなる変形を抱えているだろう）。私たちの分析では、通院していたクリニックの種類の違いだけに限定することにした。全体的な印象としては、多様なクリニック由来の病歴については違いよりも、むしろ類似しているという印象があった。したがって再度、適応に関するより大きな決定因子は、個人の心理学的な要因と過程であるという印象を強くした。そ

れはそれとして感じつつ、しかし、データ群の中でクリニック間の違いを考慮していないことは、慎重に検討されるべきである。それぞれのクリニックでは最小の募集人数だったが、募集に関連して非常に多彩な課題があり、最終的なサンプル数に差が生じた。口唇裂、口蓋裂または口唇口蓋裂の参加者の病歴は、他のクリニックからの参加者らと比べて、ネガティブな感情、攻撃性、不安感に関するスコアに反映されているように、より大きな苦悩を有している状態の1つである。しかし、致し方ないことだが、（口唇口蓋裂患者のための）特別な外来患者クリニックに通院する18歳以上の患者の数の少なさを反映して、サンプル数も最小であった（$n = 11$）。加えて、適応に関する分析結果は、参加者らの年齢によって変化するかもしれない（例：メラノーマやリウマチのクリニックに通院するのは、相対的に高齢者が多くなる）。

人口統計的変数

参加者の平均年齢は47歳（18～91歳）。本研究の参加者は、これまでの多くの研究に比べて年齢が高い。このことは中年期と高齢期に関して、外見への不安に関する有益な洞察を与えてくれる。社会的不安と社会的回避、攻撃性、ネガティブな感情、抑うつ感、不安感のスコアについては、年齢の増加との間に負の相関があった。したがって、横断的サンプルとしての限界を頭に入れつつ、本研究の実態は、年齢の増加とともにポジティブな適応が高まるということである。しかし、相関は劇的なものではなく、多くの高齢者も外見への不安と苦悩を持っていた。こうした結果はこれまでの研究と一致しており、外見への不安は若者の領分であると解釈すべきではない。

青年後期や成人前期における外見の重要性が、多くの研究者らによって注目されてきた（Harris & Carr, 2001; Liossi, 2003; Lovegrove & Rumsey, 2005）。Cashら（1986）は15～74歳の調査を行い、身体イメージへの不安は、年齢とともに減少すると述べた。しかしRosser（2008）が指摘したように、外見への適応に関する年齢の役割は一筋縄ではいかず、Lansdownら（1991）は生涯を通して外見への不安が果たす重大な役割を指摘した。Rumsey & Harcourt（2005）は、皮膚疾患を有する高齢者（60歳以上）からのデータについて報告し、この年代では重大な不安を表す人は少ないが、かなりの割合の人たちが、外見の様相に関して苦悩を持っていることを指摘した。若者と比較して不安のレベルが減少するというよりも、むしろ外見への不安における焦点や本質が異なってきてい

るようである。若い頃に好ましいと考えたような外見に対するステレオタイプは、あまり重要でなくなる。しかし、スマートで元気そうといった自己提示のあり方が、重要なこととして残る。

　先行研究では女性の参加者に対する偏りがある、と述べる論評者もいる。男性の不安について、もっと詳しく調査する必要性に焦点を当てた者もいる（Rumsey & Harcourt, 2005）。本研究の 68.5％ は女性であるものの、相当数の男性を募集しようとし続けた（$n = 354$）。コミュニティ・ベースからよりも、外来患者クリニックからの方が、女性の参加が多かった。理由としては、女性は協力的であり、自らの経験を共有することに興味があるためと考えられる。あるいは、コミュニティからの募集の大部分の土台として使用された総合医の診療記録が、クリニックに通院している、あるいは過去に通院したことがある女性を、より多く含んでいた可能性もある（ダイレクトメールの送付先として使用された READ コード分類により、女性が多く含まれることになったのかもしれない）。

　男性に関する研究は欠如している一方で、（可視的差異がある人もない人も含めた）過去の研究では、男性よりも女性の方が、外見への不安と身体への不満足について重大なレベルに陥りやすいということが示唆されていた（例：Cash et al., 2004; Harris & Carr, 2001）。このことには、社会的規範の影響力が寄与しているとされてきた。外見の重要性は男性よりも女性の方が大きく（Rosser, 2008）、息子よりも娘の外見について家族の関心も大きい（Schwartz & Sprangers, 1999）、といった具合に。しかし、一般の人々における身体イメージへの不安に関連して、Cash & Pruzinsky（2002）は女性も男性も苦悩を経験していると述べ、White（2008）は 10 代の少年の方が少女よりも多くの苦悩を持っていると報告している。最近の研究では、社会的不安と社会的回避、不安感、ネガティブな感情の度合いは女性で高いとされているが、おそらくもっとも注目しておくべきことは、その影響が小さいことだろう。男性より女性の方が、多くの部位に不安を持ちやすいとも言われている。抑うつ感に関しては男女で有意差がなかった。しかし、攻撃性に関しては、男性の方が高い平均値を示していた。ポジティブな影響のレベルについては、女性の方が高かった。Newell（2000）は、可視的差異への適応については、性別の役割を調べた研究知見は混乱していると結論する。外見に関連した苦悩と適応に関する後続研究では、また、不利な影響を受けている人々の必要に対処する試みにおいては、男性も女性も含まれるべきであるということを、私たちの知見は示唆している。

クリニックからもコミュニティからも同様の統計データが得られたが、81％が自分のことを白人に分類していた。これまでの多くの研究よりも幅広い民族的背景を混合した中から参加者を募ったにもかかわらず、非白人の参加者は低い比率であった。共同研究者が必要と感じたことは、2つの後続研究（研究6と7）において、文化的背景の影響力をもっと詳細に研究することであった。

可視性と不安を感じる部位

　知覚された可視性の影響力や、あるいは他者に対する変形の影響力に関連した知見は様々である。およそ65％の人が、顔、頭、首の外見に関連した不安を述べ、12.3％が手に関して述べた。こうしたグループでの苦悩のレベルは高い。可視的変形が持つ大きな影響力に関する以前の研究と同様に、簡単に隠したり、カモフラージュしたりできる部位と比べると、露出部に関連した結果は不良である（例：Kent & Keohane, 2001 参照）。加えて、苦悩の程度が高まるのは、問題となっている自分の外見の様相について、隠すことが難しいと感じられることに関係している。しかし、回帰分析では、日常の環境で他者への可視性がない場合でも、大きな苦悩（高いレベルの抑うつ感、不安感、攻撃性、ネガティブな感情、そしてポジティブな感情の低さと、他者からネガティブな評価を受けることへの恐怖感の高まり）と結びついていた。しかし注意しなければならないのは、その効果が小さいことと、外見に関する別の認知内容も、適応に対して非常に大きな影響を与えていたことである。他者への可視性が持つ影響力がこのように混ざり合っているのは、私たちの測定法の至らぬ点であっただろう。しかし Moss & Rosser（2008）も、可視性と適応との関係に内在する複雑な性質を強調していた。Rosser ら（2008）は、隠しやすさの影響力が持つ可能性について述べ、同時に、特定の身体部位に結びついた個人の顕出性と誘意性は、さらに問題を複雑にするだろうとも述べている。Major & Granzow（1999）や Smart & Wegner（1999）は、「隠すことへのとらわれモデル Preoccupational Model of Secrecy」を提唱した。スティグマが発見されるかもしれないという恐怖、そして／または、そのスティグマの内容が明らかにされる恐怖、こうした恐怖感を隠すことにおいて起こりうるネガティブな影響力について検討している。他者に対して常に目に付く差異を持つ人たちは、他人の反応に対処する戦略を発達させることを余儀なくされて（例：カモフラージュを使用したり、よくある質問

に対する答えの「貯え」を増やしたり）、こうしたことが有効であると認識するのかもしれない。こうした戦略を発達させる必要性から逃げてしまうと、他者からのネガティブな評価への恐怖感が増すだろうし、変形が見えることが予想されるとき、より親密な（いわゆる性的関係のような）状況への自信喪失を大きくしてしまうかもしれない。この領域には、さらなる研究が必要である。

　これまでの研究が一貫して示してきたことは、重症度と不安／苦悩との間には、強い相関が見られないということであった。こうした知見から、そして主観的な心理学的要因と過程に関する本研究の焦点として、参加者らの変形に対して、本研究では重症度の客観的評価は行わなかった。重症度と不安／苦悩とが相関しないことについては、様々な説明が提出されてきた。Lansdown ら（1997）は、「小さな」差異を持つ人たちは他者からの反応におけるばらつきに直面しなければならず、確信を持ってこうした反応を予測する能力が制限されてしまうことを指摘し、そしてこのことが、効果的に反応を返そうとする場合に、自己効力感を育む障害として作用しうることも指摘している。より重度の変形（そして他人に見えやすい）を持つ人たちにとっては、他者からの反応のばらつきが少ないため、反応を予測することは比較的容易である。Moss & Carr（2004）は、可視的変形として様々な変形を持つ 400 名のサンプルについて研究した。そして、自分の差異を常に隠すことができる人々には、このような関係性は存在しないとしつつ、重症度と隠しやすさと適応との複雑性について、U 字型の放物線を描いて説明した。Moss は Lansdown の説明を発展させ、小さな変形と重度の変形は、他者から一貫性のあるより予測しやすい反応を引き出すこと、また中等度の人たちは、よりばらつきの大きな反応を誘起させることを予想した。

　重症度に関する主観的評価の重要性に焦点を当てた研究がいくつかある。Moss（2005）および Rumsey ら（2004）は、問題への個人的評価の重要性に注目しつつ、外見の重症度に関する主観的評価と適応について、強い相関を見出した。本研究では、特に外見に関連した社会的不安と社会的回避に関連して（DAS24）、不安を感じる部位の数と苦悩の増大するレベルとの間に、注目すべき関係が示された。病院関連からの参加者よりも、コミュニティからの参加者の方が、不安を感じる部位の数が多いようであり、男性より女性の方が不安部位の数が多かった。

　比較的少数の人が（25.7%）、1 つの部位だけが不安であると回答した。変形

をきたす状態が身体部位の1つだけに影響している人であっても、その他の部位の外見の様相に対しても重大な不安を持っているかもしれないことは、臨床家や研究者にとって重要なことである。そのうち27%がお腹に、22%が太ももに、14%がお尻に不安を感じると回答している。こうした結果は、体重に関する不安を反映しているのかもしれない。そして、こうした困惑が、自らの問題を、変形をきたす状態に重ねている可能性もある。体重に関連した不安は、コミュニティ・サンプルにおいて顕著であった。体重への不安が一般人にも広がっていることについては、肥満に対して敏感になるという近年の文脈からすると驚くべきことではない。とはいうものの、異なるタイプの不安において、類似点と相違点を解明するための研究がもっと必要である。

■ 適応における多変量的性質

本研究の概念的枠組みの結果（アウトカム）として選ばれた測度は有意に相関しており、適応は多変数的であるという見解を支持している（例：Rumsey et al., 2004 参照）。ポジティブに適応できている人々の心理学的特徴には、楽観性のレベルの高さ、社会的受容や社会的支援への満足感の大きさ、他人によるネガティブな評価への不安の欠如、外見に関連した情報に向けられた顕出性と誘意性のレベルが低い自己システムが含まれる。社会的不安と社会的回避のレベルが低い場合は、ネガティブな感情、一般的な不安感、抑うつ感のレベルと同じく低かった。こうした人々は、自分の変形はそこそこ隠しやすいものと感じている。そして、苦悩のレベルが高い人々よりも、年齢が高い傾向が見られた。

同一の回帰モデルが、それぞれの結果変数を分析するために使用された。社会的不安と社会的回避に関しては、変動の66.2%が説明されたのは印象的であった。ここで使用された測定法（DAS24）は、もともと変形を有する人々における苦悩の程度を評価するために特別に設計されたものであるので、この予測式で説明されている割合の高さについては、予測されたものと言える。しかし、この領域の研究として、測定値は非常に高いものであった。この回帰モデルでは、生活環境、募集方法あるいは外見に関連した社会的比較の方法には影響力がなかった。性別では小さいながらも影響力が認められ、男性より女性の方が多くの苦悩を持っていた。年齢（高齢者の苦悩は減る）、楽観性、社会的受容については強い負の相関があった。ネガティブな評価への恐怖心、顕出性、誘意性のレベルが高まると、苦悩も高まることとなった。

回帰モデルを他の結果変数へ当てはめると、同様のパターンが表れた。ポジティブな感情に対しては変動の約30％が、ネガティブな感情では45％が、不安感と抑うつ感では46％が予測された。回帰分析の諸結果を詳細に述べるよりも（それは大変な作業となるだろう）、後述するように、主要な焦点を社会的不安と社会的回避に関する回帰分析に置いた。その理由は、DAS24は特に変形に関する結果測定法であること、そして他の研究が不安と抑うつのより一般的な測定の予測因子を同定していることによる。

属性スタイル

　本研究では、属性スタイル（特に楽観性／悲観性）が多くの結果変数（抑うつ感、不安感、攻撃性、ネガティブな感情、程度は小さいが外見に関連した社会的不安と社会的回避など）に対して強い影響力を持っていた。そして、適切なレベルまで、いくつかの回帰モデルの適合度を高めていた。健康心理学の文献では、逆境に遭っても楽観性は適応的であることが、しばらくの間、コンセンサスを得ていた。外見という文脈の中で楽観性を特別に検討した研究はこれまでにない。この研究では、楽観性は適応において主要な因子かもしれないことが指摘されるだろう。楽観性は学習が可能だと信じている研究者もいるので、介入療法という文脈において、このことは現実の問題に直結する。たとえばSeligman（1998）は、人生の見方を悲観的なものから楽観的なものに変えられるよう、成人や小児を支援するプログラムを開発した。

社会認知的過程（処理）

　他者からのネガティブな評価への恐怖、社会的受容、社会的支援への満足感、これらのレベルは、本研究のすべての結果変数と有意に相関していた。この領域の先行研究の結果とも一致している。この領域の多くの識者らは、適応には社会的状況における自信が重要であると注目してきた（例：Partridge, 1990参照）。他者がとる具体的な行動とは関わりなく、他者によるネガティブ評価への恐怖と社会的状況からの回避が、身体イメージへの脅威に関連した社会的困難において、中心的な役割を演じていると考えられてきた（Newell, 2000）。

　様々な状況でのポジティブな資源として、社会的支援の利点は広く認められている。そして良質な社会的支援とは、変形を持つ人たちが抱えるストレスに対して、緩衝役として作用するように動員される資源であると見なされている

（Blakeney et al., 1990）。Liossi（2003）は、外見への不安を抱える人々のうち、高いレベルで社会的支援を受けたと申告している人ほど、社会的不安と社会的回避のレベルが低いことを見出した（同様にDAS24でも計測）。彼女のデータによれば、たとえ外見に関して適応不良なスキーマを身につけている場合でも、社会的支援によって人々は苦悩から保護されることがある。彼女はまた、たとえば良好な社会的支援が、恐怖を感じていた状況への接触を促していくことによって、良好な社会的支援は効果的なコーピング方略を生み出すことがあると提唱した（Baker, 1992も参照）。個人の経験を語った説明部分からは、親しい他者と気兼ねを感じず過ごせることの利点が立証されている。その他者は、表面的な外見を超えて、「その奥にいる本当の人物」を見てくれると感じられているのである（Rumsey & Harcourt, 2005）。

■ 外見に関連した認知の役割

　適応における社会認知的過程の役割を確認することに加えて、本研究では、外見に関連した問題に特に関係している認知過程が、適応に重要な貢献をしていることに注目した。外見への不安に関する顕出性、外見に与えている価値、外見に関連した自己の理想との乖離、外見に関連した社会的比較の過程、これらはすべての結果変数と有意に相関していた。それらの影響力は、社会的不安と社会的回避（DAS24）に関連した数値で、特に顕著であった。しかしそれらの役割は、不安感、抑うつ感、攻撃性、ポジティブな感情、ネガティブな感情に対しても、影響を与えていた。

　結果が示していることは、外見への不安は複雑な過程であり、人を消耗させるものだとまでいえる。しかし、介入療法に適した、標的にできる諸要因も含んでいるという良いニュースもある。このことは、悪影響を受けている人々が必要とすることに対処するための認知行動療法が持つ潜在的能力に、強い支持を与える。本研究の結果は、これまでの研究から得られた以下の暫定的な結論を支持するものである。変形の有無にかかわらず、外見への不安は広い範囲の過程に作用する。これには、他者が外見にもとづいて形成する印象についての信念や、自己に関する認知も含まれる（Moss, 2004; Rumsey & Harcourt, 2005; Thompson & Kent, 2001）という結論である。さらに最近の研究によると、外見に関連した情報の処理の仕方によって、適応のレベルが変わる。こうしたメカニズムは心理学の文献において新しいというわけではないが、しかし今日

に至るまで、変形をきたす状態を持つ人々について、明確に提示されたことはなかった。認知過程のスタイルと、不安感（Bar-Haim et al., 2007）や抑うつ感（Mogg & Bradley, 2005; Strunk & Adler, 2009）といった心理学的な苦悩との関係は、一般人を対象として示されてきた。そして、外見に関連した認知の偏りによって、身体イメージへの不安を非常に大きく持っている人たちが、外見に関連した情報に繰り返しとらわれることを示したエビデンスがいくつかある（Altabe & Thompson, 1996）。肥満の人々（Jansen et al., 2007）や、摂食障害の人々（Cooper, 1997）においても、曖昧な状況の解釈に対して、外見に関連した行為やネガティブな行為として解釈する可能性が高まることが、そうした状態を持たない人々との比較において示されてきた。Rosser ら（2010）が変形を持たない人々の集団において見出したことは、外見への不安は、曖昧な出来事に対して、（いかなる具体的なきっかけがなくとも）外見に関連するものとして、ネガティブなものとして解釈する傾向があることである。そして、外見への不安を強く持っている人たちは、解釈対象である出来事に対して、外見に関連したものと選択しうる場合、間違うことなくそうした解釈を信じてしまうのである。

　最近の研究結果を見ると、変形の有無にかかわらず、外見により大きな不安を持つほど、注意過程においてバイアスを抱える結果になる人々が増えてきていることが分かる。こうした人々は、世界は自分の苦悩を悪化させて強めようとしていると認知する。彼らは、自分の情報処理過程におけるバイアス（例：偏った注意や、曖昧な情報をネガティブなものとして解釈すること）によって、世界は不安に満ちた外見問題で支配されているといった世界観を持つようになるのである。結果として、おそらく実際の環境とは無関係に、脅威を与える出来事に対して過剰警戒するようになり、自己強化型の認知過程を身につけることになる（Mathews, 1990; Rosser, 2008）。

　社会的比較の過程の分析を通じて、他者との関連で自分自身を理解し、その文脈を述べることができるようになる。たとえば Rosser（2008）が注目したことは、自己認識において外見に高い価値を置いている人たちは、他者とのネガティブな（上向きの）比較をすることで傷つきやすいということである。社会的比較に夢中になればなるほど、身体イメージや摂食行動や自尊感情に関連して、困難を抱え込むことが多くなる（Thompson et al., 1991）。このことは、ネガティブな感情に伴う役に立たない上向きの比較をしてしまうような、非現実的な比較基準（例：メディアからの情報）を使用する傾向の結果だと思われる

（Patrick et al., 2004)。多くの研究者は、身体イメージの文献から社会的比較過程の潜在的な影響力について熱心に推測しようとし、さらに変形という文脈での適応過程から重要な貢献を期待したが、本研究の定量的データからは、こうした効果は明らかではなかった。これは用いた測度によるアーチファクト［訳注：技術上の原因による不自然な結果］なのかもしれない。特に外見に関連した情報（後述）に特有の別の社会認知的過程に照らせば、選ばれたスケールは、その方向性が一般的すぎたのかもしれない。社会心理学者は、社会的比較過程の複雑さに注目していた。加えて、ある研究（後続章にて説明）の定性的データでは、社会的比較過程が作用しているというエビデンスがあるので、この変数については今後の研究で検討されるべきであると感じている。

また、誘意性（外見に帰属する価値）と情報処理における外見問題の顕出性についての認知過程、そして自己と社会基準との乖離の認識が、回帰モデルにおいて重要な役割を果たしていることも示された。誘意性の概念は、自己システムにおける容姿（外見）に結びついたポジティブまたはネガティブな感情的な高ぶりに関係している。外見のような自己属性における誘意性は、その属性に関連した自分自身についての感情に関わっている。自己属性の情動面もまた、個人の全体的な自尊感情に関係している。自己に関連した情報の評価の仕方に関与し、自己システム内部での属性の位置づけにも影響を及ぼすからである。分析結果からは、ポジティブな感情や抑うつ感、外見に関連した苦悩のレベルに、かなりの程度で誘意性が寄与していることが示された。

認知過程における顕出性の高まりは、情報へのアクセスのしやすさと処理方略に関係している（Markus & Nurius, 1986)。アクセスしやすさの結果として、より顕出した情報が個人にとって重要であると考えられるだけでなく、そうした情報は認知と現実世界の経験において頻回に使用される。非常に顕出した自己に関する情報と処理方略には、慢性的にアクセスしやすくなっているのかもしれない。顕出した情報はより頻回にアクセスされるために、それはさらに規定され、補強され、より強固なものにもなり、修正されにくくなる。新しい情報を得たとき、それらの情報に適合するように以前の知識を修正するよりは、むしろ以前からの知識に合うように新しい情報が操作されるだろう。本研究の分析で、外見に関連した情報の顕出性は、社会的不安と社会的回避と一般的不安感のレベルに作用することが示されている。

Rosser（2008）や他の研究者は、自己概念がどのようにして心的表象や自己

スキーマ（自己に関係した情報の過程を方向付ける）の中に階層的に組織化されるよう概念化されうるかを説明した。外見が自己概念における中心的局面をなしている場合、また、（外見が関連しない場合よりも）外見に関連した問題に支配されている場合、適応障害が起こりやすい。外見に関連したスキーマが、変形を持たない人々においても苦悩と適応の程度にどれほど影響しうるのかについて、有用な概観を彼は示している。これは本研究の結果を解釈するうえで有用となろう。Rosser は Baldwin（1992）の記載から、他者との相互作用に影響するたたき台（スキーマ）を形成するうえで、どれほど自己システムが重要であるのかを引用している。もしも新しい情報がスキーマの機能する範囲内に適合していれば、その情報そのものや、その情報にどのように対処するのがベストなのかを理解しようとするスキーマによって、特別な思い込みや期待、予測が実現されるだろう。より確立されたスキーマにとっては、そこに含まれる情報は、そうではない情報に比べて、より中心的な位置にあり、アクセスしやすく、認知過程と解釈に頻回に含まれる。このように、スキーマは対処過程を助けることも、予測されている方向へ対処過程を偏らせることもある。いったん活性化されると、スキーマは、どのように注意が払われるか、どのように情報が処理されるかの割り振りを行う。スキーマに内在する情報に優先的に注目する結果として、偏りの可能性が非常に大きくなる。確立されたスキーマはより重く規定されており、新しい情報を平等に見聞することが難しくなる。スキーマは私たちに対して、どのように注意を向け、記憶し、想起し、そして最終的に私たちの環境をどのように認知するかに影響を与える。偏りが機能不全の優先的注目を起こし、情報を誤って評価するとき、問題が発生する。そこには、感情的要素も関係しているため、重大な感情的結果をもたらしうる（Greenberg & Safran, 1987）。自己スキーマはそれを支持する出来事によって、自己システムの中で中心的で、もっとも顕出的で、非常に精巧で、かつ強く規定されたものとして理論化される。そして、情報面と同様に感情面にも起因して、「うちひしがれた感情」と表現される（Altabe & Thompson, 1996）。広範囲にわたるネガティブなスキーマが、その処理過程において優勢になると、すべてのレベルにおいて情報処理が影響を受け、ネガティブな予想を強化するように操作されるであろう。Moss（2004）の成果をさらに推し進めた Rosser（2008）は、外見に関連した不安を強く持つ人々にとっては、ネガティブで包括的な外見に関する情報と、いつも用いてしまう処理バイアスによって、うまく環境に適応できない自己スキー

マが中心的なものになってしまう —— その結果、自己強化するサイクルがもたらされ、外界の処理や解釈において、外見についての情報がより頻繁に意識され、処理され、用いられるようになると述べた。

■ 本研究の限界

　本研究においては多くの限界があり、結果を解釈する場合には熟考を要する。本研究の開始に先立って、自分の状態に対して治療を積極的に求めている人は、外見に関連した苦悩の程度が大きいだろうという推測、そして、こうした人々に注目した先行研究にはおそらく、この点において本質的に偏りがあるだろうという推測があった。だからこそ、コミュニティからの募集に大きな努力が払われたのだった。しかし結局、両群における適応の分析結果には、ほとんど差がなかった。クリニックとコミュニティからのサンプルが、本当に異なる集団であるといえるのかは、研究遂行中、共同研究者の間で論争の源となった。コミュニティ・サンプル（総合医から募集された人々）の大部分は、研究開始時には治療を求めていなかったものの、過去には治療を経験した人が多かっただろう。それにしても、結果から伝わる重要なメッセージは、治療を求めていなかった多くの人々が、外見に関連した苦悩を経験していると考えられることだった。この苦悩は、介入療法の対象として適しているかもしれない。

　すべての参加者が自ら何らかの変形を持っていると信じていたが、コミュニティ・サンプル（大部分の人たちは、研究チームのメンバーによる対面式面談を受けなかった）に関しては、この問題を整理することは不可能である。研究チームは、募集における基本として READ コードを用いることによって、募集ミスを起こす可能性を最小限にしようとした。これにより、おそらく何らかの変形をきたす状態を持っていると総合医によって分類されていた人々に対して、狙いを定めた募集が可能となった。

　参加者募集の呼びかけに対する応答率は、クリニックごとに、アプローチの仕方（例：直接勧誘、ポスターを見て、郵便案内やインターネットを見て）によって、週ごとに変動した。意味のある全体数を算出することは不可能であった。つまり、通常の方法によってサンプルの代表値を推測することができないからである。募集過程に関わった研究者らは、広く標本抽出する必要性を意識しており、全員が実現に向けて大きな努力を払った。それでもなお、早くから分かっていたように、本研究では民族的マイノリティの参加者が少なく、男性よりも女性

の方が多い。

　変形に対する客観的評価が行われていないことも、本研究の限界として挙げられるだろう。各参加者の原因を固有にではなく、広く分析しているからである（クリニックのタイプ別には分析している）。先行研究において重症度と苦悩の間には相関がないことに加えて（前述）、すべての患者の正確で客観的な評価は、研究計画上、遂行困難であった。重症度の主観的評価は、私たちの結果からもその価値が支持される。臨床家、セラピスト、研究者にとって、適応の指標としてより明快だからである。

　以前に提示されていた認知過程の説明は、複雑で大規模なデータ群を解釈しようとしているかのように主張されるが、認知的構造は直接観察できるものではないため、推測に過ぎないことに注意すべきである。スキーマといった概念は、ある程度は観念的である。顕出性、誘意性、自己乖離、社会的比較といった注意の過程における様々な過程とバイアスは、不可避的に人工的なものである。実際、それらは相互接続していたり、お互いに独立していたり、重複していたりする。しかし、こうした注意を念頭に置きつつ、本研究の結果の分析により、前出の章で述べた適応に関する概念的枠組みを、再検討して作り直すことにした。この更新されたモデルでは、外見に特化した認知の重要な役割が認められ、注目されている。このモデルは線形的に示されているが、自己システムの動的性質もまた、このモデルでも後続研究でも非常に明らかである。

　本研究で測定した以外の変数も、適応において何らかの役割を演じていることは確かである。通常、3つの主要因が、心理学の文献ではリジリエンスや脆弱性を生み出すものとして提示される（Luthar et al., 2000）。個人の特徴（認知機能、パーソナリティ変数、自己効力感、自己認知）、個人の家族の特徴、個人の社会的コンテクスト（文脈）である。これらの3つの要因における相互的影響の産物がリジリエンスである。これは、ストレッサー、リスク、結果の関係における潜在的調整役または仲介役として機能する。今回の共同研究においては、介入療法にとって、ターゲットにもっとも適している要因に注目することにしたため、家族の機能に関する変数や社会的コンテクストの影響力は優先されなかった。加えて、受容できるレベルでの評価という重責を維持するために、そしてネガティブな適応と同様にポジティブな適応についても分析結果が得られるような測定法を含めるために、難しい決定を行い、先行研究で取り上げられた追加的な「個人的」因子（羞恥心など）は、研究1か

ら省くこととなった。こうした要因は後続研究で明らかにされ、また後の検討でも詳しく述べられる。

こうした省略にもかかわらず、特に他の比較可能な研究に関連して検討した場合、本研究に含まれる変数によって説明できる変動の割合は印象的なものである。

■ 結果が意味すること

認知メカニズムの過程と結果に関する知識の進歩は、変形をきたす状態を持つ人々の外見への不安について、その維持や増大を理解することに関係する。そして、そうした人々の必要（ニーズ）を満たせるように設計された介入療法について、その発展を伝えるうえで、こうした知識は特に有用である。同時にこの研究の結果は、外見への不安を持つ人々の主観的世界を理解することの重要性と、認知的構造における主観的認知の場所について強調している。前出の先行研究からの知見からすると、変形に関する原因や身体的特徴よりも、介入療法の必要性のより良い指標になることは明らかである。

変形を持たない人々における外見の不安に関連して、Rosser（2008）が近年述べたように、自己システム内において自己に言及している外見関連の情報が持つ影響力と役割について、そして注目から検索に至るすべての段階で、外見に関連した情報処理の影響力について、詳細に検討する後続研究が必要である。しかし、本研究の結果によれば、外見に特化した認知が、変形をきたす状態を持つ人々が経験する苦悩と適応の相対的レベルにおいて、重要な役割を演じていることに疑いはない。

この研究を導くための概念的枠組み（図A1参照）は、こうした知見と、後述される追加研究の結果に注目することにより、見直された。更新された枠組みは、「研究プログラムの結果の全体的統合」の章で、結果の統合として提示される。

［研究 2］
「ポジティブにであれ、ネガティブにであれ、外見が人生にどう影響を与えているかについて、何かコメントはありますか」という質問への自由回答の定性的分析

■ 研究主任：Antje Lindenmeyer

■ 理論的解釈と知見

　研究１の参加者に、自らの経験をさらに詳しく述べる機会を提供し、研究１で採用した標準化測定法への参加者らの反応を、定性的データを用いて補足するために、参加者へ送られた書類一式の中に、自由回答形式の質問表が含まれた。

　これを分析するための方法として、主題分析 thematic analysis が採用された（Braun & Clarke 2006）が、そこで２つの大きな主題が浮かび上がってきた。

　主題１：「理想に届かない」

　ほとんどの参加者が陰に陽に述べていたことは、変形をきたす状態、大きさ（大きすぎるとか、小さすぎるとか）や形などに関連して、理想の外見に自分は届かないということだった。さらに自分の外見を表現するために、「醜い」「正常には見えない」「異形である」「見苦しい」「奇妙な」「損なわれた」「不快感を与える」「奇形の」、それ以外にも印象の強いたとえの数々が使われていた。理想の外見に近づくよう努力することへの圧力について、多くが語っていた。

　主題２：「外見がもつ個人的な意味」

　このカテゴリーにおける副題には以下のことがある。

1. **自己と外見**：自己感覚が混乱しているという表現が含まれる。これは外見に対するネガティブな感情と、外見によって人生における真の目的が損なわれ途絶された（たとえば、仕事や交友関係に関連して）、という感覚から生まれる表現である。

もしもこんなに自分の外見にひどい感情が生じなければ、何でも思い通りにできただろうに。

　私の外見が意味しているのは、ボーイフレンドや性的関係を持つことは決してできないということだった。

　これらの説明には自己嫌悪や自己差恥など、ネガティブな感情に起因する明確な表現が含まれている。

　私の皮膚に人生が支配されていることが憎い。

　（他人に対する）私の見え方が憎い。自分自身が憎い。

　自分の外見が恥ずかしくて、尻込みしてしまう。

　そして自分が持っている差異の影に、本当の自分が「隠されている」という感覚も存在する。

　ポジティブに、困難を早くから解決していることを語った人もいた。

　自分が持っている差異に、思い通りの人生を歩む邪魔をさせるつもりはない。

　よい仕事に就けて、結局はうまく行った。

2. **他者の反応**：この副題には、実際に起こった、あるいは起こると危惧している他者からのコメント、凝視、からかいに関する報告が含まれる。

　私の人生は笑われ、指さされ、名指しされるばかりだった。

　さらに、パートナー、家族、友人からの、ポジティブな反応と傷つけるような反応というどちらも重大な反応が加わる。

　たとえ彼が冗談で言っているとしても、（パートナーからの）ちょっとした言葉に、本当に傷ついた。

　他者から誤った判断をされる、そして／あるいは誤って理解されるとい

う感覚や、こうした誤った判断が自分の外見のせいであるという感覚も強かった。

　他者は私の外見を見て、私に対してどのように反応して行動するかを決めている。
　他者は外見で私のことを判断するだろうということは分かっているし、そのことに腹が立つ。
　自信が揺らぐため、何もできない。

3. **外見へのコーピング**：この方略については、参加者の反応には受け入れること（受容）を含めて多様なものが認められた。

　これが私という人間だ。

　外見を重視しない、あるいは現実主義をとる。

　自分のことを惨めに思ってもしょうがない。

　認知されている他者との「差異」を隠して回避する。

　自分に閉じこもる。今は独りで行動することを好む。

■考察

　変形、体重／体型、加齢変化を含めて、回答者は外見に関する不安を複合的に書いていた。これは重要なポイントである。変形に関わる分野で働いている専門職らが気をつけるべきことは、外見への不安とは（複合的であるがゆえに）、変形をきたす状態の結果に限定されるとは限らないことであり、精神的・心理的問題であれ、身体的問題であれ断片的に対処されるべきではないということである。

　社会文化的標準から発信される圧力や、その結果として生じる「あるべきはずの自己」との食い違いは、回答の中で広く認められた。このことは、自分は社会的理想に達していないという感覚を浮き彫りにしており、主題1における

回答において特に目立っていた。第2の主題が描いていたことは、雇用や交友関係の途絶を含めて、生涯の多くの局面で遭遇する出来事に対して行われる原因帰属への、外見の不安の影響力である。たとえば、離婚と子供との別離、所属する社会集団の変化、慢性疾患の増悪寛解による状態の変化など、人生における出来事の衝撃も含め、変化は苦悩を悪化させると思われる。人によっては、人生の大半が外見問題によって支配され、奪われてしまっていると感じていた。

　他者の反応や判断が投げかけてくる影響力も注目されていた。そして実際に向けられた反応と同じくらいに、実際には起きていないが起こりうる反応に対しても、不安を述べる回答者もいた。パートナー、家族、友人はポジティブな支援を与えてくれる存在であるが、役に立たないこともあるということを、この主題の中で気づかせてくれた人もいた。

　様々なコーピング方略が語られていた。効果的なテクニックには、受容すること、全人生における経験の中で外見の不安の重要性を下げること、現実主義の感覚をもつこと、などがあった。コーピングは有効でなく、外見の不安の原因である特徴を、できる限りを尽くして隠すと語る人もいた。

　また、特別な靴や衣服が必要であることや、あるいはメイキャップが必要であるなどの実際的な問題が語られていた。そして多くの人たちは、外見の様相に対処したり隠したりするために必要とされる時間、労力、金銭について、腹立たしく思っていた。特にリウマチ性関節炎や皮膚に状態を持つ人々にとっては、随伴する機能的問題や原疾患に伴う疼痛も深刻であった。

　こうした回答は、研究1で得られた定量的データの理解を容易にしてくれる。それらはまた外見への不満足が多元的性質（いくつもの問題の混合であることが多い）を持つこと、そしてこうした問題への適応レベルを決定づける要因について気づかせてくれる。さらに、こうした回答の多くは、適応が持つ動的性質を明らかにしてくれるものでもあった。

［研究3］
変形をきたす状態への適応の長期経過

■理論的解釈と結果

Thompson & Kent（2001）、Rumsey & Harcourt（2005）、Bessell & Moss（2007）、およびその他の識者らは、変形への適応について、長期経過における安定性と変化の程度を調べるために、縦断的研究を行う必要性を強く述べてきた。研究3の縦断的研究では、9ヵ月経ってから標準化された測定法に再び回答が求められた。研究4では、適応について安定的であることが明らかにされた回答者と、自分の適応のレベルが変わったと認知している回答者から、一部の人たちを選んで綿密に掘り下げたインタビューを行い、そこから定性的データを得ることができた。

この詳細検討のために選ばれた参加者らには、追跡調査用の質問紙一式が9ヵ月後に送られた（研究1の「方法」の章を参照）。全部で349名分の完全な質問表が返送されてきた。2回目に回答した人々と、サンプル全体との比較では、統計的に有意な差はなかった（性別（$\chi^2 = 2.707$, $df = 1$, $p = 0.100$）、募集の方法（$\chi^2 = 0.691$, $df = 1$, $p = 0.406$）、客観的可視性（$\chi^2 = 0.347$, $df = 1$, $p = 0.556$））。独立標本のt検定では、効果は小さいが（$d = 0.24$）、追跡調査で回答した人々は、外見における理想と現実の乖離（$p < 0.001$）と誘意性（$p = 0.002$）が有意に高かった。

長期的変化

表B1には、第一時点（基準点）と第二時点（追跡調査時）の測定値間の相関と、同じく測定値の差の平均がまとめられている。すべての相関（ピアソンの積率相関係数r）は統計的に有意であった（$p < 0.001$）。

同様に再テストについて、級内相関係数（ICC）が計算された。この場合、計算上はクローンバックのα係数に等しく、表B1に示されたすべてのICC1の値は統計的に有意であった（$p < 0.001$）。DAS24では平均値の上昇に、小さいながら統計的有意差を認めたが（$p = 0.017$, $d = 1.18$）、それ以外には主要な結果において有意な変化は認められなかった。

表 B1　フォローアップ時の記述統計と推計統計（対応のある t 検定の P 値）

	相関		差		
	r	ICC1*	平均	標準偏差	P
乖離	0.688	0.816	-0.36	9.00	0.469
楽観性	0.776	0.873	0.11	2.31	0.374
支援への満足感	0.596	0.747	0.25	4.69	0.323
社会的比較	0.675	0.806	0.06	5.88	0.861
顕出性	0.738	0.849	-0.33	5.71	0.281
誘意性	0.719	0.835	0.18	6.00	0.579
ネガティブな評価への恐怖	0.757	0.861	0.60	7.54	0.143
社会的不安と社会的回避	0.841	0.913	1.18	9.21	0.017
不安感	0.768	0.869	0.20	3.16	0.245
抑うつ感	0.746	0.853	0.17	2.82	0.256
攻撃性	0.798	0.888	-0.06	5.98	0.858
ポジティブな感情	0.633	0.775	0.64	7.48	0.113
ネガティブな感情	0.729	0.843	0.30	6.73	0.416

* ICC1：研究開始時の級内相関係数

《追跡調査時の適応の予測因子》

社会的不安と社会的回避（DAS24）

9 ヵ月後の時点で、表 B2 における回帰モデルによって、DAS24 における変動の 70.7％が説明され、統計的に有意であった（$R^2 = 0.707$, $F(16, 262) = 39.599$, $MSE = 80.24$, $p < 0.001$）。

基準点データの回帰モデルとの比較において統計的有意差が認められたのは、性別、楽観性、ネガティブな評価への恐怖心、社会的受容、誘意性と外見の乖離（理想と現実）、いずれもが同方向の影響であった。基準点データとして、年齢、客観的可視性、社会支援への満足度、顕出性は、DAS24 において統計的に有意な予測因子ではあったものの、しかし長期にわたるデータとしては有意差を失っていった。基準点モデルと比較して、長期にわたって有意な変数は他にはなかった。

不安感（HADS）

表 B3 に示す回帰モデルによって、長期調査において、不安感の変動の 54.5％が説明され、統計的に有意であった（$R^2 = 0.545$, $F(16, 279) = 19.674$, MSE

表 B2　DAS24 の回帰分析モデル

変数	係数	標準誤差	ベータ	T	p	VIF	増分 R^2	P
定数	41.04	7.421		5.53	<0.001	<0.001		
年齢	-0.070	0.044	0.065	-1.57	0.118	1.521		
性別								
男性	—	—	—	—	—			
女性	3.623	1.390	0.094	2.61	0.010	1.161		
募集								
コミュニティ	—	—	—	—	—			
クリニック	1.286	1.136	0.040	1.13	0.258	1.120		
家族構成								
独居	—	—	—	—	—			
友人と同居	2.779	2.072	0.056	1.34	0.181	1.557		
パートナーと同居	2.690	1.387	0.079	1.94	0.053	1.494	0.192	<0.001
客観的な可視性								
なし	—	—	—	—	—			
あり	-1.320	1.192	-0.041	-1.11	0.269	1.232	0.193	0.665
楽観性	-0.651	0.219	0.145	-2.97	0.003	2.125	0.265	<0.001
ネガティブな評価への恐怖	0.292	0.078	0.187	3.76	<0.001	2.224		
社会的受容	-1.565	0.255	-0.283	-6.13	<0.001	1.904		
社会的支援に対する満足度	-0.183	0.120	-0.060	-1.52	0.129	1.388	0.169	<0.001
顕出性	0.141	0.091	0.065	1.56	0.120	1.572		
誘意性	0.421	0.108	0.204	3.89	<0.001	2.469		
乖離（理想と現実）	0.173	0.071	0.119	2.45	0.015	2.106		
社会的比較	-0.022	0.095	-0.010	-0.235	0.814	1.598		
隠しやすさ								
容易	—	—	—	—	—			
困難と申告	3.552	1.333	0.111	2.66	0.008	1.545		
衣服着用時の可視性								
ない／軽度	—	—	—	—	—			
中等度／重度	-2.483	-1.360	0.077	-1.83	0.69	1.607	0.081	<0.001

= 10.10，$p < 0.001$）。

　基準点データのモデルと比較した場合、統計的に有意な効果は、楽観性、ネガティブな評価への恐怖心、社会的受容と顕出性に認められ、同方向の効果であった。社会支援への満足感、社会的比較、衣服で隠した場合の可視性は、すべてが基準点で統計的に有意であったが、長期調査ではそうではなかった。基準点モデルにはなかったものの、年齢には小さいながら統計的効果が見られた。しかし、基準点のスコアをもとにしたモデルとの比較では、長期にわたって有

表 B3　不安感（HADS）の回帰分析モデル

変数	係数	標準誤差	ベータ	T	p	VIF	増分 R^2	P
定数	7.887	2.633	3.00	0.003	<0.001			
年齢	0.033	0.016	0.108	2.12	0.035	1.501		
性別								
男性	−	−	−	−	−			
女性	0.209	0.492	0.019	0.42	0.672	1.156		
募集								
コミュニティ	−	−	−	−	−			
クリニック	-0.335	0.402	-0.037	-0.83	0.406	1.121		
家族構成								
独居	−	−	−	−	−			
友人と同居	0.685	0.724	0.049	0.95	0.345	1.548		
パートナーと同居	0.750	0.492	0.078	1.53	0.128	1.503	0.067	0.002
客観的な可視性								
なし	−	−	−	−	−			
あり	-0.138	0.421	-0.015	-0.33	0.744	1.224	0.002	0.489
楽観性	-0.470	0.078	-0.367	-6.05	<0.001	2.133	0.366	<0.001
ネガティブな評価への恐怖	0.072	0.028	0.161	2.60	0.010	2.23		
社会的受容	-0.278	0.090	-0.178	-3.09	0.002	1.917		
社会的支援に対する満足度	-0.041	0.043	-0.047	-0.95	0.341	1.397	0.078	<0.001
顕出性	0.114	0.032	0.185	3.54	<0.001	1.574		
誘意性	0.024	0.038	0.041	0.63	0.528	2.462		
乖離（理想と現実）	-0.019	0.025	-0.045	-0.744	0.458	2.087		
社会的比較	0.052	0.034	0.082	1.56	0.121	1.599		
隠しやすさ								
容易	−	−	−	−	−			
困難と申告	-0.153	0.473	-0.017	-0.32	0.747	1.550		
衣服着用時の可視性								
ない／軽度	−	−	−	−	−			
中等度／重度	0.156	0.481	0.017	0.32	0.747	1.605	0.032	0.006

意な変数は他には認められなかった。

抑うつ感（HADS）

　抑うつ感については、変動の 51.5％が説明され、統計的に有意であった（R^2 = 0.515，$F(16, 263)$ = 17.460，MSE = 8.19，$p < 0.001$）（表 B4）。

　基準点データのモデルと比較した場合、統計学的に有意な効果は年齢、楽観性、社会的受容に認められ、同方向の効果であった。性別、ネガティブな評価

表 B4 抑うつ感（HADS）の回帰分析モデル

変数	係数	標準誤差	ベータ	T	p	VIF	増分 R^2	P
定数	13.828	2.371	5.83	<0.001	<0.001			
年齢	0.028	0.014	0.104	1.99	0.048	1.501		
性別								
男性	−	−	−	−	−			
女性	0.519	0.443	0.054	1.17	0.242	1.156		
募集								
コミュニティ	−	−	−	−	−			
クリニック	0.380	0.362	0.048	1.05	0.296	1.121		
家族構成								
独居	−	−	−	−	−			
友人と同居	0.497	0.652	0.041	0.76	0.446	1.548		
パートナーと同居	0.737	0.443	0.088	1.66	0.097	1.503	0.042	0.035
客観的な可視性								
なし	−	−	−	−	−			
あり	0.154	0.379	0.019	0.41	0.685	1.224	0.002	0.418
楽観性	-0.533	0.070	-0.478	-7.62	<0.001	2.133	0.389	<0.001
ネガティブな評価への恐怖	0.026	0.025	0.067	1.05	0.296	2.227		
社会的受容	-0.397	0.081	-0.290	-4.89	<0.001	1.917		
社会的支援に対する満足度	-0.008	0.038	-0.011	-0.22	0.826	1.397	0.069	<0.001
顕出性	-0.015	0.029	-0.027	-0.50	0.615	1.574		
誘意性	0.032	0.034	0.062	0.92	0.259	2.462		
乖離（理想と現実）	0.016	0.022	0.044	0.72	0.475	2.087		
社会的比較	-0.027	0.030	-0.047	-0.87	0.383	1.599		
隠しやすさ								
容易	−	−	−	−	−			
困難と申告	0.366	0.426	0.046	0.86	0.391	1.550		
衣服着用時の可視性								
ない／軽度	−	−	−	−	−			
中等度／重度	-0.628	0.434	-0.079	-1.45	0.148	1.605	0.013	0.325

への恐怖心、社会的支援への満足感、誘意性は、すべてが基準点で統計的に有意な予測因子であったが、長期調査ではそうではなかった。基準点のモデルとの比較では、長期にわたって有意な変数は他には認められなかった。

攻撃性

　攻撃性については、フォローアップ時での変動の32.9％が説明され、統計的に有意であった（$R^2 = 0.329$, $F_{(6, 263)} = 8.062$, $MSE = 65.987$, $p < 0.001$）（表 B5）。

変数	係数	標準誤差	ベータ	T	p	VIF	増分 R^2	P
定数	38.79	6.729		5.76	<0.001	<0.001		
年齢	-0.73	0.040	-0.113	-1.83	0.068	1.501		
性別								
男性	–	–	–	–	–			
女性	0.188	1.257	0.008	0.15	0.881	1.156		
募集								
コミュニティ	–	–	–	–	–			
クリニック	0.163	1.028	0.008	0.16	0.874	1.121		
家族構成								
独居	–	–	–	–	–			
友人と同居	0.124	1.849	0.004	0.07	0.946	1.548		
パートナーと同居	2.053	1.257	0.101	1.63	0.104	1.503	0.095	<0.001
客観的な可視性								
なし	–	–	–	–	–			
あり	0.002	1.076	0.000	0.00	0.999	1.224	0.001	0.631
楽観性	-1.189	0.199	-0.441	-5.98	<0.001	2.133	0.210	<0.001
ネガティブな評価への恐怖	0.086	0.070	0.092	1.22	0.223	2.227		
社会的受容	0.233	0.230	0.071	1.01	0.312	1.917		
社会的支援に対する満足度	-0.155	0.109	-0.085	-1.43	0.155	1.397	0.017	0.080
顕出性	0.017	0.082	0.013	0.21	0.835	1.574		
誘意性	0.041	0.098	0.033	0.42	0.674	2.462		
乖離（理想と現実）	-0.075	0.064	-0.086	-1.17	0.242	2.087		
社会的比較	0.064	0.086	0.048	0.75	0.456	1.599		
隠しやすさ								
容易	–	–	–	–	–			
困難と申告	-0.157	1.209	-0.008	-0.130	0.896	1.550		
衣服着用時の可視性								
ない／軽度	–	–	–	–	–			
中等度／重度	0.350	1.20	0.018	0.284	0.776	1.605	0.006	0.891

　基準点データのモデルと比較した場合、統計学的に有意な効果は楽観性にのみ認められ、同方向の効果であった。年齢、性別、社会的支援への満足感、社会的比較は、すべてが基準点で統計的に有意な予測因子であったが、長期調査ではそうではなかった。基準点のモデルとの比較では、長期にわたって有意な変数は他には認められなかった。

表 B6　ポジティブな感情の回帰分析モデル

変数	係数	標準誤差	ベータ	T	p	VIF	増分 R^2	P
定数	18.348	5.753	3.19	0.002	<0.001			
年齢	-0.059	0.034	-0.104	-1.73	0.086	1.495		
性別								
男性	–	–	–	–	–			
女性	-1.443	1.069	-0.072	-1.35	0.178	1.158		
募集								
コミュニティ	–	–	–	–	–			
クリニック	-0.652	0.881	-0.039	-0.74	0.460	1.130		
家族構成								
独居	–	–	–	–	–			
友人と同居	-3.015	1.570	-0.118	-1.92	0.056	1.547		
パートナーと同居	-2.278	1.067	-0.129	-2.13	0.034	1.496	0.095	<0.001
客観的な可視性								
なし	–	–	–	–	–			
あり	-1.514	0.917	-0.090	-1.65	0.100	1.223	0.001	0.631
楽観性	0.768	0.169	0.325	4.55	<0.001	2.094	0.210	<0.001
ネガティブな評価への恐怖	-0.275	0.060	-0.336	-4.59	<0.001	2.202		
社会的受容	0.586	0.196	0.203	2.99	0.003	1.907		
社会的支援に対する満足度	0.121	0.092	0.076	1.31	0.193	1.389	0.017	<0.001
顕出性	0.088	0.070	0.077	1.25	0.214	1.584		
誘意性	0.018	0.083	0.017	0.22	0.827	2.410		
乖離（理想と現実）	-0.010	0.054	-0.014	-0.19	0.847	2.050		
社会的比較	0.207	0.073	0.176	2.81	0.005	1.603		
隠しやすさ								
容易	–	–	–	–	–			
困難と申告	0.068	1.030	0.004	0.066	0.948	1.544		
衣服着用時の可視性								
ない／軽度	–	–	–	–	–			
中等度／重度	1.080	1.050	0.064	1.029	0.305	1.607	0.006	<0.001

ポジティブな感情

　ポジティブな感情については、変動の36.8%が説明され、統計的に有意であった（$R^2 = 0.368$, $F(16, 260) = 9.465$, $MSE = 47.506$, $p < 0.001$）（表B6）。

　基準点データのモデルと比較した場合、ネガティブな感情と社会的比較が、フォローアップ時でも統計学的に有意であり、同方向の効果であった。顕出性と誘意性が基準点で統計的に有意な予測因子であったが、長期調査ではそうではなかった。基準点のモデルとの比較では、長期にわたって有意な変数は他に

表 B7　ネガティブな感情の回帰分析モデル

変数	係数	標準誤差	ベータ	T	p	VIF	増分 R^2	P
定数	23.481	5.282		4.44	<0.001	<0.001		
年齢	0.012	0.031	0.019	0.38	0.702	1.495		
性別								
男性	−	−	−	−	−			
女性	0.695	0.982	0.031	0.71	0.480	1.158		
募集								
コミュニティ	−	−	−	−	−			
クリニック	0.620	0.809	0.034	0.77	0.44	1.130		
家族構成								
独居	−	−	−	−	−			
友人と同居	-0.817	1.441	-0.029	-0.57	0.571	1.547		
パートナーと同居	-0.686	0.980	-0.035	-0.70	0.484	1.496	0.094	<0.001
客観的な可視性								
なし	−	−	−	−	−			
あり	0.330	0.842	0.018	0.39	0.696	1.223	0.010	0.001
楽観性	-0.991	0.155	-0.381	-6.39	<0.001	2.094	0.208	<0.001
ネガティブな評価への恐怖	0.249	0.055	0.277	4.52	<0.001	2.202		
社会的受容	-0.368	0.180	-0.116	-3.04	0.042	1.907		
社会的支援に対する満足度	-0.081	0.085	-0.046	-0.95	0.341	1.389	0.125	<0.001
顕出性	0.141	0.065	0.113	2.18	0.030	1.584		
誘意性	-0.055	0.076	-0.046	-0.72	0.472	2.410		
乖離（理想と現実）	0.041	0.050	0.049	0.83	0.410	2.050		
社会的比較	0.043	0.067	0.033	0.64	0.522	1.603		
隠しやすさ								
容易	−	−	−	−	−			
困難と申告	-1.637	0.945	-0.089	-1.73	0.084	1.544		
衣服着用時の可視性								
ない／軽度	−	−	−	−	−			
中等度／重度	0.858	0.964	0.046	0.89	0.374	1.607	0.007	0.005

は認められなかった。この適合モデルでは、独居よりも、友人やパートナーと生活している方が低値であったが、この効果は基準点でのモデルでは見られなかった。

ネガティブな感情

ネガティブな感情については、変動の55.8%が説明され、統計学的に有意であった（$R^2 = 0.558$, $F(16, 260) = 20.533$, $MSE = 40.045$, $p < 0.001$）（表B7）。

基準点データのモデルと比較した場合、楽観性、ネガティブな評価への恐怖心、社会的受容が統計学的に有意であり、同じ方向の効果であった。社会的支援に対する満足感と社会的比較は、基準点で統計的に有意な予測因子であったが、長期調査ではそうではなかった。基準点のモデルとの比較では、長期にわたって有意な変数は他には認められなかった。このモデルでは、ネガティブな感情におけるポジティブな影響力が小さいながら統計的有意であったが、この効果は基準点でのモデルでは見られていなかった。基準点のモデルとの比較では、長期にわたって有意な変数は他には認められなかった。

適応における変化

　基準点（研究開始時）から9ヵ月後のフォローアップまで、結果の測定値における変化が計算され、人口統計的データ、属性スタイル、社会認知的要因、外見に対する認知との関連が調べられた。結果の測定値の絶対的変化に関する考察については後述する。絶対的変化が大きいほど、測定における変動も大きくなる。絶対的変化における相対的変化は、基準点における諸要因の記録値に関係している。

社会的不安と社会的回避（DAS24）

　基準点からフォローアップの測定値の変化で負の相関を示したのは、年齢（$r = -0.158$、$n = 342$、$p = 0.003$、両側検定）、社会的受容（$r = -0.241$、$n = 345$、$p = 0.016$）、楽観性（$r = -0.183$、$n = 344$、$p = 0.001$）であった。正の相関を示したのは、外見における乖離（理想と現実）（$r = 0.129$、$n = 345$、$p = 0.016$）、誘意性（$r = 0.211$、$n = 349$、$p < 0.001$）、顕出性（$r = 0.153$、$n = 346$、$p = 0.004$）、ネガティブな評価に対する恐怖心（$r = 0.136$、$n = 346$、$p = 0.012$）であった。

　これらの結果によると、より若い人、悲観的な人、社会的に受け入れられていないと感じている人、正常規範から大きく乖離していると申告する人、他人の考えを心配する人、外見に高い価値を置いている人は、DAS24において変化を起こしやすい。しかし重回帰分析においては、認知された社会的受容だけが、DAS24における絶対変化の予測因子として有意であった（例：社会的受容の影響力以外では、DAS24の測定値における絶対変化に追加貢献している変数は、他にはなかった）。

不安感

　基準点とフォローアップ時点で、不安感に関連した測定値の変化は、負の相関が年齢（$r = -0.179$，$n = 345$，$p = 0.001$、両側検定）と楽観性（$r = -0.117$，$n = 347$，$p = 0.001$）に見られ、正の相関が社会的比較（$r = 0.134$，$n = 349$，$p = 0.012$、両側検定）に見られた。

　こうした結果が示すのは、より若い人、悲観的な人、他人と自分を比較したがる人は、不安感の変化を経験しやすいということである。しかし年齢は支配的な因子であり、重回帰分析においては、不安感の絶対的変化を予測する唯一の変数である。

抑うつ感

　基準点とフォローアップ時点で、抑うつ感に関連した測定値の変化は、負の相関が年齢（$r = -0.174$，$n = 345$，$p = 0.001$、両側検定）と社会的受容（$r = -0.143$，$n = 348$，$p = 0.007$）と楽観性（$r = -0.203$，$n = 347$，$p < 0.001$）と社会的支援に対する満足感（$r = -0.115$，$n = 346$，$p = 0.033$）で見られ、正の相関が外見の乖離（$r = 0.150$，$n = 348$，$p = 0.005$）と誘意性（$r = 0.186$，$n = 352$，$p < 0.001$）とネガティブな評価に対する恐怖心（$r = 0.113$，$n = 349$，$p = 0.035$、両側検定）で見られた。

　こうした結果が示すのは、より若い人、悲観的な人、社会的に受け入れられていないと感じる人、社会的支援に対して満足感を感じにくい人、正常規範からの大きな乖離を自己申告する人、自分の外見をネガティブに評価する人、他人からのネガティブな評価を恐れる人は、抑うつ感において変化を経験しやすい。楽観性は予測因子として一番であった。重回帰分析においては、楽観性を含めた後は、抑うつ感における測定値の絶対的変化を予測するような変数はなかった。

攻撃性

　基準点とフォローアップ時点で攻撃性の変化は、負の相関が楽観（$r = -0.232$，$n = 344$，$p < 0.001$）で見られ、正の相関が社会的比較（$r = 0.187$，$n = 346$，$p < 0.001$、両側検定）と顕出性（$r = 0.134$，$n = 347$，$p = 0.013$、両側検定）で見られた。

　こうした結果が示すのは、より悲観的な人、他人と自分を比べたがる人、外見に高い価値を置いている人が、攻撃性において変化を経験しやすいことを示す。楽観性は予測因子として一番であった。重回帰分析においては、楽観性

と社会的比較の両方が、攻撃性における絶対的変化を予測していた（$R^2 = 0.266$, $F(2, 316) = 12.042$, $MSE = 16.801$, $p < 0.001$）。

ポジティブな感情

ポジティブな感情における絶対的変化に対して、有意に相関している変数はなかった。

ネガティブな感情

基準点とフォローアップ時点でネガティブな感情の変化は、負の相関が年齢（$r = -0.169$, $n = 334$, $p = 0.002$）と社会的受容（$r = -0.213$, $n = 336$, $p < 0.001$）と楽観性（$r = -0.257$, $n = 336$, $p < 0.001$）と社会的支援に対する満足感（$r = -0.123$, $n = 335$, $p = 0.025$、両側検定）で見られ、正の相関が外見の乖離（$r = 0.227$, $n = 336$, $p < 0.001$、両側検定）、誘意性（$r = 0.212$, $n = 340$, $p < 0.001$）、社会的比較（$r = 0.163$, $n = 338$, $p = 0.003$）、顕出性（$r = 0.182$, $n = 337$, $p = 0.001$、両側検定）とネガティブな評価に対する恐怖心（$r = 0.261$, $n = 340$, $p < 0.001$）で見られた。

こうした結果が示すのは、より若い人、悲観的な人、社会的に受け入れられていないと感じる人、社会的支援に対して満足感を感じにくい人、正常規範からの大きな乖離を自己申告する人、自分の外見をネガティブに評価する人、外見に高い価値を置いている人、他人からのネガティブな評価を恐れる人は、ネガティブな感情において変化を経験しやすい。楽観性と外見の乖離は予測因子として上位の2つであり、重回帰分析においては、ネガティブな感情における絶対変化をともに予測していた（$R^2 = 0.098$, $F(2, 313) = 16.935$, $MSE = 20.779$, $p < 0.001$）。

■ 考察

この縦断的研究によって、本研究プログラムを導くための合意を得ている枠組みに、さらなる強い支持が得られた。実際、9ヵ月後のDAS24では、変動の70.7％が説明されるという非常に印象的な数値が得られた。この数字は、基準点で説明された変動の割合よりも、はるかに大きなものである。さらに、基準点で外見に関連した不安を予測していた構成要素の大部分は、フォローアップでも同様であった。基準点とフォローアップ時点で、不安感と抑うつ感、攻撃性、ポジティブな感情、ネガティブな感情に関する予測因子に、高い一致性

も見られた。

　結局、本研究の結果が示していることは、9ヵ月のフォロー期間では、変化よりもむしろ安定性の方が目立っていたことである —— 多くの結果変数の平均値は、時間の経過とともに、相対的にはわずかにしか変化しなかった（基準点とフォローアップ時点での DAS 測定値の平均には、小さいながら有意な増加が認められはしたが）。しかし、相対的に一致性の高い平均値に焦点を当てることは、多くの参加者が長期にわたって自己申告した結果の中で生じた変化を記録していたという事実の価値を損ねることになる。変化を報告した参加者は、若い人である傾向が高く、より悲観的なものの見方をし、外見に関連した認知（顕出性と外見の乖離）と他者の視点（社会的に排除されていると感じ、自分に対する他者の判断によってより悩みを抱えやすい）によって、より影響を受けやすい。ゆえに、このフォローアップ・データは、支持的介入療法における変化のための適切なターゲットとしての社会認知的要因を明らかにするという、最初の横断的研究の知見を支持するものである。しかし、横断的研究の時のように、こうした知見から、外見に関連した苦悩と不安は高齢者の問題ではないと予想することは誤りであろう。

　研究 3 の参加者数は、全体（研究 1）の 27.5％である。分析結果が示すことは、大略において、回答者は元々の母集団を代表しているということである。フォローアップ研究に参加することを選択した人々は、しなかった人々と比べて、基準点において、外見に置いている重要度が大きな人たちであった。同時に、現実として認知する自己と理想の自己との乖離も、より大きな人たちであった。こうした違いからは、自己定義と世界観の中で外見により重きを置いている人々は、外見に関連した苦悩に対してリジリエンスを発揮できる人々と比べると、この研究分野にさらに関わっていくべき人たちなのだろうということが分かる（Rumsey & Harcourt, 2005）。

　この 349 名は、これまでの縦断的研究の母集団としては最大のものである。しかし、さらなる長期にわたる研究が必要である。研究 4 では、経過とともに生じる変化に対する主観的経験への介入療法の必要性を述べる。

［研究4］
長期経過からみた可視的差異を持つ人々の経験と適応
—— 定性的研究

■ 研究主任：Andrew Thompson, Sally-Ann Clarke, Elizabeth Jenkinson & Hayley McBain

　可視的差異を持つ人々の長期経過を追うために、小規模の縦断的研究が行われてきた。注目すべきは Macgregor（1990）の初期の研究で、16 年にわたる面接の研究が含まれている。しかしこの研究では、時間経過を追っての適応や、その人の生涯での出来事と適応との関係には、焦点が当てられていなかった。長期にわたる外見への心理学的適応の過程と、ポジティブなコーピングを容易にする要因については、ほとんど解明されていない。特に、この経験の主観的局面を探索している研究はない。したがって、時間を追って、可視的差異のある外見に良くも悪くも適応することに関連する要因を、参加者がどのように認知しているかについて、定性的説明に焦点を当てることにした。

　目的を達するために 26 名の参加者が選抜された。この人たちは先行していた一連の ARC 研究で、基準点（開始時）と 9 ヵ月後のフォローアップ時点の心理測定を完成させている（研究 1 と 3）。自己申告による分類にもとづいて、4 つの適応グループのいずれかに属していた（「良好に適応し、安定している」「苦悩はあるが安定している」「適応において改善してきている」「適応については悪いまま」）。可視的差異についての先行研究をもとに、あらかじめ分かっているテーマにもとづいて作り上げたスケジュールに沿って、半構造化面接が執り行われた。研究プログラムの目的と、研究 1 で使用された概念モデルから得られたテーマ、すなわち、異なるレベルの適応にいたる背景要因、異なるレベルの適応に関連して介在する認知過程、そして異なるレベルの適応に関連した諸結果（アウトカム）について、探索と改良を行うために、テンプレート解析（King, 1998）が用いられた。

　「背景要因」に関連して、4 つのグループの参加者たちは様々な生活上のストレッサーを申告していた。これには経済的問題（失業、病弱のために仕事から離れている）、社会的困難（人間関係や家族関係）、そして健康不安（疼痛、障害）が含まれる。同時に彼らは、自分の外見に対する他者からのネガティブな反応

への認知を含め、外見に関連したストレッサーについて申告していた。すべてのグループに共通するのが、日常のいざこざであった。適応に関して不可能だと自ら表現したグループでは、それ以外を自己申告したグループに比べると、ネガティブなライフイベントが、次のようなことにより大きく関連していると思われた。すなわち、ネガティブな出来事は、より大きな外見の顕出性や、正常規範に比べて認知されるより大きな差異、より大きなアイデンティティの喪失感、そして自己概念に対するより強い混乱に関連していると考えられる。しかしグループ間では、経験されるストレッサーの頻度やタイプに顕著な違いはなかった。経過を追っての適応は、介在している心理学的要因によって、よりよく説明されることが示唆されている。

「介在している認知過程」に関連した回答を調べてみると、「良好に適応し、安定している」グループの人たちは、自分自身に対する核心的な見方と外見に関連して、より高い認知的柔軟性を報告していた。また同時に、他者の反応への評価において外的な帰属（自分の内部特性に結びつけず、外部事項に起因すると考えること）を行っており、自己効力感を高めるために工夫されたコーピングスキルを持っていると述べている。

　　彼らはやけどに対して嫌悪感を持っている……何かの感染症のように思っている……そんな先入観に凝り固まった連中だが、中には（真実を知ることに）鈍いだけの者もいる、退屈で小さな町に住んでいるからさ。

彼らの「差異」は、自己の定義にとっては些末なものでしかない。このことは、状態は安定しているが苦悩があるグループや、苦悩で荒廃しているグループと明暗をなしている。

　　自分は醜いと感じる……本当に、本当に醜い。他人が私のことを見ているというだけで、自分自身の中でどのように感じるか、それは何か自意識が高まるような経験だ。

良好に適応して（安定して）いるグループは、社会的行動に出ることが多く、回避戦略に出ることは少ないと申告している一方、他のグループは、コーピング方略を使うことが少ないことや回避行動をとることを申告している。こうした

ポジティブなコーピングを進める人たちは、下向きの社会的比較を行っていた。

いつでも、もっと悪い状態の者がいるものだ。それを思い出して、そうならなかった自分の幸運に感謝する。

（長期にわたって、あるいは、最近より深刻に）苦悩を抱えていると自分を分類した人は、他者について理想化された見方をしていた。

そのことに支配され続けているように思うし、そうさせてしまう自分は弱いと思う……他人がテレビに出ているのを見る人……あるいは、他人が経験した話を聞く人……そんな人のことを馬鹿じゃないかと考えている自分に腹が立つ……それに支配されている人を愚かだと考えている。

ポジティブな適応の安定性を維持することは、援助に継続的に頼ることだと述べられる。しかし、安定して良好な適応をしているグループでは、必要なものはコントロールできる範囲内にあると考えている。積極的に課題を克服しようとするし、ポジティブな適応には投資が必要だと認識している。苦悩が持続しているグループと比べると、自己効力感の概念が違っている。

私が責任を負う……それが自分の人生を生きるやり方だと思う。やるべきことをやり、最善を尽くす……ちくしょう、やるべきことをやるんだ。

後者のグループは、可視的差異から生じる問題に対して、より消極的なアプローチをとると報告している。

長い間、私の皮膚は悪い状態だったので……それが悪いものだということを受け入れるようになったと思う……そのせいで、私はそのことに支配されるようになった……それは悪いのだから、出かけることなんて、あるいは人と付き合うなんてできない。

枠組みの結果要素に関わる回答に関していえば、社会的交流スキルが、すべてのグループにおいて、結果（アウトカム）に関して非常に重要であると思わ

れた。他者と付き合う能力、外見の差異の問題と向き合う能力、そして必要なときには支援を申し出る能力があることが、自らを良好に適応していると認識していた人々の特徴であった。

　　夏に半袖のシャツを着ることができる利点は、どんな種類の不安感にも優る。

あるいは、苦悩にうちひしがれてこう述べる。

　　可視的差異を他人に見られるだけの自信を持つことはできそうにない。

改善は、以下のことにともなって生じていた。すなわち、治療によって得た良好な整容的結果、認知的コーピング方略に対する積極的な認識、そして効果的な社会的・専門的な支援である。一方、適応の悪化は、以下のことにともなって生じている、すなわち、ネガティブなライフイベントの発生や、多様な要因（例：他者の反応、機能的障害、さらなる治療への必要性）により外見の顕出性が増してしまったこと。うまくコーピングができている人たちは、社会的な関わりをより多く持っており、その行動や姿勢は、変形に関連した認知的かつ行動的な回避とは無関係であると報告していた。

質問紙のデータ（研究3）が、各グループの参加者について分析された。特に良好かつ安定的に適応しているグループと改善を得たグループでは、参加者が申告した適応に関する認知と心理測定の値との間に乖離があった。たとえば、3名の回答者は「うまくコーピングできている」と自己申告したにもかかわらず、2回のデータ採取時点において、不安感と抑うつ感について介入が必要なレベルを示していた。同時にこのグループの参加者は、社会的不安と社会的回避、そしてネガティブな評価に対する恐怖心に関連して、広範囲の測定値を示していた。

本研究は、関連する定量的な横断的・縦断的調査における知見を補強し、裏づけるものである。そして、長期にわたる可視的差異への適応や、適切な支援と介入の構成の仕方を理解するうえで、大きな意味を有している。標準化測定法と自己申告での適応状態から得られたスコアが示していたことは、長期的な適応の全体像には著しい多様性が存在することである。このことは、混合法に

よる研究の価値と、適応に関する主観的認知評価の重要性を支持するものである。この知見はまた、介入療法によるアプローチにも支持を与えている。この介入療法には、外見の役割とそれが自己システムに働く作用に関連した核心的信念に対処することや、そうした信念に介在して変化させる行動実験の重要性、そして良好な適応における社会的認知と相互関係の役割が含まれている。

後続研究 （5 ～ 12）

　以下の後続研究は、全体的な研究枠組みの主要な局面に関連して、理解を拡大するために計画された（研究5：可視的差異にポジティブに適応できていると感じている人々の経験に関する定性的研究）。また、過去に研究されていた枠組みの特別な要素、たとえば民族性の違う集団における影響力などについての理解（研究6：顔の変形やその他の可視的差異に関して、民族的マイノリティ集団の人々の見方を調べるためのフォーカス・グループ研究、研究7：白斑症を負った南アジア系イギリス人の経験についての定性的研究）、そして、外見の不安と攻撃性（研究8：外見の不安、敵意、社会的状況）への理解を図るものである。

　ほとんど研究されてこなかった、特異な状態（症状）を持つ人々のグループも、探索研究する価値があるものとして挙げられた。リウマチの治療を求めている患者たちが、数名の研究者たちに訴えてきたことは、外見の不安が、公的なヘルスケア・サービスの中でほとんど取り上げられてこなかったことである（研究11：関節リウマチという文脈において、外見は問題か）。義肢を使用している人々における機能的必要性と外見の不安の組み合わせが果たす役割は、過去に研究者たちによって示唆されていたが、いまだ明らかにされてはいない（研究10：義肢装着の女性：経験と適応）。審議会から発案されたものもある。それは、親密な（いわゆる性的な）関係に対する外見の不安の影響力に関する研究（研究9：親密な（性的）行動における外見不安の影響を測定するためのスケールを開発すること）、および、総合医（医療サービスへのゲートキーパー）における、変形による心理的変化と外見への不安に関する知識と理解の乏しさに光を当てること（研究12：可視的差異を持つ患者への対応：総合医の思い込み、意思決定過程、トレーニングの必要性）である。後続研究は同時に、研究メンバーの個人的な研究関心も反映していた。

［研究 5］
可視的差異にポジティブに適応できていると感じている人々の経験に関する定性的研究

■ 研究主任：Diana Harcourt
　謝辞：本研究におけるグループ抽出とデータ解析は Katie Egan が行い、論文化している（Egan et al., 2011）。

　これまで可視的差異の領域の研究のほとんどは、社会的状況の中での困難といった問題を述べる当事者の経験や、不安や抑うつといったネガティブな結果に焦点を当てていた。しかし実際のところ、可視的差異を持つ人々の多くは、そうした問題をことさらには述べていない。たとえば、可視的差異を持つ650 名のうち、30 〜 50%の人々が重大レベルで苦悩を訴えていたが（Rumsey et al., 2004）、その一方で、多数の人々がそうではなかった（50 〜 70%）。さらに、口唇口蓋裂学会の調査では、70%以上の人々が、裂を持ったことによるポジティブな局面について述べている。Thompson ら（2002）も、白斑症を持つ人々の中には、治療の中で使用していたのと同じようなコーピング方略を、自然に身につけている人もいることを報告している。最近では Saradijian ら（2008）が、プロテーゼを用いている人々の中には、苦悩を最小化させるための様々な方略を使用している人がいることを報告した。Thompson & Broom（2009）は可視的差異に対してうまくコーピングできていると感じている人々を選び出し、様々な適応的なコーピング方略が用いられていることを明らかにした。

　明らかに、多くの人たちは直面する問題にポジティブに対処し、可視的差異の影響力を最小限にすることに成功している（Rumsey, 2002）。しかし本研究を始めるにあたり、ポジティブな適応に寄与する要因についてはよく分かっていなかった。Eiserman（2001）も、病理にのみ注目して、可視的差異を抱えながらの生活におけるポジティブな局面と結果（アウトカム）を考慮しないのは、道義に反することであると指摘している。慢性疾患については、その利点と困難を含めてポジティブな局面についての研究があるが（例：Petrie et al., 1999; Sodergren & Hyland, 2000; Sodergren et al., 2004）、可視的差異に焦点を当てた研究は、これまでのところ非常に限られている。数少ない研究によると、メビウス症候

群の人々においては、ユーモア、自分に対する好感、家族からの支援、自信といったことのすべてがリジリエンスと成功に寄与していたし（Meyerson, 2001）、頭蓋顔面領域での可視的差異を持つ人々には、内的強靱さと高く評価できる社会的集団があることが認められた（Eiserman, 2001）。上記研究および他の研究でも（例：Fortune et al., 2005）、可視的差異をより総合的に捉えるのではなく、特定の状態（症状）に焦点を当てていた。

本研究では、可視的差異があることで得られたポジティブな結果を述べたり、「正常基準」から外れた外見を抱えての生活にポジティブに適応できていると表明できる人々について、その経験を調査することにした。

グループの抽出とインタビューは、母集団のうち適応ができていることが明らかな 12 名を対象に行われた。年齢は 31 〜 80 歳で、様々な可視的差異が認められた。その記録に対して帰納的主題分析が行われた（Braun & Clarke, 2006）。

このデータからは、4 つの主題が現れた。外見に大きな価値を置かないこと（「可視的差異があろうとも、自分自身でいること……隠れたり、困惑したりせぬこと」）、人格的成長、外見に影響を受けない他者との関係性、幅広いコーピング方略（受容、積極性、上品なユーモアのセンス、決断力、日常的な物事への対処）を採用していることである（「私の可視的差異は変えられない、ということを受け入れることを学んだ……隠さないこと、その場はうまくやり過ごして人生を楽しむこと、そして基本的にポジティブでいること」「悪いことをすべて変形のせいにするのは簡単だろう……実際、可視的差異は悪いことを引き起こす多くの物事の中の 1 つなのだから」「思い出す限り、『なぜ私が？』と言ったことはない……なぜ私ではないのだろうと大抵思う」）。リジリエンス、決断力、積極性、下向きの比較、社会的支援、スピリチュアリティ、ユーモア、日々の物事をこなすこと、責任を引き受けること、気分転換、利他行為といったことが、ポジティブな適応において重要であると見なされている。

この研究で得られた知見は、行動や個人的見解、適応的コーピングに貢献すると思われる広範囲の認知的方略を知る手がかりとなる。また、これらのテーマは、より深く有用な説明となるだろう。同時に、認知過程に焦点を当てた介入療法の必要性を強調した。そこには、変形がもたらすポジティブ結果を明らかにして、問題を外見のせいにしないようにすることを奨励する方略が含まれる。

民族的マイノリティ・コミュニティの人々における、変形についての見解に関するフォーカス・グループ研究

■ 研究主任：Rodger Charlton, Krysia Saul & Nichola Rumsey

　本研究にもとづいて論文が作成されている（Hughes et al., 2009）。

　謝辞：データ収集と分析は Jennifer Hughes, Heidi Williamson, Emma Thomas が行い、Mark Johnson が援助した。

　異なる文化や民族グループにおける可視的差異を持つ人に対する見解について調査する研究は不足している。標準化された外見に関する測定法は翻訳されていないので、外見に関連した研究は、もっぱら英語文化圏のもの（アメリカとイギリスがほとんど）か、あるいは英語に堪能な個人に関するものに限られる。

　南アジア系の人々は、インド亜大陸に祖先を持つ人たちで、イギリスでは最も大きな民族的マイノリティ・グループの1つであり、全人口の4%を占めている。このグループの中には多様性があることに注意することが重要である。異なる言語を使用し、識字率もまちまちであり、異なる宗教的信条を持ち、そして異なる文化的伝統を引き継いでいる。このグループの不均一性は無視できない。

　変形、スティグマ、羞恥心などの問題が、特定の文化や民族のグループの一員であることと特に強く結びついているのだとしたら、可視的差異に対する南アジア系の人々の見方の調査が優先課題となる（Papadopoulos et al., 1999）。それゆえに、可視的差異を持つ人々に対する、イギリスの南アジア系コミュニティの見解について調査することが計画された。

　顔の変形と可視的差異というテーマについて、9つのフォーカス・グループを形成し（南アジア系の4つのコミュニティ：インド・ヒンドゥー教徒、インド・シーク教徒、バングラディッシュ・イスラム教徒、パキスタン・イスラム教徒）、63名が参加した。討論はそれぞれのグループの母国語で行われた。翻訳の後、データはテンプレート分析で解析された（Kent, 2000）。

　そこから、主要な8つのテーマが明らかになった。すなわち、**変形の定義**（多くは可視的差異を知能や身体の障害、または「劣った」性格に関連付けていた）、**可**

視的差異の原因に関する思い込み（「神様からの罰だ」）、変形の結果（「両親は子供の結婚について困るかもしれない」「彼らは自信をなくすだろう。他者から疎外されるだろうが、自ら孤立することを選ぶだろう」）、他者からの反応（「人から見つめられるだろう」「ステージでは変形を持った人を決して見ることはない」）、変形を持った人々の社会的露出（「彼らを公衆の面前に連れて行ったら、からかわれるのではないかと意識してしまう。だから、あまり連れて出ないだろう」「親は恥ずべきものや困惑させるものと見なして、隠そうとする」）、文化的違いと世代的違い（「私たち若い世代はどういう事情でそうなったかも、社会がどのように考えるのかも理解している。その一方で、年長世代は自分の時代に固執している」）、そして医学的治療に対する態度（「再建手術を行うのは正しいが、美容目的の手術は間違っている。外見を変えようとするのは大きな罪である。アラーは罰を与えるであろう」）。

　このグループ・インタビューは、イギリスのいくつかの南アジア・コミュニティに存在する可視的差異に対する見方について、特徴的な洞察を与えてくれる。多くのテーマが明らかになったが、そのうちのいくつかは、先行研究でも注目されていた。特に、社会的受容と結婚への見込みに与える変形の影響力がそれである（Rozario, 2007）。

　宗教的信念や文化的見方／行為は、南アジアの人々に深く根ざしているようである。ゆえに、現れたテーマの多くに共通事項があるのは驚くべきことではない。可視的差異の結果に対するのと同様に、原因にも起源にもそれが当てはまるのである。

　可視的差異が引き起こすネガティブな結果を打ち消すことができる介入として、多くのポイントが明らかになった。差異を抱えている人とその家族の生活の中での経験を改善することと同様に、一般の人々における差異に関する知識と理解について、そのレベルを向上させることもポイントである。迷信を取り除き、可視的差異を持つ人々のための支援資源となるような意識を向上させるために、教育が必要であると参加者は指摘していた。ベンガル出身の年長女性グループに属する参加者は、可視的差異を持つ人や可視的差異の子供を持つ親たちの経験を改善するために、介入が必要であると特に強く指摘していた（表C1 参照）。

表 C1　ベンガル人の年長女性により示唆された介入
● 胎児疾患に対する迷信は駆逐されるべきだ。
● ポスターは役に立つ。
● 意識向上のためのベンガル人向けの講習会。
● こうした問題を啓発するための講演やトレーニングを市議会は整備できる。
● ソーシャルワーカーは非常に重要な役割を持っている。子供たちは学校でこうした問題をもっと知ることができる。交流サークルは市議会によって組織されうる。
● 女性は、嫁・姑ともにこの種のグループに参加すべきである。
● 「モヒラ・ショミティ」のような女性グループは非常に役に立つ。
● ベンガル人は意識向上のために、もっとボランティア精神を持つべきである。

［研究 7］
醜形をきたす皮膚状態の白斑症を持つ在英南アジア系住民の経験に関する定性的研究

■ 研究主任：Andrew Thompson, Sally Clarke & Robert Newell

　本研究は論文化されている（Thompson et al., 2010）。

　白斑症が可視的状態となるのは、皮膚色素の喪失によって皮膚の外見が影響を受けるからであり、より濃い色の皮膚を持つ人の方が結果的に目立つことになる。たとえば、抑うつ、QOL の低下、低い自尊感情と外見に関するネガティブな思考、性的関係における困難、身体イメージの不良といった、様々な心理社会的困難を抱え込むことになる（Ongenae et al., 2006）。

　この病態の原因や性状に関する信念は適応過程に影響を与えるが、こうした信念には文化や民族性により多様性があることが証明されている（Firooz et al., 2004）。しかしながら、心理皮膚科学と変形の分野での心理社会的研究の大部分は、西洋の白人種をもとにしている（Thompson & Kent, 2001）。白斑症を持ったアメリカ黒人に関するある研究では、色素の喪失とは、アメリカ白人と性的関係を持ったことへの懲罰であると特徴付けられていた（Porter & Beuf, 1991）。白斑症を持つナイジェリア人に関する研究では、この状態に伴うスティグマ感の大きさと、ハンセン病に関連した思い込みを明らかにした（Onunu &

Kubeyinje, 2003)。アジア人における白斑症の心理社会的影響を調査した研究では、QOL への深刻な悪影響が示唆されていたが、特に、個人的関係と社会的関係が強く影響を受けていた。対照群と比べると、白斑症を持つ人々は、心理的問題を抱える率がより高かった（Matto et al., 2002）。

　先行研究が少ないことと、文化的問題を考慮していない一般的な方法を用いて定量的アセスメントが行われた研究に多くを頼らねばならないことにより、民族性と文化が果たす役割に関しては、詳細な理解が制限されている。本研究は、アジア人ではない人々を対象とした白斑症についての先行研究を参考にして計画されている（Thompson et al., 2002）。しかし目的としていることは、民族性と文化の役割に特に焦点を当てながら、アジア人が白斑症に対処して適応していくやり方を明らかにすることである。

　南アジア人や、そこにルーツを持つイギリスの成人で白斑症を持つ7名を対象に、綿密なインタビューが行われた。参加者は NHS のクリニックと白斑症協会から募集された。記録の分析にはテンプレート分析が用いられ、定性的評価が行われた（Kent, 2000）。

　参加者は可視的差異について述べ、そしてすべての人が程度の差こそあれ、スティグマの経験について語った。参加者の苦悩は広範囲にわたっており、5つの主要なテーマが明らかにされた。これらのテーマは、**白斑症が持っている文化的に特異な影響力（文化特異的影響力）**を構成していた。

　　アジアの社会は外見と地位を重視する。目立つ白斑症を有していると、社会的地位が下がる……それはスティグマである。
　　母親が言った。お前のような皮膚をしている者と、誰が結婚しようとするのか。見合い結婚では普通、容姿を重視し、地位を求めるものだと。

　このコメントには、皮膚の色素を失い、結果的に皮膚が白くなった結果として、民族としてのアイデンティティが失われたこともほのめかされている。2つ目のテーマでは、羞恥心、嫌悪感、性的関係の困難を含めて、**個人に与える広範な影響力**が示されている。

　　恐ろしく嫌悪感を催す。
　　（結婚できるほどに）誰かを近寄らせることも、近づくこともできなかった。

服を脱いだときに、夫には見せないようにしていた。

　3つ目のテーマは、参加者が述べる**コーピング方略**の範囲を示している。これには社会的回避や隠蔽、露出と言い訳、過度の気遣い、そして否認が含まれている。

　化粧をしていないときに、訪ねてきた人の目に顔をさらすことはできない —— そんなことをしたら、私はパニックになってしまうだろう。

　社会的支援は様々な形態をとりうる（家族から、友人から、担当医から、インターネットを通じた支援グループからなど）。白斑症を抱えながらの生活は、**ずっと負い続ける重荷**と見なされていた。

　本当に恐ろしい。どのように表現すればよいのか。それは重荷であり続けている。常にそこにあるのだから。

　本研究の知見は、計画のもととなったコンセンサス・モデルを強く支持している。しかしそれとは別に、変形への文化的関与について注意深く評価する必要性についても明らかになった。さらには、個人への介入療法に加えて、コミュニティに対する介入も必要であり、迷信を駆逐して、支援と治療に関する適切な資源について注意喚起すべきことを示唆している。

［研究8］
外見への不安、敵意、社会的状況

■ 研究主任：Tim Moss & Lames Byron-Daniel

　可視的差異の分野における先行研究では、敵意の重要性が、心理社会的適応の1つのあり方として暗に触れられていた（Moss, 1997b）。そこで、敵意に関する測定法を、研究1と3で使用する測定一式の中に含めることとなったのであ

る。横断的研究から得られた初期のデータ分析では、可視的差異／変形に対する適応と、敵意の感情との間の潜在的に重要な関係性が認められていた。それゆえに、この関係については、さらに調査することが望ましいと考えられたのであった。

　攻撃性とは、自己愛が強い人々において、社会的状況の中で脅威や相手の挑むような反応に直面したときに起こりやすい結果（アウトカム）である（Kernis et al., 1989）。自己愛は高い自尊感情に関連していることが多い（同一ではないが）。しかし、敵意が起こる理由には、「他者からの低い評価」を感じたからということも欠かせない（例：優越感と他者への蔑視）（Baumeister et al., 1996）。

　自己愛や優越感は、自己のより深くに隠された、自分は弱く、傷つきやすく、損なわれているという核心的見方から自分を守るための防衛機能であることもある。攻撃性と敵意は、他者からの挑発を通して、自分に対する脅威と直面したときに示す防衛行動の表れなのである。脅威にさらされた場合には、攻撃性と敵意が、社会的比較システムの中で自分が認知している位置（地位）を守る役割も果たすのかもしれない（Gilbert et al., 2007）。外見が特に目立ってしまうような状況にいるとき、外見への不安を持つ人々において、こうしたプロセスがどのように起こるのかを見るのは難しくない。こうした可能性を調査するために、自尊感情、変形への適応、敵意などの概念を測定しながら、特定の仮想上の状況に対し、外見に差異を持つ人々が示す反応について、後続研究を行った。

　オンラインでの調査は、反社会的行動の結果に対する判断を含めて、6つの社会的状況の場面で構成され、38名が参加した。参加者は外見への不安、自尊感情、社会的地位の認知、攻撃性、自己愛に関して、標準化された測定テストにも回答した。

　外見に対してうまく適応できていない人々は、他者から受ける言葉や行為による攻撃に対して、それが外見に関連したものであるときにより敏感になっていた。外見に関連した適応と敵意との相関には、認知された社会的地位と自己愛が媒介することが分かった。

　可視的差異の影響力を研究する際、敵意と攻撃性は結果（アウトカム）に含められるべきであると確認されている。介入療法は、外見への不安を持つ人々の敵意を減少させることを目的とした包括的な社会的スキルより、むしろ、個人的に過敏となる社会的状況（例：外見が関与している脅威に、いかに対処するか）に焦点を当てるように計画されるべきである。

［研究 9］
外見の不安が性的行為に与える影響力を測定するスケールの開発

■ 研究主任：Elizabeth Jenkinson, Alex Clarke & Tim Moss

　臨床家や可視的差異を持つ人々から聞かれる逸話として、可視的差異を持つ人の多くが、タッチやハグやキスなどの身体的接近の最初の段階において、問題を経験していることが指摘されている。外科的治療を受けようとしていること、あるいは受けたことや、治療が進行中であることが意味しているのは、パートナーとの生活や関係がネガティブに影響を受けているということでもある。そして可視的差異が持つ心理社会的影響力に関する研究では、多くの人が高いレベルの社会的不安を経験していると報告されている（Rumsey & Harcourt, 2005）。

　一連の研究プログラムの期間中、性的行為と関係に関する質問がなぜ質問紙一式の中に含まれていないのかを、審議会のメンバーは疑問視していた。可視的差異への適応にとって、それは重要な構成要因であると皆が同意していたからである。この領域でかつて行われた研究は少ないが、外見への不安によって性的関係と親密性が影響を受けることがあると確認されている。Gamba ら（1992）は、頭頸部癌の患者において、74％が手術後に性的関係に困難を生じたと報告していることを見出した。Porter ら（1990）は、白斑症の患者の大多数が、性的関係のみならず、親密さにつながるような行為についても、たとえばデートや他人に身体を見せることなどに問題が生じていると述べていることを見出した。Ramsey & O'Reagan（1988）は、乾癬の患者も同様の不安を述べていることを見出した。

　測定法を一通り見回しても、横断的アンケート調査に含めるのに適していると思われる測定法はなかった（研究1）。性的満足度と性的行為に関する測定スケールは存在する（Popovic, 2005）。しかし、セックスへの導入になるようなより微妙な社会的行為（例：タッチによる行為）が、外見の不安を持つ人々にとって困難であると述べられることが多いが、その種の行為は見逃されがちであった。そこで本研究チームは、この問題に対処すべく、この集団に対する将来の研究において利用できるようなスケールを、本研究プログラムの期間中に開発

することに決めた。

　このスケールには、可視的差異を持つ人々の回答と臨床での経験例から得られた項目が含まれる。18 歳から 75 歳までの可視的差異を持たない 145 名に実施され、そして形成外科クリニックからの 41 名の参加者には、研究 1 に含まれていた標準化されたスケールとともに実施された。

　2 つのグループでは、非常に異なる結果が得られた。変形のないグループでは、性的行為において外見と苦悩に結びついた影響はほとんど認められなかった。しかし、クリニック経由のグループでは、親密性スケールに高い表面的妥当性が認められた。彼らは、外見が性的行為に大きな悪影響を与えていると述べていた。このスケールに対する彼らの回答には、親密な状況という文脈において、また将来のパートナーと交際するときに、深刻な、時には衰弱しそうなほどの外見への不安が反映されていた。親密さと性的関係における外見の役割については研究されていないが、介入療法という文脈の中で理解し対処すべき重要な問題であることが強調されていた。このスケールには、現在も改善を加え続けている。

［研究 10］
義肢装具を使用している女性 ── その経験と適応

　■ 研究主任：Rob Newell, Andrew Thompson & Sally Clarke

　生まれつきであれ、外傷や病気からであれ、四肢欠損のある人たちはその障害から直接もたらされる結果とは無関係に、結果的に深刻な問題に直面する。これらの問題には、低い QOL や心理社会的指数に加え（Demet et al., 2003）、幻肢痛や他の幻覚現象が含まれる（Katz & Melzack, 1990）。

　四肢の欠損部に義肢を装着することは、身体能力の発達の過程やリハビリテーションでは普通に行われる。しかし驚くべきことに、義肢の使用の様式について（Murray & Fox, 2002）、あるいは四肢の欠損や喪失への心理社会的適応についてはほとんど知られていない。研究は一般的にいっても、逸話的な症例報告や小規模な調査しか行われていないからである（Rybarczyk et al., 1995）。特に、

義肢の機能的特徴と、そうした特徴が使用に与える効果には焦点が当てられるものの、義肢を使用している人たちの姿勢や使用によって得る経験についての調査はほとんどない（例：Millstein et al., 1986; Balance et al., 1989）。

　比較的最近の研究では、Saradjian ら（2008）が 11 名の男性の切断者の経験に焦点を当てた。インタビューを行い、義肢の使用によって、違っているという感覚は軽減したと述べていることが示された。しかし、四肢欠損で義肢を使用する人では、男女によってその経験が異なっていることが示唆されている。したがって、本研究では女性の経験に関するインタビューを行い、Saradjian らの研究を補完することを目的とした。

　半構造化インタビューが、29 〜 67 歳の、6 名の義肢装着女性に行われた。4 名は下肢の義肢で、2 名は上肢の義肢であった。インタビューは記述された後に、主題分析が行われ、Burnard（1991）の実際的アプローチでデータが体系化された。参加者は研究 1 にも参加していた人たちであり、その時点では、後続の研究への参加に関心を示していた。

　インタビューのデータからは、7 つの主題（そのうちいくつかには、副題もある）が導き出された。心理学的適応、身体的適応、自立、他者の役割、感情的影響力と支援、社会的影響力、身体イメージと自己イメージといったテーマである。

　主として、参加者らは四肢の欠損や喪失に対してポジティブな適応を示しており、深刻な苦悩の徴候はほとんど認められなかった。しかし、うまく適応するには、多様な作業が必要であると認めていた。困難に直面して解決していくこと、そして自立を主張することを含めて、ポジティブな精神的態度が必要であることを強調していた。

　　車イスであろうが歩けようが、私は自立している。自立した精神の持ち主だから。だから、何とかしてうまくやっていくことができて、当然だろう。

　説明の中で、四肢欠損に対する心理的適応には様々なスタイルがあることが分かった。ある人たちにとっては、四肢の欠損は問題であり、喜ばしいことはないものの、直面し挑まなければならないものだった。しかし、大多数の反応は、ポジティブな様相を呈する特徴を備えていた。

装着するのが嫌というほど悩ましいわけではない。そのことを考えて、毎晩嘆いたりはしない。（ネックレスのように）ダイアモンドをあしらってみたい。

　バリアはあなたの頭の中にあると言いたい。

おおむねポジティブな適応ができているが、喪失、後悔、不満も認められた。

　何とも表現のしようがない、「ずいぶん慣れたみたいだね」と人々は言う。慣れたなんてとんでもない。それは下肢を覆っている大きなプラスチックの「もの」でしかないわ。とても重いの。ロング・ジョン・シルバー［訳注：スティーブンソン『宝島』に登場する左脚を失った海賊］みたいでしょう。馬鹿らしい、馬鹿らしい。見ての通りよ。

公衆や面識のある人々の態度や行動が、不快感の原因となっていた。予測し、観察し、準備し、そして他者が見せる実際の反応や、予想される反応に対処することに、時間を消費していることも明らかである。

　中学校で、自分の教室へ行こうとして他の教室の前を通ったら、こっちを見たり、指差したり、何かささやいたりする者が大勢いるだろう。

参加者らは、公衆の人々は無礼で侵襲的で、嫌がらせかと思うような振る舞いで当事者に向き合うことが許されると考えているかのようである、と述べていた。1人はこうした事実を、四肢を欠損していることは、人として満足ではないからだと推測していた。

　あたかも人として満足ではないようだ。いつも義肢を着けている理由は、人々が私のことを見て、片腕の女性がいると思われたくないからだ。

「正常」に見えることは義務だといった言い方を、数人の回答者がしていた。そしてそのことが四肢の欠損を隠す行為に結びついていることも多かった。

しばらくは気乗りがしなくて、外出しなかった。できる限り正常に見せられるようになりたい。

　義肢を機能的なものと見なしたり、「正常」として承認されるために有用な補助具と見なしたりする人もいた。自己の感覚に組み込まれた何かであると見る人は少なかった。

　義肢は私が得た何かであるに違いないが、それがなければ歩くことができないから、毎日使う。さもなければ歩けないし、歩けなくなりたくないから。しかし決して、自分のものとして受け入れたくない。今もそうである。

　回答には幅があるものの、四肢の欠損は社会的生活に対してほとんど、あるいは全く影響を与えていないと答えた者が多かった。親密な関係についても質問が与えられたが、皆が付き合っている人や男性の友人がいて、現在、または過去に結婚していた。

　彼は私のそこに触れる。境界線を越えたという気はしない。体のどの部位とも同様に、境界線を越えるということはない。

　本研究において義肢の女性が語ったことは、可視的差異に対し適応へと仲介をなす際の、積極的なコーピング方略の役割に関するエビデンスの重みを増やした。特に、公の場で人々がよく見せるネガティブな行動に直面した場合に果たす役割についてそう示された。このことにより、可視的差異を持つ人々における積極的なコーピングと、一般大衆における啓発と態度の変化の両方が生み出されることが重要であると強調されている。
　可視的差異の研究においてよく報告されているような、他者の反応が非常にネガティブなものに感じられるということが、他者の態度をその行動から読み取って推測するという記述と同様、ここでも繰り返されていた。障壁に直面してそれらを課題と見なすことが、適応において重要であることが明らかにされている。
　この研究では母集団が小さいため、内容としては勇気づけられるものの、優

れた適応ができているという構図は、必ずしもこの状態の集団全体を代表していているとはいえない。このグループにおける心理的適応について、より深い理解を得ていくことが必要である。

［研究 11］
関節リウマチという疾患の文脈において、外見は問題となるか

■ 研究主任：Heyley McBain & Stanton Newman
本研究は論文化されている（McBain et al., 2013）。

関節リウマチ rheumatoid arthritis（RA）は、イギリスにおいては、機能障害の単一の原因としてはもっとも多い疾患である（Goff & Barasi 1999）。現在のところ、完治させたり、予防したりできる治療法はない。それゆえに、障害を軽減して QOL を向上させ、症状を緩和することで生活への影響を減らすことが主目的となる（Pollard et al., 2005）。手の変形は、RA ではよく見られる深刻な合併症である。いったん生じると、内科的治療では元に戻せないため、手術を要することもある。

　病気の過程における心理学的影響をにらんだ研究は多くあるものの、身体イメージや変形に関する心理学的影響力について焦点を当てた研究は非常に少ない。RA 患者の身体イメージや魅力に関する初期の研究では、結果に多少の錯綜がある。健常な人との差はなかったとするものもあれば（Cornwell & Schmitt, 1990）、身体イメージの悪化を示唆しているものもある（Skevington et al., 1987）。Rumsey ら（2002）の報告によると、RA を含めてリウマチ性疾患の患者では、不安と抑うつのレベルが、それぞれの正常値と比べて高いものであった。これは熱傷や頭頸部癌や目に状態を持つ人々と比較して同程度であった。高いレベルの苦悩を経験しているリウマチの状態を持つ患者は、特に関節の外見に触れつつ、外見に関連した当惑、自意識の高まり、苦悩を語っていた。自分の状態が目に付きやすいことへの不安も、回避行動や隠蔽行動をとることに関連して述べられていた。RA と全身性エリテマトーデス（SLE：systemic lupus erythematosus）に関する研究では、知覚された外見と身体的障害によって抑う

つが予測されていたが、しかし RA 患者においては、不安は予測されてはいなかったことが分かっている（Monaghan et al. 2007）。

　手は露出度が高く目に付きやすい部位であり、疾患によって大きな影響を受ける部位の 1 つであるのは明らかだが（Cornwell & Schmitt, 1990）、RA における可視的な手の変形に関連した身体的かつ心理的問題に焦点を当てた研究は非常に少ない。外見への不安に関する先行研究の結果に一貫性を見出せないために、本研究では、RA による手の変形に、心理的幸福感（健常感）に与える独自の影響力があるのかを調査することにした。

　ロンドンのリウマチ・クリニック外来から、手に変形がある 49 名とない 32 名が募集され、心理社会的事項に関する質問紙への回答を得た。研究 1 に含まれているスケールに加えて、機能障害とスティグマに対する感覚のレベルに関連した測定項目も含まれている。平均年齢は 59 歳（23 〜 78 歳）であった。

　主な結果については、楽観性がすべての心理学的変数の中で、最も強い予測効果を有していた。人目に付きやすい手の変形を持つ人々は、機能障害とスティグマの感覚において、高い数値を示していた。手の変形がない者に比べて、ある者はよりネガティブに自らの外見を評価していた。機能障害を統制した場合、グループ間のすべての有意差は消滅したが、この要因が持つ付加的影響力が焦点となった。手の変形を有する参加者らは、ない人々に比べて、臨床的抑うつが 2.62 倍多かった。逆に、ない人々は、臨床的不安感が 1.68 倍多かった。外見に関連した社会的不安と社会的回避は、人目に付く手の変形といくつかの心理学的変数（誘意性、顕出性、機能的障害、社会的支援に対する満足感、社会的受容）と同様に、年齢と家族構成によって予測されていた。若い患者ほど回避行動をとりがちで、社会的状況に対して不安を持ちやすかった —— これは高齢者の患者と比べて、手の外見への不安が、社会的機能により強く影響を与えている可能性を示唆している。回帰分析によると、外見に関する理想と実際の乖離が大きいこと、楽観性の低さと、社会的支援に対する満足感の低さが、不安感の高さを予測していた。機能障害への不安の高さと楽観性の低さが、抑うつにおける変動の大部分を予測していた。手の変形の可視性は、単独では気分に影響していなかった。しかし、外見に関連した社会的不安と社会的回避の感情には寄与している可能性がある。

　こうした知見が示唆していることは、手の変形が人目に付きやすいことだけでなく、運動時に機能障害が見えやすくなることも、スティグマの感覚や自身

への評価に影響力を持つだろうということである —— 運動時に、変形は特に突出して見えやすくなると感じるのかもしれない。こうした結果が強調するのは、機能障害が持っている付加的（相互作用的）影響力であり、治療の文脈においてこうした局面に対処することの必要性である。

［研究 12］
可視的差異を有する患者との診療
—— 総合医が持つ思い込み、意思決定プロセス、トレーニングの必要性

■ 研究主任：Elizabeth Jenkinson & Tim Moss

　総合医は、アピアランス（外見）問題領域の心理学者によって行われている、現存する心理的支援サービスへの「ゲートキーパー」として認識されてきた（Rumsey & Harcourt, 2005, p. 146）。総合医はきわめて重要な位置にいるにもかかわらず、外見への不安を持つ人々の心理社会的ニーズに対処するために、必ずしもトレーニングを受けているわけではなく、他の健康不安や精神的疾患から、外見に関連した苦悩を区別することに困難を感じている。アピアランス〈外見〉問題が認められても、Hopwood & Maguire（1988）が指摘しているように、こうした患者の診療をしている専門家らは、外見への適応における問題を軽視することが多い。こうした傾向は、患者の適応に関する評価において、生物医学的方法に過度に依存しているためであろう。心理学的研究によって揃ってきたエビデンス・ベースが示唆していることは、生物医学的要因（たとえば、可視性、重症度、状態のタイプ）は実際のところ、心理学的適応に対して信頼できるだけの予測因子とはなっていないことである（Robinson, 1997; Rumsey et al., 2003）。そこで、身体的評価と並行して心理学的要因も考慮しながら、生物心理社会的方法をもっと取り入れることが提唱されている（Engel, 1980）。
　Charlton ら（2003）が指摘したことは、総合医に対して、外見への不安を持つ患者を彼らが適切に見抜いて助言できるように、努力が払われるべきだということである。そのため、この領域における支援とトレーニングがもっと必要であると述べた。本書の著者らは、外見の問題を訴える患者を詳しく診察する

ことは、総合医を当惑させるものになると考えている。外科的治療への紹介の決定は、必ずしも適切であるとは限らない。それどころか、患者の可視的差異が手術によって整容的に改善するだろうという期待感を不用意に高めてしまうかもしれない。そして、その期待感は、自身の外見は治るだろうという自意識を、患者が信じ込むように導くかもしれない。このような患者に対しては、外科的あるいは医学的治療への紹介は、他の方法として心理学的支援が相応しくないと判断されるときや、該当地域に有効な支援サービスがないとき、患者が心理学的介入に関与するのを望まないときにだけ、妥当な選択肢となるだろう。初期診療レベルにおいて、近年の総合医の知識レベルを把握し、臨床家に必要とされる教育を提供するために、もっと研究が必要であると Charlton らは唱えている。

それゆえに、本研究の焦点は、変形を持つ患者の診療という文脈の中で、初期診療を担当する総合医が、現在持っている認識、思い込み、紹介のパターンを調査することである。この領域でより正確な理解を得ることは、適切なトレーニング方法を将来計画するために欠かすことができない。

本研究にはイギリス国内の総合医の正資格者（17名）と研修医（8名）、加えて医学生（25名）の参加を得た。参加者には、変形を持つ仮想の患者に関する12の症例を提示し、オンラインか電子メールで回答を得た。症例には、重症度と変形の状態の目立ちやすさについて体系的に変化を付けた。そして、想定する患者の苦悩のレベルにも体系的に変化を付けた。症例は研究チームによって作成され、仮想の患者とそのシナリオの詳細を含んでいた。100語程度の症例には、年齢、性別、状態、重症度、状態の目立ちやすさに関する情報に加え、現在の心理学的苦悩のレベルに関する状況が描かれた。社会経済的状態、性別、年齢（30〜50歳）、交友関係、生活環境を含めて、多くの変数がどの症例でも一定になるようにした。

提示症例

32歳のサラは、夫のニックと一緒にアパートに住んでいる。地元の大学で、人事部のマネージャーをしている。最近、発作を起こし、左側の顔面神経麻痺が残った。この数ヵ月、毎日疲労を感じ、今までになく緊張が続いている。独りの時にも神経過敏となり、仕事に行くことを考えるだけで不安を感じるようになった。できる限り家にこもるようにして、他人の

目から顔の麻痺が見えないように、髪の毛で隠すようにしていた。

　参加者らは、患者の問題点を明らかにすること、そして1次、2次、3次的治療環境といった広範なサービスへの紹介先として、どのように推薦するかを評価することが求められた。また、自由回答形式の質問に回答した。

　参加者のすべてのグループが、変形を持っていることに関して、生物心理社会的説明と論理的結論を提示した。質的データの主題分析では、患者のための心理社会的支援の必要性を認めていることが指摘されたが、NHSでの提供には障壁があることも示唆された。高いレベルの苦悩を経験していると述べた患者については、コミュニティであれ病院であれ、心理療法サービスへ紹介すると答えた参加者が多かった。参加者らはまた、実際に紹介するときのパターンとして、重症度と他者への目に付きやすさにも反応した。この事実は、すでに出版されている先行研究に示された、変形の重症度および可視性と、それに関連する心理社会的苦悩のレベルとの間には相関がない、といった一貫した知見を反映したものではなかった。多くの参加者が、自らは心理社会的支援を提供するには不慣れすぎると感じており、この点においてトレーニングの必要性を表明していた。

　この知見が指摘することは、初期診療の実務家に追加的にトレーニングを行うことは有益だということである。治療の決定をする際の支援は、変形を有する患者の診療時に、支援と介入について適切な紹介を行ううえで有用となるだろう。

研究プログラムの結果の全体的統合

　この付録のまえがきで述べたように、研究5～12は性質上、探索的な研究として計画されている。このことを考慮すると、これらの研究から得られた知見は、指示的というより、むしろ示唆的なものとして把握されるべきである。にもかかわらず多くの知見は、大規模な研究1～4での結果と共鳴している。特に、それらは個人の経験の範囲と複雑性を強調し、介入と将来の研究課題の両方に関連する、諸々の提案事項を定式化していくのに役立つ。研究5～12から得られた知見は、後述する研究1～4の結果とともに、必要に応じて統合

されていく。

■苦悩と適応の概略

本研究プログラムに参加した人たちは、苦悩と適応について、非常に多様な様相を提示していた。先行研究に示されていた通りに、多くの参加者が高いレベルの苦悩を述べていた。不安感については 51.7% がカットオフ以上であり、抑うつについては 23.6% だった（研究 1）。苦悩と困難は深刻なことが多かったが、外来クリニックからの参加者にも、またコミュニティからの募集参加者にも同様に経験されていた。積極的に治療を求めている人たちも、そうでない人たちも、満たされない心理社会的ニーズについて、衰弱しているほどのレベルにある人々が多く含まれていた。

またこの結果では、変形をきたす状態を持つ人々のうち、うまく適応できていると考えられる人々の心理学的特徴の概略が示されている（研究 1、4、5）。適応は多因子的である（全研究）。先行研究において指摘されたり明らかにされたりしていた、ポジティブな適応や苦悩に寄与するいくつかの構成要素が、ここで確かめられ明らかにされた。それはすなわち、素因（楽観性／悲観性）（研究 1、4）、社会的支援に対する満足感のレベルのような認知的過程（研究 1、3～5、10）、ネガティブな評価に対する恐怖心（研究 1、4）、認知された社会的受容（研究 1、4）といった要素である。先行研究では適応における重大な要因として、他者の反応への解釈が強調されてきた。これは本研究においても繰り返し見られていた特徴でもあった（研究 2、10）。

本研究でもっとも驚くべき知見の 1 つは、外見に特化した認知が適応に対して果たす役割である。これには顕出性、誘意性、外見に関連した自己乖離が含まれる（研究 1、3、4）。これらの外見に特化した問題は、他のより一般的な心理学的ニーズの徴候（例：不安や抑うつ）がなくても、苦悩を引き起こす可能性がある（研究 1、4、9、10）。しかしそれでもなお、悪影響を受けている人々の生活の多くの局面に対して、ネガティブに影響を与える。一般的な精神病理学上の徴候が明らかに認められない人々において、外見に関連した苦悩が存在することは、ケアに関わる臨床家などにとって、より分かりにくいものとなるだろう。しかし、適応の妨げとなる外見に特化した認知や行動は、介入療法の対象に適しているだろう。そして、重大なレベルの苦悩を持つ人々の QOL を改善するためには、それは何よりも必要とされることである。

その他の要因と過程については、本研究で矛盾する知見が示されたが、これには追加研究が必要である。そこには、他者への変形の見えやすさの問題が含まれている。諸結果（研究1、3、10）では、可視的変形（例：顔の変形）への他者の反応に対する恐怖感によって、社会的相互関係が難しくなりうるが、それと同じように、状態が普通は見えない場合でも、性的関係といった状況での露出への恐怖感が原因で、同様の問題が起こることが指摘された。両方の反応は、外見に高い価値を置く人々にとって、外見へのネガティブな評価を強化するように作用してしまうネガティブな評価への恐怖感とともに、人々はネガティブな評価を避けなければならないという不安と結びついている。この世界観がいったん確立されてしまうと、選択的注目やそれを維持させる情報へのネガティブな評価を通して、自己強化されていく。

これまではあまり研究されることがなかった、他の要因の貢献度についても強調された。これには外見に関連した脅威への反応としての攻撃性（研究1、8）、社会的比較過程の役割（研究1、4、10）、機能障害に関するネガティブな影響力の組み合わせ（研究10、11）といった要因が含まれる。

■ ポジティブな適応とリジリエンス

素因や外見に関連した認知などの認知過程が持つ影響力は、ポジティブに適応していると自己申告している人たちにおいて特に明らかであった。こうした人々は変形を持つ経験を一種の自己成長として語り（研究5、10）、現実主義を含めうまく機能すると思われる多くの方略や、課題に直面したら「すぐにやり始める」ことについて（研究5、10）、受容と意思決定について（研究2）、回避することよりも、問題や困難に熱心に取り組むことについて述べていた（研究3、5、7）。

縦断的研究では（研究4）、ポジティブに適応しているとの自己分類（安定または経過とともに向上）と、標準化された測定法でのスコアとの間に、目立った一致はなかった。これらのスコアは、必ずしもポジティブな適応について同じパターンを示すものではない。今一度、個人の主観的な信念と適応のレベルに関する評価を考慮に入れることの重要性が強調された。この点については、標準化された測定法だけに頼ることは十分ではないし、間違った解釈につながることさえあるだろう。

■ 外見に関連した苦悩の影響力

　日常生活の広範囲にわたって、外見に関連した苦悩の影響力は際立っている。自己認知、社会的機能、親密な関係に対して、ネガティブな影響が及んでいた（研究1〜4、6、7、9）。外見に関連した苦悩が持つ抑圧的な影響力は、介入療法の文脈において、体系的に評価され対処されるべきである。

■ 外見への不安の多面的性質

　外見に関連した苦悩は、身体の多くの異なる部位に関係しうる（研究1、2）。不安のある部位について、明確に変形に焦点を絞っている参加者もいた。体重、体型、加齢による外見への影響のような、付加的問題に不満を述べる者もいた。中には、変形よりも、後者（付加的問題）により大きな苦悩を持っている者もいた。興味深いことに、通常では変形と見なされない外見の局面（体型、体格、加齢変化など）に対する不安の結果は、変形に関連した結果と、非常に似通っていた（研究1、2）。この知見が示しているのは、悪影響を受けている人々における外見に関連した苦悩の原因を包括的に理解し、適切な介入療法を作り上げていく必要性である。実際、その人が外見の別の局面によって、同等あるいはそれ以上にストレスを受けているときに、変形をきたす状態によって影響を受けている外見の局面に対して、外科的または心理学的介入の焦点を絞るのは効果的ではないだろう。

　変形の結果と比較した場合の、体重、体型、加齢に関する不安の影響力における類似性と相違点を紐解いていくためには、さらなる研究が必要である。しかし諸結果からすると、変形がある人もない人も、外見の不安というのは1つの連続体であると考えることが妥当である。変形の結果に対して公的教育と理解を高めることには、こうした人々が経験する苦悩を「中和させる」、実りある方法となるだろう。

■ 適応の動的性質

　先行研究（多くは横断的研究）では、苦悩と適応はむしろ静的なものと見なされており、変形への適応に関しては時間が解決していくものだ、という推測が広く持たれていた。それに反するように、本研究プログラムでは、時間経過における適応の動的性質を浮き彫りにした。本研究プログラムの結果として、外見の不安を抱えながらの日常生活について理解が進んだ。Lansdown ら（1997）

はこうした状況を、「アキレスの踵^{かかと}」と述べている。私たちの皆が毎日の生活で課題や必要性に直面する中で、自分に変形があると知覚している人々にとっては、新たに外見へのとらわれが過剰なストレスとなって姿を現すことは明白である。この知見は、自分をもっとも脆弱であると感じ、まずい決定を行うリスクがあるときに、人は手術や身体的解決方法を求めることが多いという臨床所見とも合致している。

　顕出性と外見への不安の影響力における変動は、多くの様々な出来事や変化で生じる。ライフイベント、発達の節目、加齢の徴候、他者の反応のような日常のいざこざが累積されて生じた影響など（研究2、4）である。たとえ適応が長い経過の中でポジティブなものであっても、可視的差異へのコーピングの取り組みは、絶えることのない精神的緊張となる（研究2、10）。時には、特別なストレスや変化が、苦悩の焦点となるかもしれない。

　こうした知見が強く支持していることは、先天性の変形を持つ人々の全生涯において、また、後に発症してリハビリ期間にあるすべての段階の人々において、定期的なスクリーニングがなされ、適切な介入に容易にアクセスできるようにする必要性である。

■ 年齢、性別、民族性の影響

　本研究プログラムでの焦点は、変化させやすい心理学的要因や過程に当てられた。しかし、横断的研究と縦断的研究から得られたデータが示している知見は、年齢や性別といったいくつかの人口統計学的要因に関して広く支持されている憶測の正しさを疑わせるものであった。

　参加者の年齢は多様であった（18 ～ 91 歳）（研究 1 ～ 12）。年齢が進むにつれ、苦悩のレベルは全体として低下していた。しかし個人差は大きく、多くの高齢者が外見について苦悩を感じていた。

　先行研究では、外見に関連した苦悩は女性で多いことになっているが、本研究では男女差は小さかった。そして多くの男性が深刻な、場合によっては健康を損なうほどに外見について不安を持っていた（研究 1 ～ 4）。研究 9 では、社会的状況の中での外見に特化した脅威に対して、男性と女性とでは違った反応の仕方をすることが明らかになった。男性は、敵意と攻撃性にかられた反応に偏りがちである。若い人は高齢者よりも悪影響を受け、女性は男性よりも外見に関連した苦悩を抱えがちであるといった一般の憶測は、医療保健の専門家や、

支援と介入の方法を開発して提供する研究者らによって、排除されるべきである。

民族性の出自はどう考えても「変えようがなく」、ゆえに変化させることが難しい。しかし本研究プログラムでは、文化的かつ宗教的信念が持つ影響力に焦点を当てた。この領域は過去の研究において調査されていなかったためである。治療環境にある黒人の少数民族グループの人々の参加者が不足していると、共同研究者たちにかつて指摘されたことがある。治療が彼らのニーズに無関係か合っていないものと認識されているのではないかという不安がそこにはあった。研究6と7では民族性ごとにグループを組み、文化的・宗教的信念に由来する強い影響が、変形を持つ人々における信念、態度、個人的な経験に及んでいるというエビデンスが得られた。こうした結果により、変形を持つ民族グループの成員への支援の必要性が指摘された（研究6、7）。また、迷信を駆逐し、民族コミュニティの中で悪影響を受けている人々に対しポジティブな適応を推進するための教育上の新たな取り組みの必要性も指摘された（研究6、7）。

■ 変形への適応のための枠組み

変形に関連した苦悩と適応を図表示する利点と欠点は、この「付録」の最初で議論したが（たとえば、「過程」や「結果（アウトカム）」のように、心理学的変数の計画における困難さを含めて）、研究者間でも大きな論争の種になっていた。本研究の初期には図表を使い、方法論と分析が行われる位置を図示していたが、研究プログラム全体の結果が見えるようになった段階で、これらをさらに修正するのが賢明であると考えられた。研究の知見を利用しようとする者たちには、このように複雑な諸過程に関する図を複製したがる傾向があるが、図中で箱と線によって示されることで生じる単純さの錯覚に対して、警告文を付けないことが多い。図A11は、介入の対象になりそうな要因を強調しつつ、幸福感と苦悩の動的で流動的な性質を表現する必要から、適応における繰り返し過程を強調しようとして描かれている。図表を最終的なものにする意図はない。しかし願わくは、含まれているプロセスの複雑さがいくらかでも把握できるようであってほしい。それが、この領域に不慣れな人たちにとって、経験則としてより有用であろう。

本研究プログラムでは大きな個人差が見られたため（研究1～4、5、8、10～12）、多様な介入と支援の一式を作り上げていく必要性が指摘される。これら

の結果と先行研究の知見にもとづき、私たちは本文で描かれたような介入のための段階的アプローチを提唱した。このようにして、クライアントのニーズのレベルに従った一連の介入方法の中から、選択することができる枠組みを作り上げたのだった（表2.1）。詳細な心理学的介入から利益を受ける人がいる一方で、多くの人たちはもっと低い集中介入レベルの方法でポジティブに反応するだろう。

　本書は、あらゆるレベルのニーズに対して支援と介入の適切な一式を提供するための継続的な努力の一部と位置づけられる。保健の専門家に対するトレーニング一式は（研究12）、変形をきたす状態を抱えた人々が抱える苦悩の徴候を日常的にスクリーニングする必要性と、ニーズに応じてクライアントに適切な紹介ルートを構築する必要性を強調している。これらはまだその途上にある。

結論と今後の道程

　この一連の研究はこの分野において、これまでのところ最大規模の研究プログラムである。定量的かつ定性的結果により、変形をきたす状態を持つ多くの

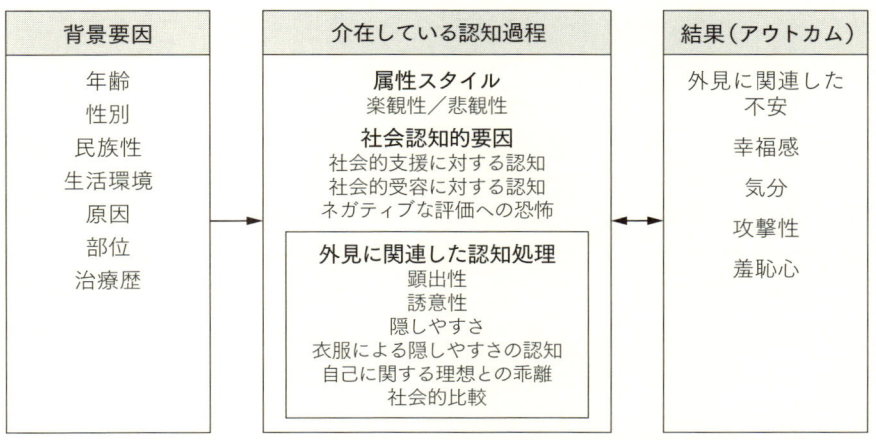

図A11　ARC 研究プログラムの結果を含めるために採用された、変形をきたす状態への適応に関する作業枠組み

(Thompson, A. (2012) Researching appearance: models, theories and frameworks, in *Oxford Handbook of the Psychology of Appearance* (eds N. Rumsey and D. Harcourt), p.102, Oxford University Press, 2012. より許可を得て複製)。

人々が経験している深刻な苦悩を浮き彫りにした。また本研究は、ポジティブな適応を構成している要因やプロセスについて、より多くの理解をもたらした。悪影響を受けている人々の経験には非常に大きな個人差があるため、変形をきたす状態へのコーピングと苦悩と適応の多因子的性質に関する研究に、今後も努力を払っていく必要があるのは明らかである。

　社会認知的認知 socio-cognitive cognitions や外見に特化した認知は適応への鍵を握っており、介入には適している。さらに結果が示していることは、適応とは変化しやすいものであり、無数の要因によって影響を受けることである。こうした変動があるため、日常のスクリーニングが必要であり、合わせて専門家のアセスメントと適切な支援介入への紹介ルートも必要である。

　本研究は、各個人の認知構造と外見に関連した情報の個人的な解釈が適応の鍵になることを示しているが、その人の社会的かつ文化的文脈もまた、非常に重要であることは明らかである。もっとも脆弱な人々にとっては、メディアや社会からのメッセージは過酷なものとなる。もっとも立ち直りの早い人々でも、社会的文脈の中で至るところに存在する外見情報の連続に、影響を受けうるのである。外見への不安に脆弱な人々への圧力を減らすために、公衆への教育方法の確立が必要である。そして介入療法は、文化的な文脈に合うものでなければならない。そうした先行例は、Centre for Appearance Research（CAR）のウェブサイトで閲覧することができる（www1.uwe.ac.uk/research/appearanceresearch/car）。

　本研究のケースがそうであるように、本研究プログラムの知見は、将来の研究課題を明確に指し示している。この課題には、差異の可視性と隠しやすさに関係する適応への影響など、特別な問題についてのさらなる検討を含んでいる。変形という文脈における機能障害の影響も、より詳細な調査が必要である。苦悩の発現における性差、変形の有無による身体イメージと外見への不安についての類似性と相違点をよりよく理解すること、可視的差異を持つ人々の外見への不安に特化した文化的に鋭敏な測定法の開発、これらもまた研究の優先課題である。本研究は成人の適応に焦点を当てているが、若年者についてこうした諸問題を調査することは喫緊の課題である。こうした研究が重要な事業になると思われる理由は、特に、それぞれの発達段階に応じた適切な測定法の確立が必要になるからである。

資　料

測定スケール

● **介在する認知プロセス Intervening Cognitive Processes**
楽観性 Optimism
　Life Orientation Test-Revised（LOT-R：生活適応テスト改訂版）（Scheier & Carver, 1987）.
　http://www.psy.miami.edu/ faculty/ccarver/sclLOT-R.html

社会的ネットワーク Social Networks
　Short Form Social Support Questionnaire（略式ソーシャルサポート質問用紙）（Sarason
　et al., 1983）. http://web.psych.washington.edu/research/sarason/files/SocialSupport
　QuestionnaireShort.pdf

ネガティブな評価への恐怖感 Fear of Negative Evaluation
　The Brief Fear of Negative Evaluation scale（FNE scale：否定的評価恐怖尺度短縮版）
　（Leary, 1983）.

社会的比較 Social Comparison
　Iowa-Netherlands Social Comparison measure（INCOM：アイオワ・オランダ社会的
　比較測定法）（Gibbons & Buunk, 1999）. http://www. sonoma.edu/users/s/smithh/psy445/
　materials/sco.pdf

誘意性 Valence of Appearance
　The CARVAL（The Center for Appearance Reserch Valence Scale）（Moss & Rosser, 2012a,
　2012b）.　Contact: Dr. Tim Moss, tim.moss@uwe.ac.uk

顕出性 Salience of Appearance
　The CARSAL（The Center for Appearance Reserch Salience Scale）（Rosser & Moss, 2012）.
　Contact: Dr. Tim Moss, tim.moss@uwe.ac.uk

身体的外見における乖離 Physical Appearance Discrepancy

The PADQ（Physical Appearance Discrepancy Questionnaire：身体的外見における乖離質問用紙）（Altabe & Thompson, 1995）．Available in Thompson et al.（1999）．

● 結果（アウトカム）Outcomes
社会的不安と社会的回避 Social Anxiety and Social Avoidance

Derriford Appearance Scale Short Form（DAS24：デリフォード・アピアランス測定法短縮版）（Carr et al., 2005）．

DAS59（Carr et al., 2000）．http://www.derriford.info/

● 心理的健常感 Psychological Well-being
不安と抑うつ Anxiety and Depression

The Hospital Anxiety & Depression Scale（HADS：病院不安・うつ尺度）（Zigmond & Snaith, 1983）．http://shop.gl-assessment.co.uk/home.php?cat=417

怒り／敵意 Anger/Hostility

The Refined Aggression Questionnaire（RAQ：改良型攻撃性質問用紙）（Bryant & Smith, 2001）．

● 身体イメージ評価と質問表

Body Image Assessment Manuals and Questionnaires
www.body-images.com

●目立ちやすさと不安のグラフ Noticeability and Worry Graph（第 4 章参照）

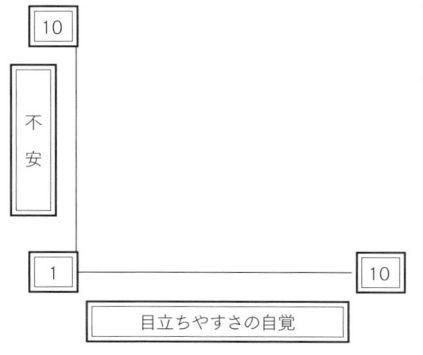

- 他者に対して、あなたの状態はどれくらい目立つと思いますか（0 〜 10 点）。
- それに対して、どれくらい不安を感じていますか（0 〜 10 点）。

図 R1　目立ちやすさと不安のグラフ

日付	状況	感情	自動思考	代替思考	結果	他に何ができるか
	不愉快な感情をもたらした状況を記録する	感情のタイプ（例：悲しみ、怒り、羞恥、嫌悪、不安）	心に浮かぶ思考やイメージを記録する（例：誰もが見ている、誰にも話しかけられないだろう、等）	違った見方が可能か（例：友人には何と言おうか、私は短絡的だろうか、等）	バランスのとれた代替思考で、役に立たない思考やイメージを置き換える。そして、感情の強さを再評価してみる	役に立たない思考に対処したり、自信を深めたりするために用いることができるポジティブなコーピング方略のリストを作る
		程度 0～10点	確信の程度 0～10点	代替の可能性 0～10点	程度 0～10点	

図 R2　役に立たない信念の記録用紙（UBR Form）（図 6.4 参照）

図 R3　3 列コラム法（Burns, 1989）（第 7 章参照）

自動思考 0 〜 10 点	認知プロセス・スタイル （例：個性化、短絡的、等）	代替信念 （代替の可能性） 0 〜 10 点

図 R4　信念のフレームワーク（第 7 章参照）

日付	状況	信念と確信の程度 0 〜 10 点	実際の出来事	元の信念に対する 確信の程度 0 〜 10 点

支援組織に関する情報

[訳注：イギリスの組織であるが、日本でも今後、同様のサービスを提供していく必要があると思われるので、参考とするためにそのまま掲載した。]

状態の原因を問わずに、可視的差異全般を対象に支援を提供する組織

Changing Faces

Address: Changing Faces, 33-37 University Street, London WC1E 6JN. Tel: 0845 4500 275

Website: http://www.changingfaces.org.uk

状態に特化した組織

軟骨形成不全症：Achondroplasia.co.uk

Tel: 01761 471 257, Website: www.achondroplasia.co.uk

情報・支援の提供対象（以下同じ）：短脚小人症と家族・介護者

脱毛：Alopecia Patient's Society - Hairline International

Website: www.hairlineinternational.com

脱毛症を含め、すべての脱毛状態を有する人

リウマチ性疾患：Arthritis Care

Helpline: 0808 800 4050, Website: www.arthritiscare.org.uk

リウマチによるあらゆる困難を有する人

関節拘縮症：The Arthrogryposis Group（TAG）

Tel: 01299 825781, Website: www.tagonline.org.uk

関節拘縮を有する人

ベル麻痺（顔面神経麻痺）：The Bell's Palsy Network

Website: www.bellspalsy.net

ベル麻痺および関連状態を有する人

皮膚母斑症：The Birthmark Support Group

Tel: 0845 045 4700, Website: www.birthmarksupportgroup.org.uk
生まれつきのアザを有する人（種類は問わない）

乳癌：Breast Cancer Care

Helpline: 0808 800 6000, Website: www.breastcancercare.org.uk
乳癌を有する、あるいは回復期にある人

聴神経腫瘍：British Acoustic Neuroma Association

Tel: 01623 632143, Website: www.bana-uk.com
聴神経腫瘍を有する人（近接地域の支援グループも紹介）

アレルギー性疾患：British Allergy Foundation

Helpline: 020 8303 8583（Monday to Friday 9.00-17.00）, Website: http://www.allergyuk.
org
皮膚アレルギーを含むあらゆるアレルギーがある人

イギリス皮膚科学会：British Association of Dermatologists

Tel: 020 7383 0266, Website: www.bad.org.uk
一般的な皮膚疾患に対する情報文書を提供

イギリス・スキンカモフラージュ協会 British Association of Skin Camouflage

Tel: 01226 790744, Website: www.skin-camouflage.net
医療用メイクのトレーニング、アドバイス、指導を行う

イギリス赤十字社スキンカモフラージュ・サービス British Red Cross Skin Camouflage Service

Helpline 0300 012 0276, Website: http://www. redcross. org.uk/What-we-do/Health-
and-social-care/Health-and-social-care-in-the-UK/Skin-camouflage, Email:
skincam@changingfaces.org.uk

熱傷：Burn Centre Care

Website: http://www.burncentrecare.co.uk/support.html

小児熱傷協会：Children's Burns Trust（CBT）

Website: www.cbtrust.org.uk
小児熱傷患者と家族（予防・啓発キャンペーンも実施）

口唇口蓋裂協会 Cleft Lip & Palate Association（CLAPA）

Website: www.clapa.com
口唇口蓋裂のある人

表皮水疱症：DebRA

Helpline: 01344 771961（Monday to Friday 9.00-17.00）, Website: www.debra.org.uk
表皮水疱症のある人（専門看護師の派遣、経済的支援、研究基金の提供など）

エーラス・ダンロス症候群：Ehlers-Danlos Support Group

Website: www.ehlers-danlos.org
エーラス・ダンロス症候群のある人

ヘルペスウイルス疾患：Herpes Viruses Association（SPHERE）and Shingles Support Society

Helpline: 020 7609 9061（24-hour message service）, Website: www.herpes.org.uk
帯状疱疹、ヘルペス、関連疾患のある人（自己管理についても情報提供）

魚鱗癬：Ichthyosis Support Group

Website: http://www.ichthyosis.org.uk/
魚鱗癬のある成人と小児

頭頸部癌：レッツ・フェイス・イット Let's Face it

Tel: 01843 833724, Website: www.lets-face-it.org.uk
頭頸部癌による顔の変形がある人

四肢切断：Limbless Association

Helpline: 01277 725 182, Website: www.limbless-association.org
四肢切断および欠損している人

SLE（全身性エリテマトーデス）：Lupus UK

Helpline: 01708 731251（Monday to Friday 09.00-17.00）, Website: www.lupusuk.org.uk

SLE や円板状ループスのある人

リンパ浮腫：Lymphoedema Support Network
Website: www.lymphoedema.org/Index.asp
リンパ浮腫のある人

マクミラン財団（癌患者）Macmillan
Website: www.macmillan.org.uk, Tel: 0808 808 00 00（Monday-Friday 9.00-20.00）
癌によって困難を抱えた人（経済的支援を含む）

強直性脊椎炎：National Ankylosing Spondylitis Society
Tel: 01435 873527, Website: www.nass.co.uk
強直性脊椎炎のある人（フォーラムも開催）

湿疹協会：National Eczema Society
Helpline: 0870 271 3604（Monday to Friday 13.00-16.00）, Website: www.eczema.org
難治性の湿疹で困っている人

硬化性萎縮性苔癬：National Lichen Sclerosus Support Group（UK）
Website: www.lichensclerosus.org
硬化性萎縮性苔癬のある人

神経線維腫症協会 Neurofibromatosis Association
Helpline: 020 8439 1234（Monday to Friday 9.00-17.00）, Website: www.nfauk.org
神経線維腫症のある人

母斑症アウトリーチ Nevus Outreach,
Website: www.nevus.org
アザのある人（種類は不問）

乾癬協会 Psoriasis Association
Helpline: 01604 711129（Monday to Friday 9.00-17.00）, Website: www. timewarp.demon.
co.uk/psoriasis.html
乾癬のある人

乾癬フォーラム Psoriasis Forum

Website: www.psoriasis-help.org.uk

乾癬のある人に支援グループを紹介

乾癬および乾癬性関節炎連盟 Psoriasis and Psoriatic Arthritis Alliance（PAPAA）

Website: www.papaa.org

乾癬および乾癬性関節炎のある人

レイノー皮膚硬化症協会 Raynaud's Scleroderma Association

Tel: 01270 872776（ Monday to Friday 9.00-17.00）, Freephone Message Service: 0800 917 2494, Website: www.raynauds.org.uk

レイノー皮膚硬化症のある人

甲状腺眼症協会 The Thyroid Eye Disease Charitable Trust（TED）

Tel: 0844 800 8133, Website: www.stuartchadwick.me.uk/TED/index.html, Email: ted@tedct.co.uk

甲状腺眼症のある人（支援グループも紹介）

イギリス頭蓋顔面グループ UK Craniofacial Support Group

Tel: 01454 850557, Website: www.headlines.org.uk

先天性の頭蓋顔面疾患のある人

白斑症協会 Vitiligo Society

Helpline: 020 7840 0855（Monday to Friday 10.00-17.00）, Website: www. vitiligosociety. org.uk

白斑症のある人

色素性乾皮症支援グループ Xeroderma Pigmentosum（XP）Support Group

Helpline: 01494 890981（Monday to Friday 9.00-21.00）, Website: www.xpsupportgroup. org.uk

色素性乾皮症および光線過敏症のある人

参考文献

Abrams, A.N., Hazen, E.P. and Penson, R.T. (2007) Psychosocial issues in adolescents with cancer. *Cancer Treatment Reviews*, 33, 622-630.

Adachi, T., Kochi, S. and Yamaguchi, T. (2003) Characteristics of non-verbal behavior in patients with cleft lip and palate during interpersonal communication. *Cleft Palate-Craniofacial Journal*, 40, 310-316.

Allen, D. and Gregory, J. (2009) The transition from children's to adult diabetes services: understanding the 'problem'. *Diabetic Medicine*, 26 (2), 162-166.

Altabe, M.N. (1996) Issues in the assessment and treatment of body image disturbance in culturally diverse populations, in *Body Image, Eating Disorders and Obesity: A Integrative Guide for Assessment and Treatment* (ed J.K. Thompson), American Psychological Association, Washington, DC.

Altabe, M.N. and Thompson, J.K. (1995) Advances in the Assessment of body image disturbance: Implications for treatment strategies, in *Innovations in Clinical Practice: A Source Book* (eds L. VandeCreek, S. Knapp and T.L. Jackson), pp. 89-110, Professional Resource Exchange Inc, Sarasota, FL.

Altabe, M.N. and Thompson, J.K. (1996) Body image: A cognitive self-schema construct? *Cognitive Therapy and Research*, 20, 171-193.

American Psychiatric Association (2013) Diagnostic and Statistical Manual of Mental Disorders (DSM–5), American Psychiatric Association. （American Psychiatric Association『DSM-5 精神疾患の診断・統計マニュアル』高橋三郎・大野裕監訳、染矢俊幸他訳、医学書院、2014 年）

Annon, J.S. (1974) *The Behavioural Treatment of Sexual Problems*, vol. 1. Enabling Systems Inc, Honolulu.

Anthony, S.J., Kaufman M., Drabble A., Seifert-Hansen M., Dipchand A.I. and Martin K. (2009) Perceptions of transitional care needs and experiences in paediatric heart transplant recipients. *American Journal of Transplantation*, 9 (3), 614-619.

Ata, R.N., Ludden, A.B. and Lally, M.M. (2007) The effect of gender and family, friend, and media influences on eating behaviors and body image during adolescence. *Journal of Youth and Adolescence*, 36, 1024-1037.

Baines J.M. (2009) Promoting better care: transition from child to adult services. *Nursing Standard*, 23 (19), 35-40.

Baker, C.A. (1992) Factors associated with rehabilitation in head and neck cancer. *Cancer Nursing*, 15, 395-400.

Balance, R., Wilson, B. and Harder, J.A. (1989) Factors affecting myoelectric prosthetic use and wearing patterns in the juvenile unilateral below-elbow amputee. *Canadian Journal of Occupational Therapy*, 56, 132-137.

Baldwin, M.W. (1992) Relational schemas and the processing of social information. *Psychological Bulletin*,

112, 461-484.

Bandura, A. (1997) *Self-Efficacy: The Exercise of Control*. Worth Publishers, New York.

Bar-Haim, Y., Lamy, D., Pergamin, L., Bakermans-Kranenburg, M.J. and van IJzendoorn, M.H. (2007) Threat-related attentional bias in anxious and non anxious individuals: a meta-analytic study. *Psychological Bulletin*, 133, 1-24.

Bargh, J.A., Lombardi, W.J. and Higgins, E.T. (1988) Automaticity of chronically accessible constructs in person x situation effects on person perception: it's just a matter of time. *Journal of Personality and Social Psychology*, 55, 599-605.

Barke, J. (2014) Young peoples' experiences of neurofibromatosis type I. Available from http://eprints.uwe. ac.uk/24974/

Baumeister, R.F., Smart, L. and Boden, J.M. (1996) Relation of threatened egotism to violence and aggression: the dark side of high self-esteem. *Psychological Review*, 103, 5-33.

Beck, A.T., Ward, C.H., Mendelson, M., Mock, J. and Erbaugh, J. (1961) An inventory for measuring depression. *Archives of General Psychiatry*, 4, 561-571.

Bellew, R. (2014) The role of the family, in *The Oxford Handbook of the Psychology of Appearance* (eds N. Rumsey and D. Harcourt), pp. 239-252, Oxford University Press, London.

Bessell, A. and Moss, T.P. (2007) Evaluating the effectiveness of psychosocial interventions for individuals with visible differences: a systematic review of the empirical literature. *Body Image*, 4 (2), 227-238.

Bessell, A., Clarke, A., Harcourt, D., Moss, T. and Rumsey, N. (2010) Incorporating user perspectives in the design of an online intervention tool for people with visible differences: face IT. *Behavioural & Cognitive Psychotherapy*, 38, 577-596.

Bessell, A., Brough, V., Clarke, A., Harcourt, D., Moss, T.P. and Rumsey, N. (2012) Evaluation of the effectiveness of Face IT, a computer-based psychosocial intervention for disfigurement-related distress. *Psychology, Health & Medicine*, 17 (5), 565-577.

Bjelland, I., Dahl, A.A., Haug, T.T. and Neckelmann D. (2002) The validity of the hospital anxiety and depression scale. An updated literature review. *Journal of Psychosomatic Research*, 52, 69-77.

Blakeney, P., Portman, S. and Rutan, R. (1990) Familial values as factors influencing long-term psychological adjustment of children after severe burn injury. *Journal of Burn Care and Rehabilitation*, 11, 472-475.

Blakeney, P., Thomas, C., Holzer, C. 3rd, Rose, M., Berniger, F. and Meyer, W.J. 3rd (2005) Efficacy of a short-term, intensive social skills training programme for burned adolescence. *Journal of Burn Care and Rehabilitation*, 26, 546-555.

Blum, R.W., Garell, D., Hodgman, C.H., Jorissen, T.W., Okinow, N.A. and Slap, G.B. (1993) Transition from child-centred to adult health-care systems for adolescents with chronic conditions. A position paper of the Society for Adolescent Medicine. *Journal of Adolescent Health*, 14, 570-576.

Bradbury, E. (1996) Counselling People with Disfigurement. British Psychological Society, Leicester.

Braun, V. and Clarke, V. (2006) Using thematic analysis in psychology. *Qualitative Research in Psychology*, 3, 77-101.

Brunton, G., Paraskeva, N., Caird, J., Bird K.S., Karanagh J., Kwan I., Stansfield C., Rumsey N. and Thomas J. (2014) Psychosocial predictors, assessment, and outcomes of cosmetic procedures: a systematic rapid evidence assessment. *Aesthetic Plastic Surgery*, 38(5), 1030-1040.

Bryant, F.B. and Smith, B.D. (2001) Refining the architecture of aggression: a measurement model for the

Buss-Perry Aggression Questionnaire. *Journal of Research in Personality*, 35, 138-167.

Bryman, A. (2007) Barriers to integrating quantitative and qualitative research. *Journal of Mixed Methods Research*, 1, 8-22.

Bull, R. and Rumsey, N. (1988) *The Social Psychology of Facial Appearance*. Springer-Verlag, New York.

Burnard, P. (1991) A method of analysing interview transcripts in qualitative research. *Nurse Education Today*, 11, 461-466.

Burns, D.D. (1989) *The Feel Good Handbook: Using the New Mood Therapy in Everyday Life*. William Morrow & Co., New York.

Buss, A.H. and Perry, M. (1992) The Aggression Questionnaire. *Journal of Personality and Social Psychology*, 63, 452-459.

Carr, T., Harris, D. and James, C. (2000) The Derriford Appearance Scale (DAS59): a new scale to measure individual responses to living with problems of appearance. *British Journal of Health Psychology*, 5, 201-215.

Carr, T., Moss, T. and Harris, D. (2005) The DAS24: a short form of the Derriford Appearance Scale (DAS59) to measure individual responses to living with problems of appearance. *British Journal of Health Psychology*, 10, 285-298.

Carroll, P. and Shute, R. (2005) School peer victimisation of young people with craniofacial conditions: a comparative study. *Psychology, Health & Medicine*, 10 (3), 291-304.

Cartwright, J. and Magee, H. (2006) The Views and Experiences of Patients Living with Disfiguring Conditions and Health Professionals Involved in Their Care. Report of a qualitative study. Healing Foundation: London.

Cash, T.F. (1996) The treatment of body image disturbances, in *Body Image, Eating Disorders, and Obesity: An Integrative Guide for Assessment and Treatment* (ed J.K. Thompson), pp. 83-107, American Psychological Association, Washington, D.C.

Cash, T.F. (1997) *The Body Image Workbook: An 8-step Program*. New Harbinger, Oakland, CA.

Cash, T.F. (2008) *The Body Image Workbook: An Eight-Step Program for Learning to Like Your Looks*. New Harbinger, Oakland, CA.

Cash, T.F. and Fleming, E.C. (2002) The impact of body image experiences: development of the body image quality of life inventory. *International Journal of Eating Disorders*, 31, 455-460.

Cash, T.F. and Pruzinsky, T. (2002) *Body Image: A Handbook of Theory, Research and Clinical Practice*. Guilford Press, New York.

Cash, T.F. and Smolak, L. (eds) (2011) *Body Image: A Handbook of Science, Practice and Prevention*. Guilford Press, New York.

Cash, T.F., Winstead, B.A. and Janda, L.H. (1986) The great American shape-up: body image surevey report. *Psychology Today*, 20, 30-37.

Cash, T., Melnyk S.E. and Hrabosky, J.I. (2004) The assessment of body image investment: an extensive revision of the appearance schemas inventory. *International Journal of Eating Disorders*, 35, 305-316.

Charlton, R., Rumsey, N., Partridge, J., Barlow, J. and Saul, K. (2003) Editorial: disfigurement - neglected in primary care? *British Journal of General Practice*, 53, 6-8.

Chren, M.M., Lasek, R.J., Sahay, A.P. and Sands, L.P. (2001) Measurement properties of Skindex-16: a brief quality of life measure for patients with skin diseases. *Journal of Cutaneous Medicine and Surgery*, 5, 105-110.

Clarke, A. (1999) Psychosocial aspects of facial disfigurement: problems, management and the role of a lay-led organisation. *Psychology, Health & Medicine*, 4, 127-142.

Clarke, A. (2001) Social rehabilitation in head and neck cancer. Unpublished DPsych thesis, City University, London.

Clarke, A. and Cooper, C. (2001) Psychological rehabilitation after disfiguring injury or disease: investigating the training needs of specialist nurses. *Journal of Advanced Nursing*, 34 (1), 18-26.

Clarke, A., Lester, K.J., Withey, S.J. and Butler, P.E. (2005) A funding model for a psychological service to plastic and reconstructive surgery in UK practice. *British Journal of Plastic Surgery*, 58 (5), 708-713.

Clarke, A., Hansen, E.L., White, P. and Butler, P.E. (2012) Low priority? A cross sectional study of appearance anxiety in 500 consecutive referrals for cosmetic surgery. *Psychology, Health & Medicine*, 17 (4), 440-446.

Clark, D.M. and Wells, A. (1995) A cognitive model of social phobia, in *Social Phobia: Diagnosis, Assessment and Treatment* (eds R.G. Heimberg, M.R. Liebowitz, D.A. Hope and F.R. Schneier), pp. 69-93, Guilford Press, New York.

Coleman, J.C. and Hendry, L.B. (1999) *The Nature of Adolescence.* Routledge, London. (J・コールマン、L・ヘンドリー『青年期の本質』白井利明他訳、ミネルヴァ書房、2003 年)

Crowley, R., Wolfe, I., Lock, K. and Mckee, M. (2011) Improving the transition between paediatric and adult healthcare: a systematic review. *Archives of Disease in Childhood*, 96, 548-553.

Cordeiro, C.N., Clarke, A., White, P., Sivakumar, B., Ong, J. and Butler, P.E. (2010) A quantitative comparison of psychological and emotional health measures in 360 plastic surgery candidates: is there a difference between aesthetic and reconstructive patients? *Annals of Plastic Surgery*, 65, 349-353.

Cornwell, C.J. and Schmitt, M.H. (1990) Perceived health status, self-esteem and body image in women with rheumatoid arthritis or systemic lupus erythematosus. *Research in Nursing & Health*, 13, 99-107.

Cororve, M.B. and Gleaves, D.H. (2001) Body dysmorphic disorder: a review of conceptualisations, assessment and treatment strategies. *Clinical Psychology Review*, 21, 949-970.

Coughlan, G. and Clarke, A. (2002) Shame and burns, in *Body Shame: Conceptualisation, Research and Treatment* (eds P. Gilbert and J. Miles). pp. 155-170. Brunner-Routledge, Hove.

Crocker, J., Voelkl, K., Testa, M. and Major, B. (1991) Social stigma: the affective consequences of attributional ambiguity. *Journal of Personality and Social Psychology*, 60, 218-228.

Cooper, M.J. (1997) Cognitive theory in anorexia nervosa and bulimia nervosa: a review. *Behavioural and Cognitive Psychotherapy*, 25, 113-145.

Davies, W. (2008) *Overcoming Anger and Irritability*, 2nd edition. Constable and Robinson, London.

Demet, K., Martinet, N., Guillemin, F., Paysant, J. and Andre, J.M. (2003) Health related quality of life and related factors in 539 persons with amputation of upper and lower limb. *Disability Rehabilitation*, 25, 480-486.

Denscombe, M. (2008) Communities of practice: a research paradigm for the mixed methods approach. *Journal of Mixed Methods Research*, 2, 270-283.

Department of Health (2006) *Transition: Getting it Right for Young People. Improving the Transition of Young People with Long Term Conditions from Children's to Adult Health Services.* The Stationery Office, DH, London.

Department of Health (2007a) Considering Cosmetic Surgery? http://webarchive.nationalarchives.gov.uk/+/www.dh.gov.uk/en/Publichealth/CosmeticSurgery/DH_4123795

Department of Health (2007b) Transition: getting it right DVD: a film by Greg, Toyah, Craig, AJ and Chris. A centre screen production for the department of Health. Available from the Department for Education and Skills.

Department of Health (2008) *Transition: Moving On Well*. The Stationery Office, DH, London.

Derogatis, L.R., Lipman, R.S., Rickels, K., Uhlenhuth, E.H. and Covi, L. (1974) The Hopkins Symptom Checklist (HSCL): a self-report symptom inventory. *Behavioral Science*, 19, 1-15.

Diedrichs, P.C. and Halliwell, E. (2012) School-based interventions to promote positive body image and the acceptance of diversity of appearance, in *The Oxford Handbook of the Psychology of Appearance* (eds N. Rumsey and D. Harcourt), London, pp. 531-550, Oxford University Press, London.

Diedrichs, P.C., Paraskeva, N. and New, A. (in submission) Quick fixes and appearance concerns.

Durani, P., McGrouther, D.A. and Ferguson, M.W. (2009) The patient Scar Assessment questionnaire: a reliable and valid patient-reported outcomes measure for linear scars. *Plastic & Reconstructive Surgery*, 123, 1481-1489.

Dures, E. (2009) An exploration of the psychosocial impact of epidermolysis bullosa on the daily lives of affected adults and identification of associated support needs. Unpublished PhD Thesis, University of the West of England.

Dures E., Morris M., Gleeson K. and Rumsey N. (2011) The psychosocial impact of epidermolysis bullosa. Available from http://journals.sagepub.com/doi/abs/10.1177/1049732311400431

Egan, K., Harcourt, D., Rumsey, N. and Appearance Research Collaboration (2011) A qualitative study of the experiences of people who identify themselves as having adjusted positively to a visible difference. *Journal of Health Psychology*, 16 (5), 739-749.

Eiserman, W. (2001) Unique outcomes and positive contributions associated with facial difference: expanding research and practice. *Cleft Palate-Craniofacial Journal*, 38 (3), 236-244.

Elkadry, E.A., Kenton, K.S., FitzGerald, M.P., Shott, S. and Brubaker, L. (2003) Patient-selected goals: a new perspective on surgical outcomes. *American Journal of Obstetrics & Gynecology*, 189 (6), 1551-1558.

Endriga, M.C. and Kapp-Simon, K.A. (1999) Psychological issues in craniofacial care: state of the art. *Cleft Palate-Craniofacial Journal*, 36 (1), 3-11.

Engel, G.L. (1980) The clinical application of the biopsychosocial model. *American Journal of Psychiatry*, 137, 535-544.

Enskar, K. and Bertero, C. (2010) Young adult survivors of childhood cancer: experiences affecting self-image, relationships, and present life. *Cancer Nursing*, 33 (1), E18-E24.

Falvey, H. (2012) Cross-cultural differences, in *The Oxford Handbook of the Psychology of Appearance* (eds N. Rumsey and D. Harcourt), pp. 36-46, Oxford University Press, London.

Fauerbach, J.A., Heinberg, L.J., Lawrence, J.W., Bryant, A.G., Richter, L. and Spence, R.J. (2002) Coping with body image changes following a disfiguring burn injury. *Health Psychology*, 21, 115-121.

Feragen, K.B. (2012) Congenital conditions, in *The Oxford Handbook of the Psychology of Appearance* (eds N. Rumsey and D. Harcourt). pp. 353-371, Oxford University Press, London.

Finlay, A.Y. and Khan G.K. (1994) Dermatology Life Quality I (DLQI) - a simple practical measure for routine clinical use. *Clinical and Experimental Dermatology*, 19, 210-216.

Firooz, A., Bouzari, N., Fallah, N., Ghazisaidi, B., Firoozabadi, M. R. and Dowlati, Y. (2004) What patients with vitiligo believe about their condition. *International Journal of Dermatology*, 43, 811-814.

Fleming, E., Carter, B. and Gillibrand, W. (2002) The transition of adolescents with diabetes from the children's health care service into the adult health care service: a review of the literature. *Journal of Clinical Nursing*, 11 (5), 560-567.

Fortune, D.G., Richards, H.L., Kirby, B., Bowcock, S., Main, C.J. and Griffiths, C.E. (2002) A cognitive-behavioural symptom management programme as an adjunct in psoriasis therapy. *British Journal of Dermatology*, 146, 458-465.

Fortune, D.G., Richards, H.L., Griffiths, C.E. and Main, C.J. (2004) Targeting cognitive-behaviour therapy to patients' implicit model of psoriasis; results from a patients preference controlled trial. *British Journal of Clinical Psychology*, 43, 65-82.

Fortune, D., Richards, H., Griffiths, C. and Main, C. (2005) Adversarial growth in patients undergoing treatment for psoriasis: a prospective study of the ability of patients to construe benefits from negative events. *Psychology, Health & Medicine*, 10, 44-56.

Fox, F.E., Rumsey, N. and Morris, M. (2007) 'Ur skin is the thing that everyone sees and you can't change it!': exploring the appearance-related concerns of young people with psoriasis. *Developmental Neurorehabilitation*, 10 (2), 133-141.

Frost, E. (2003) *Getting Close to Girl's Bodies: Some Research Dilemmas*. Issues in Qualitative Research Methods Seminar Series. University of the West of England, Bristol.

Gaind, S., Clarke, A. and Butler, P.E. (2011) The role of disgust emotions in the self-management of wound care. *Journal of Wound Care*, 20 (7), 346-350.

Gamba, A., Romano, M., Grosso, I.M., Tamburini, M., Cantú, G., Molinari, R. and Ventafridda, V. (1992) Psychosocial adjustment of patients surgically treated for the head and neck cancer. *Head and Neck*, 14, 218-223.

Gibbons, F.X. and Buunk, B.P. (1999) Individual differences in social comparison: development of a scale of social comparison orientation. *Journal of Personality and Social Psychology*, 76, 129-142.

Gilbert, P. (2009) *The Compassionate Mind*. London: Constable and Robinson, London.

Gilbert, P. (2010) *Compassion Focused Therapy: Distinctive Features*. Routledge, London.

Gilbert, P. and Miles, J. (eds) (2002) *Body Shame: Conceptualisation, Research and Treatment*. Brunner-Routledge, East Sussex.

Gilbert, P., Broomhead, C., Irons, C., McEwan, K., Bellew, R., Mills, A., Gale, C. and Knibb, R. (2007) Development of a striving to avoid inferiority scale. *British Journal of Social Psychology*, 46, 633-648.

Girlguiding UK (2010) www.girlguiding.org.uk/girlattitudes (accessed on June 3, 2011)

Goff, L.M. and Barasi, M. (1999) An assessment of the diets of people with rheumatoid arthritis. *Journal of Human Nutrition and Dietetics*, 12, 93-101.

Goffman, E. (1963) *Stigma: Notes on the Management of Spoilt Identity*. Practice-Hall Inc, Eaglewood Cliffs (NJ). （アーヴィング・ゴッフマン『スティグマの社会学 —— 烙印を押されたアイデンティティ』石黒毅訳、せりか書房、2001年）

Grandfield, T.A., Thompson, A. R. and Turpin, G. (2005) An attitudinal study of responses to a range of dermatological conditions using the implicit association test. *Journal of Health Psychology*, 10, 821-829.

Green, J.D. and Sedikides, C. (2001) When do self-schemas shape social perception? The role of descriptive ambiguity. *Motivation and Emotion*, 25, 67-83.

Greenberg, L.S. and Safran, J.D. (1987) *Emotion in Psychotherapy: Affect, Cognition, and the Process of Change*. Guilford Press, New York.

Griffiths, C., Williamson, H. and Rumsey, N. (2012) The romantic experiences of adolescents with a visible difference: exploring concerns, protective factors and support needs. *Journal of Health Psychology*, 17 (7), 1053-1064.

Grinyer, A. (2007) *Young People Living with Cancer: Implications for Policy and Practice*. Open University Press, Maidenhead.

Haavet, O.R., Straand, J., Saugstad, O.D. and Grunfeld, B. (2004) Illness and exposure to negative life experiences in adolescence: two sides of the same coin? A study of 15-year-olds in Oslo, Norway. *Acta Paediatrica*, 93, 405-411.

Habib, N. and Saul, K. (2012) Culture and Ethnicity, in *The Oxford Handbook of the Psychology of Appearance* (eds N. Rumsey and D. Harcourt). pp. 203-216, Oxford University Press, London.

Halliwell, E. and Diedrichs, P.C. (2012) Influence of the media, in *The Oxford Handbook of the Psychology of Appearance* (eds N. Rumsey and D. Harcourt), pp. 217-238, Oxford University Press, London.

Harris, D.L. and Carr, A.T. (2001) Prevalence of concern about physical appearance in the general population. *British Journal of Plastic Surgery*, 54, 223-226.

Harter, S. (1999) The Construction of the Self: A Developmental Perspective. Guilford Press, New York.

Helfert, S. and Warschburger, P. (2011) A prospective study on the impact of peer and parental pressure on body dissatisfaction in adolescent girls and boys. *Body Image*, 8, 101-109.

Higgins, E.T. and Brendl, C.M. (1995) Accessibility and applicability: some 'activation rules' influencing judgment. *Journal of Experimental Social Psychology*, 31, 218-243.

Holmbeck, G.N. (2002) A developmental perspective on adolescent health and illness: an introduction to the special issues. *Journal of Pediatric Psychology*, 27, 409-416.

Hopwood, P. and Maguire, G.P. (1988) Body image problems in cancer patients. *British Journal of Psychiatry*, Supplement, 47-50.

Hughes, J., Naqvi, H., Saul, K., Williamson, H., Johnson, M., Rumsey, N. and Charlton, R. (2009) South Asian community views about individuals with a disfigurement. *Diversity in Health and Social Care*, 6, 241-253.

Johnson, R.B., Onwuegbuzie, A.J. and Turner, L.A. (2007) Toward a definition of mixed methods research. *Journal of Mixed Methods Research*, 1, 112-133.

Jones, D.C. and Crawford, J.K. (2005) Adolescent boys and body image: weight and muscularity concerns as dual pathways to body dissatisfaction. *Journal of Youth and Adolescence*, 34, 629-636.

Jansen, A., Smeets, T., Boon, B., Nederkoorn, C., Roefs, A. and Mulkens, S. (2007) Vulnerability to interpretation bias in overweight children. *Psychology & Health*, 22, 561-574.

Jones, D.C. and Crawford, J.K. (2006) The peer appearance culture during adolescence: gender and body mass variations. *Journal of Youth and Adolescence*, 35, 243.

Jones, D.C., Vigfusdottir, T.H. and Lee, Y. (2004) Body image and the appearance culture among adolescent girls and boys: an examination of friend conversations, peer criticism, appearance, magazines, and the internalisation of appearance ideals. *Journal of Adolescent Research*, 19, 323-339.

Katz, J. and Melzack, R. (1990) Pain 'memories' in phantom limbs: review and clinical observations. *Pain*, 43, 319-336.

Kent, G. (2000) Understanding the experiences of people with disfigurements: an integration of four models of social and psychological functioning. *Psychology, Health & Medicine*, 5, 117-129.

Kent, G. and Keohane, S. (2001) Social anxiety and disfigurement: the moderating effects of fear of negative evaluation and past experience. *British Journal of Clinical Psychology*, 40, 23-34.

Kent, G. and Thompson, A.R. (2002) The development & maintenance of shame in disfigurement: Implications for treatment, in *Body Shame: Conceptualisation, Research and Treatment* (eds P. Gilbert and J. Miles), pp. 106-116, Brunner-Routledge, Hove.

Kennedy, I. (2010) Getting it right for children and young people: overcoming cultural barriers in the NHS so as to meet their needs. Department of Health, London.

Kernis, M. H., Grannemann, B. D. and Barclay, L. C. (1989) Stability and level of self-esteem as predictors of anger arousal and hostility. *Journal of Personality & Social Psychology*, 56 (6), 1013-1022.

King, N. (1998) Template analysis, in *Qualitative Methods and Analysis in Organizational Research* (eds G.Symon and C.Cassell), pp. 118-134, Sage, London.

Kipps, S., Bahu, T., Ong, K., Ackland, F.M., Brown, R.S., Fox, C.T., Griffin, N.K., Knight, A.H., Mann, N.P., Neil, H.A., Simpson, H., Edge, J.A. and Dunger, D.B. (2002), Current methods of transfer of young people with Type 1 diabetes to adult services. *Diabetic Medicine*, 19, 649-654.

Kish, V. and Lansdown, R. (2000) Meeting the psychosocial impact of facial disfigurement: developing a clinical service for children and families. *Clinical Child Psychology and Psychiatry*, 5 (4), 497-512.

Kleve, L., Rumsey, N., Wyn-Williams, M. and White, P. (2002) The effectiveness of cognitive-behavioural interventions provided at Outlook: a disfigurement support unit. *Journal of Evaluation in Clinical Practice*, 8, 387-395.

Kluck, A.S. (2010) Family influence on disordered eating: the role of body image dissatisfaction. *Body Image*, 7, 8-14.

Koo, J. (1995) The psychosocial impact of acne: patients' perceptions stop. *Journal of the American Academy of Dermatology*, 32, S26-30.

Kuyken, W., Padesky, C.A. and Dudley, R. (2009) *Collaborative Case Conceptualization: Working Effectively with Clients in Cognitive-Behavioural Therapy*. Guildford Press, New York.

Lansdown, R., Lloyd, J. and Hunter, J. (1991) Facial deformity in childhood: severity and psychological adjustment. *Child: Care, Health and Development*, 17, 165-171.

Lansdown. R., Rumsey, N., Bradbury, E., Carr, A. and Partridge, J. (1997) *Visibly Different: Coping with Disfigurement*. Butterworth Heinemann, London.

Larouche, S.S. and Chin-Peuckert, L. (2006) Changes in body image experienced by adolescents with cancer. *Journal of Paediatric Oncology Nursing*, 23, 200-209.

Leary, M. R. (1983) A brief version of the fear of negative evaluation scale. Personality and Social *Psychology Bulletin*, 9, 371-375.

Leary, M.R. (1990) Responses to social exclusion: social anxiety, jealousy, loneliness, depression and low self-esteem. *Journal of Social and Clinical Psychology*, 9, 221-229.

Levine, M.P. and Smolak, L. (2002) Body image development during adolescence, in *Body Image. A Handbook of Theory, Research, and Clinical Practice* (eds T.F. Cash and T. Pruzinsky), pp.74-82, Guilford Press, New York.

Liossi, C. (2003) Appearance related concerns across the general and clinical populations. Unpublished PhD Thesis, City, University London (http://openaccess.city.ac.uk/8412).

Lovegrove, E. (2002) Adolescence, appearance & anti-bullying strategies.Unpublished PhD Thesis, University of the West of England, Bristol.

Lovegrove, E. and Rumsey, N. (2005) Ignoring it doesn't make it stop: adolescents, appearance and bullying strategies. *Cleft Palate-Craniofacial Journal*, 42, 33-44.

Luthar SS, Cicchetti D and Becker B (2000) The construct of resilience: A critical evaluation and guidelines for future work. *Child Development*, 71(3), 543-562.

Macgregor, F.C. (1990) Facial disfigurement: problems and management of social interaction and implications for mental health. *Aesthetic Plastic Surgery*, 14, 249-257.

Madera, J.M. & Hebl, M.R. (2012). Discrimination against facially stigmatized applicants in interviews: An eye-tracking and face-to-face investigation. *Journal of Applied Psychology*, 97, 317-330.

Maddern, L.H. and Owen, T. (2004) The outlook summer group: a social skills workshop for children with a different appearance who are transferring to secondary school. *Clinical Psychology*, 33, 25-29.

Major, B. and Granzow, R. H. (1999) Abortion as stigma; cognitive and emotional implications of concealment. *Journal of Personality and Social Psychology*, 77, 735-745.

Markus, H. and Nurius, P. (1986) Possible selves. *American Psychologist*, 41, 954-969.

Martin C.R. and Newell R.J. (2004) Factor structure of the hospital anxiety and depression scale in individuals with facial disfigurement. *Psychology, Health & Medicine*, 9, 327-336.

Mathews, A. (1990) Why worry? The cognitive function of anxiety. *Behaviour Research and Therapy*, 28, 455-468.

Mattoo, S.K., Handa, S., Kaur, I., Gupta, N. and Malhotra, R. (2002) Psychiatric morbidity in vitiligo: prevalence and correlates in India. *Journal of European Academy of Dermatology & Venereology*, 16, 573-578.

Maunder, E.Z. (2004) The challenge of transitional care for young people with life-limiting illness. *British Journal of Nursing*, 13 (10), 594-596.

McBain, H., Shipley, M., Newman, S. and Appearance Research Collaboration (ARC) (2013) The impact of appearance concerns on depression and anxiety in rheumatoid arthritis. *Musculoskeletal Care*, 11 (1) 19-30.

McCabe, M.P. and Ricciardelli, L.A. (2001) Body image and body change techniques among young adolescent boys. *European Eating Disorders Review*, 9 (5), 335-347.

McDonagh, J.E. (2006) Growing Up Ready for Emerging Adulthood: An Evidence Base for Professionals Involved in Transitional Care for Young People with Chronic Illness and/or Disabilities. www.erpho. org.uk/Download/Public/15195/1/emerging%20adulthood.pdf (accessed on December 4, 2008).

McDonagh, J.E. (2007) Transition of care: how should we do it? *Paediatrics & Child Health*, 17 (12), 480-484.

McDonagh, J.E. and Viner, R.M. (2006) Lost in transition? Between paediatric and adult services. *British Medical Journal*, 332, 435-436.

Meyerson, M.D. (2001) Resiliency and success in adults with Moebius Syndrome. *Cleft Palate-Craniofacial Journal*, 38, 231-235.

Millstein, S.G., Heger, H. and Hunter, G.A. (1986) Prosthetic use in adult and upper limb amputees: a comparison of the body powered and electrically powered prostheses. *Prosthetics and Orthotics International*, 10, 27-34.

Mogg, K. and Bradley, B.P. (2005) Attentional bias in generalized anxiety disorder versus depressive disorder. *Cognitive Therapy and Research*, 29 (1), 29-45.

Monaghan, S.M., Sharpe, L., Denton, F., Levy, J., Schrieber, L. and Sensky, T. (2007) Relationship between appearance and psychological distress in rheumatic diseases. *Arthritis & Rheumatism*, 57,

303-309.

Morley, D., Jenkinson, C. and Fitzpatrick R. (2012) A Structured Review of Patient Reported Outcomes Measures used in Cosmetic Surgical Procedures. Report to the Department of Health. Health Services Research Unit, Department of Public health, University of Oxford, UK.

Moss, T. (1997a) Individual variation in adjusting to visible differences, in *Visibly Different: Coping with Disfigurement* (eds R. Lansdown, N. Rumsey, E. Bradbury, A. Carr and J. Partridge). pp. 121-130. Butterworth Heinemann, Oxford.

Moss, T.P. (1997b) Individual differences in adjustment to perceived abnormalities of appearance. Unpublished PhD thesis, University of Plymouth.

Moss, T.P. (2005) The relationship between objective and subjective ratings of disfigurement severity, and psychological adjustment. *Body Image*, 2, 151-159.

Moss, T. and Carr, T. (2004) Understanding adjustment to disfigurement: the role of the self-concept. *Psychology & Health*, 19, 737-748.

Moss, T.P. and Harris, DL. (2009) Psychological change after asetheic plastic surgery: a prospective controlled outcome study. *Psychology, Health & Medicine*, 14 (5), 567 -572.

Moss, T. and Rosser, B. (2008) Psychosocial adjustment to visible difference. *The Psychologist*, 21 (6), 492-495.

Moss T.P. and Rosser, B. (2012a) Adult psychosocial adjustment to visible differences: physical and psychological predictors of variation, in *The Oxford Handbook of the Psychology of Appearance* (eds N. Rumsey and D. Harcourt), pp. 273-294, Oxford University Press, London.

Moss, T.P. and Rosser, B.A. (2012b) The moderated relationship of appearance valence on appearance self consciousness: development and testing of new measures of appearance schema components. *PLoS ONE*, 7 (11), e50605.

Muftin, Z. (2013) A randomised controlled feasibility trial of online compassion-focused self-help for psoriasis. *Body Image*, 10, 13 (Dissertation abstracts and summaries).

Murray, C.D. and Fox, J. (2002) Body image and prosthesis satisfaction in the lower limb amputee. *Disability and Rehabilitation*, 24, 925-931.

Newell, R.J. (1999) Altered body image: a fear-avoidance model of psychosocial difficulties following disfigurement. *Journal of Advanced Nursing*, 30, 5, 1230-1238.

Newell, R. (2000) *Body Image and Disfigurement Care*. Routledge, London.

Newell, R. and Clarke, M. (2000) Evaluation of self-help leaflet in treatment of social difficulties following facial disfigurement. *International Journal of Nursing Studies*, 37, 381-388.

Newman, S., Steed, E. and Mulligan, K. (2008) *Chronic Physical Illness: Self-Management and Behavioural Interventions.* Oxford University Press, London.

NICE (2005) Post-traumatic stress disorder: management. https://www.nice.org.uk/guidance/cg26

Oeffinger, K.C., Mertens A.C., Hudson M.M., Gurney, J.G., Casillas, J., Chen, H., Whitton, J., Yeazel, M., Yasui, Y. and Robison, L.L. (2004) Health care of young adult survivors of childhood cancer: a report from the childhood cancer survivor study. *Annals of Family Medicine*, 2 (1), 61-70.

Olsen, R. and Sutton, J. (1998) More hassle, more alone: adolescents with diabetes and the role of formal and informal support. *Child: Care, Health and Development*, 24(1), 31-39.

Ong, J., Clarke, A., White, P., Johnson, M., Withey, S. and Butler, P.E.M. (2007) Does severity predict distress? The relationship between subjective and objective measures of appearance and psychological adjustment, during treatment for facial lipoatrophy. *Body Image*, 4, 239-248.

Ongenae, K., Beelaert, L., van Geel, N. and Naeyaert, J. M. (2006) Psychosocial effects of vitiligo. *Journal of the European Academy of Dermatology & Venereology*, 20, 1-8.

Onunu, A. N. and Kubeyinje, E. P. (2003) Vitiligo in the Nigerian African: a study of 351 patients in Benin City, Nigeria. *International Journal of Dermatology*, 42, 800-802.

Papadopoulos, L., Bor, R. and Legg, C. (1999) Coping with the disfiguring effects of vitiligo: a preliminary investigation into the effects of cognitive behaviour therapy. *British Journal of Medical Psychology*, 72, 385-396.

Paraskeva, N. (2013) Psychological assessment prior to cosmetic procedures: brief report on a pilot study. *Journal of Aesthetic Nursing*, 2 (2), 82-85.

Partridge, J. (1990) *Changing Faces: The Challenge of Facial Disfigurement*. Penguin, London. (ジェームズ・パートリッジ『もっと出会いを素晴らしく —— チェンジング・フェイスによる外見問題の克服』原田輝一訳、春恒社、2013 年)

Patrick, D.L., Bushnell, D.M. and Rothman M. (2004) Performance of two self-report measures for evaluating obesity and weight loss. *Obesity Research*, 12, 48-57.

Pendley, J.S., Dahlquist, L.M. and Dreyer, Z. (1997) Body image and psychosocial adjustment in adolescent cancer survivors. *Journal of Pediatric Psychology*, 22 (1), 29-43.

Petrie, K.J., Buick, D.L., Weinman, J. and Booth, R. J. (1999) Positive effects of illness reported by myocardial infarction and breast cancer patients. *Journal of Psychosomatic Research*, 47, 537-543.

Phillips, K.A. (1996) *The Broken Mirror: Understanding and Treating Body Dysmorphic Disorder*. Oxford University Press, New York. (キャサリン・A・フィリップス『歪んだ鏡 —— 身体醜形障害の治療』松尾信一郎訳、金剛出版、1999 年)

Pollard, L., Choy, E.H. and Scott, D.L. (2005) The consequences of rheumatoid arthritis: quality of life measures in the individual patient. *Clinical and Experimental Rheumatology*, 23, S43-52.

Popovic, M. (2005) Intimacy and its relevance in human functioning. *Sexual and Relationship Therapy*, 20, 31-49.

Por, J., Goldberg, B., Lennox, V., Burr, P., Barrow, J. and Dennard, L. (2004) Transition of care: health care professionals' view. *Journal of Nursing Management*, 12, 354-361.

Porter, J. R. and Beuf, A. H. (1991) Racial variation in reaction to physical stigma: a study of degree of disturbance by vitiligo among black and white patients. *Journal of Health and Social Behavior*, 32, 192-204.

Porter, J.R., Beuf, A.H., Lerner, A. and Nordlund, J.J. (1990). The effects of vitiligo on sexual relationships. *Journal of American Academy of Dermatology*, 22, 221-222.

Prior, J. and O'Dell, L. (2009) 'Coping quite well with a few difficult bits': living with disfigurement in early adolescence. *Journal of Health Psychology*, 14 (6), 731-740.

Price, B. (1990) A model for body image care. *Journal of Advance Nursing*, 15, 585-593.

Prichard, I. and Tiggemann, M. (2012) The effect of simultaneous exercise and exposure to thin-ideal music videos on women's state self-objectification, mood and body satisfaction. *Sex Roles*, 67, 201-210.

Proschaska, J.O. and Diclemente, C.C. (1984) *The Transtheoretical Approach: Crossing the Traditional Boundaries of Therapy*. Dow Jones-Irwin, Homewood, IL.

Pusic, A., Liu, J.C., Chen, C.M., Cano, S., Davidge, K., Klassen, A., Branski, R., Patel, S., Kraus, D. and

Cordeiro, P.G. (2007) A systematic review of patient-reported outcome measures in head and neck surgery. *Otolaryngology Head and Neck Surgery*, 136, 525-535.

Pusic, A.L., Klassen, A.F., Scott, A.M., Klok, J.A., Cordeiro, P.G. and Cano, S.J. (2009) Development of a new patient-reported outcome measure for breast surgery: the BREAST-Q. *Plastic & Reconstructive Surgery*, 124, 345-353.

Ramsey, B. and O' Reagan, M. (1988) A survey of the social and psychological effects of psoriasis. *British Journal of Dermatology*, 118, 195-201.

Reich, J. W., Zautra, A. and Hall, J. S. (eds) (2010) *Handbook of Adult Resilience*. Guilford press: New York.

Ricciardelli, L.A., McCabe, M.P. and Banfield, S. (2000) Body image and body change methods in adolescent boys: role of parents, friends and the media. *Journal of Psychosomatic Research*, 49 (3), 189-197.

Rickwood, D.J., Deane, F.P and Wilson, C.J. (2007) When and how do young people seek professional help for mental health problems? *Medical Journal of Australia*, 187, S35-S39.

Robinson, E. (1997) Psychological research on visible differences in adults. in *Visibly Different: Coping with Disfigurement* (eds R. Lansdown, N. Rumsey, E. Bradbury, A. Carr and J. Partridge), pp. 102-111. Oxford: Butterworth Heinemann.

Robinson, E., Rumsey, N. and Partridge, J. (1996) An evaluation of the impact of social skills training for facially disfigured people. *British Journal of Plastic Surgery*, 49, 281-289.

Rollnick, S., Allison, J., Ballsiotes S., et al. (2002) Motivational interviewing and its adaptations, in *Motivational Interviewing: Preparing People for Change* (eds W.R. Miller and S. Rollnick), pp. 270-283. Guilford, New York.

Rosser, B. (2008) Cognitive information processing biases and appearance adjustment: the role of the appearance self-schema. Unpublished PhD Thesis. University of the West of England.

Rosser, B.A., Moss, T. and Rumsey, N. (2010) Attentional and interpretative biases in appearance concern: an investigation of biases in appearance-related information processing. *Body Image*, 7 (3), 251-254.

Royal College of Nursing (2013) *Adolescent Transition Care: Guidance for Nursing Staff*. Royal College of Nursing, London.

Royal College of Paediatrics and Child Health (2003) *Bridging the Gaps: Health Care for Adolescents*. Royal College of Pediatrics and Child Health, London.

Rozario, S. (2007) Growing up and living with neurofibromatosis1 (NF1): a British Bangladeshi case-study. *Journal of Genetic Counselling*, 16, 551-559.

Rumsey, N. (2002) Body image & congenital conditions with visible differences, in *Body Image: A Handbook of Theory, Research & Practice* (eds T. Cash and T. Pruzinsky). pp. 226-233. Guilford Press, New York.

Rumsey, N. and Harcourt, D. (2004) Body image & disfigurement: issues & interventions. *Body Image*, 1, 83-97.

Rumsey, N. and Harcourt, D. (2005) *The Psychology of Appearance*. Open University Press, Maidenhead.（ニコラ・ラムゼイ、ダイアナ・ハーコート『アピアランス〈外見〉の心理学――可視的差異に対する心理社会的理解とケア』原田輝一・真覚健訳、福村出版、2017 年）

Rumsey, N. and Harcourt, D. (2007) Visible difference amongst children and adolescents: issues and interventions. *Developmental Neurorehabilitation*, 10 (2), 113-123.

Rumsey, N. and Harcourt, D. (2012) *The Oxford Handbook of the Psychology of Appearance*. Oxford

University Press, Oxford.

Rumsey, N., Clarke, A. and Musa, M. (2002) Altered body image: the psychosocial needs of patients. *British Journal of Community Nursing*, 7, 563-566.

Rumsey, N., Clarke, A. and White, P. (2003) Exploring the psychosocial concerns of outpatients with disfiguring conditions. *Journal of Wound Care*, 12, 247-252.

Rumsey, N., Clarke, A., White, P., Wyn-Williams, M. and Garlick, W. (2004) Altered body image:appearance-related concerns of people with visible disfigurement. *Journal of Advanced Nursing*, 48, 443-453.

Rybarczyk, B., Nyenhuis, D.L., Nicholas, J.J., Cash, S.M. and Kaiser, J. (1995) Body image, perceived social stigma, and the prediction of psychosocial adjustment to leg amputation. *Rehabilitation Psychology*, 40, 95-110.

Saradjian, A., Thompson, A.R. and Datta, D. (2008) The experience of men using an upper limb prosthesis following amputation: positive coping and minimizing feeling different. *Disability and Rehabilitation*, 30, 871-883.

Sarason, I.G., Levine, H.M., Basham, R.B. and Sarason, B.R. (1983) Assessing social support: the Social Support Questionnaire. *Journal of Personality and Social Psychology*, 44, 127-139.

Sarwer, D.B. and Crerand, C.E. (2004) Body image and cosmetic medical treatments. *Body Image*, 1, 99-111.

Sarwer, D.B. and Spitzer, J.C. (2012a) Body image dysmorphic disorder in persons who undergo aesthetic medical treatments. *Aesthetic Surgery Journal*, 32 (8), 999-1009.

Sarwer, D.B. and Spitzer, J.C. (2012b) Cosmetic surgical procedures for the body, in *Encyclopaedia of Body Image and Human Appearance* (ed T.F. Cash). Elsevier, New York.

Sarwer, D.B., Pruzinsky, T., Cash, T.F., Goldwyn, R.M., Persing, J.A. and Whitaker, L.A. (2005) *Psychological Aspects of Reconstructive and Cosmetic Plastic Surgery*. Lippincott Williams & Wilkins, New York.

Sarwer, D.B., Infield, A.L., Baker, J.L., Casas, L.A., Glat, P.M., Gold, A.H., Jewell, M.L., Larossa, D., Nahai, F., Young, V.L. (2008) Two year results of a prospective, multi-site investigation of patient satisfaction and psychological status following cosmetic surgery. *Aesthetic Surgery Journal*, 28 (3), 245-250.

Scheier, M.E. and Carver, C. S. (1987) Dispositional optimism and physical well-being: the influence of generalized outcome expectancies on health. *Journal of Personality*, 55 (2), 169-210.

Scheier, M.F., Carver, C.S. and Bridges, M.W. (1994) Distinguishing optimism from neuroticism (and trait anxiety, self-mastery, and self-esteem): a reevaluation of the Life Orientation Test. *Journal of Personality and Social Psychology*, 67, 1063-1078.

Schwartz, C.E. and Sprangers, M.A. (1999) Methodological approaches for assessing response shift in longitudinal health-related quality-of-life research. *Social Science & Medicine*, 48, 1531-1548.

Seligman, M.E.P. (1998) *Learned Optimism*, 2nd edition. Free Press, New York.（マーティン・セリグマン『オプティミストはなぜ成功するか──ポジティブ心理学の父が教える楽観主義の身につけ方』新装版、山村宜子訳、パンローリング、2013 年）

Shanmugarajah, K., Gaind, S., Clarke, A. and Butler, P.E. (2012) The role of disgust emotions in the observer response to facial disfigurement. *Body Image*, 9 (4), 455-461.

Shaw, K. L., Southwood, T. R. and McDonagh, J. E. (2004) User perspectives of transitional care for adolescents with juvenile idiopathic arthritis. *Rheumatology*, 43 (6), 770-778.

Sheng-Yu, F. and Eiser, C. (2009) Body image of children and adolescents with cancer: a systematic review. *Body Image*, 6 (4), 247-256.

Skevington, S.M., Blackwell, F. and Britton, N.F. (1987) Self-esteem and perception of attractiveness: an investigation of early rheumatoid arthritis. *British Journal of Medical Psychology*, 60, 45-52.

Smart, L. and Wegner, D.M. (1999) Covering up what can't be seen: concealable stigma and mental control. *Journal of Personality and Social Psychology*, 77, 474-486.

Smolak, L. (2004) Body image in children and adolescents: where do we go from here? *Body Image*, 1, 15-28.

Sodergren, S.C. and Hyland, M.E. (2000) What are the positive consequences of illness? *Psychology and Health*, 15, 85-97.

Sodergren, S.C., Hyland, M.E., Crawford, A. and Partridge, M.R. (2004) Positivitiy in illness: self-delusion or existential growth? *British Journal of Health Psychology*, 9, 163-174.

Somerville, J. (1997) Management of adults with congenital heart disease: an increasing problem. *Annual Review of Medicine*, 48, 283-293.

Spielberger, C.D., Gorsuch, R., Lushene, R.E. Vagg, P.R. and Jacobs, G.A. (1983) *Manual for the State-Trait Anxiety Inventory*. Consulting Psychologists Press, Palo Alto, CA.

Storry, J. (1997) John Storry, in *Visibly Different: Coping with Disfigurement* (eds R. Lansdown, N. Rumsey, E. Bradbury, T. Carr and J. Partridge), pp. 31-38, Butterworth Heineman, London.

Strenta, A.C. and Kleck, R.E. (1985) Physical disability and the attribution dilemma: perceiving the causes of social behavior. *Journal of Social and Clinical Psychology*, 3, 129-142.

Strunk, D.R. and Adler, A.D. (2009) Cognitive biases in three prediction tasks: a test of the cognitive model of depression. *Behaviour Research and Therapy*, 47, 34-40.

Thompson, A.R. (2011) Adaptation in long-term conditions: the role of stigma particularly in conditions that affect appearance, in *Long-term Conditions a Guide for Nurses and Healthcare Professionals* (eds S. Randall and H. Ford), pp. 121-137, Wiley-Blackwell, West Sussex.

Thompson, A.R. (2012) Researching appearance: models, theories, and frameworks, in *The Oxford Handbook of the Psychology of Appearance* (eds N. Rumsey and D. Harcourt), pp. 91-109, Oxford University Press, London.

Thompson, A.R. and Broom, L. (2009) Positively managing intrusive reactions to disfigurement: an interpretative phenomenological analysis of naturalistic coping. *Diversity & Equality in Health and Care*, 6, 171-180.

Thompson, A. and Kent, G. (2001) Adjusting to disfigurement: processes involved in dealing with being visibly different. *Clinical Psychology Review*, 21, 663-682.

Thompson, J.K., Heinberg, L.J., Altabe, M.N. and Tantleff-Dunn, S. (1999) *Exacting Beauty: Theory, Assessment, and Treatment of Body Image Disturbance*. American Psychological Association, Washington, DC.

Thompson, A.R., Kent, G., and Smith, J.A. (2002) Living with vitiligo: dealing with difference. British *Journal of Health Psychology*, 7, 213-225.

Thompson, A.R., Clarke, S.A., Newell, R.J., Gawkrodger, D.J. and Appearance Research Collaboration (ARC) (2010) Vitiligo linked to stigmatisation in British South Asian women: a qualitative study of the experiences of living with vitiligo. *British Journal of Dermatology*, 163, 481-486.

Thwaites, R and Freeston, M.H. (2005) Safety-seeking behaviours: fact or function? How can we clinically differentiate between safety behaviours and adaptive coping strategies across anxiety disorders? *Behavioural and Cognitive Psychotherapy*, 33 (2), 177-188.

Tiggemann, M. (2004) Body image across the adult lifespan: stability and change. *Body Image*, 1, 29-41.

Turner, S.R., Thomas, P.W., Dowell, T., Rumsey, N. and Sandy, J.R. (1997) Psychological outcomes amongst cleft patients and their families. *British Journal of Plastic Surgery*, 50, 1-9.

van Staa, A.L., Jedeloo, S., van Meeteren, J. and Latour, J.M. (2011) Crossing the transition chasm: experiences and recommendations for improving transitional care of young adults, parents and providers. *Child, Care, Health and Development*, 37 (6), 821-832.

Veale, D., Willson, R. and Clark, A. (2009) *Overcoming Body Image Problems Including Body Dysmorphic Disorder: A Self-Help Guide Using Cognitive Behavioral Techniques*. Constable & Robinson: London.

Veale, D., Ellison, N., Werner, T.G., Dodhia, R., Serfaty, M.A. and Clarke, A. (2012) Development of a cosmetic procedure screening questionnaire (COPS) for body dysmorphic disorder. *Journal of Plastic, Reconstructive & Aesthetic Surgery*, 65 (4), 530-532.

Viner, R. (1999) Transition from paediatric to adult care. Bridging the gaps or passing the buck? *Archives of Disease in Childhood*, 81, 271-275.

Viner, R. and Keane, M. (1998) *Youth Matters: Evidence-Based Best Practice for the Care of Young People in Hospital*. Action for Sick Children, London.

Visentin, K., Koch, T., Kralik, D. (2006) Adolescents with type 1 diabetes: transition between diabetes services. *Journal of Clinical Nursing*, 15 (6), 761-769.

Watson, A.R. (2000) Non-compliance and transfer from paediatric to adult transplant unit. *Pediatric Nephrology*, 14, 469-472.

Watson, D., Clark, L.A. and Tellagan, A. (1988) Development and validation of brief measures of posiitive and negative affect: the PANAS scales. *Journal of Personality and Social Psychology*, 54, 1063-1070.

Watson, R., Parr, J.R., Joyce, C., May, C. and Le Couteur, A.S. (2011) Models of transitional care for young people with complex health needs: a scoping review. *Child: Care, Health and Development*, 37, 780-791.

Weissberg-Benchell, J., Wolpert, H. and Anderson, B.J. (2007) Transitioning from pediatric to adult care: a new approach to the post-adolescent young person with type 1 diabetes, *Diabetes Care*, 30 (10), 2441-2446.

Wells, A. (1997) *Cognitive Therapy of Anxiety Disorders: A Practice Manual and Conceptual Guide*. Wiley, West Sussex.

Westwood, A., Henley, L. and Willcox, P. (1999) Transition for paediatric to adult care for persons with cystic fibrosis: patient and parent perspectives, *Journal of Paediatric Child Health*, 35, 442-445.

White, C.A. (2000) Body image dimensions and cancer: a heuristic cognitive behavioural model. *Psycho-Oncology*, 9, 183-192.

White, J. (2008) The development of negative body image and disordered eating in adolescence. Unpublished PhD Thesis. University of the West of England.

Wicks, L. and Mitchell, A. (2010) The adolescent cancer experience: loss of control and benefit finding. *European Journal of Cancer Care*, 19, 778-785.

Williamson, H. (2012) The perspectives of health professionals on the psychosocial impact of an altered appearance among adolescents treated for cancer. Unpublished thesis dissertation. University of the

West of England.

Williamson, H. and Wallace, M. (2012) When treatment affects appearance, in *The Oxford Handbook of the Psychology of Appearance* (eds N. Rumsey and D. Harcourt), pp. 414-438, Oxford University Press, London.

Williamson, H., Harcourt, D., Halliwell, E., Frith, H. and Wallace, M. (2010) Adolescents' and parents' experiences of managing the psychosocial impact of appearance change during cancer treatment. *Journal of Paediatric Oncology Nursing*, 27 (3), 168-175.

Williamson, H., Griffiths, C., Harcourt, D. and Cadogan, J. (2012) The development and acceptability of YP Face IT: an online psychosocial intervention for young people with a visible difference, in *Appearance Matters*, 5, Bristol, UK, 3-4 July, 2012.

Williamson, H., Griffiths, C. and Harcourt, D. (2015) Developing young person's Face IT: Online psychosocial support for adolescents struggling with conditions or injuries affecting their appearance. *Health Psychology Open*, 1-12, DOI: 10.1177/2055 1029 1561 9092.

Zigmond, A.S. and Snaith, R.P. (1983) The hospital anxiety and depression scale. *Acta Psychiatrica Scandinavica*, 67, 361-370.

索 引

訳者あとがき

　アピアランス〈外見〉問題においてイギリスは先進しており、それを専門とする研究者や臨床家が多数活躍している。彼らの共同研究によって誕生した本書を、本邦でも紹介できる機会に恵まれたのは幸いである。長らくアピアランス〈外見〉問題は、先天性疾患や外傷や手術瘢痕など、特殊な限定された状況において発生する問題であると認識されてきた。しかし最近では、誰もが罹患する可能性のある癌領域において、アピアランス〈外見〉問題は QOL の問題として関心が高まっている。さらに最近の知見によれば、正常範囲内の外見をしていても深刻な悩みが生じるなど、広く一般人にも認められる深刻な問題となってきている。対策としては個別臨床的アプローチのみならず、社会的・文化的アプローチも必要とする壮大なテーマであることが明らかになりつつある。

　ここで簡単に歴史を振り返っておく。1980 年代にイギリスは深刻な財政危機に直面したことから、行政サービス全般においてそれらの根拠とコストパフォーマンスが精査され、標準化されたサービス提供が推奨されるようになってきている（これは今や世界的傾向でもある）。軽度〜中等度うつ病や不安障害に対しては、認知行動療法やそれを含めた段階的ケア・アプローチ stepped care approach がすでに定着している。本書が扱っているアピアランス〈外見〉問題についても、その実態調査と介入方法開発においては、基本的に前者の研究の流れを踏襲している。

　具体的に述べると、1990 年にジェームズ・パートリッジ氏の著作『チェンジング・フェイス *Changing Faces* 』により、本格的研究の幕が開けた（もちろんそれまでにも、摂食障害などの限局された領域で、顕著な業績は見られていた）。アピアランス〈外見〉問題を抱えた患者・当事者は重要な心身の機能を損なってい

るのであり、社会復帰が可能なほどに回復するためには、失われた機能を補塡できるだけの、一種のリハビリテーション（あるいはトレーニング）が必要であることを明らかにした。ジェームズ氏の指摘は学術界をも刺激し、イギリス国内でアピアランス〈外見〉問題が注目されるに至ったのである（第一次世界大戦時、世界で初めて形成外科ユニットが設置されるなど、限局された動きはそれまでにもあった）。ジェームズ氏は著作と同名の国家公認の慈善団体（Changing Faces: CF）を設立し、当事者へのサービス提供を行うとともに、学術的根拠の調査にも乗り出したのであった。

　さて、本書の研究者グループ ARC（Appearance Research Collaboration）の主任研究者でもあるニコラ・ラムゼイ氏はウェスト・イングランド大学健康心理学教授であったが、国の支援を受けてアピアランス研究センター CAR（Centre for Appearance Research）を設立し、この問題について精力的に調査・研究を開始した。以来、研究フィールドを提供する CF と学術組織の CAR は、車の両輪のごとく業績を積み重ねていった（社会啓発活動については、当事者の利害に関係する部分があること、また主観的な曖昧さも含むため、CF の方で精力的に行っている）。そしてついに 2005 年、世界で初の教科書となる *The Psychology of Appearance*（邦訳『アピアランス〈外見〉の心理学』福村出版、2017 年）をまとめ上げた。さらにイギリス圏において共同研究グループである ARC を立ち上げ、大規模な実態調査と介入のためのマニュアル教科書 *CBT for Appearance Anxiety*（本書）を発刊するに至った。本書にて学術領域としての確立は一段落し、現在、その成果はFace Value Project という形を取って、EU へと広がりを見せている。これは主として医療系スタッフのための講習会であり、段階的介入療法の紹介とトレーニングを行っている。

　本書は上記のごとく実践版教科書であり、学術大系の最後を飾るものである。しかし、患者・当事者・クライアントのみならず、彼らをとりまく社会や文化についても考えなければならない領域であるため、その内容は時々刻々と変化し続けているのも事実である。また、イギリス圏での成果を日本に取り入れようとする場合、文化的差異も考慮に入れなければならない。さらに本書は成人対象者を中心にしたものであり、自己像や自尊感情の発達という点からも重要な、小児や思春期の対象者への取り組みについても考えていく必要がある。というわけで、本書は学術大系の最後を飾るものとは述べたものの、本書を境目にして、学術的に新たな次の段階が始まる、さらなる大きな潮流が動き始める、

といっても過言ではなかろう。アピアランス〈外見〉問題という人類普遍の問題の実相が明らかになりつつある現在、様々な領域において、この学術的成果が応用されていくことは間違いない。このような重要な節目の著作を翻訳できたことは望外の幸せであるし、また多くの読者のインスピレーションを刺激していくことを確信している。

　最後に、本書発刊のために尽力していただいた、福村出版株式会社の宮下基幸社長と編集者の吉澤あき様に心より御礼申し上げる。

2018 年 11 月

原田輝一・真覚　健

❖ 著者紹介

ARC（Appearance Research Collaboration）
　アピアランス〈外見〉問題を主要専門としている、イギリスの研究者と臨床家の共同研究チーム

アレックス・クラーク（Alex Clarke）
　ロイヤル・フリー・ロンドン・NHS 財団法人（Royal Free London NHS Foundation Trust）顧問臨床心理士、ウェスト・イングランド大学アピアランス研究センター（Centre for Appearance Research, University of the West of England）客員教授

アンドリュー・R・トンプソン（Andrew R. Thompson）
　シェフィールド大学心理学部（The University of Sheffield, Department of Psychology）准教授

エリザベス・ジェンキンソン（Elizabeth Jenkinson）
　ウェスト・イングランド大学健康心理学講師

ニコラ・ラムゼイ（Nichola Rumsey）
　ウェスト・イングランド大学名誉教授、同大学健康心理学前教授、アピアランス研究センター前主任

ロブ・ニューウェル（Rob Newell）
　ブラッドフォード大学保健学部看護学名誉教授

❖ 訳者紹介

原田輝一（はらだ・てるいち）

医療法人生登会／社会福祉法人生登福社会医師。急性期～回復期～社会適応期にわたる長期罹患患者において、一貫した心理社会的支援の重要性を認識してきた（特に重症熱傷領域において）。現在は医療福祉連携の全般で、最新の学際的知見と技術の導入を目指している。

［著書（熱傷関連）］『フェニックスのように　熱傷体験記』（共著、熱傷フェニックスの会、2001 年）、ジェームズ・パートリッジ著『もっと出会いを素晴らしく ── チェンジング・フェイスによる外見問題の克服』（翻訳、春恒社、2013 年）、NHK スペシャル取材班著『原爆死の真実 ── きのこ雲の下で起きていたこと』（学術助言、岩波書店、2017 年）

［関連メディア（熱傷関連）］DVD『NHK スペシャル　カラーでみる太平洋戦争～3 年 8 か月・日本人の記録～』（分担監修、NHK エンタープライズ、2016 年）、DVD『NHK スペシャル　きのこ雲の下で何が起きていたのか』（学術助言、NHK エンタープライズ、2016 年）、テレビ放送『NHK スペシャル　原爆死～ヒロシマ 72 年目の真実～』（学術助言、NHK、2017 年放送）

真覚　健（まさめ・けん）

宮城大学看護学群教授。専門領域は認知心理学。東北大学文学部助手、同講師（学生相談所専任カウンセラー）、東京女子大学文理学部助教授、宮城大学看護学部助教授、同教授を経て現職。類似性など顔についての認知心理学的研究を行う。口唇口蓋裂者の表情表出とそこから得られる印象についての研究や、特殊メイクを用いた実験から、可視的差異のある顔での笑顔表出の効果についての研究を行っている。

［著書］『感情心理学パースペクティブズ ── 感情の豊かな世界』（共著、北大路書房、2005 年）、『新・知性と感性の心理 ── 認知心理学最前線』（共著、福村出版、2014 年）、『新 こころへの挑戦 ── 心理学ゼミナール』（共著、福村出版、2015 年）など

共同著作

［翻訳］ニコラ・ラムゼイ、ダイアナ・ハーコート著『アピアランス〈外見〉の心理学 ── 可視的差異に対する心理社会的理解とケア』福村出版、2017 年

［編集］『アピアランス〈外見〉問題と包括的ケア構築の試み ── 医療福祉連携と心理学領域とのコラボレーション』福村出版、2018 年

アピアランス〈外見〉問題介入への認知行動療法
—— 段階的ケアの枠組みを用いた心理社会的介入マニュアル

2018年12月15日　初版第1刷発行

著　者	アレックス・クラーク
	アンドリュー・R・トンプソン
	エリザベス・ジェンキンソン
	ニコラ・ラムゼイ
	ロブ・ニューウェル
訳　者	原田輝一
	真覚　健
発行者	宮下基幸
発行所	福村出版株式会社

〒113-0034　東京都文京区湯島2-14-11
電　話　03(5812)9702
ＦＡＸ　03(5812)9705
https://www.fukumura.co.jp

印　刷	株式会社文化カラー印刷
製　本	本間製本株式会社